U0555069

郑州中华之源与嵩山文明研究会 主编

嵩山文化文集

周昆叔 著

文物出版社

图书在版编目（CIP）数据

嵩山文化文集 / 周昆叔著. -- 北京 : 文物出版社,
2016.10
ISBN 978-7-5010-4804-5

Ⅰ. ①嵩… Ⅱ. ①周… Ⅲ. ①嵩山－文化史－文集
Ⅳ. ①K928.3-53

中国版本图书馆CIP数据核字（2016）第242064号

嵩山文化文集

著　　者：周昆叔
主　　编：郑州中华之源与嵩山文明研究会

责任编辑：张征雁　徐　旸
责任印制：张　丽

出版发行：文物出版社
社　　址：北京市东直门内北小街2号楼
网　　址：http://www.wenwu.com
邮　　箱：web@wenwu.com
经　　销：新华书店
制版印刷：北京图文天地制版印刷有限公司
开　　本：787×1092　1/16
印　　张：21.75
版　　次：2016年10月第1版
印　　次：2016年10月第1次印刷
书　　号：ISBN 978-7-5010-4804-5
定　　价：268.00元

本书由郑州中华之源与嵩山文明研究会
资助出版

周昆叔（1934 ~ 2016）

湖南株洲人。第四纪地质学、孢粉学、环境考古学家。1956 年毕业于西北大学生物学系，同年到中国科学院地质研究所从事第四纪地质学研究工作，直到 1994 年退休。曾任研究员，现兼职联合国教科文组织国际自然与文化遗产空间技术中心第一届科学委员会委员等社会职务。

2007年初夏中共河南省委常委、郑州市委书记王文超同志(左二)到具茨山视察周昆叔(中)等在此做岩画调查情况。照片中张松林（左一）、宋豫秦（右二）、刘俊杰（右一）。

2004年在河南考察，前排右起：王辉、莫多闻、王向东、赵春青；后排右起：常宗广、汪松枝、高红莉、鲁鹏、张震宇、周昆叔、杨瑞霞、魏国庆、郝利民、谢武成。

嵩山文化序

奉献给读者的这本文集，内容沉甸甸的。书中讲的是山——著名的中岳嵩山，看到的是文化——嵩山文化，体悟到的是这文化的核心精神——中：道中庸，行中道，致中和。它是伟大的中华文明的象征和长盛不衰的精神支柱！

中华文明，多元一体。有中心，有主体，有不同层次的重圈式结构，形成一个有机的整体，有无比的凝聚力和向心力。历经磨难而从未中断，创造了人类历史上伟大的奇迹。人们著书立说，试图从不同角度来解读“何以中国”。本书作者周昆叔先生有感于斯，从最基础的工作做起，一步一个脚印，一步一番思考。他是中国环境考古的开拓者和领导者，认识到一方水土养一方人，有什么样的自然环境会产生什么样的文化。他不知疲倦的足迹踏遍了祖国的千山万水，首先研究了北京地区的古环境，继而深入研究了陕西的周原和河南洛阳地区的全新世黄土，看出黄土演变与文化发展阶段有密切的耦合关系。后来又长时期地考察嵩山及其周围地区，认识到作为中国中心地区的嵩山乃是维系整个中华文化的擎天柱，从而提出了嵩山文化圈的概念。

作者回顾了自己艰难跋涉的漫长历程，注意到中国人选择生存环境有鲜明的特点，就是依山傍水。既有资源优势，又有安全保障，是文化得以稳步发展的基本条件。不像世界其他古老文明主要是濒临大河，即所谓大河文明。虽有高度发展，仍然经不起严重的冲击而早早地陨落了。这个分析是十分精到的。他认为嵩山文化之所以崇高，应是山、水、土、生、气、位六大生态因素共同作用的结果。再加上有区位的优势，就是古人所说的天下之中，有利于掌控全局。这在世界上是独一无二的。

作为一位学者，当然要力求攀登学术高峰，但不能忘记自己从事学术研究的目的。综观周先生的学术生涯，处处体现着深深的爱国情怀，对辉煌的中华文明无限崇敬。这使他不畏艰难险阻，坚韧不拔，做出了如此重要的贡献，不愧为当今学者的楷模。

是为序。

严文明

稿成于2016年1月25日

自 序

回眸·认知·心迹

一、回 眸

我是从事第四纪地质学研究的，怎么搞起嵩山文化研究呢？谈谈原委。

作为46亿年地球演变史最新一章的第四纪不过200～300万年，但这个时期发生了一件前所未有的大事，那就是出现了人类。所以第四纪研究关注的是人类诞生与演化，此与该期古环境变化密不可分，所以古环境研究在第四纪地质学中十分重要。第四纪古环境的恢复要靠许多手段，其中孢粉分析是首选。

从1956年开始，我就采用孢粉分析来研究第四纪古环境，为此工作了30年。为我国第四纪地质学发展主要做了如下五个方面的工作：第一，在中国科学院地质研究所建立了我国首个第四纪孢粉分析实验室。第二，首先开展了我国古、今沼泽调查及其孢粉分析，为我国全新世地层划分做了奠基性研究。第三，率先以古植被论证了华北古气候旋回及其对我国的影响。第四，首先开展了我国考古孢粉学研究。第五，对我国西藏、新疆、内蒙、香港等边陲地区首先开展第四纪孢粉分析，另外，还对大同火山群分期等进行了新的研究。

1987年后，考虑社会与科学的发展，也是参加北京市平谷县上宅遗址研究的需要，我提出环境考古研究方向（周昆叔，《花粉分析与环境考古》中的《中国环境考古的最初档案》，264～266页）。

1987–1989年间，我把环境考古从上宅扩至平谷盆地，再扩至整个北京平原。发现战国前的人们只依二级台地或二级阶地而居，直到秦汉人们才下到一级阶地和泛滥平原，其动力是3000年来干旱气候对一级阶地的塑造，才有了人们靠河流生活的场所。气候塑造地貌，地貌影响人生，环境对人类影响的图景生动地展现在我的眼前（周昆叔，《北京环境考古》，《第四纪研究》1989年1期）。

环境考古一定要与考古学密切结合，我认定必须把视角推到古文化发达的中原地区。我到中原地区首要的工作是要从空间与时间上理顺全新世黄土地层及其与文化层的关系，于是1988～1990年，与中国历史博物馆、湖南省文物考古研究所、陕西省考古研究所、中国科学院黄土与第四纪地质研究室等单位合作花了三年时间在中原地区反复奔跑，行程万余千米。对那里全新世黄土从模糊到逐渐清楚，其地质演变与文化层变化似乎存在一定关系。直到 1989 年我们考察到陕西关中扶风县北山前的周原，这个周朝发源的圣地，约两米高的五层全新世黄土铺在厚层淡黄色晚更新世马兰黄土上，二者间由于山前流水侵蚀，造成全新世黄土与马兰黄土绝然区分（地质学称此现象为不整合），又见周原许多周晚期灰坑的开口与全新世中期褐红色古土壤顶部平行。这些让我最终认定黄土高原东南与黄土高原中心区全新世黄土的确不同，并且浮出了以“周原黄土”命名黄土高原东南边沿全新世黄土地层单元名称的想法，于是才有周原黄土之说（周昆叔，《嵩山行》，‘边缘科学 最佳视点’一文中的‘中原结果’，233~237 页，文物出版社，2010。周昆叔，《周原黄土及其与文化层的关系》，《第四纪研究》1995 年 2 期）。周原黄土命名主要有三个方面的意义：一是突破了同时代的黄土只有一个地层名词惯例，同时代质地不同的黄土是可以分区的，所以同时代黄土可以有不同地层名词。其次完善了全新世地层概念，不仅只认地质地层，还认其间的文化层，且看到它们间的耦合关系，这就完善了全新世地层学，也推动了地质地层学与考古层位学的结合。三是建立了黄土高原东南沿环境考古的时空序列，致使在区域上可以进行地质地层与文化地层对比，因此，黄土高原东南沿环境考古可以变被动为主动，甚至可以此来判别和新发现考古学文化层。

满江红·中原情怀[①]

惊回首，绵绵六十[②]。新石器、考古孢粉，半坡初试。八十述怀恩与谢，万千里路寻与觅。莫等闲，快马自扬鞭，心头急。

临潼会[③]，播撒种；皆欢喜，好青年。驱长车中原，函谷关越。壮志环境考古，笑看文明探源热。待从头、检视半世纪，不可歇。

① 2012 年 6 月 5 日应陕西考古研究院邀做《自然与人文——以中文化为例》学术报告后吟诵。

②长安即西安，自 1952 年入读西北大学生物系，时届六十年。期间因考察黄土、环境考古等多次往返西安，时过境迁，感慨良多。

③临潼会，指 1990 年与陕西省考古研究所等发起在临潼召开我国首届环境考古学术讨论会。

1993至1998年间，我除了把环境考古与国家建设——小浪底水库、三峡水利工程、南水北调中线工程相联系，体现出环境考古的实用价值外，着重把环境考古从区域调查，也就是面的调查转向点的剖析。基于此，我全程参与了在渑池班村遗址综合研究；还花了五年时间，与洛阳文物工作队密切合作，完成了洛阳关林开发区皂角树遗址研究，研究成果见《洛阳皂角树》发掘报告。在该报告的发行座谈会上，时任中国社会科学院考古研究所副所长王巍先生谈到，如果说过去自然科学与考古学结合是接触的话，那么现在可以说是融合了。

2000年参加中美学者合作研究颍河上游的古文化。我们从禹州盆地沿颍河直到嵩山南麓与箕山北麓颍河发源段的考古学文化调查，看到考古学文化遗址之多、之全、之重要，令我大开眼界。又见到嵩山腹地水系密如蛛网，还见到颍河上游各支流黄土台地发育，古代先民山水相依，嵩山，在中华文化的形成中有着十分重要的地位。随后对嵩山地区古文化、古环境与全国的对比研究后，于2002年在济南市举行的全国第三次环境考古大会主旨报告《十五年来的中国环境考古》中首次提出了嵩山文化圈的理念（周昆叔，《环境考古研究》（第三辑），北京大学出版社，2006）。

2002年以后我更加关注嵩山文化的调查研究，如对双洎河流域的古文化与古环境调查。期间发生了两件要事，一是2006年3月应《文明》杂志社之邀，在该刊迎接俄罗斯总统普京访问嵩山特刊上刊载了拙作《中华民族文化的核心：嵩山文化圈》一文（该文首载于《中国文物报》，2005年3月11日，7版），当年4月又应中共郑州市委宣传部之邀在郑州市作了同题报告，中共郑州市委宣传部还特将报告消息刊登在《郑州宣传信息》（第39期，2006年4月17日）上。此外，郑州市还通过广播、电视和报纸大力宣传嵩山文化圈的理念，从而使嵩山文化圈从学术走向社会。不久，时任河南省委常委、郑州市委书记王文超同志会见了我，他指出："嵩山文化研究很重要，当前首要的是加强组织工作，成立专门的研究机构，同时要大力宣传'嵩山文化圈'，做到家喻户晓。他强调：我们若不重视嵩山文化研究就是失职。"这铿锵有力，掷地有声的谈话让我为之震动，不时萦绕脑际，叮嘱自己不辱使命（周昆叔，《中华文明与嵩山文明研究》序《嵩山峻极文昌远 中华文明日月新》，科学出版社，2009）。第二件要事是郑州市把嵩山文化研究列入郑州市重大研究项目，由我主持。我们对嵩山地区古文化与古环境做了进一步研究，包括嵩山与周边古文化比较研究，黄河的前身河水流向与改道调查，大河村遗址古环境研究和具茨山岩画调查等。2009年5月至2011年5月我长住登封市进行调查研究，并出版了《嵩山行》一书（文物出版社，2010）。

二、认　知

在我近30年的环境考古生涯中，一步步走向嵩山，对嵩山研究历时15年，占去我60年科学研究生涯中的四分之一，占去我环境考古生涯的一半。嵩山给了我许多启迪，归结起来有如下三个方面的认知。

1. 中国是山水文化国家

人们一想到古文化必然会想到河流，四大文明古国中埃及、巴比伦（伊拉克）、印度文明皆如此，中国则不同，古遗址空间分布显著特点是依山傍水，或谓“负阴抱阳，背山面水”。这是为何？原因是我国为多山国家，三分之二的国土面积被山占据，大河多半是在山间绕来绕去，故我国大多数遗址是发现在大河一二级支流、二三级支流或三四级支流间。这种例子不胜枚举，如我前面谈到的上宅遗址就坐落在潮白河二级支流将军沟的河岸黄土台地上，它濒靠燕山山脉的凤凰山。半坡遗址坐落在黄河三级支流浐河与灞河间的二级阶地上，濒靠秦岭山脉的骊山。仰韶遗址坐落在黄河四级支流饮牛河与西沟的黄土岗地上，濒靠崤山山系的韶山。王城岗遗址坐落在淮河一级支流颍河与二级支流五渡河黄土岗地上，濒靠嵩山的王岭尖。磁山遗址坐落在古黄河一级支流洺河旁的黄土台地上，濒靠太行山的洪山。这种依山水而居的遗址许多是重要遗址。母亲河黄河上中下游抚育了多民族儿女，但黄河文化的代表却是黄河中游地区，这里濒黄河主干道的重要遗址比比皆是，其分布多在黄河中游各支流，这些地区都是山水之交，且这里的山都是黄河支流的源泉。所以讲母亲河黄河时绝不要忘记黄河源头和她两岸的山起的重要作用。依山水对华夏文化的孕育很重要：一是山水为形成我国文化多种多样的原因之一；二是山水培养了中华民族吃苦耐劳的禀性，愚公移山的故事就是证明；三是山提供了水等重要资源；四是山成为防瘟疫，防敌犯的重要屏障。因此，依山水生存不仅是我国先民选择生存场所的显著特点，而且是一种优势。

何以只能称“山水文化”，而不能称“山河文化”，这主要是先民少傍干流河生活；次之水包括河，而河却不能涵盖水，因为水除河外，尚含溪、泉、湖与河海，先民多傍支流生活，也傍溪、泉、湖、河海生活，故只能叫山水文化，而不能叫山河文化。

在某些地区，山与其他生态因素组合成文明形成和文化发达的优势区，如嵩山地区，那里的生态因素最佳组合成为嵩山先进文明的根基。在嵩山及其周边有许多著名古文化遗址，如同散落的珍宝，以嵩山文化圈命名，使嵩山文化形成中嵩山的文化成因作用得以彰显。在嵩山文化圈下，我们还作了进一步的阐述，名之“三水文化”，此说源于嵩山是河、济、淮水源之一；名之“孵化器”和“发动机”，此说源于嵩山是华夏之源；这不仅丰富了嵩山文化圈，也解释了嵩山文化圈。嵩山文化圈是山水文化的典型，所以，嵩山山水孕育出华夏核心文化。嵩山文化圈命名并非心血来潮，更不是从故纸堆中捡来的，而是建立在我国一个世纪的考古学研究、近30年的环境考古和多年的嵩山文化研究基础之上的。

自嵩山文化圈命名以来，我们对嵩山文化内容有新发现，对其生态特点作出更进一步阐释，融嵩山神情于一体，歌之，颂之；把嵩山历史与现今结合，察之，用之；察嵩山山水与文化，明之，信之；以嵩山天地之中嬗变中文化，理之，道之。

嵩山文化圈的重要考古发现也源源传出，如许昌人遗址，老奶奶庙遗址，李家沟遗址等。这些年嵩山文化圈不断有考古成果进入全国十大考古发现。

嵩山东支具茨山东端发现大量岩画。我认为具茨山岩画多为史前人类思想意识的记载，可视作中原古文化研究中除文献、考古外的第三依据。

上述这些深入研究和重要发现不仅证明嵩山文化圈是实实在在存在的，而且说明嵩山文化圈与华夏文化渊源甚密。若追溯我国的历史与文化为什么脱离不了嵩山地区就了然了。有人可以承认中原文化，却不能承认嵩山文化圈。歧义源于对我国先民选择生存场所特点认识不够清楚，囿于其他三个古文明国家为大河文化，这种认识束缚了我们的思维，以至一谈古文化就想到河，殊不知我国是山水文化。所以，只有树立山水文化观念，方能促使认识的统一。

我们真的要感激上天赐予我们嵩山地区这块创始华夏文化的福土，否则我国古文化还会有中原策源地吗？

“皇天后土，中岳唯彰”。（周昆叔，《嵩山颂》，《嵩山行》，文物出版社，2010）

以山命名文化圈有文化和环境的要求，所以我国能以山命名文化圈是很少的。除嵩山文化圈较典型外，其他黄河下游有泰山（泰沂）文化圈；长江中游有大洪山文化圈（刘辉，《试论大洪山文化圈》，《中华文明与嵩山文明研究》，科学出版社，2009）。

重山也是重水，因为山是水之源，故山水一体，不可分割。

山水相依，人依山水，资源丰富，民生富足，悠悠山水，山水文化，历久弥新。

2. 中原文化中心论之游移，其主要根源是文化生态缺位。

我们常说树有根，水有源。还说“一方水土养一方人”。何以如此，这是物竞天择决定的。我们要生活下去，必生产，生产必适应当地气候、水土环境，这就深深影响了人们的行为，行为表现为文化，故各地才有文化异同，有先进，有后进，现代如此，古代亦然。这些再平常不过的道理，在某些时候和特定的情况下却容易被遗忘。

司马迁在《史记》中明载："昔唐人都河东，殷人都河内，周人都河南。夫三河在天下之中，若鼎足，王者所更居也，建国各数百千岁，……"。2000年前司马迁认定的中原中心论，到2000年后，我们考古学搞了一个世纪，何以中原中心论还是游移的呢？我认为不是中原古文化比周边差了，以至造成中原中心论游移，而是忽视"一方水土养一方人"，或者叫文化生态缺位造成的。

要讨论这个问题还得先从文明起源时诞生嵩山文明的生态环境着手。

我们讲嵩山文明是山、水、土、生、气、位六大生态环境共同作用的结果，有必要再来回顾一下这六环境因素。

山（古陆）：嵩山是嵩箕地块，为30多亿年的独立山体，地史悠久，地层完整，构造典型，可谓地学全书。山体及周边约4000平方千米。嵩山是昆仑山东延的东端，"苍茫昆仑，逶迤河江。山原之交，嵩山名扬。"（周昆叔，《嵩山颂》，《嵩山行》，文物出版社，2010）。嵩山与昆仑一线，成我国山脉的中脉，昆仑山、秦岭、嵩山如伏于中华之中的一条龙，嵩山为龙首，定昆仑，瞰平原。这条龙状的中脉分我南北，辟我河（黄河）江（长江），其功之伟，难有其二。

嵩山山文与人文有两大特点：

首先，嵩山山腹低丘区是文明之珠。嵩山主要分为两部分，北有嵩山中山，南有箕山高丘，这是嵩山的山区。嵩山、箕山二者间有海拔300–400米高的近100平方千米的低丘，这是嵩山山腹的低丘区。这一低丘区是嵩山聚水、聚土、聚人、聚文，成为华夏之源的聚宝盆。与其他四岳为尖峰比，嵩山腹中低丘区优势尽显。嵩山中凹地形促嵩山文化奥焉！

嵩山南北各有一坳陷盆地，水土丰沃，是两颗文明之珠。嵩山北有洛阳盆地，这里是造就河洛文化的宝地，方能成为"三代之居"。嵩山南有禹州盆地，这里是仰韶、龙山、二里头文化的重地。

嵩山山腹低丘区与其南北盆地为嵩山三颗"早期国家文明之珠"，这是嵩山山文与人文的显著特点之一。

其次，嵩山东支与华北冲积平原间为早期华夏文明形成区。嵩山向东有具茨山和云蒙山两支，这一由嵩山中山、高丘、低丘、剥蚀堆积平原到华北冲积平原特殊地貌，在这山原之交数千平方千米边缘环境带为早期中国的形成区，这是嵩山山文与人文又一显著特点。

水（三水）：嵩山为河（嵩山西北）、济（嵩山东北）、淮（嵩山东南）水源之一，三大独立入海之大河，相聚嵩山，相联而成“三水文化”。

土（黄土）：嵩山属黄土高原东迤，以“瑞土”黄土为名的中华人文始祖黄帝故里于斯，大禹的基业也在嵩山地区，人杰地灵。黄土台地利于农耕。食物相对充裕的嵩山地区，利于文化发展。

生（生物）：东西南北植物汇于嵩山，嵩山成为东亚植物基因宝库。在少林寺方丈室旁有两株硕大藤本植物缠绕在侧柏树上，一为常绿阔叶，一为常绿针叶，相得益彰。人们十分好奇，何知那藤本植物本为南国湿热植物，名扶芳藤（*Euonymus fortune*），像扶芳藤这种南方植物繁于嵩山不是个例（周昆叔，《嵩山行》，文物出版社，2010。叶永忠、吴顺卿主编《嵩山植物志》，中国科学技术出版社，1993）。嵩山植物区系以温带为主，占植物总数的 70%，其中热带、亚热带植物有 41 科，热带属有 140 属，占本区总属数的 25%，所以嵩山植被有明显的过渡特点。嵩山王城岗遗址龙山文化层中发现过我国南方树种的炭屑，如枫香（*Liguidambar formosana*）（北京大学考古文博学院，河南省文物考古研究所，《登封王城岗考古发现与研究》，大象出版社，2007）。

气（气候）：我国以农业立国，不误农时，那是关乎民生福祉和国家安危的大事，故历来重视节气研究，分二十四节气。“早在公元前 6000 ~ 公元前 2000 年的新石器时期，便有历法，且更有使用物候指时的记载”（李永匡、王熹，《中国节令史》，（台北）文津出版社，5 页，1995 年）。“古代的天文学家在观察了华中、华北地区的每一个阶段内所特有的气象、物候之后，才定出各阶段的节气名称”（文献同前注，16 页）。登封告成镇的周公测景（影）台，说明嵩山是我国古代节气测定处。上述文献与古天文台都证明嵩山、中原与我国二十四节气关系密切。嵩山、中原节气典型，雨热同季，景观多样，致使中原干旱黄土台地宜旱作，种植粟、黍、小麦、大豆；在较低洼处多水湿地宜种植水稻，故中原几千年前有五谷生产和六畜饲养。

位（区位）：中原地处北纬 33° ~ 35° 之间，嵩山正值北纬 34°，光照适中，水热匹配。在文明兴起时，亚热带北移至北纬 37° ~ 35°（周昆叔，张广如，曹兵武，《中原古文化与环境》，《中国生存环境历史演变规律研究》（一），海洋出版社，1993）。那时嵩山处在亚热带北沿，水热环境优于今天。亚热带北沿气候更有利万物的繁荣，助五谷农业和六畜饲养兴起。嵩山东北十字形通道，成交通枢纽，便人流、物流，文发、政通。从上述可知，嵩山地区地理属中纬度，气候适宜，又为交通枢纽，控制四方作用显著，有助于天地之中意识形成。

审视新石器时代中期以来，中华文明以中原为中心态势形成，及至龙山文化晚期至二里头文化间中华文明奠定时，中原以外的文化沉寂，唯嵩山地区一枝独秀，此乃嵩山地区六大水土环境因素综合作用优势使然。这让我们意识到在我国文明形成过程之中，嵩山、中原文化先进是仰赖这里水土优势的结果，域外的水土不如嵩山、中原，也就不可能出现能与嵩山、中原相匹配的文化。另则，也提示中原文化中心游移的主因是文化生态缺位，就是一方水土养一方人的认识不到位。反思中促使我们要进一步提高环境考古意识，深入展开环境与文化关系研究，以促进对中原文化中心论的理解。

文化是民族的魂，是民族的根，若中原中心论游移，那我们中华民族魂不稳，根不牢，恐怕不是大家愿意看到的。

3. 天地之中嬗变中文化

“天地之中”如何嬗变为“中文化”有一个认识过程，可分三个阶段：

第一阶段，我对“天地之中”认识是朦胧的。这始于 2009 年 5 月我长住“嵩山寄楼”。面对嵩山这本大书如何解读，思虑再三，要化繁为简，争取言简意赅，于是写下一首 118 字的《嵩山颂》，以总结我对嵩山的看法，其中我第一次用到“天地之中”。接着我琢磨嵩山神韵到底是什么，定稿为“天地之中，万山之祖，三水之联，五岳之宗。”这是我第二次提到“天地之中”，而且把“天地之中”列为嵩山神韵之首。尽管如此，嵩山何以为“天地之中”还是朦胧的。

第二阶段，我对“天地之中”认识可称之为深入阶段。这始于 2010 年 8 月 1 日，联合国教科文组织世界遗产委员会第 34 届会议将登封“天地之中”历史建筑群列入《世界遗产名录》，“天地之中”被世界认可，登封人民一片欢腾。欢腾之余，人们问何以叫“天地之中”？这时登封市委宣传部邀我为全市科级以上干部讲解“天地之中”，给我出了个难题，也提供了我思考“天地之中”的契机。我以《天地之中——中华文化认同的基础》为题作了报告，报告分位置之中、古天文之中、生态之中、人文之中、政治之中五部分，并归结“天地之中”理念是中华文化认同的“基础”。为使大家有个直观印象，画了张“天地之中树状图”。上述五方面为树根，“天地之中”为树干，“中”文化等作为树冠。使“天地之中”概念具体化，而且着重指出“天地之中”是我们文化认同的“基础”，甚至在“天地之中树状图”中还点出了“中”文化。通过向登封市干部讲解“天地之中”让我对其认识深化了，并初步提出“中文化”理念。这可以说是我对“天地之中”认识进入到了第二阶段，即深入阶段了，然而未详解“天地之中”何以为我们民族文化的“基础”。

第三阶段，我对“天地之中”认识进入理解阶段。这一阶段持续时间达几年。此段始于 2011 年 5 月我决定离开“嵩山寄楼”返回北京，向王文超书记告别，并谈到近期一直在想“天地之中”应是我们民族认识问题的“基础”，这个“基础”到底是什么？现在觉得就是“中”。这个“中”就是我们从“天地之中”体会到做人，做事要“中度”，也是“中国”、“中华”、“中原”、“中州”、“中庸”、“中和”、“中道”等重要人文名词都冠“中”的原因。因此，我概而称之为“中文化”的想法更加坚定了。继后才有《大道为中——试释中国传统的“中”文化》和《再谈“中”文化》论文的发表。

2013 年郑州中华之源与嵩山文明研究会举行以“嵩山文明与早期中国”为主题的学术年会，我在会上作了《凝聚的嵩山》报告。报告中，我谈到：严格地说天地之中并非指天文意义上的“天地之中”，而是指传统文化的中，指嵩山地区为天下最适合人类生存、文化创造、建国、立都的地方。周公旦受命周武王为营建东都洛邑找根据，才有周公求地中于嵩山这一重要史实，这既是周营东都之需，也是对传统文化“天地之中”的发展与肯定，自此，嵩山天地之中的地位得以明确。《周礼 · 大司徒》：“日至之影尺有五寸，谓之地中，天地之所合也，四时之所交也，风雨之所会也，阴阳之所合也，然则百物阜安，乃建王国焉，制其畿方千里而封树之。”古时天文知识受限，日影求地中有局限性，3000 年前先人能如此认真实属难得，令人钦佩！可贵的是对嵩山天地之中气候环境之明示。“天地之所合也”指嵩山天琢地合，“四时之所交也”指嵩山四季分明，“风雨之所会也”指嵩山风调雨顺，“阴阳之所和也”是对前述嵩山气候环境的总结，嵩山是阴阳、正负、矛盾和合之处，故百物阜安，四方来汇，嵩山是百物适生之地，成建国、立都之首选。上述《周礼 · 大司徒》引文的精髓是道破了“天地之中”的实质，那就是嵩山一带为环境适宜的地方，也道出了周公选择嵩山求地中的环境、文化与区位缘由。适者，不冷不热，不干不湿，不偏不倚，中也。我们先辈经千百年体验嵩山地区是适生、建国、立都之所，谓之“天地之中”，并意识到中的重要，而这个“中”符合事物运动受控于中的规律，所以把传统文化的“天地之中”嬗变为“中文化”，既是对“天地之中”本意的体悟，也是对人们心目中早已认识“中”重要性的表达、肯定与升华。这就让我对“天地之中”的认识开始进入理解的第三阶段了。这一阶段是个漫长的过程，直至现今与未来。

一次座谈会上谈到，“中文化”是个“长期”研究过程。这反映了对“中文化”重要性和艰巨性的深刻理解，也是对“中文化”研究的一个战略思考，继后才有《“中文化”论纲》一书的编写计划和执行。

在一次《“中文化”论纲》讨论会上，我谈到，由“天地之中”转化为中文化说明“中文化”是唯物史观的。话音刚落，宋豫秦教授接着说：“好！”之所以好，我想有三重意思：一，“中文化”的提出把传统文化上的“天地之中”上升到了哲学层面。二，由“天地之中”转化为“中文化”使“天人合一”思想更深化和更赋哲理。三，由“天地之中”转化为“中文化”，说明“中文化”是土生土长的。

关于“中文化”将在《“中文化”论纲》中讨论，我这里只想说：“中文化”是几千年来“允执其中”、“允执厥中”、中庸、中道、尚中等“中”思想的概括。“中文化”是在中国天地之中传统文化基础上升华为具哲理的中华核心人文文化。

“中文化”是讲物质运动和思想意识受控于中的学问，其哲学表达是大道为中。

万物唯精一，道心执厥中。

中者聚也，力量汇聚；正也，力量集中；发也，力量发挥。以中原为例，聚为四方来会，正为逐鹿中原，发为姓氏之源。

中是相对的，世界处在趋中、离中的运动中。趋中则存则发，离中则陨则废。

中文化具有普世性。中为行为之准，故做人要“本中”。中为处事之章，故做事要“中度”。

天地之中是我们中华民族认识世界的思想宝库。天地之中在中文化理念下，在大道为中哲理中发扬光大。

三、心　迹

时光荏苒，瞬时我已八十有余，所历人事繁芜，兹述心迹三则。

1. 热爱我国古文化

我虽是地质工作者，同时也是古文化爱好者，因此，20世纪70年代我已是中国考古学会的会员，我既为发展我国考古学努力，也得益于我国考古学。

我国考古学诸多成就中，让我尤为关注的是严文明教授的力作《中国史前文化的统一性与多样性》（《文物》1987年3期，38～50页），他把中国古文化比作重瓣花，一语破的，我称之为重瓣花理论（周昆叔，《考文化的科学化》，《中国文物报》2015年11月3日，4版）。

重瓣花本来就是理论，只是作者谦虚，我有点越俎代庖了。为什么要称之为理论呢？原因有三。

一是重瓣花科学性强。重瓣花是对在中国特有地理环境下形成既多样又统一文化的高度概括。华夏文明是有中心的，有边缘的，它反映事物归中的、向中的客观规律，因此，它是合理的，可持续的。华夏文明重瓣花是典型的中文化，故科学性强。重瓣花是我国土生土长的考古学理论，有很强的指导作用。

二是重瓣花实用性好。我国幅员辽阔，地貌多样，生态复杂，各地人们生产、生活有别，文化也就有差异。各地虽有隔，但又不失联通，所以各地文化有交流。在文明形成之初，中原的优势环境助长中原先进文化形成，且更持续，为四方效仿与认同。中原文化对外辐射，或中原文化接受四周文化反馈都是十分自然的。重瓣花那种既分又合圈层结构恰当地说明了我国古文化分布、构成的特点。

三是重瓣花形象生动。再好的东西，不被人认可，缺的是打扮，不打扮，推不出去，打扮要恰当，否则会适得其反。重瓣花把华夏文明打扮得恰当、贴切，多生动，多灿烂，多有生气。要做到这一点，并非易事，只有对事物有透彻理解，且有广博知识方能办到。重瓣花让人们易于理解华夏文明，可贵啊！

重瓣花理论是我国5000年文明的精髓，高屋建瓴地诠释了华夏文明。所以，我们要庆幸、珍视和努力运用重瓣花理论，促使华夏文明更加多彩。

华夏重瓣花

东方华夏百花开，姹紫嫣红山水间。
高空一览奇观出，原是一朵重瓣花。

2. 学术不断追求

科研工作中，各种新情况的出现都会引起我的思考与变化。20世纪80年代中期，第四纪古环境研究已不是孢粉分析一家独大了，出现了地球化学。古地磁学等。而孢粉分析虽好，但鉴定水平长期停滞在科、属水平上，恢复古环境的能力受限，这提示我只搞孢粉分析来研究古环境是不够的。加之1986年国际间更关注全球环境问题，提出“全球变化研究”，这提示我搞古环境研究一定要与人类行为结合。而且，我国考古学文化序列研究已取得重要进展，必然要考虑各区各序列间何以异同，这标志着考古学对古环境研究的需要更加迫切。有鉴上述，又有上宅遗址研究的触发，联想到20世纪60–70年代看到西方环境考古的论述，因此，我提出环境考古的研究方向，以适应科学与社会发展之需。可是这对我是个挑战，因为意味着我要告别30年轻车熟路从事孢粉分析的做法，去做跨学科，甚至是跨学界的事，难题困扰着我。想到时势在变，我必变，因此，因势利导，硬着头皮踏上了环境考古不归路。回想起来，如果20世纪80年代我不把研究方向改作环境考古，我能与考古学密切结合和解读我国、中原和嵩山文化吗?

我到中原就是要解读中原文化生成的古环境及其与先进性形成的关系。无论我从面上调查中原，或从点上解析仰韶文化班村遗址，或剖析二里头文化皂角树遗址，都是我为解读中原文化做准备。划分周原黄土地层单元，或出版《洛阳皂角树》都只能说做了解读中原文化的一环。直到我到嵩山才意识到已触及解答问题的症结。首先认识到嵩山是个文化圈，而且是中华文化的核心。其次从对天地之中解读"中"，先认识到它是我们民族认识问题的"基础"，继而提出"中文化"理念。

3. 感激伯乐们和亲朋好友

我是个幸运的人，能生活在科学技术飞速发展的时代，我也有机会为之出力，得到许多领导、老师、同仁指导、提携和支持。中国科学院刘东生先生是位杰出的科学家，他要我精益求精，矢志不渝。我国历史地理学奠基人之一、北京大学著名教授侯仁之先生对我提携，使我这株苗成长的更顺当。我53岁提出研究环境考古，国家自然科学基金局大力支持，邀我为他们办的刊物作文《开拓环境考古新领域》（《中国科学基金》，1993年第4期，第266～269页）。我的文章又被选在他们办的英文专刊上发表，于是有Zhou Kunshu，Explore The New Field of Environmental Archaeology, Seience Foundation in China, Bulletin of National Science Foundation of China, 1994,vol.2,no.2,pp.52 ~ 54. 至今，每年都有一定数量的环境考古课题被批准，中国环境考古始终得到国家科学基金委员会和国家文物局的支持。环境考古离不开考古单位和专家的合作与指导。70岁后能专注于嵩山文化研究，得益于河南省、市领导的大力支持和许多朋友们的帮助 。

伯乐般的领导、专家做我后盾，我敬佩他们的胸怀敏睿和原则，感激他们的关怀与支持。我一生荡漾在友爱之中，请原谅无法一一列举帮助过我的伯乐和亲朋好友。

深深感激与我合作写文章的同仁们，你们的智慧让我受益，为本书增色不少。

这本书共收集了 13 首诗歌，41 篇文章，其中有 39 篇原已刊登过，此次重刊时对个别文章做了些修改，有 2 篇是新作。本书对嵩山文化和我国文化谈了些看法，也谈了些经历和心迹，如果能成为垫脚石，将感到荣幸。

衷心感谢中华之源与嵩山文明研究会和郑州嵩山文明研究院大力支持本书出版。非常感谢耄耋之年的好友、尊敬的严文明教授为本书写序。感谢与我共事和关照我的莫多闻、吕厚远、曹兵武、王星光、吕宏军诸位同仁在百忙中为本书写跋。张国辉、袁一峰、张颖各位劳顿千里到北京为本书录入、修改、编辑，劳累不已，甚为感念。感谢所有为本书出版操劳的朋友们，你们辛苦了！

周昆叔

稿成于 2016 年 3 月 22 日北京怡斋

目　录

二、哲理嵩山

三、歌颂嵩山

一 解读嵩山

嵩山，地质学全书，美学范例，史学丰厚，

文化深奥，山水典型，文化圈成。

嵩山文化圈的提出*

人类要适应环境才能生存与发展，然而世界各处环境各有不同，故人类对不同环境的适应与选择，使其创造的文化打下了不同环境的烙印，表现出地域文化的特点。

我国地理环境有几大特点。一是面积广，跨几十个经度与纬度。面积广就有避害趋利的广阔回旋空间，利人生、文化发展和延绵。二是气候多样，北有亚寒带，北至南有广阔的温带、亚热带，南有热带，西有青藏气候区域。气候多样，给人们在适应不同气候环境下生存锻炼的机会，利于多元文化的产生；由于有广阔的温带和亚热带，尤其是特别适合人类生存的暖温带和北亚热带宽广，这为我国形成丰富的起主体作用的古文化创造了优越的环境条件，它为华夏文明的形成起到了关键作用。三是地质地貌特殊和复杂，我国地质界前辈总结为北土、南石、东水、西山的特点，故对我国山水之势有“大江东自万山中，山势尽与江流东”的说法，依山顺水形成有黑龙江、辽河、海河、黄河、济水（汉以后逐渐被黄河袭夺）、淮河、长江、珠江等流域特点的文化。由于西倚高山高原，东临太平洋，在相对封闭的广大区域内，不同的环境下生活的人们创造着多种多样的文化[1]，彼此间产生频繁交流，形成既独具一格，又内容丰富，关系密切的中华民族文化，严文明先生称之为多元一统文化[2]，而费孝通先生称之为多元一体文化[3]。多元一体，和谐统一，相辅相成，相得益彰，其真谛在于起核心作用的嵩山文化圈。

嵩山文化圈主指嵩山及其周边地区的中原古文化。

嵩山有四大特点，一是历史悠久，它是35亿年前从大海崛起的一块古陆，且历史绵延。二是相对独立，它以约4000平方千米的面积和1500米高度，成圆锥状突兀于华北平原的西南部。三是资源丰富，山中有上百平方千米的低丘，海拔300~400米，这里河流密布，水网发达，河旁黄土台地广布，山上林草丰茂。源于嵩山的5条河流和一些沟谷呈放射状分布，为淮河主要支流颍河的发源地，也为济水（汉后逐渐被黄河袭夺）、河水（汉后称黄河）的重要支流伊洛河的水源补给地。四是古文化发达，山中、山边有旧石器时期遗址和中石器遗址多处，而且在旧石器中期就显示有南北文化交融与过渡特点。山中还有新石器时代以来的遗址10多处，其中有与夏代起源关系密切的王城岗龙山文化遗址，有战国阳城故城等著名遗址。山周围每条放射状河流都是人类重要生存与文化传播通道。嵩山附近有一系列重要遗址，如距今8000~7000年

* 周昆叔，原载《十五年来的中国环境考古》，《环境考古研究（第三辑）》，北京大学出版社，2006年，第18~19页。

间有裴李岗文化的裴李岗等遗址；有距今 7000 ~ 5000 年间仰韶文化的大河村、西山、秦王寨等遗址；有距今 4600 ~ 4000 年间有河南龙山文化的瓦店、煤山、古城寨、新寨等遗址；有距今 4000 ~ 3000 年间有二里头夏都、大师姑古城、郑州商城、偃师商城等遗址；有距今 2000 多年的洛阳、开封古都，这就形成了嵩山文化圈的中心区。嵩山和环嵩山分布的古文化遗址与古都就其数量、规模、类型、连续与影响来说，在全国独占鳌头，成为中国古文化的核心。

嵩山文化圈为何得以形成，是嵩山地域山、水、土、生（生物）、气（气候）和位（地理位置）诸因素共同作用的结果。山好，资源丰富；水多，水网发达；土沃，系黄土；生物多样，气候温润，四季分明，有利垦植与万物生长；位置适中，便于交往、文化幅射与反馈，这些造就了在中国起核心作用的中原古文化。

过去多注意黄河对中原文化的作用，实际是嵩山地域的多因素在造就了中原古文化，其中包括黄河起的重要作用。水对中原古文化的形成当然重要，但中原古文化是我国古代四渎中的三渎，即河水（汉以后改称黄河），济水和淮水（淮河）共同滋养中原人们创造的。黄河、济水与淮河合力造就了中原古文化，其功力之伟，世界罕见，所以，河水（黄河）、济水与淮水（淮河）都是孕育中原古文化的母亲河，就此来说，中原古文化也可称之为三水文化，或称“三河文化”。

参考文献

[1] 周昆叔、巩启明主编:《环境考古研究（第一辑）》，科学出版社，1990 年。周昆叔、宋豫秦主编:《环境考古研究（第二辑）》，科学出版社，2000 年。叶茂林 :《青海喇家遗址的环境考古及思考札记》，《中国文物报》2003 年 11 月 14 日 7 版。竺可桢 :《中国近五千年来气候变迁的初步研究》，《考古学报》1972 年 1 期。严文明 :《中国史前文化的统一性与多样性》，《文物》1987 年 3 期。费孝通:《中华民族多元一体格局》，中央民族学院出版社，1989 年。苏秉琦、殷玮璋:《关于考古学文化的区系类型问题》，《文物》1981 年 5 期。苏秉琦:《中国文明起源初探》，生活·读书·新知三联书店，1999 年。莫多闻、宋豫秦、李水城 :《河南驻马店地区与甘肃葫芦河流域中全新世环境演变及其对人类活动影响的对比研究》，《环境考古研究》（第二辑），科学出版社，2000 年。尹泽生、杨逸畴、王守春主编 :《西北干旱地区全新世环境变迁与人类文明兴衰》，地质出版社，1992 年。谢钧祥 :《河洛文化与中华姓氏起源》，《根在河洛》，大象出版社，2004 年。商志䜩 :《论香港地区新石器时代沙丘遗址的两个特点——兼论环珠江口新石器时代特点的共同性》，《香港考古论集》，文物出版社，2000 年。蔡保全 :《从贝丘遗址看福建沿海先民的居住环境与资源开发》，《厦门大学学报（哲社版）》1998 年 3 期。蔡保全:《杭州湾两岸新石器时代文化与环境》，《厦门大学学报（哲社版）》2001 年 3 期。邓辉 :《全新世大暖期燕北地区人地关系的演变》，《地理学报》1997 年 1 期。宋豫秦等 :《中国文明起源的人地关系简论》，科学出版社，2002 年。
[2] 严文明 :《中国史前文化的统一性与多样性》，《文物》1987 年 3 期。
[3] 费孝通 :《中华民族多元一体格局》，中央民族学院出版社，1989 年。

中华民族文化的核心
——嵩山文化圈*

[摘　要] 文化有地域性，这源于人对环境的依赖、适应与利用。中国960万平方千米的国土跨越几十个经度和纬度，有多种多样的气候，分寒温带、温带、亚热带、热带和青藏高原气候区域。有多种多样的地貌，山川纵横、盆地罗列。有北土、南石、东水、西山的不同水土。多种多样环境孕育出既丰富多彩又统一的中华民族文化，其真谛在于中华民族文化是有核心的，其核心是嵩山文化圈。

[关键词] 中华民族文化　嵩山

一、为什么要提出“嵩山文化圈”的概念？

嵩山一带旧石器文化虽属北方细小石片石器系统，但在巩义神南洪沟、登封君召遗址中砾石石器占有一定比例，这说明旧石器时代中期嵩山地区古文化就有中国南北文化交融与过渡的特点。

距今100000年有灵井旧石器中期文化遗址，在其中发现有许昌人化石。

距今10000年有李家沟遗址。

距今9000～7000年裴李岗文化遗址达70处以上，且可分为裴李岗、贾湖两类型。裴李岗、莪沟、石固、贾湖等遗址密集地环嵩山分布，据初步统计达43处，以其数量之多、分布之密为同时期全国之冠。其农业兼有粟作与稻作。

距今7000～4500年的仰韶文化，内涵丰富，可分多个类型，环嵩山分布的重要仰韶文化遗址有秦王寨、点军台、大河村、西山等。其影响东至滨海，西抵青藏高原东侧，北达长城内外，南入长江流域。类型多，影响广。

距今4500～4000年的豫西、豫中龙山文化，也可分为不同类型，环嵩山重要龙山文化遗址有王城岗、煤山、王湾、古城寨、瓦店等。

距今4000～3000年成中国夏商周三代的立国中心，环嵩山重要遗址有新砦、二

* 周昆叔，原刊于《文明》杂志2006年3月特刊，修改后转载《中华文明与嵩山文明研究》（第一辑），科学出版社，2009年。

里头、郑州商城、小双桥、偃师商城等。这是中国最早踏入文明时代的地方，是中国治国之道和礼仪之邦的发祥地。

距今3000～1000年是战国、秦汉、唐宋时期国家的中心，使中国成为一统的大国。这里分布有我国八大古都中的四个——洛阳、郑州、开封、安阳。

有鉴于以上这些特点鲜明的中原古文化与嵩山关系密切的事实，令我们自然会想到在中原有一个环嵩山文化圈。

二、嵩山及其与中原古文化的关系

嵩山是秦岭东迤相对独立的山体，面积达4000平方千米，与华北平原接壤，是35亿年前崛起的古陆，历经太古宙、元古宙、古生代、中生代和新生代，层序清楚，时代连续，构造典型，现为世界地质公园。嵩山中分布有较广的石灰岩，并形成溶岩洞，便于旧石器时代人类栖息，如荥阳织机洞遗址等。嵩山最高峰玉寨山海拔1512米，次高峰嵩山海拔1492米。嵩山中心区地貌可分三部分，其北为嵩山，系中低山，呈东西展布。其南面为箕山，多在海拔1000米以下，为低山丘陵，也为东西展布。在上述二山之间夹一低丘地带，海拔300～400米，相对高度约50米，面积达100平方千米，其间有大金店、登封与卢店盆地分布。低丘中自西向东有南河涧沟、顾家河、少林河、老东沟、书院河、五渡河和石淙河七条源于嵩山的河流汇入颍河，形成颍河的源头，这些河流织成每平方千米0.32千米的水网。这些河谷中普遍发育有二级阶地，其上堆积有中更新世末晚更新世和全新世的黄土，厚达5～6米或更厚。嵩山腹地水丰土沃，新石器时代及其后的人类栖息其间，据不完全统计各类遗址有14处，其中有著名的王城岗遗址和战国阳城遗址等，嵩山本身就是古文化发达之区。

从嵩山发源的淮河支流有颍河及其支流汝河、双洎河，还有若干沟谷汇入伊洛河，成黄河重要水源补给地，促使黄河冲出晋豫峡谷后，以万钧之力塑造华北平原。从嵩山发源的河谷近似放射状，每条河流都是人们赖以生存和传播文化的通道。举双洎河为例，该河源于嵩山东侧马岭山山麓登封市大冶镇西施村紫罗池，在具茨山与云梦山之间，作东南流，长171千米，流域面积1758平方千米。此河上游灵崖山一带有石灰岩分布，其溶洞中曾发现有旧石器晚期人类化石。其中上游倾斜堆积平原上，黄土台地广布，近山、傍水、利垦殖，据初步调查，这里分布有32处新石器至夏商时期的遗址。这里古文化的显著特点是新石器中早期的裴李岗文化遗址多达14处，占河南全省裴李岗文化遗址约1/5。这14处遗址中10处分布在上游，占71. 4%，而中游只分布4处，占28. 6%，裴李岗文化命名地就位于该河中游新郑市裴李岗村。双洎河中上游裴李岗文化遗址占绝对多数和裴李岗文化遗址环嵩山分布的情况，清晰地说明旧石器时代人类栖居山地，到新石器时代通过双洎河等河流向华北平原进发的事实。

从上述可知，嵩山既有旧石器文化，又是新石器文化孕育处，也是新石器文化与三代文化孕育和传播的中心。因此，嵩山是形成中原古文化的发动机、孵化器。

三、嵩山文化圈如何形成？

首先要从人类迁徙规律来探讨。华北，甚至更广大的区域，人类生存和迁徙的规律是旧石器时期主要依山，新石器时代早期主要分布在山麓；新石器中、晚期与夏、商、周、战国主要在高台地或阶地，一般为高出河面 10 米的二级台地或阶地上；秦汉、唐宋遗址分布到低台地或阶地，一般为高出河面约 5 米的一级台地或阶地，这些取决于人类进化、生产发展、气候变化和地貌发育。因此，山对人类及其文化发展十分重要，因为它是人类，尤其是早期人类的主要栖息地，山能为人类生存提供水、土、生物等重要资源。山是水之源，水乃人之托。山在人类文化形成中的作用应予以更多关注。嵩山规模适当，中山、低山、丘陵、低丘、盆地、河流、黄土台地、溶洞等地貌发育齐全。嵩山地质历史悠长，水、土、生物资源丰富，历来为适宜人类生存的场所，故辟为世界地质公园，为我国森林公园与文化圣地。嵩山文化圈的形成是山、水、土、生（生物）、气（气候）和位（地理位置）诸因素综合作用的结果。

在文明发源和形成时期，嵩山地区的山、水、土、生、气、位的条件优越。这里地理位置属中纬带；气候属温带与亚热带之交，系东亚海洋季风作用的边缘；地貌为黄土高原，豫西山地与华北平原的接壤处。在距今 8000 ~ 3000 年的全新世中期的气候适宜期，水热条件优越，雨热同季，南方湿暖气候作用在北方黄土之上，生物繁茂，裴李岗文化时期农业已在褐红色黄土古土壤上展开。到二里头文化时期，人们在红褐色黄土古土壤上部种植粟、黍、稻、麦、大豆，出现五谷农业。地处东西南北的要冲，便利交往与文化的吸纳和辐射，这些成为嵩山地区先民创造先进中原文化的有利区域环境。总之，嵩山文化圈的形成是具有活力的、宜居的生态环境边缘效应的结果。

四、提出嵩山文化圈的意义

尽管中国东、西、南、北都形成了富有特色的文化，但由于无嵩山文化圈的区域环境优势而不能成中华民族文化的核心。物质是可分的，也是有核心的，文化亦然。中华民族文化是“有核心的多元一统文化”，或“有核心的多元一体文化”。

嵩山文化圈形成虽是特有区域生态环境孕育的结果，也受益于中原周边文化交流。

嵩山文化圈的概念让我们加深了对中原古文化、华夏文化形成的理解，有助于对中原周边为何形成石家河、客省庄等文化活跃带的认识，也有助于我们将全国多种多样文化素材建成令人理解和骄傲的中华民族文化大厦，增强民族凝聚力。

嵩山文化圈让我们认识到在研究古文化形成的生态环境时，不仅要重视水土，也要重视山、水、土、生、气和位多生态因素分析。

嵩山文化圈的提出是我们从区域环境深入认识中原古文化和中国文化的新起点。当然还有许多问题有待研究，如嵩山文化圈层的划分与内涵的深入分析，嵩山文化圈区域环境变化与文化发展等等。随着嵩山文化圈的深入研究，将促使我们更好地发展我国考古学、环境考古学、第四纪地质学等学科。

论嵩山文化圈*

[摘　要] 嵩山及其周围的山、水、土、生（生物）、气（气候）和位（地理位置）诸环境因素综合作用下促使形成中原古文化，嵩山在中原古文化形成中起到发动机与孵化器的作用，故提出嵩山文化圈的概念。嵩山文化圈是全国古文化的核心，也是嵩山地区与周边地区文化不断交流的结果。中华民族文化“多元一统”和“多元一体”的特质，其要旨之一是有嵩山文化圈所起的核心作用。嵩山文化圈的形成机制乃环境接壤的边缘效应。

[关键词] 嵩山文化圈　中原　黄河中下游　古环境　古文化

一、论题的提出

2002年9月，笔者中周昆叔在济南举行的“中国第三届环境考古学大会”上做《中国十五年来的环境考古》学术报告，在论及黄河中下游环境考古时，提出这里有嵩山文化圈和泰山文化圈。2004年春，为执行国家自然科学基金项目《河南双洎河流域史前人类生存环境研究》，周昆叔与笔者张松林、莫多闻、王辉讨论中，张松林谈到嵩山文化圈之事，并说已写就一文①。其后，我们一直在思考嵩山文化圈问题，并以此为指导展开双洎河流域环境考古研究工作，还在双洎河流域环境考古研究工作阶段报告中讲到嵩山文化圈问题。为此，今作一专论。

文化是具有地域性的，这源自于人对环境的依赖与适应。中外学者对中国文化的区域性早有不同程度的阐述，其中特别是近代考古学家有较详细的论述。如苏秉琦先生根据考古学文化区、系、类型，将我国考古学，特别是新石器考古学文化划分为10个地区[1]。后来他又在讨论中华文明起源中将中国史前文化区系类型按“条块”划分为北方、东方、中原、东南、西南和南方六区[2]。严文明先生曾论及中国史前文化的统一性与多样性，将中国考古学文化划分为中原、甘青、山东、燕辽、江浙和长江中

* 周昆叔、张松林、张震宇等，该文系国家自然科学基金项目成果，项目批准号40371110。原文刊登在《中原文物》2005年1期。

① 张松林，《嵩山文化圈在中国古文明进程中的地位和作用》。

游六大文化区[3]。张光直先生曾将龙山时期文化划分为相互关联的山东、良诸、黄河中游、齐家和青龙泉五个区[4]。这些都是基于史前考古学文化特征而分区的，在某种程度上也反映了文化的区域性，但都不是主要从生态环境来考虑文化区域划分的，结合古生态环境来进一步推动我国古文化的区域性研究是很有必要的。

上述考古学文化区的划分，本身就说明了中国文化内涵丰富多彩，如苏秉琦先生言简意赅地概述为“满天星斗”[1]。然而他们在陈述中国文化多样性的同时，也都肯定中原文明的“核心”地位。苏秉琦先生称中原文化为“腹心”[1]，为“直根系”[2]。严文明先生称中原文化为“花心”[3]。中原文化“核心”作用是如何体现的？它到底有什么特殊？

首先，从现在嵩山地区发现的旧石器虽属北方细小石片石器系统，但在某些遗址，如巩义神南洪沟、登封君召遗址中发现砾石石器占有一定比例，这说明早在旧石器时代嵩山地区古文化就有中国南北文化交融与过渡特点。

其次，距今 9000 ~ 7000 年新石器文化早期晚段到中期早段裴李岗文化遗址达 70 处以上，且可以分出裴李岗、贾湖两类型，它密集地环嵩山分布，据初步统计达 48 处，以其数量之多和分布之密为全国之冠。其农业兼有粟作与稻作，就农业先进性来说也名列前茅（图 1）[5、6、7]

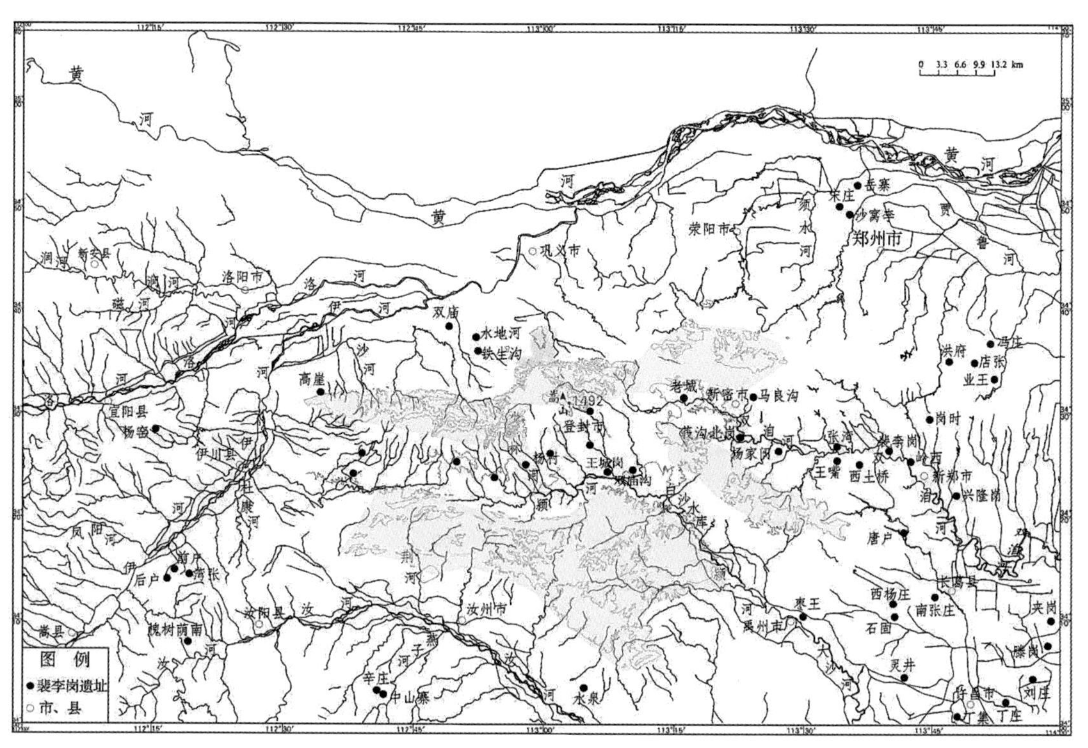

图 1　环嵩山裴李岗文化遗址分布图

第三，距今7000～4500年的仰韶文化，如其色彩缤纷的陶器一样，可分半坡、庙底沟、秦王寨、后岗、下王岗等类型[8]，仰韶文化影响东至滨海，西抵青藏高原东侧，北达长城内外，南入长江中下游[9、10、11]，类型之多和影响之广纵横达1000千米，也为全国之冠，在世界上也是罕见的。

第四，距今4500～4000年的豫西、豫中龙山文化。“这个类型又称为王湾或煤山类型，在黄河中游龙山文化诸类型之中分布最广，所发现遗址最多。遗址分布于山西河南之间黄河两岸，河南的洛河河谷和嵩山地区，向东沿淮河支流颍河伸延到禹县以东”[4]。可见豫中的嵩山地区龙山文化在黄河中下游占有重要地位。近年间嵩山东麓双洎河支流溱水旁发现古城寨龙山古城，黄土高原东部边沿原野上耸立着10米以上夯筑城墙，经4000年风雨仍傲然屹立，其工程之优化，叹为观止，此乃人类的杰作，它代表着嵩山地区龙山文化的丰富内涵[12、13]。

第五，距今4000～3000年是中国夏商周三代的立国中心[14]，是中国踏入文明时代最早的地方，是萌发中国治国之道和形成礼仪之邦的发祥地。

第六，距今3000～1000年是战国、秦汉、唐宋时期国家的政治中心[15]，使中国成一统的世界大国。据英国经济学家麦迪逊新近研究，公元1000年前，中国人均GDP在西欧之上[16]。

综上所述，可见中原古文化之特殊，特殊在它早在旧石器时代就已显露南北文化兼有，是中国新石器文化很发达的地区，是立国与强国的中心地区。究其原因，树有根，水有源，还是要从孕育中原文化生态环境中寻找，即要从这里山、水、土、生（生物）、气（气候）和位（地理位置）影响人类生存和文化创造的诸环境要素中去考察。

二、嵩山文化圈的内涵

中原古文化发达的原因，历来人们都重视环境因素的分析，如20世纪初《禹贡》杂志学者们从地理位置、水文和气候进行探讨，近代亦然，只是较之更详[14、17]，这些研究是有益的，但有两点不足，那就是对中原古文化形成的环境因素综合研究不够，尤其对山的作用重视不够。

为什么要重视山对人类文化的影响呢？因为山能为人类提供丰富的生活资源，尤其水、土和生物对人类影响大，在旧石器和新石器时代初更是如此。

从中国人类迁移的规律来看，总的情况是从山向原迁移。旧石器时代主要依山。旧石器时代向新石器时代过渡时期主要依山麓。新石器时代至三代时期主要依高阶地或台地（一般高出河沟10米左右），秦汉后迁向低阶地或台地（一般高出河约5米左右）（图2）[18]。这取决于人类演化、生产力水平、气候和地貌的变化。

说到人类对山的依赖似乎不言而喻，然而在探讨人类生存规律时，却缺乏对山足够的重视。

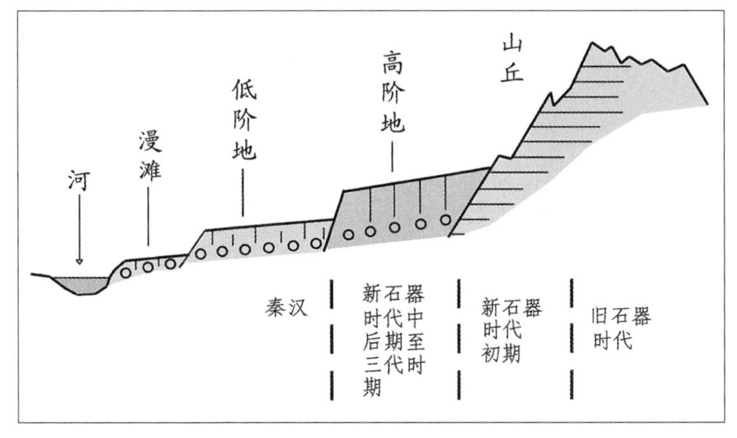

图 2　中国人类迁移模式图

山对人类生存重要性需要分析。山的规模要适度，太大，崇山峻岭，人类进得去，出不来，水土等生活资源难以满足人类需要，不适人类栖居；太小，人类对水、土、生物等资源需求受限，也不适合人类生存。因此，只有有一定规模，人类生活资源丰富，便利人类出入、居住和生活的山才适合人类的需要。

嵩山如何？嵩山有如下优势。

嵩山是秦岭东迤的一部分，以伊河龙门与西部诸山隔开而成一相对独立的山体，面积约 4000 平方千米，东面广阔的华北大平原，南隔汝河与伏牛山相连，北隔黄河与太行山相望。嵩山是东亚中国有 35 亿年地质历史的古陆，历经太古宙、元古宙、古生代、中生代和新生代，层序清楚，时代连续，被誉为“五代同堂”，亦说“七代同堂”，嵩山以其丰富的地质内涵被评为国家地质公园[19]。由于地史悠长，且处中纬度温带，四季分明，生物繁茂，水资源丰富，河流发育，呈放射状，为淮河重要源头，系淮河最重要支流颍河干流发源地，为其支流汝河、双洎河和贾鲁河的发源地，也为黄河支流伊洛河的重要水源地，为万里黄河流入华北平原增加活力。崇山峻岭的嵩山似乎都是山，其实不然，嵩山中心区可分三个地貌单元，北部，即嵩山主峰所在，最高峰玉寨山海拔达 1512 米，次高峰嵩山海拔达 1492 米，为呈东西布列的中低山。南部为箕山，较北部低，多在海拔 1000 米以下，为低山丘陵，也为东西向展布，在上述二山之间夹着低丘，海拔 300 ~ 400 米，相对高度一般为 50 米左右，而且在低丘中有大金店、登封与卢店盆地。嵩山中的低丘与盆地，南北宽约 10 至 10 多千米，东西长约 80 千米，面积约 100 平方千米。自低丘西向东分列着南河涧沟、顾家河、少林河、老东沟、书院河、五渡河和石淙河共七条河，这些河源于嵩山主峰南麓，共同南流汇入箕山北的颍河。嵩山不仅丛山密布，而且山中有低丘盆地，这样嵩山中包含了较广阔的汇水地域。由于嵩山北坡缓南坡陡，且高差悬殊，达 1000 米，这样既能挡西北干冷风，又能迎东南暖湿风，所以嵩山山中温和多雨[20]。因此，嵩山水网密布，其密度达每平方千米 0.32 千米，且水量丰富[19]，年变率小[20]（图 3）。

嵩山山中颍河上游不仅水网发达，且各支流均有二级阶地，今举两例。登封市石

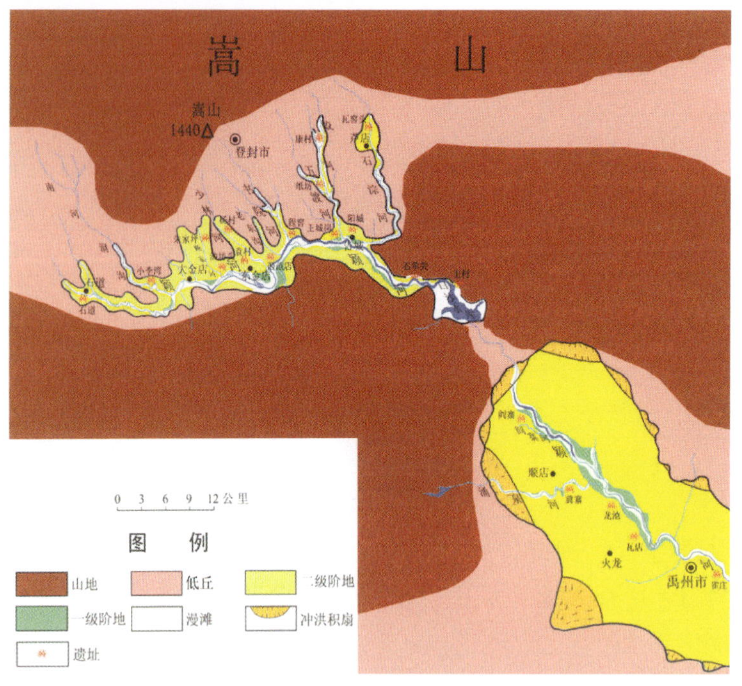

图3 颍河上游环境考古图

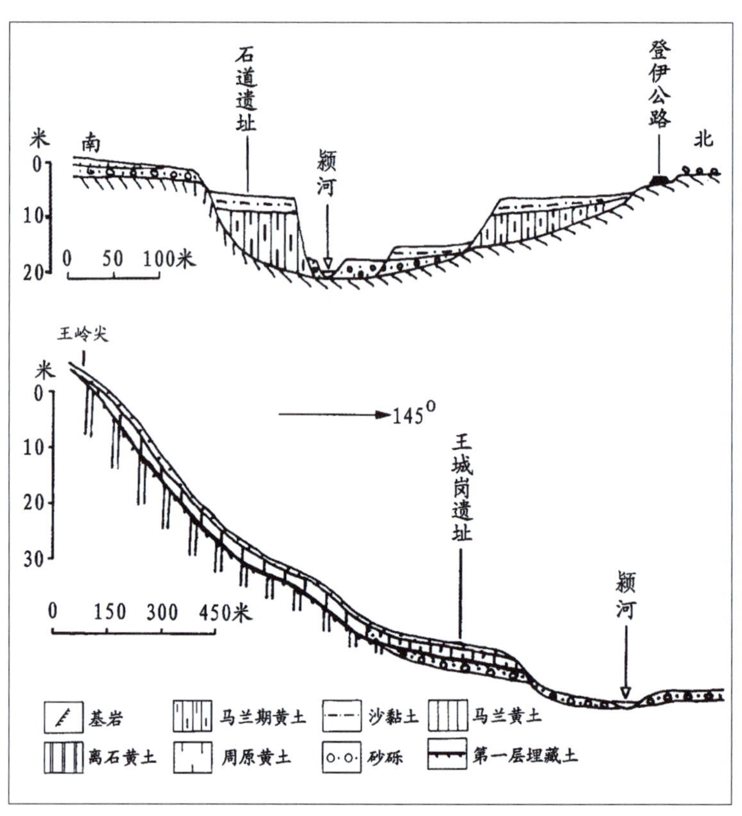

图4 登封市石道乡石道遗址、告城镇王城岗遗址地质地貌剖面图

道乡石道村为颍河的源头，这里泉眼众多，泉水涌流，常年不断补给颍河。该段河谷宽约300多米，深约10多米，两侧有砾石堆积的低丘，谷地中有二级阶地与漫滩，二级阶地高约10米，堆积马兰期黄土与砂黏土，一级阶地高约4米，堆积有砂黏土与砂砾。其南岸二级阶地分布有龙山文化遗址（图3、4）。在登封市告城镇一带颍河谷地开阔，其西有北来的五渡河汇入颍河，五渡河与颍河之间分布较广阔的二级阶地与不宽的一级阶地，二级阶地下伏砂砾层，其上堆积有中更新世离石黄土的第一层埋藏土、晚更新世马兰期黄土和全新世周原黄土，这里分布有裴李岗、仰韶与龙山时期的文化堆积，为王城岗遗址所在处（图3、4）。这里较宽二级阶地上堆积的黄土为古今人类耕种、居住与生活提供了理想的场所。由于嵩山谷地既依山，又傍水，又有宜居、宜种的较高与开阔的黄土阶地，

因此裴李岗时期的人类就生活在这里。据不完全统计各类遗址有14处，其中含裴李岗文化遗址2处，含仰韶文化遗址5处，含龙山文化遗址11处，含二里头文化遗址9处，含商文化遗址2处，含东周文化遗址1处，含战国与汉文化遗址1处（表1、图5）。

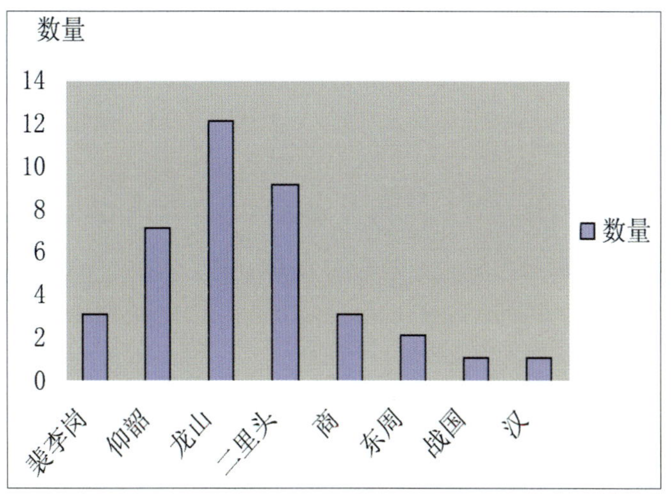

图5 嵩山谷地颍河流域部分遗址统计柱状图

发源嵩山的每一条河流，

表1 嵩山谷地颍河流域部分遗址统计表

遗址名称	地 点	文 化	面积（万㎡）
石道	登封市石道乡石道村南300米	龙山、二里头	39.000
小李湾	登封市小李湾村西北约200米	二里头	9.300
袁村	登封市东金店乡袁村东	龙山	50.000
油坊头	登封市油坊头村东	龙山	8.800
杨村	登封市杨村西北50米	裴李岗、仰韶、龙山、二里头	43.000
朱家坪（袁桥）	登封市朱家坪村东南	仰韶、龙山、商	13.000
程窑	登封市程窑村北，东距西范店100米	仰韶、龙山、二里头	3.900
西范店	登封市西范店村东北台地上	二里头	2.800
王城岗（八方）	登封市古城镇西北1千米，八方村东北	裴李岗、仰韶、龙山、二里头	150.000
康村	登封市燕半坡村西稍南150米	仰韶、龙山	9.200
纸坊（华楼）	登封市纸坊村	龙山、二里头	
瓦窑头	登封市康村乡郭村南	龙山、二里头	400.000
王村	登封市王村东南邻近白沙水库淹没区	二里头、商、东周	8.800
石羊头（垌上）	登封市垌上村南300米，石羊关村西南1千米	仰韶、龙山、二里头	10.00

都是人类依存的场所与传播文化重要通道，其中最有代表性的是双洎河流域。双洎河源于嵩山东侧马岭山山麓登封市大冶镇西施村紫罗池。它的源头至超化镇名洧水，洧水流到超化镇与绥水汇合，改名双洎河。双洎河作东南流，长 171 千米，流域面积 1758 平方千米。它在扶沟县彭庄与贾鲁河相汇，再入颍河，最终入淮河。双洎河汇入溱水等众多支流，近似羽状水系，嵌在嵩山东侧的具茨山与云梦山之间，伸向华北平原。此河上游在灵崖山一带有石灰岩分布，形成一些岩溶洞穴可供居住；山上植被茂盛，可供采食；河流浅淌，可供饮用捕捞，故灵崖山发现有旧石器晚期人类。双洎河中上游倾斜堆积平原上，黄土台地广布，近山、傍水、利垦殖，据初步调查这里分布有 32 处新石器至夏商时期的遗址。最显著的特点是新石器中早期的裴李岗遗址多，达 14 处，占全省裴李岗遗址约五分之一。这 14 处遗址中 10 处分布在中上游，占 71.4%，而中游只分布 4 处，占 28.6%，裴李岗文化的命名处就位于该河中游新郑市裴李岗村。双洎河中上游裴李岗遗址占绝对多数和裴李岗遗址环嵩山分布的情况，清晰地说明旧石器时代人类栖居山地，到新石器时代通过双洎河等河谷向华北平原进发的事实（图 6）。

从上述可知嵩山这约 4000 平方千米的山体，以其山体大小适中，中低山丛布，山中夹有较广的低丘与盆地，水网发达，黄土台地广布，利于人类生存。嵩山位居中国

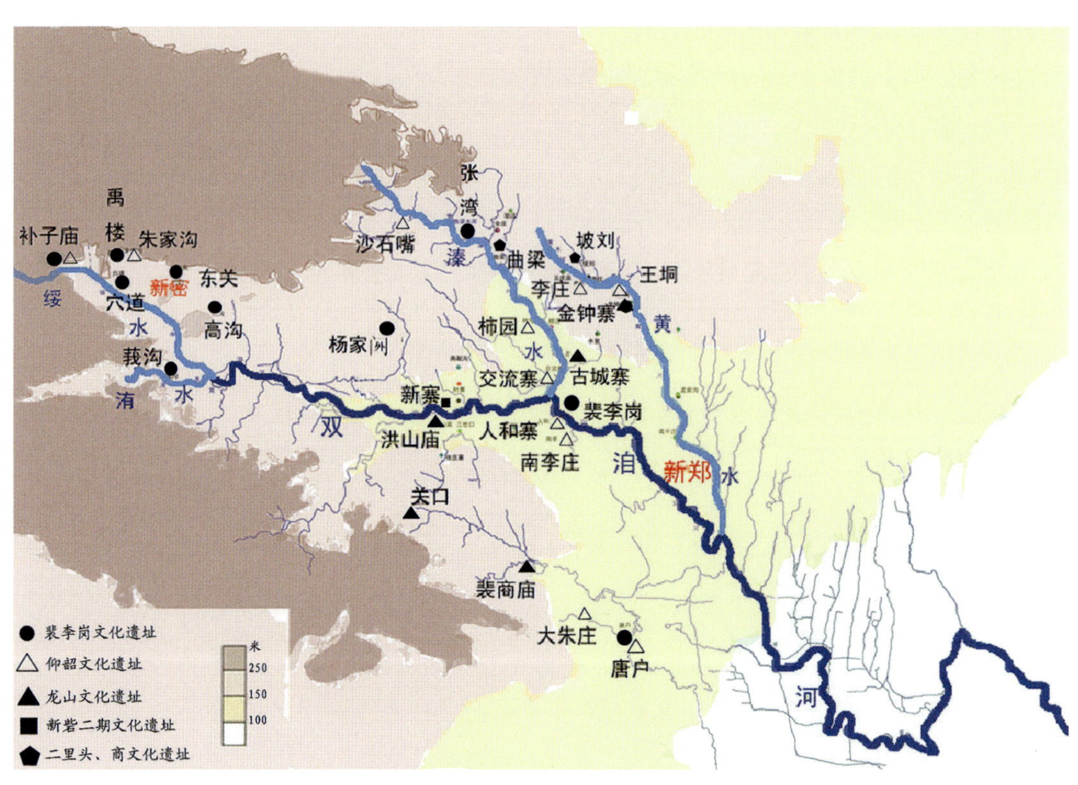

图 6　双洎河流域地势与遗址分布图

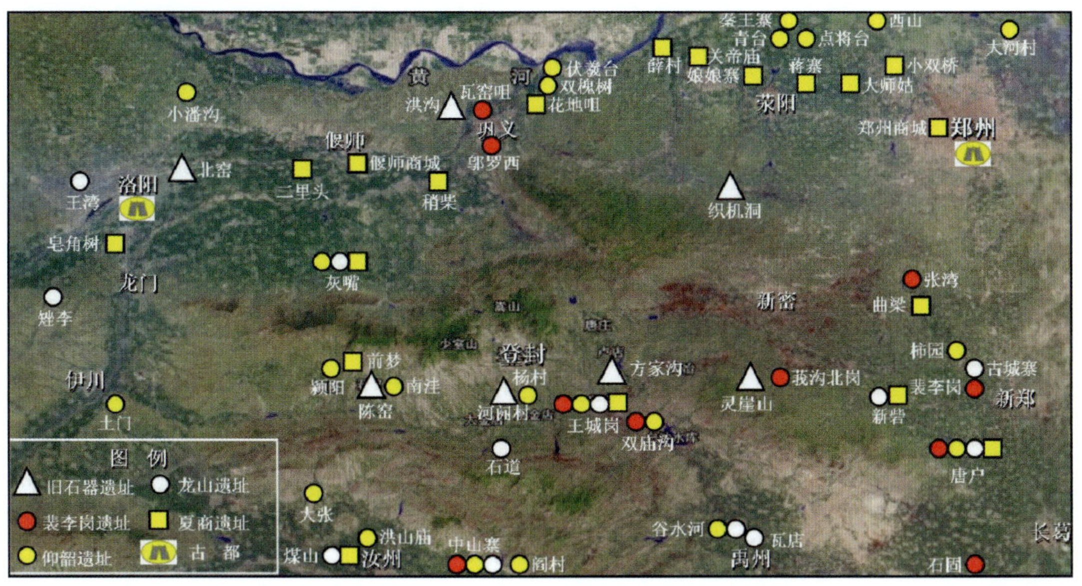

图7　嵩山文化圈中心区部分遗址分布图

东西南北的要冲，便利人们交往、文化辐射与反馈。这里气候属暖温带南沿，近亚热带。植被属暖温带落叶阔叶林亚地带。在全新世中期，即距今8000～3000年间，裴李岗、仰韶、龙山和夏商周时期属亚热带，年平均气温较今高约2℃，年平均降水量较今高约200mm，水、热、生物等资源丰富，能较好满足人类需要[17、21、22、23]。不仅在中国，即使在世界上，温带与亚热带之间也为人类适居地和文化发祥要地，这是人类对自然界的适应与选择。嵩山以山、水、土、生（生物）、气（气候）与位（地理位置）俱宜，成为人类文明重要发祥地。旧石器时代人类从嵩山沿着它四射的河流走向原野。通过开垦种植劳动，创造愈来愈丰适的生活。他们的足迹踏遍嵩山周围，甚至更远，将嵩山的文化传向四方，并吸收周边文化，从古至今形成有嵩山影响与印迹的嵩山文化圈。

嵩山文化圈是嵩山地域文化名称，指嵩山与其附近孕育中原古文化的核心地带及其传播地区。依与嵩山远近，文化关联程度疏密，可将嵩山文化圈划分出中心区（核心区）、边沿区和影响区。

嵩山文化圈中心区（核心区）包括嵩山山体、山麓、山前盆地、山前冲洪积扇、剥蚀堆积倾斜平原和剥蚀堆积平原，东界华北冲积平原，西接豫西谷地，北邻黄河，南抵淮河（如图7所示）。这里分布有许多重要文化遗址，如登封君召、荥阳织机洞[24]、新密灵崖山、许昌灵井[25]和巩义洪沟等旧石器时期遗址；新石器时期遗址有裴李岗文化时期的裴李岗[5]、莪沟[26]、石固[27]、贾湖[6]等；仰韶文化时期有秦王寨、点军台[28]、大河村[29]、西山[30]等；龙山文化时期有王城岗[31]、煤山[32]、古城寨[13]，瓦店等，夏商时期遗址有新砦[33、34]、二里头[35]、郑州商城[36]、小双桥[37]、偃师商城[38]等，这些遗址构成了中原嵩山文化圈的主体，在中华文化中起着核心作用。

嵩山文化圈边沿区，大致可划在东到豫东、西到关中、北达冀南、南抵淮河。嵩山文化圈影响区与仰韶文化影响区类似，东到滨海，西到青藏高原东侧，北达长城内外，南抵长江中游。

三、嵩山文化圈的意义与研究课题

嵩山文化圈概念是近10多年来对黄河中下游乃至全国进行环境考古认识的概括，是源于对嵩山地区山、水、土、生（生物）、气（气候）和位（地理位置）诸环境因素对人类影响的综合分析，发现嵩山在孕育中原古文化中起到发动机与孵化器的作用。嵩山文化圈可以帮助我们认识中原古文化形成之环境缘由，有利于对中原古文化乃至中华古文化内在联系的理解；明确了对中华文明起核心作用的中原古文化的地域特点；增进对中华文明统一性与差异性的认识；有益于中华民族的凝聚力增进；有益于了解何以嵩山能处五岳之中，得东、南、西、北四岳之拱卫；也有益于了解中国人何以有崇五岳的情结；更有益调动我们保护和建设嵩山、河南、国家的积极性。

物质既是可分的，也是有核心的，文化亦然。我们要认识到中原古文化在中华文化中核心地位的客观存在，也要认识中原古文化是受益周边文化才得以进步的，中原文化只有虚心学习中外文化才能得以弘扬。中国文化能“多元一统”[39]，和“多元一体”[40]，互不矛盾，相辅相成，与嵩山文化圈起核心作用有重要关系，否则中华文化难能做到既多元又统一。因此，中华民族文化应是“有核心的多元一统”，或“有核心的多元一体”文化。

嵩山文化圈的提出是我们从古环境与古文化关系上深入认识中国的新起点，还有许多问题待研究，如嵩山文化圈层划分与内涵的深入分析；嵩山文化圈的地域特点、变化与文化发展；古环境变化、社会发展与古文化演进关系分析；适宜环境与剧变环境对人与文化的影响；古环境变化与古文化演变的模式建立；古环境变化与古文化交流等许多课题都有待深入和新展开研究。如果说我们在研究中找到了某些答案，还不如说需要我们解答的更多。不过，嵩山文化圈概念，或与山相连的多环境因素古文化圈概念将帮助我们更好地发展我国考古学、环境考古学、第四纪地质学和古今文化研究。

最后，要深深感谢曾经与我们合作和给予帮助的中外朋友们。

参考文献

[1] 苏秉琦、殷玮璋：《关于考古学文化的区系类型问题》，《文物》1981年5期。

[2] 苏秉琦：《中国文明起源新探》，生活·读书·新知三联书店，1999年。

[3] 严文明：《中国史前文化的统一性与多样性》，《文物》1987年3期。

[4] 张光直：《中国相互作用圈与文明的形成》，载《庆祝苏秉琦考古五十五年论文集》，文物出版社，1989年。

[5] 开封地区文管会等：《河南新郑裴李岗新石器时代遗址》，《考古》1978年2期；开封地区文管会等：《裴李岗遗址1978年发掘简报》，《考古》1979年3期；中国社会科学院考古研究所河南一队：《1979年裴李岗遗址发掘报告》，《考古学报》1984年1期。

[6] 河南省文物考古研究所：《舞阳贾湖》，科学出版社，1999年。

[7] 国家文物局主编：《中国文物地图集》河南分册，中国地图出版社，1997年。

[8] 张松林：《浅谈仰韶文化的类型和类型划分》，《论仰韶文化》，《中原文物》1986特刊（总5号）。

[9] 巩启明：《试论仰韶文化》，《史前研究》创刊号，1983年。

[10] 严文明：《仰韶文化研究》，文物出版社，1989年。

[11] 方西生：《试论大溪文化》，《论仰韶文化》，《中原文物》1986特刊（总5号）。

[12] 河南省文物考古研究所等：《河南新密市古城寨龙山文化城址发掘简报》，《华夏考古》2002年2期。

[13] 周昆叔：《古城寨古城的伟大创造》，《花粉分析与环境考古》，学苑出版社，2002年。

[14] 王星光：《生态环境变迁与夏代的兴起探索》，科学出版社，2004年。

[15] 河南省文物考古研究所：《河南省文物考古工作五十年》，载《新中国考古五十年》，文物出版社，1999年。

[16] 林行止：《停滞千年中国奋起》，《参考消息》2004年10月26日16版，海外视角。

[17] 周昆叔、张广如、曹兵武：《中原古文化与环境》，张兰生主编：《中国生存环境历史演变规律研究》，海洋出版社，1993年。

[18] 周昆叔：《北京环境考古》，《第四纪研究》1989年1期。

[19] 程胜利、劳子强、张翼：《嵩山地质博览》，地质出版社，2003年。

[20] 王文楷等：《河南地理志》，河南人民出版社，1990年。

[21] 胡厚宣：《气候变迁与殷代气候之检讨》，《中国文化研究汇刊》，4卷，上册，1944年。

[22] 洛阳市文物工作队：《洛阳皂角树》，科学出版社，2002年。

[23] 张松林、刘彦锋：《织机洞旧石器时代遗址发掘报告》，《人类学报》2003年1期。

[24] 周国兴：《河南许昌灵井的石器时代遗存》，《考古》1974年2期。

[25] 河南省博物馆等：《河南密县莪沟北岗新石器时代遗址发掘报告》，《河南文博通讯》1979年3期。

[26] 河南省文物研究所：《长葛石固遗址发掘报告》，《华夏考古》1987年1期。

[27] 郑州市博物馆：《荥阳点军台遗址1980年发掘报告》，《中原文物》1982年4期。

[28] 郑州市文物考古研究所：《郑州大河村》，科学出版社，2001年。

[29] 张玉石等：《郑州西山遗址发掘获丰硕成果》，《中国文物报》1994年3月13日。

[30] 河南省文物研究所、中国历史博物馆考古部：《登封王城岗与阳城》，文物出版社，1992年。

[31] 中国社会科学院考古研究所河南二队:《河南临汝煤山遗址发掘报告》,《考古学报》1982 年 4 期。
[32] 中国社会科学院考古研究所河南二队 :《河南密县新砦遗址的试掘》,《考古》1981 年 5 期。
[33] 赵春青 :《新砦期的确认及其意义》,《中原文物》2002 年 1 期。
[34] 中国科学院考古研究所洛阳发掘队:《1959 年河南偃师二里头试掘简报》,《考古》1961 年 2 期。
[35] 河南省文化局文物工作队 :《郑州二里岗》, 科学出版社, 1959 年。
[36] 河南省文物考古研究所等 :《1995 年郑州小双桥遗址的发掘》,《华夏考古》1996 年 3 期。
[37] 中国社会科学院考古研究所河南二队 :《1983 年秋季河南偃师商城发掘简报》,《考古》1984 年 10 期。
[38] 严文明 :《中国史前文化的统一性与多样性》,《文物》1987 年 3 期。
[39] 费孝通 :《中华民族多元一体格局》, 中央民族学院出版社, 1989 年。

再论嵩山文化圈*

[摘　要] 对山崇拜属华夏文化中的自然崇拜。嵩山文化圈、嵩山文化是互为关联的地域文化概念，前者主要研究嵩山地区夏、商、周及其史前文化，后者包括对嵩山地区古今与未来文化的研究。罕见的河、济、淮三水绕嵩山所形成的嵩山文化圈，也可以称之为三水文化（三河文化）。华夏文化的核心形成和中国国家起源于河、济、淮三水之间。河水出晋豫峡谷后，先东流后转向东北流的拐点在武陟谷地，该谷地西有河水北岸孟州、温县台地，东有黄河北岸原阳台地。河水袭夺济水始自汉代，源于气候干旱化。中原有西东、南北向“十字形”文化古道，嵩山文化圈恰处其交汇处，因而促成了嵩山文化圈核心作用的形成。大河村遗址旁全新世古湖孢粉分析的结果，提供了嵩山地区迄今最完整的全新世古环境演变序列，它说明中原文明形成于亚热带环境下。嵩山文化的伟力源于对这里相对稳定环境下的不同景观的合理利用。

[关健词] 崇山　嵩山文化圈　嵩山文化　三水文化

一、几个观念

1. 关于“崇山”

我国是一个多山的国家，山地占国土面积的2/3。我国地势高低悬殊，大陆地形依据海拔可以划分为三级阶梯。青藏高原为第一级阶梯，海拔多在4000米以上，是世界上最高最大的高原。青藏高原以外，北起大兴安岭，向南经太行山、巫山至雪峰山一线以西，为第二级阶梯，海拔多在1000米以上。第二级阶梯以东为第三级阶梯，海拔一般在500米以下[1]。总的地势是西高东低，故长江、黄河等大河均由西往东流。我国大陆上的降水有由东往西递减的趋势，故东部地区水资源丰富，西部水资源缺乏。中华民族自古至今，生息于斯，以山为依，以水为托，人与山水，水乳交融，我们的先辈早就认识到山、水对人类的生息繁衍和社稷安危的重要。人对于山的依赖可以远

* 周昆叔、宋豫秦、鲁鹏等，原文刊登在周昆叔、齐岸青主编《中华文明与嵩山文明研究》（第一辑），科学出版社，2009年，第27~41页。

溯至500万年前的人猿分野，后来漫长的旧石器时代人类仍然是依山生活为主，故我国旧石器遗址主要分布在我国梯形地貌的第二级阶梯上[2]，因为这里中山发育，山原相兼。到新石器时代，由于进入农业社会，人们既要有种植农作物的土、水等自然资源，又要依赖山地进行采集、狩猎以补充食物，故先民们开始向山间河谷台地和山前平地迁徙[2]。进入历史时期，为了满足日益增加的人口对物质资源的需求，人类对自然界的依赖程度更高，从而产生了对山水的敬畏之感，并演化为崇拜对象。到了2100年前，汉武帝立五岳，即东岳泰山、西岳华山、北岳恒山、南岳天柱山和中岳嵩山。后来除南岳改安徽天柱山为湖南衡山外，其他四岳均延续至今。实际上五岳之称先秦时代业已出现，因为《尔雅·释山》即明确记载“泰山为东岳，华山为西岳，霍山（天柱山）为南岳，恒山为北岳，崇高（山）为中岳”。“五岳”之由来似与当时流行的五行观念有关，或基于下述之考虑，一是五岳布局东、西、南、北、中各方皆有；二是皆位于人口分布较密集的区域；三是相对独立的中山；四是景色壮丽且各具特点，故后人有泰山雄，华山险，衡山秀，恒山奇和嵩山奥之说。据《史记·封禅书》“天子祭天下名山大川，五岳视三公，四渎视诸侯，诸侯祭其疆内名山大川”。由于上至皇帝祭祀与封禅，下至达官贵人，儒雅名流，乃至平民百姓对五岳均极为推崇，赞颂不已，加之五岳均为历代营建寺庙、宗祠等首选之宝地，使得五岳均成为自然与人文交相辉映之境。

《说苑》曰：“五岳何以视三公？三公能大布云雨焉，云触石而出，肤寸而合，不崇朝而雨天下，施德博大，故视三公也。”可见统治阶级视五岳为“三公”，赋予其人格化地位，并非全然出自精神层面，也有祈求风调雨顺和社稷安宁之实际目的。五岳何以具“大布云雨”之功呢？这是因为五岳皆海拔千米以上中山，森林蒸腾作用强盛，水气上升易凝聚成雨雪。山上裸石多而易散热，故“云触石而出，肤寸而合，不崇朝而雨天下……”。山上云雾缭绕与否，能辨雨旱。以农为本的时代，五岳乃气候之“晴雨表”，这就拨开了人们对名山大川崇拜有加的神秘面纱了。所以，古代先民的崇山情结，追根到底乃出自对自然界的依赖之情。这也是“天人合一”观念得以出现并经久不衰的根本缘由。

2. 关于“山文化圈”

以山命名文化圈还是近年间的事，正式发表以山命名文化圈的论文，始于《中原文物》2005年1期刊登周昆叔等人撰写的《论嵩山文化圈》一文。

根据考古学研究，将相近考古学文化以分布区地名命名文化区，这已为大家熟知。以山作为地域古文化名词尚不为人熟知，今作一说明。

人类在特定生态环境下创造出特定的文化，故考古文学文化分区也在一定程度上反映了形成该文化的生态环境。若从人类依存的生态环境与文化分布综合考虑，就发现有的古文化分布在某一山及其周围，于是就有了以山命名文化圈的提出。

一座相对独立的几千平方公里的中低山，有多条河流从该山发源，在大致相同的山、水、土、生、气，位诸生态环境因素综合作用下生活的人们，创造出环山分布的相同或相似文化谱系的山才可以命名为山文化圈。如嵩山文化圈最为典型，含裴李岗、仰韶、河南龙山、夏、商、周文化。此外还有泰山文化圈、大洪山文化圈等山文化圈。泰山文化圈含后李、北辛、大汶口、龙山和岳石文化。大洪山文化圈含边畈、屈家岭、石家河等文化。为什么说嵩山文化圈最典型呢？因该山中及其周围分布有中原文化谱系的许多重要遗址，该文化圈的古文化是早期国家起源的文化，是华夏文明形成的核心文化，所以，嵩山文化圈是山文化圈中最典型者，最重要者。

从上述对山文化圈的讨论，可见不是所有的山都可以命名为文化圈的。

以山命名文化圈，并非忽视水环境因素。水从山而出，人依山、水而生，所以讲山实际上包括了水环境因素，而且包括了除山、水外的土壤、生物、气候与地理位置环境因素。

以山命名文化圈的意义是基于人类生存生态环境系统，来诠释古文化谱系形成与自然环境的内在关系与形成机制，这样促使考古学文化分区细化、深化和科学化。所以，以山命名的古文化圈是环境考古学推进中国考古学研究与考古学文化分区作出的新贡献。

3. 关于“嵩山、嵩山文化圈和嵩山文化”

嵩山之名绵延数千年，累有更替，但多强调其高大雄伟和处在国之中部，故自隋唐至明清间多称为中岳嵩山，此外还有中岳、崇山、外方等称呼。

“嵩山文化圈是嵩山地域文化名称，指嵩山与其附近孕育中原文化的核心地带及其传播地区。依与嵩山远近，文化关联程度疏密，可将嵩山文化圈划分出中心区（核心区）、边沿区和影响区。”“嵩山文化圈中心区（核心区）包括嵩山山体、山麓、山前盆地、山前冲洪积扇、剥蚀堆积倾斜平原和剥蚀堆积平原，东界华北冲积平原，西接豫西谷地，北邻黄河，南抵淮河。”“嵩山文化圈边沿区，大致可划分在东到豫东、西到关中、北达冀南、南抵淮河，这是嵩山文化圈与周边文化频繁交流、关系密切地区，这里是文化活跃地带，如形成客省庄、周秦、青莲岗、石家河等文化。嵩山文化影响区与仰韶文化影响区类似，东到滨海，西到青藏高原东侧，北达长城内外，南抵长江流域，这些地区都可以找到嵩山文化圈中原文化的元素。”[3]笔者所指嵩山，包括太室山（一般标注嵩山处）、少室山山群、箕山及其间的低丘区，还包括东延的具茨山与云梦山。

嵩山文化圈与嵩山文化，二者密切关联，也有区别。嵩山文化圈注重夏、商、周三代前嵩山文化源的研究，而嵩山文化既注重三代前嵩山文化源的研究，也关注三代后的嵩山文化流的研究。

二、环境与文化

嵩山三水环绕。我国古代有四渎，渎指独立入海的大河，四渎为河、济、淮、江四水，除江水即长江在华南外，其他三水均在华北。

河水即今黄河。嵩山的河水水系位于嵩山的西北部。当河水入华北平原，接受伊洛河补给，伊洛河绕嵩山西北流，接受了源于嵩山的白降河、马涧河、浏涧河等。在巩义与荥阳间的汜水，也源于嵩山而北注于黄河。其范围北起荥阳西的黄土台丘地，入云梦山沿山脊至嵩山山脊，下山脊入登封市石道乡西的颍河源头与白降河上游狂河间的岗地，上箕山，顺箕山西的山脊，下箕山，经汝河源头丘岗地，与伊河相接（图 1 中的Ⅰ区）。流域面积约 3713 平方千米。这里分布的主要遗址有陈窑、土门、王湾、二里头、灰嘴、洪沟、花地嘴等。

古济水河道即今郑州市北郊之黄河河道。嵩山的济水水系位于嵩山的东北部，包括有枯河，索河、须河（合流称索须河）[4]、贾鲁河的上游。这几条河流入今郑州市西北荥阳故城东的古荥泽后汇入济水。其范围西界河水流域，南沿云梦山东麓山脊行，下行到郑州市与新郑市间的丘台岗地（图 1 中的Ⅲ区）。流域面积约 2964 平方千米。这里分布的主要遗址有关帝庙、秦王寨、西山、小双桥、大师姑、织机洞、郑州商城、大河村、沙窝李等。

淮水即淮河。嵩山淮水水系位于嵩山的东南部，包括淮河支流汝河、颍河及颍河的主要支流双洎河、溃河，其范围界于上述嵩山河水、济水流域之间（图 1 中的Ⅱ区）。流域面积约 8693 平方千米，这里分布的主要遗址有王城岗、双庙沟、方家沟、莪沟北岗、

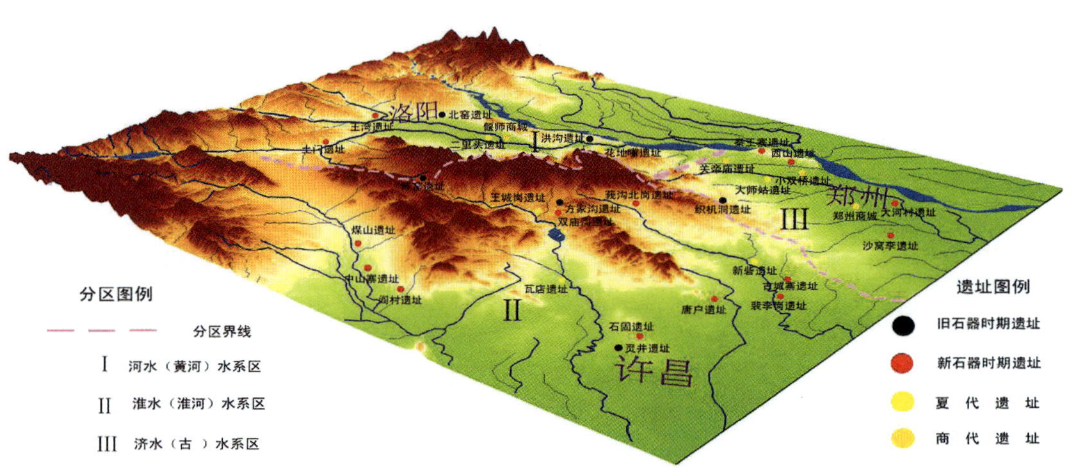

图 1　嵩山文化圈水系分区图

新砦、古城寨、裴李岗、唐户、石固、灵井、瓦店、阎村、中山寨、煤山等。

绕嵩山分布独立入海的河、济、淮三条大河，为嵩山文化圈华夏文化核心形成和早期国家起源提供了无与伦比的水资源环境。将嵩山水系作上述划分，有助于深入研究本区古今文化。

三、河水、黄河之辨

关于河流变迁对环境与文化的影响，河水改道是典型事例。黄河下游是易变之河，华北平原主要是黄河冲积而成。现在黄河之前身即河水，自出晋豫峡谷后，经华北平原东北流入渤海[2]。但是有两个问题耐人寻思，那就是河水出晋豫峡谷先东流转向东北流，其拐点何在？又河水后来改东南流始于何时？改道的原因究竟是什么呢？令人寻思。

据我们对孟州至原阳黄河北岸的考察，发现从孟州向东经温县城，直抵武陟县的西阳照村为一长 40 多千米、宽约 1 千米的条形岗地，南陡北缓，南侧陡坎整齐，与黄河左岸广宽的一级阶地相交，高 4 ~ 8 米；北侧向北边沁河缓缓倾斜。此岗为马兰期黄土堆积物，其成因可追溯到数万年前晚更新世的冰期时代。当时气候干冷，西北风盛行，风沙与尘埃随西北风漫天飞舞，如天女散花般降落于我国北方大地，厚度多达数米至几十米不等。这种黄土堆积物是 20 世纪初由瑞典地质学家安特生根据北京西北的马兰峪堆积的黄土命名的，故称马兰黄土。值万年之前地球历史进入冰后期的全新世早期，气候转暖，雨水增加，流水的侵蚀作用加强，河沟发育。自此以降，河水水量大增，以万钧之力奔腾东流，强烈冲刷堆积在山前平原上的马兰黄土。到了全新世中期，气候进一步转暖，雨量大增，河水的冲刷力也随着进一步加大，河谷增宽，从而造成了前述岗地南侧几米高的马兰黄土陡坎，成为河水的北岸。而岗地北侧由于沁河等河的侵蚀，破坏了马兰黄土，堆积了厚层的砂黏土、砂砾等冲积物，使岗地北侧成缓倾斜地貌（图 2、3）。

因此，孟州至温县的岗地在河水与沁河的侵蚀作用下残留的马兰黄土台地。保留在平原上的黄土岗地既近水又干爽，故成为人们理想的聚居地。从西向东 40 多千米的岗地上，一个个村、镇与孟州城和温县城绵延坐落，恰似一长街，当地人称之为“青峰岭”，我们称之为孟州—温县台地。（图 2、3，图版一，1）

由武陟县西阳照村往东约 10 多千米相对低的地方，堆积着冲积物。再向东至武陟县的刘庄和与之相连的原阳县小刘庄，坐落在马兰黄土岗地上，并向东延伸。不过由于受黄河晚期沉积物堆积作用的影响，马兰黄土岗地南陡坎不甚明显，我们称之为原阳台地（图 2、3，图版一，2）。孟州—温县台地与原阳台地间的冲积低地称为武陟谷地，此即河水出晋豫峡谷后，入华北平原转向东北流的拐点（图 2）。由上可知，孟州—

图 2　黄河中下游分界区环境考古图

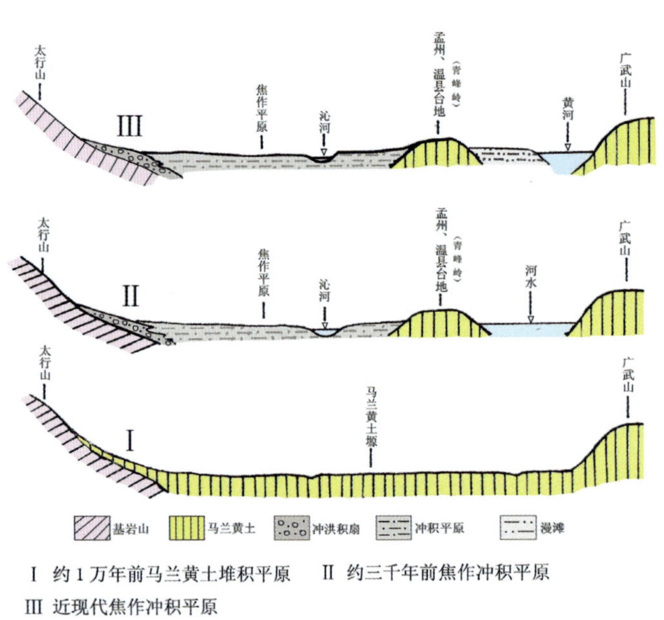

图 3　万年来焦作平原地质地貌演变图

温县台地为河水（古黄河）的北岸，武陟谷地为河水故道。当河水曾流过的武陟谷地被淤积废弃后，改作东流，遂袭夺了古济水河道，造成河济合流，故原阳台地应是河水改道后黄河的北岸。

关于河水从武陟谷地作东北流，不仅可从地貌与沉积物结构之不同得以认定，而且从遥感影像上也可看到河水故道是绕新乡市经内黄流向东北（图 4）。

经过了长时间的变故，河水才改道与济水合流。2007 年由河南省文物考古研究所刘海旺研究员主持发掘内黄县三杨庄遗址，发现 4 米厚的河水泛滥沉积物下埋藏有完整的汉代农家院落（图版一，3）。另外现任首都师范大学教授的袁广阔先生前几年发掘的位于三杨庄遗址东南约 20 千米的濮阳市高城遗址，发现战国城墙上堆积有 3 米厚的汉代河水洪泛沉积物（图版一，4）。这两处考古新发现或可说明，河水改道东南流的起始时间是在汉代。此时正是全新世周原黄土的新近黄土层开始堆积的时间，说明由于气候变得干凉，加上人为对环境的影响，水土侵蚀增加，流水夹带的泥沙不断壅塞河水的河道。导致洪水来临时，流水不畅，被迫改向东南，最终袭夺济水形成二水合流至今。太行山新构造的抬升运动对河水改道作用如何呢？据我们对太行山焦作市至辉县市间峪口冲洪积扇和新乡市西太行山前的实地踏查，峪口冲洪积扇前沿陡坎不明显，新乡市西冲洪积扇不发育。这说明全新世地壳抬升并不明显，故导致河水改道的基本动因不是太行山抬升，而应是全新世晚期气候变得干凉所引起的。

另外，我们在郑州市黄河游览区广武山（又称邙山）考察时，对原黄河水利委员会主任王化云先生主张的将桃花峪作为黄河中下游分界的划分法心存疑问。但后来发现桃花峪正朝向河水拐点武陟谷地，并且后来河水改道，也恰好是在此袭夺济水，故认为王化云先生提出的将桃花峪作为黄河中下游之分界是极有见地的（图版一，5）。另外，黄河中下游分界线放在桃花峪，可能与桃花峪以东黄河河道变为地上河有关。

1. 南北向与东西向“十字形”古文化通道

晋豫间黄河中下游自西向东有一条深陷的函状地带，或称廊道，此乃地质构造华北地台西南隅与昆仑—秦岭地槽东延的接合处。此函状地带西与渭河盆地相连，东抵

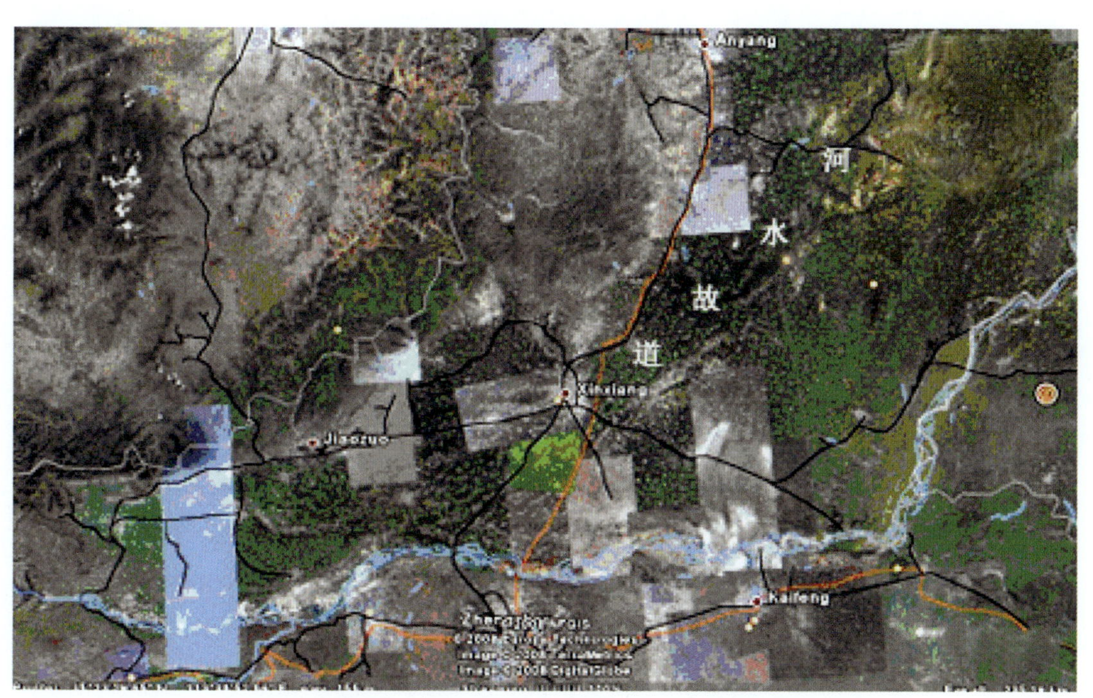

图 4　遥感影像图示黄河以北河水之故道

郑州西与黄土高原和华北平原之交汇处相接，东西长约 700 千米。由于这条廊道自古至今为我国中部地区东西间的交通要道，故道上留下了丰富的古文化遗存[7、8]，举其要者即有旧石器时代的蓝田、陈家窝、大荔、芮城、张家湾、织机洞等遗址；中石器时代的沙苑遗址；新石器时代的北首岭、半坡、西坡、庙底沟、三里桥、仰韶、王湾、秦王寨、西山和大河村等遗址；夏商时期的二里头、偃师商城等遗址；西周的成周、东周王城、虢国墓地；秦代的秦始皇陵及兵马俑。有世界文化遗产龙门石窟；有著称于世的 11 朝古都西安、9 朝古都洛阳、7 朝古都开封和古都郑州。在嵩山、伏牛山、太行山的山前形成了长达 1000 多千米南北向的古今交通要道，故这里也遗留有丰富的文化遗存[7、8]，自南向北举其要者即有旧石器遗址许昌灵井、安阳小南海、北京周口店等；新石器遗址有杨庄[9]、贾湖[10]、唐户、裴李岗、西山、秦王寨、孟庄、磁山、北福地[11]、镇江营、雪山等；夏、商、安阳殷墟、郑州商城、周有郑韩故城、北京琉璃河遗址等；古墓葬有满城汉墓、北朝墓地、潞简王陵等；古都有安阳、郑州、北京。上述两文化古道在嵩山附近交汇而形成“十字形”文化古道。嵩山文化圈恰值其交汇处，因而聚集效应和辐射效应显著，从而在中国古文化发展历程中起到核心的作用（图 5）。沿此中国中部十字形古交通、古文化要道向中国东、西、南、北延伸，则将中国多元古文化连成一体。

2. 大河村遗址旁全新世古湖沉积孢粉分析

大河村遗址位于郑州市东北柳林乡大河村西南约 1 千米的小丘上，面积达 40 多万平方米，1964 年发现，1972 年至 1987 年间经过 15 次发掘。由于该遗址主要为仰韶文化，还包含龙山文化、二里头文化和二里岗文化，绵延 3300 年，以及发掘出完整而工艺特殊的“木骨整塑”房屋和发现匠心独具的大量陶器，这里仰韶文化与邻区大汶口文化、屈家岭文化都有交流，这些丰富的考古学文化内涵，致使大河村遗址在中国考古学文化中具有突出的重要性[12]。

笔者周昆叔于 20 世纪 90 年代初曾到大河村遗址考察，向陪同考察的同志询及文化堆积等情况后，判定遗址附近应有古湖沼。又严富华先生等为该遗址做的孢粉分析结果表现的全新世环境演变较为完整，惜当时采样较稀，故环境演变只能表现出一个大概[13]。考虑到中原核心地区虽做了较多的环境考古工作，但缺乏全新世较详细的孢粉分析结果，根本原因是由于未找到或找到而未能获得较理想的孢粉分析结果的剖面。为研究这里全新世期间人地关系，选择一个重要的遗址找湖沼沉积采样做孢粉分析，是深入展开中原核心区环境考古工作的要务。于是在 2008 年 3 ~ 4 月间到大河村遗址附近进行寻找古湖沼的踏勘和钻探，几经努力，在大河村遗址西约 100 米的麦地下和遗址西南约 200 米处找到深灰色粉细砂为主的湖泊沉积物，判定这里应是大河村遗址旁大河村先人依畔的湖泊。请国家地震局工程勘察处汽车钻工作队帮助，在大河村遗

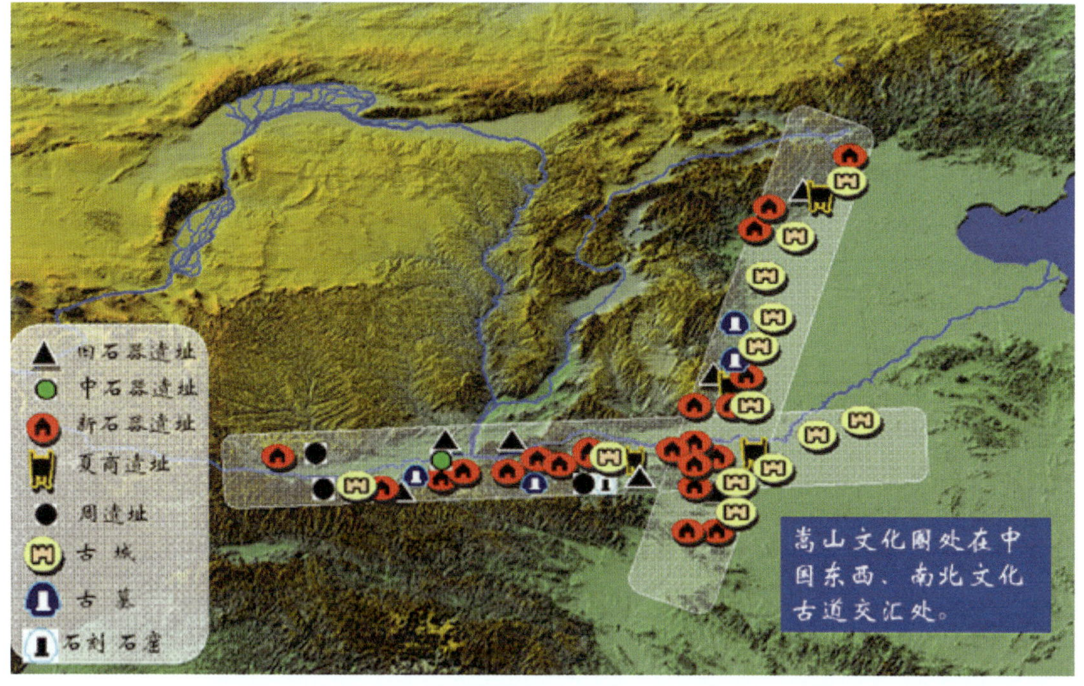

图 5　中原十字形文化古道图

址西南角几十米外的居民场院中打钻取样做孢粉分析和 14C 年代测定。打钻两孔，钻孔 1 岩芯留大河村遗址备用，钻孔 2 岩芯每隔 2 厘米取样做孢粉分析与 14C 测定年代（图版一，6）。

郑州大河村钻孔 2 岩芯描述如下：

1. 0 ~ 38cm（1 ~ 19 号样品）：细砂，黄黑杂颜色斑，夹有陶片、红烧土块等文化遗物。

2. 38 ~ 78cm（20 ~ 39 号样品）：灰黄色黏土质粉砂、粉细砂与深灰色黏土团块混杂，部分样品含有红烧土块。

3. 78 ~ 124cm（40 ~ 62 号样品）：深灰色粉砂质黏土或黏质粉砂土，多含有红烧土渣。

4. 124 ~ 262cm（63 ~ 131 号样品）：杂色的粉细砂间夹粗砂团块，部分样品含有较多炭屑、红烧土块。

5. 262 ~ 324cm（132 ~ 163 号样品）：灰黄色黏质粉砂间夹粗砂、细砂团块，下部黑色，另夹有较大的钙结核，底部还含有大量的红烧土块。

6. 324 ~ 334cm（162 ~ 167 号样品）：粗砂，根孔，炭屑较多。

在 334 厘米的岩芯中共采取分析样品 167 个。岩芯岩性反映出三种沉积物环境。0 ~ 78 厘米岩芯主为黄色粉砂，混杂黑色、灰色斑块状黏土，含陶器残片与红烧土块，这表明该段沉积物为湖泊消亡后的堆积物，其中文化遗物为大河村遗址堆积物经再搬运而来。78 ~ 324 厘米岩芯主为深灰色粉砂、粉细砂，为湖泊沉积。该沉积又可分为三部分，78～124厘米为黏土，代表较为典型的湖泊沉积。124～262厘米，多粉细砂，反映湖水变浅或来沙量增加。262～324厘米，黏质粉砂夹粗砂、细砂，下部显黑色和含较大的钙结核和大量的红烧土块，是有机质、钙质与红烧土块淀积而成，为湖泊初期。湖泊沉积中夹杂的红烧土块是大河村遗址文化堆积被水冲入湖中。324厘米以下为粗砂，为古湖泊形成前的古河道沉积物。古湖泊是在全新世初期古河道中形成的。二者为不整合接触关系。

从167块样品中总共统计出21291粒孢粉。鉴定出80个类别。乔木花粉30个科属，包括冷杉属（*Abies*）、云杉属（*Picea*）、铁杉属（*Tsuga*）、油杉（*Keteleeria*）、雪杉（*Cedrus*）、松属（*Pinus*）、柏科（*Cupredaceae*）、罗汉松属（*Podocarpus*）、桦属（*Betula*）、桤木属（*Alnus*）、鹅耳枥属（*Casrpinus*）、苗榆属（*Ostrya*）、栎属（*Quercus*）、山毛榉属（*Fagus*）、栗属（*Castanea*）、胡桃属（*Juglans*）、山核桃属（*Carya*）、榆属（*Zelkova*）、椴性（*Tilia*）、枫香属（*Liguidamabar*）、豆科（*Legu-minosae*）、柳属（*Salix*）、榉属（*Ulmus*）、化香树属（*Platycarya*）、枫杨属（*Pterocarya*）、木犀科（*Oleaceae*）、槭树属（*Acer*）、爵床科（*Acanthaceae*）和冬青属（*Ilex*）。灌木草本花粉34个科属包括榛属（*Corylus*）、麻黄属（*Ephedra*）、蒿属（*Artemisia*）、紫苑属（*Aster*）、莴苣属（*Lactuca*）、矢车菊属（*Centaurea*）、菊科（*Compositae*）、黎科（*Chenopodiaceae*）、地榆属（*Sanguisarba*）、石竹科（*Caryophyllaceae*）、忍冬属（*Lonicera*）、蓼属（*Polygonum*）、鹿松草属（*Thalictrum*）、伞形科（*Umbelliflorae*）、杜鹃科（*Ericaceae*）、胡颓子科（*Elaeaghaceae*）、毛茛科（*Ranunculaceae*）、唇形科（*Labiatae*）、凤仙花科（*Balsaminaceae*）、柳叶菜科（*Oenotheraceae*）、眼子菜科（*Potamogetonaceae*）、香蒲属（*Tyhar*）狐尾藻属（*Myriophyllum*）、莎草科（*Cyperaceae*）、禾本科（*Gramineae*）、葎草属（*Humulus*）、蔷薇科（*Rosaceae*）、菱科（*Hydro-caryaceae*）、泽泻科（*Alismataceae*）、茜草科（*Rubiaceae*）、茄科（*Solanaceae*）、远志科（*Polygalaceae*）、杏菜属（*Nymphoides*）、水鳖科（*Hydrocharitaceae*）。蕨类孢子15个科属，包括石松属（*Lycopodium*）、卷柏属（*Selaginella*）、水龙骨属（*Polypodium*）、水龙骨科（*Polypodiaceae*）、膜叶蕨属（*Hymenophyllum*）、凤尾蕨属（*Pteris*）、紫萁属（*Osmunda*）、里白属（*Hicriopteris*）、瘤足蕨属（*Plagioguria*）、海金沙属（*Lygodium*）、桫椤属（*Cyathea*）、铁线蕨属（*Adiantum*）、金毛狗属（*Cibotium*）、金粉蕨属（*Ony-chium*）、石韦属（*Pyrrosia*）。藻类有环纹藻（*Concertricystes*）。

依据上述孢粉组合及其孢粉谱，绘制成孢粉式（图6），可以看出大河村遗址旁全新世古湖地层的孢粉分析结果有三个方面的意义。

1. 植物种类多，主要类型少。孢粉类型较多，但含孢粉数量多的主要类型并不多，只有19个，即冷杉属、松属、铁杉属、桦属、栎属、胡桃属、蒿属、藜科、榛属、麻黄属、菊科、狐尾藻属、莎草科、禾本科、水龙骨属、水龙骨科、卷柏属、凤尾蕨属和环纹藻属，

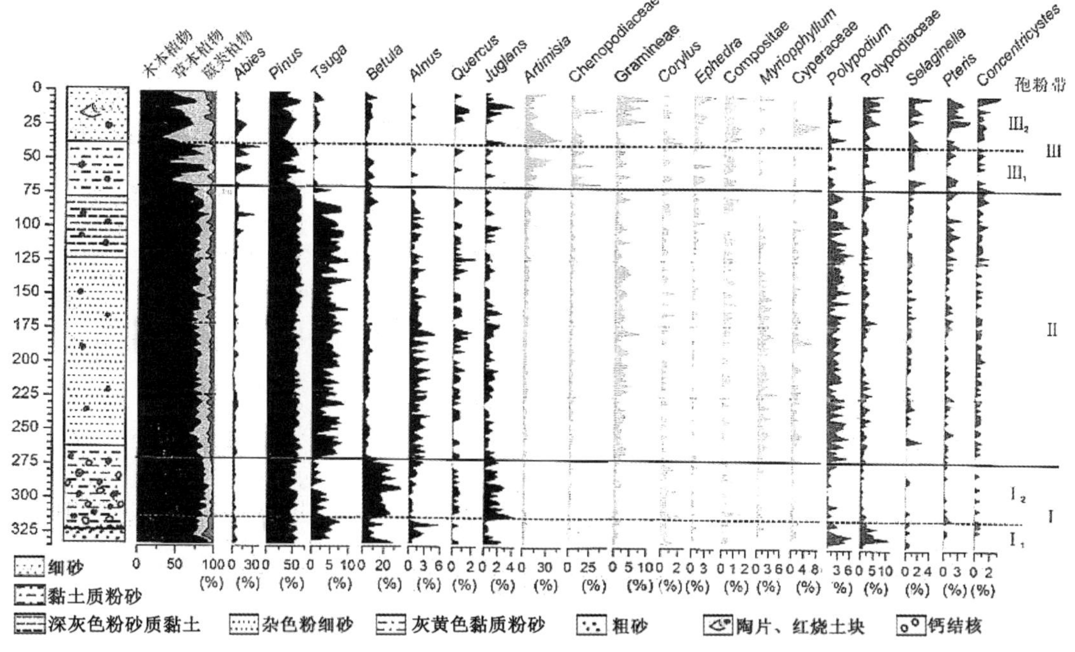

图 6　郑州市大河村遗址旁全新世古湖沉积孢粉式

我们以上述类型做成孢粉式。其他的孢粉类型都只零星被发现，发现孢粉量较多的植物只占整个孢粉组合的四分之一。

2．森林与草原兼有的植被。木本、草本、蕨类植物孢粉各占的比例，以木本花粉居多，一般可达 70% 或更多；草本花粉其次，一般达 10%～20%；蕨类孢子最少，一般只占 5%～10%。木本花粉虽多，但多为松、桦，松一般可占到 50%～60%，而桦除在剖面底部可占到 20%～30%，到剖面中上部一般只占到 5% 左右。灌木草本花粉除蒿在剖面上部可达 10%～20%，少数可达 30%～40%，其他草本，蕨类孢子多为 5% 以下。由于松、桦花粉属远距离传播花粉类型，远播几十千米是常事，所以它们的花粉数量多并不一定代表植株多。通观大河村遗址旁古湖的孢粉组合，反映的植被是森林与草原兼有。

3．孢粉式可分为三个孢粉带：

I 带．松、桦孢粉带。剖面深 2.72～3.34 米。气候温凉。可分两个亚带：

I1. 松、桦、铁杉孢粉亚带。剖面深 3.16～3.34 米。

I2. 松、桦、胡桃孢粉亚带。剖面深 2.72～3.14 米。

气候摆动，前温和，后温凉。

Ⅱ带．松、铁杉、水龙骨带。剖面深 0.78～2.72 米。此带有四个最显著的特点，其一是桦树花粉骤然大减，从前带占 20% 减到不及 5%。其二是华北该段栎树花粉出现

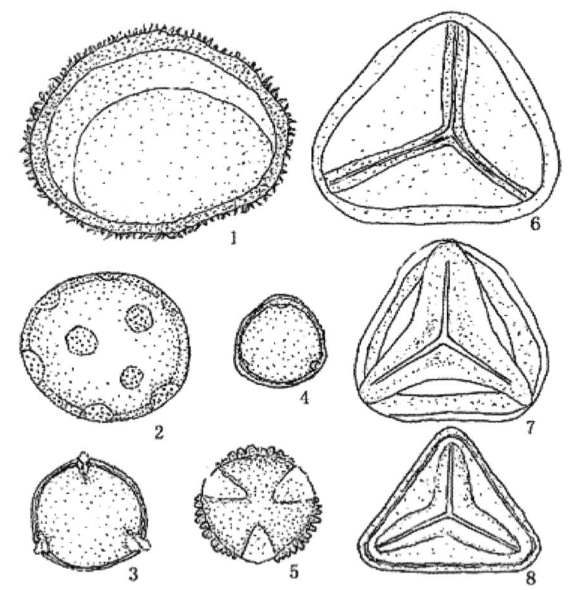

1 铁杉属（*TSuga*） 2 枫香属(*Liquidambar*) 3 山毛榉属(*Fagus*) 4 山核桃属(*Carya*) 5 冬青属(*Ilex*) 6 海金沙属(*Lygodium*) 7 金毛狗属(*Cibotium*) 8 桫椤属(*Cyathea*)（1.2.3.4.5.放大800倍，6.7.放大400倍，8.放大 560倍）

图 7 郑州市大河村遗址旁全新世中期古湖沉积含亚热带植物孢子花粉部分素描图

峰值，本剖面虽陆续出现，但量多不及2%。其三是铁杉属花粉连续出现，量可达 5 ~ 10%，这是华北罕见的。铁杉现今在华北已无分布，现今与阔叶树混交分布在江南，或分布在西南 2000 ~ 3000 米的中山上。该段还出现了一些典型亚热带植物孢粉，如山毛榉、山核桃、枫香、冬青、凤尾蕨、桫椤、海金沙、里白、石韦（图7）等。这与本区贾湖[10]、王因[14]、五村[15]、殷墟[16]、韩小庄[16]、王城岗[17]等处同期发现的亚热带动植物互为印证。此孢粉带反映古气候为亚热带。其四是水生植物狐尾藻花粉不断出现，验证了存在湖水生态环境。

III 带 . 松、蒿、禾本科孢粉带。剖面深 0.02 ~ 0.78 米，气候凉干。可以分为两个亚带：

III1. 松、蒿孢粉亚带。剖面深 0.38 ~ 0.78 米。

III2. 松、蒿、藜、禾本科、卷柏孢粉亚带。剖面深 0.02 ~ 0.30 米。

气候越来越干凉。

纵观大河村遗址旁古湖沉积孢粉式，2.72 米桦花粉明显减少，而铁杉花粉明显增多。说明气候由温凉转温暖。0.78 米松、铁杉花粉明显减少，而蒿、藜、禾本科花粉明显增多，说明气候由温暖变凉干。这种全新气候三段式变化与华北该期气候变化的趋势是一致的[19、20]，代表了全新世早、中、晚三期，推断年代早期约为 11000 ~ 8000 年；中期约为 8000 ~ 3000 年；晚期约为 3000 年至近代（^{14}C 年代正在测定）。大河村遗址形成于全新世距今 6000 多年至 3000 多年间的温暖湿润亚热带气候环境下。

四、问题讨论

嵩山文化的伟力源于这里稳定和适宜的环境及其对不同景观的合理利用。

1. 稳定适宜环境与持续发展

大河村遗址旁全新世古湖孢粉分析说明，嵩山文化圈全新世中期是松、铁杉的花粉曲线形成峰值，虽然曲线有变化，但其变化较小，以致无法再分出亚带。这说明嵩山文化圈文明起源在较稳定的温暖湿润亚热带环境下。有丰沛雨水供给绕嵩山的三水水系，河水丰盈，墒情好，日照足，人们在褐红色土壤上耕作，促成了农业发达和文明的诞生。

据我们对嵩山文化圈核心区郑州、荥阳、登封、新郑、新密、巩义、偃师、汝州、禹州、许昌、长葛等县市新石器时代以来 270 处遗址所含考古学文化的统计得出如下结果[8]。含单一考古学文化的遗址有 150 处，占 55.5%。含 2 个时代考古学文化的有 100 处，占 37%。含 3 个时代考古学文化的遗址有 14 处，占 5.1%。含 4 个时代考古学文化的遗址 5 处，占 1.8%。含 5 个时代考古学文化遗址 1 处，占 0.3%。含 2 个时代以上考古学文化的遗址合计 120 处，占总数的 44.2%，也就是说含几个时代考古学文化的遗址的比例比含单一考古学文化遗址占的比例略少（图 8）。这样的统计结果与实际情况可能有较大差别。一方面由于多数遗址未作深入调查，如在登封深入进行的遗址专项调查[5]，20 个遗址中含几个时代考古学文化遗址有 15 处，占总数的 75%，而含单一考古学文化遗址仅有 5 处，占 25%（图 8）。可见若对嵩山文化圈遗址进行深入调查，含多个时代考古学文化遗址数至少会与含单一考古学文化遗址数持平，而且很可能更多。另一方面可能受新石器时代早期裴李岗文化遗址多单一考古学文化影响有关，例如双洎河流域 14 处裴李岗文化遗址中，含单一考古学文化的遗址有 12 处，含两个以上的考古学文化的遗址仅 2 处。嵩山文化圈许多考古学文化出现同一遗址中，延续时间可达 1000 年、2000 年、3000 年、4000 年，甚至可达 5000 年。如果对其历史时期的文化进行调查，可能延续时间更长，有的甚至距今 9000 ~ 8000 年来文化绵延不断。多期考古学文化在同一遗址及其附近

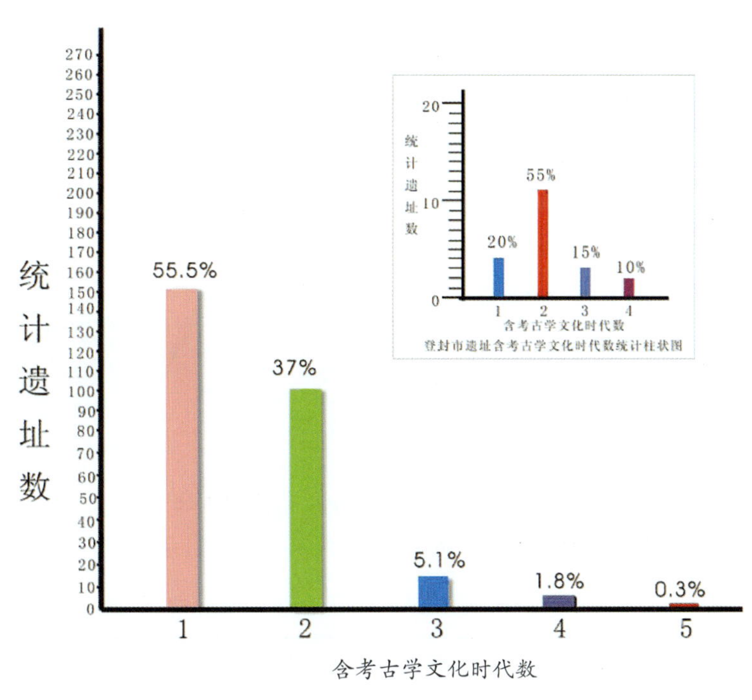

图 8　嵩山文化圈遗址含考古学文化时代数统计柱状图

出现的比例如此之高，是本区域的突出特点。嵩山文化圈史前与史初长期在同一地点上聚居。这说明嵩山文化圈环境的稳定性好，这种稳定性是由于该区域比较好的水热条件，在全新世气候波动的背景下没有出现较长时段的不利环境，古代人类可以通过适当的文化调整与小幅波动的环境达到平衡，使得古代人类文化可以保持动态的持续发展。在嵩山及其周边的稳定环境下，文化得以绵延，人们知识得以累积，社会发展达到高出其他地区的水平。每年 0.01 ~ 0.03 毫米尘降对土壤母质的补充，农业土壤不易因侵蚀而减薄，地力得以保持。生活在嵩山文化圈黄土堆积侵蚀平原与台地上，近水却无水患，高亢干爽而利于生活。这些都是有利于该地区古代人类文化得以绵延和持续发展的有利环境条件。

2. 不同景观与因地制宜利用

嵩山文化圈有多种多样景观。有山有原。山有中山，如太室山、少室山；有低山，如箕山、具茨山和云梦山；有丘陵，如云梦山东麓有焦山至黄帝岭间的高丘；黄帝岭至胡家脑的低丘。往东有梅山孤丘。梅山东坡至荆铜为侵蚀堆积平原。自鸡王进入冲积平原（图 9）。山前河谷旁有阶地，也有宽广的马兰黄土台地，如新密曲梁。嵩山与箕山间的超 100 平方千米的低丘间有卢店，登封和大金店盆地。在嵩山北有几百平方

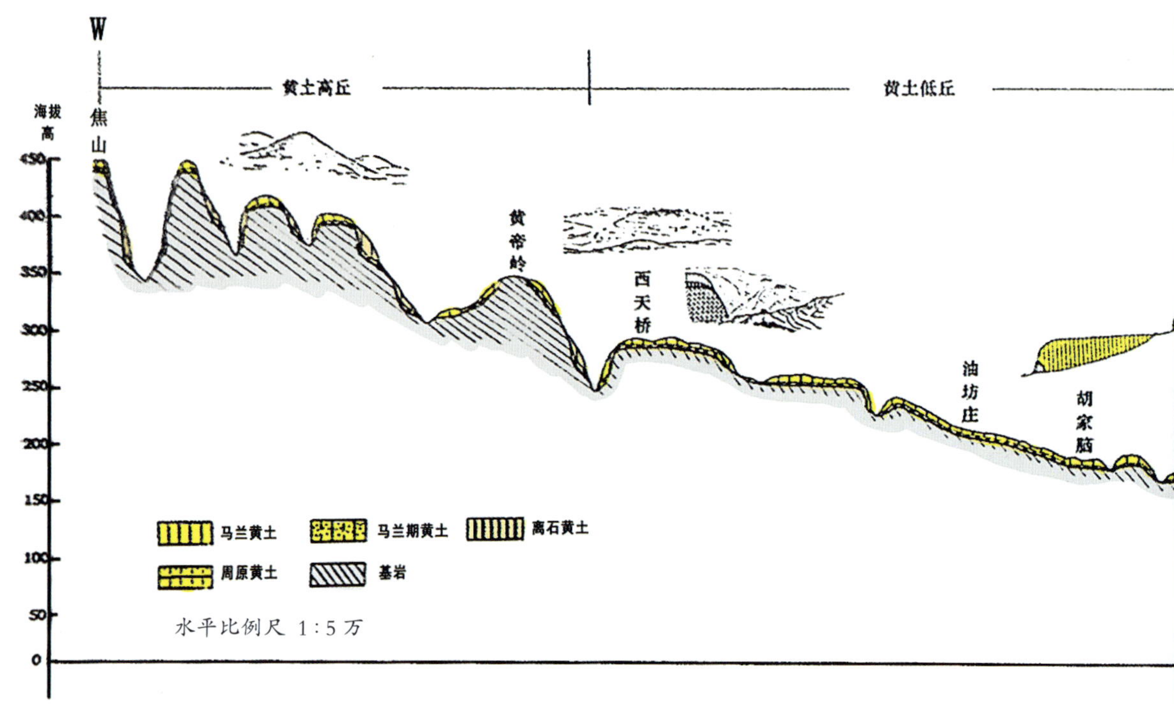

图 9　嵩山东支云梦山东端焦作至华北平原剖面图

千米的洛阳盆地。在这些地貌单元上有森林、草原分布，有黄土覆盖和冲积与湖沼沉积物堆积。这些地貌单元有土壤、植被、光照、温度、湿度环境条件的差异，尤其是黄土与冲积物和湖沼沉积物是干湿不同的两种环境沉积物，嵩山地区多种多样的自然环境，为这里人们聪明才智的发挥创造了得天独厚的环境条件。

在洛阳皂角树遗址的二里头文化层中发现了粟（*Setaria italica*）、黍（*Panicum miliaceum*）、小麦（*Triticum aestivum*）、稻（*Oryza sativa*）、大麦（*Hordeum vulgare*）、大豆（*Glycine max*）[21]，这是我国发现早期的五谷农业。植物对环境敏感，所以不论古今人工栽种植物首先要注意因地制宜。农作物生长发育对环境条件光、热、水、土、肥等要求更高。每一种作物有对种、管、收、藏与加工的特殊要求。如大豆的种植。大豆在甲骨文中为菽，《诗经》中也记载中原有菽，秦汉后称菽为大豆。因大豆源于中国，故英文也称作 soy。大豆遗存直到 20 世纪 90 年代才在皂角树遗址的二里头文化层中被发现[21、22]。栽培大豆源于野生大豆，野生大豆的分布不限于中原，而栽培大豆之所以起源于中原，可能与中原先辈已观察到这种植物需厚层土壤有关。中原有厚层黄土，以利大豆主根深入 1 米的黄土中，并且可以为大豆种植提供需要的短日照、喜温、嗜水的环境条件，所以中原先民较早的种植大豆。在 4000 ~ 3000 年前中原先民就已懂得利用干、湿不同景观种植不同性状作物，这是他们对不同景观合理利用的结果。

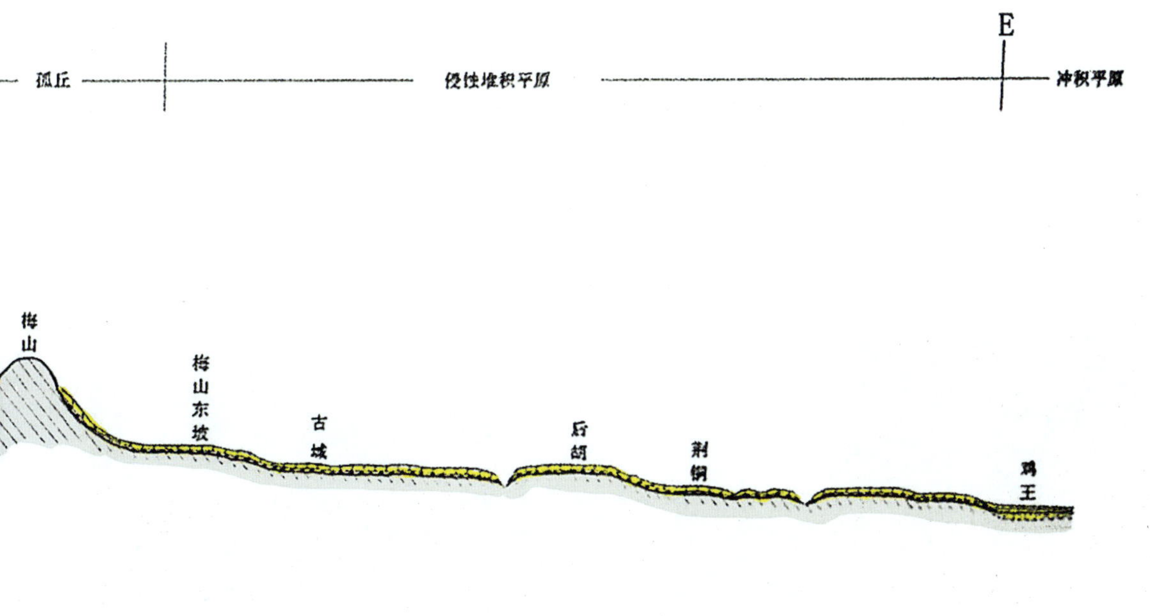

1. 孟州、温县台地
2. 原阳台地上的小刘庄
3. 内黄汉代三杨庄遗址上河水汜滥沉积
4. 濮阳高城遗址东周城墙上覆的汉代河水汜滥沉积（袁广阔教授提供）
5. 邙山（广武山）黄河中下游分界的桃花峪
6. 郑州大河村遗址旁全新世古湖钻孔岩心

图版一

正是嵩山及其周边的山原之交、黄土高原与华北冲积平原之交，具有多样性的地域景观组合，利于发展具有多种经济成分的文化。这样的文化既具发展活力，也更能适应和抵御气候和环境的波动。嵩山文化圈先辈对不同景观因地制宜利用发展多种农业，从而为人们健壮体魄与发展先进文化提供了经济基础。当前，河南为中国第一农业大省，仍与这种有利的资源条件相关。

综上所述，嵩山及其周边区域全新世适宜和相对稳定的环境、地域多样景观和资源的合理利用与开发，是嵩山文化圈形成发展及其在中华文明起源和发展历史上发挥了核心作用的重要原因。

参考文献

[1] 焦北辰 :《中国自然地理图集》，地图出版社，1984 年。

[2] 谭其骧 :《中国历史地图集》，地图出版社，1982 年。

[3] 周昆叔、张松林、张震宇等 :《论嵩山文化圈》，《中原文物》2005 年 1 期。

[4] 陈万卿 :《索河源流考》，河南省文物考古文学会编《河南文物考古论集》，大象出版社，2006 年。

[5] 河南省文物考古研究所、密苏里州立大学人类学系、华盛顿大学人类学系 :《颍河文明》，大象出版社，2008 年。

[6] 彭爱杰 :《试论淮河流域龙山文化的发现发展与特征》，《中国文物报》2008 年 10 月 10 日 7 版。

[7] 国家文物局主编 :《中国文物地图集》陕西分册，西安地图出版社，1998 年。

[8] 国家文物局主编 :《中国文物地图集》河南分册，中国地图出版社，1991 年。

[9] 北京大学考古学系、驻马店市文物保护管理所 :《驻马店杨庄》，科学出版社，1998 年。

[10] 河南省文物考古研究所 :《舞阳贾湖》，科学出版社，1999 年。

[11] 段宏振主编 :《北福地》，文物出版社，2007 年。

[12] 郑州市文物考古研究所编著 :《郑州大河村》，科学出版社，2001 年。

[13] 严富华、麦学舜、叶永英 :《据花粉分析试论郑州大河村遗址的地质时代和形成环境》，《地震地质》1986 年 1 期。

[14] 高广仁、胡秉华 :《山东新石器时代生态环境的初步研究》，周昆叔主编《环境考古研究（第一辑）》，科学出版社，1991 年。

[15] 山东省文物考古研究所、广饶县博物馆 :《广饶县五村遗址发掘报告》，张学海主编《海岱考古》（第一辑），山东大学出版社，1989 年。

[16] 周昆叔 :《环境考古》，文物出版社，2007 年。

[17] 河南省文物考古研究所、北京大学考古文博学院 :《登封王城岗考古发现与研究》，大象出版社，2007 年。

[18] 中国植被编辑委员会：《中国植被》，科学出版社，1980 年。
[19] 周昆叔:《对北京市附近两个埋藏泥炭沼的调查及其孢粉分析》,《中国第四纪研究》1965 年 1 期。
[20] 周昆叔、陈硕民、冻承惠、叶永英、梁秀龙：《中国北方全新统花粉分析与古环境》，中国科学院地质研究所孢粉分析组、同济大学海洋地质系孢粉分析室《第四纪孢粉分析与古环境》，科学出版社，1984 年。
[21] 洛阳市文物工作队：《洛阳皂角树》，科学出版社，2002 年。
[22] 周昆叔等：《夏代大豆的发现》，载《花粉分析与环境考古》，学苑出版社，2002 年。

地层·环境·嵩山文化圈*

［摘 要］笔者关注中原环境考古是企图探讨中原古文化与古环境间的关系，以揭示中原古文化形成的环境缘由。为此，研究了全新世黄土地层与文化层的关系，提出“周原黄土”地层概念，这为中原环境考古打下了地层学基础。中原古文化与环境间的关系，有“气候适宜期环境促进文明化进程；剧变环境带来文化跃进；环境变化深刻影响人类生存方式与质量”的特点。从多重环境因素综合和系统分析中原古文化与环境关系后，提出“嵩山文化圈”的概念；还从嵩山文化圈的核心区人类依河、济、淮三水生活，提出“三水文化”（三河文化）的概念。

［关键词］周原黄土　环境与文化　嵩山文化圈　三水文化（三河文化）

一、中原情结

1989年后，我每年都要去黄河中下游考察，目的为求解两个问题，一是中原遗址之多，类型之繁，文化之绵延，古都之多，影响之广，在全国独占鳌头，中原古文化为何能这样发达？二是中原古文化的重要性似乎是不言而喻的，但实际在全国考古学大踏步前进时，人们对这种重要性认识有下降的趋势，有些淡薄，或更甚产生怀疑，那么中原古文化在全国古文化中的地位到底如何？这就是15年来萦绕在我脑际的两个问题。作为一个研究人与环境、古文化与古环境关系的人，我责无旁贷。

怀着解答上述两道中原古文化难题的情结，我与同事们在黄河中下游求索，主要考察地区北起北京，南抵南阳，西至宝鸡，东达商丘，由面至点，由点及线，反复考察，总考察里程超万千米。为此，上高原，攀山崖，跨深沟，辨土质，识古今，思个中缘由。期间也间或到中原以外的地区考察，涉及16个省、区、市，互对比，区异同，求答案。

* 周昆叔，原载《安金槐先生纪念文集》，大象出版社，2005年；修改后转载《中华文明与嵩山文明研究》（第一辑），科学出版社，2009年，第19～26页。

二、时空序列

任何事物的发生与发展均是在一定的时间和空间进行的，把握其时空规律是认识事物的出发点。因此，要认识中原古文化，除要注重遗址堆积层位和遗存、遗迹研究外，也要注重遗址内外地层关系和古环境研究，方能达其溯源古文化的目的。

豫中与豫西是中原古文化分布的核心区，这里主要分布着黄土，属于黄土高原东南边沿。黄土源自于漫天而降的尘土，日积月累的沉积，在气候、重力、生物等的作用下，形成基本色调为黄色的松散土状岩石。但当我们仔细考察，其质地不论颜色、粒级、结构均有差别[1]。黄土高原东南沿的全新世黄土与堆积其下的万年前晚更新世末次冰期干冷环境下形成的厚层灰黄色马兰黄土间有时可以见到沉积不连续，为强烈降水冲刷造成[2][3]，此后约万年间堆积了厚不到 1 米至 3 米的全新世黄土。这里全新世黄土首先映入眼帘的是一层厚几十厘米至 1 米多的褐红色古土壤层，此层是识别全新世地层的标志层。其下堆积了厚度一般小于 0.50 米的杂色黄土。其上盖有厚约 0.50 米的褐色古土壤，再上为厚几十厘米至约 1 米的新近黄土与耕土层。由于黄土高原东南沿全新世黄土中含的褐红色古土壤与黄土高原中心区全新世黄土中含黑垆土古土壤的坡头黄土[4]显然不同，代表着不同沉积环境下不同质地的全新世黄土，为便于将黄土高原东南边沿与其中心区全新世坡头黄土区分开来，故以层序清楚，与文化层关系密切，且发现早的关中西北部周原全新世黄土作为黄土高原东南边沿全新世地层名词，名为周原黄土[5]。

全新世周原黄土地质地层与文化层有清楚叠置关系，即褐红色古土壤底部含裴李岗文化层（或名前仰韶文化层），其上分别含仰韶、龙山、二里头、商和西周文化层。褐色古土壤层的下部含东周文化层，顶部含秦汉文化层。新近黄土层含唐宋等文化层。周原黄土各层与文化层相互叠置，显示不同环境下形成的各层黄土与文化发展有紧密的内在关系[6][7]。这种全新世黄土地层与相应文化层叠置与对比关系的厘定，为我们分析黄土高原东南沿万年来人与环境、文化与环境的关系提供了时间序列，即褐红色古土壤的下界年龄约为 8000 年，上界年龄约为 3000 年，褐色古土壤层上界年龄约为 2000 年，新近黄土年龄小于 2000 年。黄土高原东南沿由于周原黄土与文化层地层序列的建立，为该区地层、环境与文化层远距离对比和深入研究提供了时空框架。

三、环境变化

距今 11000 ~ 8000 年周原黄土为杂色黄土堆积。孢粉组合为旱生草本花粉多，阔叶树花粉零星出现。气温上升，气候变化较频繁。河湖增多。

距今 8000 ~ 3000 年周原黄土的褐红色古土壤形成。其微结构研究说明黏粒胶膜成厚层状聚集，且含铁质凝团，显示该土壤类型属淋溶褐土向棕壤过渡，或为棕壤。其化学成分氧化铁含量高。其孢粉分析显示栎树（*Quercus*）等阔叶乔木花粉较多，并偶含亚热带成分乔木山毛榉（*Fagus*）、山核桃（*Carya*）、枫香（*Liquidambar*）、冬青（*Ilex*）等花粉和风尾蕨（*Pteris*）、水蕨（*Ceratopteris*）孢子等[8]。当时中原的景观，植被为森林草原。河水丰盈，湖沼棋布。在郑州地区西北有荥泽，东南有圃田泽，江河纵横，湖水荡漾。新乡北的淇河两岸竹林（*Bambusoideae*）青青（《诗经·风·卫风》）。河水（古黄河）入华北平原后，依太行山东侧东北流，从天津附近入渤海。河湖中扬子鳄（*Alligator sinensis*）游荡，湿地中獐（*Hydropotes inermis*）在觅食，水下丽蚌（*Lamprotula*）等软体动物多种多样，陆地上麋鹿（*Elaphurus davidianus*）奔驰，竹林里中华竹鼠（*Rhizomys sinensis*）出没[9][10][11]。这些显示距今 8000 ~ 3000 年间中原气候温暖湿润，推测当时较今气温高 2℃以上，年降水多 200 毫米以上。亚热带从现今北纬 33° 北推到今北纬 37° 的黄河口，然后向西收缩至关中盆地北纬 35°。人们在褐红色土地上居住，手持类似今日铁锹的石耜在褐红色土壤上耕种，育成了耐旱的粟（*Setaria italica*），金灿灿的小米以其上乘的品质滋养着中原人们健康的体魄，从而创造出灿烂的中原古文化。粟（*Setaria italica*）、黍（*Panicum miliaceum*）、稻（*Oryza sativa*）、小麦（*Triticum aestivum*）、大豆（*Glycine max*）五谷农业为夏代文明社会的到来创造了经济基础[12]。虽然这一时期气候总的情况是温暖湿润，属气候适宜期（*Climatic optimum*），然而，孢粉分析以栎为代表的阔叶树花粉曲线升降说明，中期形成气候变化的分界，此前气温上升，而此后气温下降[13]。另外渑池县班村遗址磁化率测定，河北南宫地下水库孢粉分析和洛阳市皂角树磁化率测定说明，距今约 7000 年、5000 多年、约 4000 年时有气温下降事件。此外，在安阳市姬家屯西周遗址磁化率曲线下降和旱生草本植物花粉增多说明，西周晚期气候旱象已显现[14]。还有博爱县西金城龙山文化遗址被洪水冲毁等现象说明传说时代禹时洪水事件有可能真实存在。

距今 3000 ~ 2000 年周原黄土的褐色古土壤形成。土壤微结构黏粒胶膜分散，土壤类型为褐土。孢粉组合显示阔叶乔木栎等花粉显著减少，蒿（*Artemisia*）、禾本科（*Gramineae*）、藜（*Chenopodiaceae*）等草本植物花粉明显增多。气候变凉干[15]，亚热带南退。河水减少，湖沼干涸或湮没。河水入华北平原后开始改道向东取代济水。人们为了应对这一旱化环境，耕作中发明了保墒技术。

距今 2000 年后周原黄土形成新近黄土堆积。土壤化作用降低。孢粉组合以旱生草本禾本科、蒿、藜花粉占优势。河水更加减少，河流下切，最新一级阶地形成。一些河流湮没，湖沼难觅，旱地连连。黄河入华北平原接近现状。北魏时期完善了耕作中的保墒技术。

上述黄河中下游全新世气候变化与世界基本同步，即距今 11000 年 ~ 8000 年为升温期；距今 8000 ~ 3000 年间为高温期；距今 3000 年后为降温期。

黄河中下游全新世气候环境的变化，深刻地影响了中原人们的生活与文化，主要表现概述如下：

（1）气候适宜期环境促进文明化进程。距今约8000年时，为周原黄土褐红色古土壤形成之初，由于土壤团粒结构形成，水气环境改善，有机质聚集，形成有肥力的土壤，为人们创造农业提供了物质基础。所以，裴李岗文化农业在经历几千年酝酿期后，迅速发展起来。由于中原地区主要分布着黄土与黄土状土，农业以耐旱的粟作为主。但是，在南部淮河干流地域，如贾湖一带水分条件较好，就有水稻的种植。农业由萌生到成规模地发展，人们生活较前有保障，故逐渐脱离山区，在原野河畔过定居生活而形成聚落。距今8000～3000年间，黄河中下游的人们在北亚热带环境下生活，创造了发达的新石器文化，并告别原始时代，迎来了夏、商、周文明。在短短5000年间，文化进步之快，前所未有，这是人类发展史上的黄金时代，是大变革时代。全新世中期气候适宜期促进了人类文明化进程。

（2）剧变环境带来文化跃进[16]。在史前与史初时期人类对环境依赖性还相当强的时候，环境的突变往往会给人们带来暂时的破坏。当人们承受住了这生存难关磨练后，在新环境下创造出新生活，变得更加聪明能干，从而创造出较前更先进的文化，表现为文化的跃进，而这种由环境突变引起的文化跃进，不论在速度与水平上都是递增的。前仰韶文化到仰韶文化，仰韶文化到河南龙山文化，河南龙山文化到二里头文化就是明显的例子，还有西周与东周和秦汉之际也是如此。这鲜活地说明人类在演进过程中变得越来越聪明，能力越来越强，创造力越来越发达。

（3）环境变化深刻影响人类生存方式与质量。距今8000～3000年间的气候适宜期，雨量较大，气候湿润，河水丰盈，人类多在河旁的阶地或台地生息，由于地下水位较高，耕地的墒情较好，利于人类用水与耕作，这是中原人们创造中原古文化的优越环境条件。但是随着距今3000年后变干旱，特别是秦汉后旱情加剧，河水减少，河流下切，第一级阶地形成。由于中原核心区河流第一级阶地普遍较窄或缺乏，所以人们仍在原来生活的场所居住。此时原住所已变成第二级阶地或台地，高于河面约10米，由于地下水位下降，耕地墒情大不如以前，环境质量变差，中原经济发展变缓，文化也随之不如以前发达。

濮阳一带是古文化发达之地，尤其以贝壳摆塑的龙、虎、鹿图案的西水坡仰韶文化遗址闻名遐迩。当时这里地势平坦，易积水成湖，所以人们的软体动物食源丰富，乐于享用这种即煮即食的鲜美食物，还要用食后留下的软体动物贝壳塑造成龙、虎等动物图案作陪葬。这里由于地下水位高，所以人们多依丘而居。但到距今3000年后，尤其2000年后，由于气候变凉干，植被覆盖度减小，加之人类作用加强，水土流失加大，泥沙增多，又河水减少，冲力不如从前，尤其当河水绕太行山东麓后，水的流速更加降低，河水中的泥沙不易被水带走，日积月累，堵塞河道，河床抬升，终形成河水前进的障碍。

当洪水来临时，河水不能向左岸太行山溃流，只能向右岸平原溃决。河水从此不断向东、东南改道，濮阳这一带成为河水改道必经之地，洪冲积物铺天盖地而来，故西水坡、高庄等遗址被埋没在数米地下，即使或能看见的马庄、程庄等遗址，也成仅露在地表2~3米的孤丘。可见战国后濮阳地区人类生存环境今昔巨变，究其原因，盖乃气候变干旱的结果。这给我们考证濮阳一带古文化带来不小的难度，也可能已把中原古文化中的一些精华冲毁，成为中华文明起源研究中难以弥补的损失。

四、嵩山文化圈

考察中原古文化核心地区的遗址，其分布特点与嵩山关系密切。

嵩山呈锥体状，突兀于华北平原西南，系35亿年的古陆[17]。面积约4000平方千米。旧石器中期人们就生活在荥阳织机洞中，制造众多的细小石片石器[18]，新石器时代至秦汉，人们仍在该洞生活。新密灵崖山有旧石器晚期人类。在登封君召和巩义洪沟[19]也有旧石器中期人类生活，并使用有一定数量的砾石石器，显示嵩山地区在旧石器中期就有南北文化交流、融合和过渡特点。在许昌灵井山前地带发现原认为是中石器文化灵井遗址，新近研究证明为旧石器晚期。

嵩山除有崇山峻岭中低山外，山中还有面积达100平方千米的低丘，海拔300~400米，与海拔1492米的嵩山高差达1000米。在低丘中，有大金店、东金店、登封和卢店盆地，还有南河涧沟、书院河、少林河、五渡河、石淙河等七条河汇入淮河主要支流颍河，构成颍河的源头，这里水网密布，其间黄土台地发育，成新石器时代以来文化发达之区，据不完全统计有遗址16处，其中包括著名的登封市告成镇王城岗龙山文化遗址和战国阳城故城遗址。

从嵩山发出放射状河流分别流入淮河（古淮水）与黄河（古河水），也曾流入古时的济水。嵩山既为淮河主要支流颍河的发源处，也为黄河入华北大平原的重要水源补给地。通观中原古文化核心地区的遗址，都分布于发源嵩山的诸河流域。在嵩山东南部禹州、许昌地区的颍河干流有裴李岗文化的石固遗址，有仰韶文化与龙山文化的谷水河遗址，有龙山文化的瓦店等遗址；嵩山东部新密、新郑地区的双洎河流域有裴李岗文化的莪沟北岗、裴李岗、张湾、唐户等遗址，有仰韶文化的柿园遗址，有龙山文化的古城寨遗址，有龙山文化与二里头文化的新砦等遗址；嵩山东北部郑州地区贾鲁河流域有仰韶文化的大河村、西山、秦王寨、点军台和青台遗址，二里头文化的大师姑遗址，有商代郑州商城、小双桥等遗址；嵩山南部汝州地区汝河流域有龙山文化的中山寨遗址，有仰韶文化的大张、洪山和阎村遗址，有龙山文化、二里头文化的煤山等遗址；嵩山西部伊川地区白降河流域有仰韶文化颍阳遗址，二里头文化前孟、南洼等遗址；嵩山北部洛阳、偃师与巩义地区伊洛河流域有裴李岗文化郏罗西坡与毛窖嘴遗址，有仰韶文化、龙山文化和商文化的灰嘴遗址，有龙山文化的锉李遗址，二里头文化二里头、皂角树、花地嘴遗址，商文化有偃师商城、稍柴沟等遗址。总之，由嵩山发源放射状的每条河流，都是人类生存与文化传播的重要通道。

嵩山地区中原古文化分布的特点：一是遗址分布广，山内、山外都有分布；二是遗址量多，仅裴李岗遗址就有 40 多处，其他地区难觅；三是文化类型多，裴李岗文化可分裴李岗、贾湖类型，仰韶文化分半坡、庙底沟、秦王寨、后冈、下王岗等类型，河南龙山文化分王湾、后冈、三里桥、下王岗等类型；四是时代延续，包括旧石器时代、新石器时代，直至夏、商、周后；五是遗址重要，如君召、洪沟、织机洞、裴李岗、大河村、西山、秦王寨、古城寨、新砦、中山寨、煤山、瓦店、王城岗、二里头、大师姑、花地嘴、小双桥、郑州商城与偃师商城，这些遗址构成了以嵩山为主体的嵩山文化圈；六是中原古文化对全国之影响既早又大，时间可追溯到 8000 年前的裴李岗文化，随后的仰韶文化，影响纵横超千千米，继后龙山文化时代到三代核心文化的确立。

嵩山文化圈的形成是山、水、土、生（生物）、气（气候）和位（地理位置）诸因素综合作用的结果。嵩山规模适中，且突兀华北平原西南，资源丰富，水网发达，尤其放射状水系，有利于人从山向原迁徙。在北亚热带气候作用下，四季分明，雨热同季，有利万物生长，尤其是南方雨水作用在北方疏松与肥沃的黄土上，适宜垦殖。这里乃全国交通之要冲，便利人员交流、文化辐射与吸纳，这些都促成中原古文化优势的形成。

嵩山地区的地理位置属中纬度，季风为东亚海洋季风之边，气候属温带与亚热带之交，地貌处黄土高原、豫西山地与华北平原之交。嵩山地区属环境的接壤地带，中原优势古文化形成是嵩山地区环境接壤带的边缘效应[20]。

中国多种多样环境为中国多元文化形成提供了沃土，而中原以嵩山为主体的山、水、土、生、气、位诸因素为中原创造优秀与起核心作用的中原文化提供了得天独厚的条件。于是乎，中国的文化既是多元的，又是有核心的，和谐统一的，这是中国文化的基本特征。

嵩山文化圈依其与嵩山关系疏密可分作中心区（核心区）、边缘区与影响区。

嵩山文化圈在中华文化中的核心作用萌生于裴李岗文化，发展于仰韶文化，形成于龙山文化和夏、商、周文化。嵩山文化圈的形成是嵩山地域环境所造就，但也得益于与周边文化的交流。嵩山文化圈与周边文化间是相辅相成的关系。

五、文化地域说

中原文化，主指黄河中下游交接处沿岸的文化。黄河文化，虽未特指中原文化，但人们心目中多认为主要是指中原文化。河洛文化，虽特指黄河与洛河之交的文化，但人们认为与中原文化有密切联系。中原文化、黄河文化、河洛文化都是地域文化名称，都不同程度地含有产生文化的地域解说[21]。

过去讲黄河文化，或者讲河洛文化，阐述中原文化依黄河而创造，当然是对的，是可取的。但是，需要进一步斟酌，问题之一是对中原核心古文化产生的地域特点阐述不够全面。中原古文化形成不仅与水有关，而且与山、土、生、气和位有关。问题之二是不够准确。滋养中原人民创造古文化的水，应包括中国古时四渎中的三渎（另外一渎长江不属此区），即河水（汉代后改称黄河）、济水（汉后被黄河袭夺）和淮水（即淮河）。从嵩山发源的颍河是淮河主要支流之一。从嵩山发源的索河、须河、贾鲁河源头是济水的重要源流。所以，淮河、济水也是中原文化核心区的重要河流。因此，如果以水系来阐述孕育中原古文化核心区的地域特点，只讲黄河就不够准确了，而应该既讲黄河，也讲济水和淮河，黄河、淮河、济水同是孕育中原文化的母亲河，其功之伟，超两河流域。因此，中原文化核心区从依水而言，可称之为三水文化，或称之为三河文化。问题之三是欠表源流。河洛文化说法之所以被人们重视，是由于河洛之间是夏、商、周文化的中心。尽管西周建都于西安西北郊之丰镐，但周武王、周成王都知道洛邑之重要，并把洛邑建成为陪都。到西周灭亡时，周平王毅然东迁洛邑，洛邑至此成东周王都。因此，河洛间三代是全国文化中心，自不待言。然而，河洛三代核心文化形成不是一下冒出来的，它是有源的，那就是传承于裴李岗文化、仰韶文化、河南龙山文化，这就不限于河洛地区了。综上所述，黄河文化或河洛文化对阐述中原文化的地域特点是有重要作用的，但不够全面，不够准确，欠表源流。因此，黄河文化、河洛文化对中原文化的解释难能尽意，嵩山文化圈做了弥补。嵩山文化圈既重视黄河与河洛，又不拘囿于此，它还包括济水、淮河及其他影响中原文化形成的山、土、生、气和位诸地域因素。嵩山文化圈既主要指中原文化核心区，又涉及中原文化核心区以外的文化。

认识嵩山文化圈在中华民族文化形成中的核心作用，有利于对中华民族文化的理解，有利于中华民族文化大厦的建成，有利于推进先进文化建设与和谐社会风尚形成。

六、任重道远

15 年时光，白驹过隙。时常浮现在我脑际的除前述地层、环境与嵩山文化圈外，就是国家、领导、师长的大力支持与指导；就是安金槐先生等前辈的功业；就是风雨同行和促膝论道的朋友们。中国、中原之广袤，中国、中原文化之深奥，触之皮毛可及，穷其所以难达。“嵩山文化圈”和“三水文化”（三河文化），内涵的诠释，任重道远。盼同仁群策群力，坦途在望。一家之言，谬误难免，惠蒙指正，敝人甚幸。

参考文献

[1] 刘东生等 :《黄土与环境》，科学出版社，1985 年。

[2] 周昆叔 :《中国北方全新世下界不整合与新石器早期文化》，见 :《中石磁文化及有关问题研究论文集》，广东人民出版社，1999 年。

[3] 周昆叔 :《中国北方全新世下界局部不整合—兼论板桥期侵蚀》，见 :《中国第四纪地质与环境》，海洋出版社，1997 年。

[4] Liu Tungsheng and Yuan Baoyin, Paleoclimatic Cycles in Northern China(Luochuan Loess Sectiou and in Environmental Implications) , Aspects of Loess Research, China Ocean Press, 1987.

[5] 周昆叔、张广如 :《关中环境考古调查简报》，见 :《环境考古研究》(第一辑)，科学出版社，1991 年。

[6] 周昆叔 :《周原黄土及其与文化层的关系》，《第四纪研究》1995 年 2 期。

[7] 周昆叔、叶万松、王建新、张广如 :《再论周原黄土及其与文化层的关系》，见 :《华夏文明的形成与发展》，大象出版社，2003。

[8] 严富华、麦学舜、叶永英 :《据花粉分折试论郑州大河村遗址的地质时代和形成环境》，《地震地质》1986 年 1 期。

[9] 周昆叔、张广如、曹兵武 :《中原古文化与环境》，见 :《中国生存环境历史演变规律研究》，海洋出版社，1993。

[10] 中国社会科学院考古研究所山东工作队等 :《山东兖州王因新石器时代遗址发掘简报》，《考古》1979 年 1 期。

[11] 河南省文物考古研究所 :《舞阳贾湖》(上、下卷)，科学出版社，1999 年。

[12] 洛阳市文物工作队 :《洛阳皂角树》，科学出版社，2002 年。

[13] zhou Kunshu. Preliminary study on Formation of Holocene Peat in Northern China. 海洋地质与第四纪地质，1995，(4).

[14] Zhou Kunshu .Sporo-pollen Analysis of the Yin Dynasty Ruins. 花粉分析与环境考古，2002。

[15] 周昆叔 :《塑造现今地质地理环境的划时代事件—2500 年来气候变凉干及其影响》，见 :《环境考古研究》(第一辑)，科学出版社，1991 年。

[16] 周昆叔 :《黄河中下游环境考古的启示》，《花粉分析与环境考古》，学苑出版社，2002 年。

[17] 程胜利、劳子强、张翼 :《嵩山地质博览》，地质出版社，2003 年。

[18] 张松林、刘彦锋 :《织机洞旧石器时代遗址发掘报告》，《人类学学报》2003 年 1 期。

[19] 席彦召等 :《河南巩义市洪沟旧石器遗址试掘简报》，《中原文物》1998 年 1 期。

[20] 陈良佐:《从生态学的交汇带(ecotone)、边缘效应(edge effect)试论史前中原核心文明的形成》，《历史与考古整合之研究》，(台北)“中央研究院”历史语言研究所，1996 年。

[21] 河南省河洛文化研究中心 :《根在河洛》(上、下册)，大象出版社，2004 年。

登封市·嵩山文化圈·嵩山文化产业*

古为今用，文化、经济双飞。

一、登封市简介

位置：嵩山之中。地处东经113° 20′，北纬34° 20′。

面积：1220平方千米。

人口：63万。

产值：2009年246.2亿元，主要矿业为煤炭，为全国100强产煤县。旅游业，

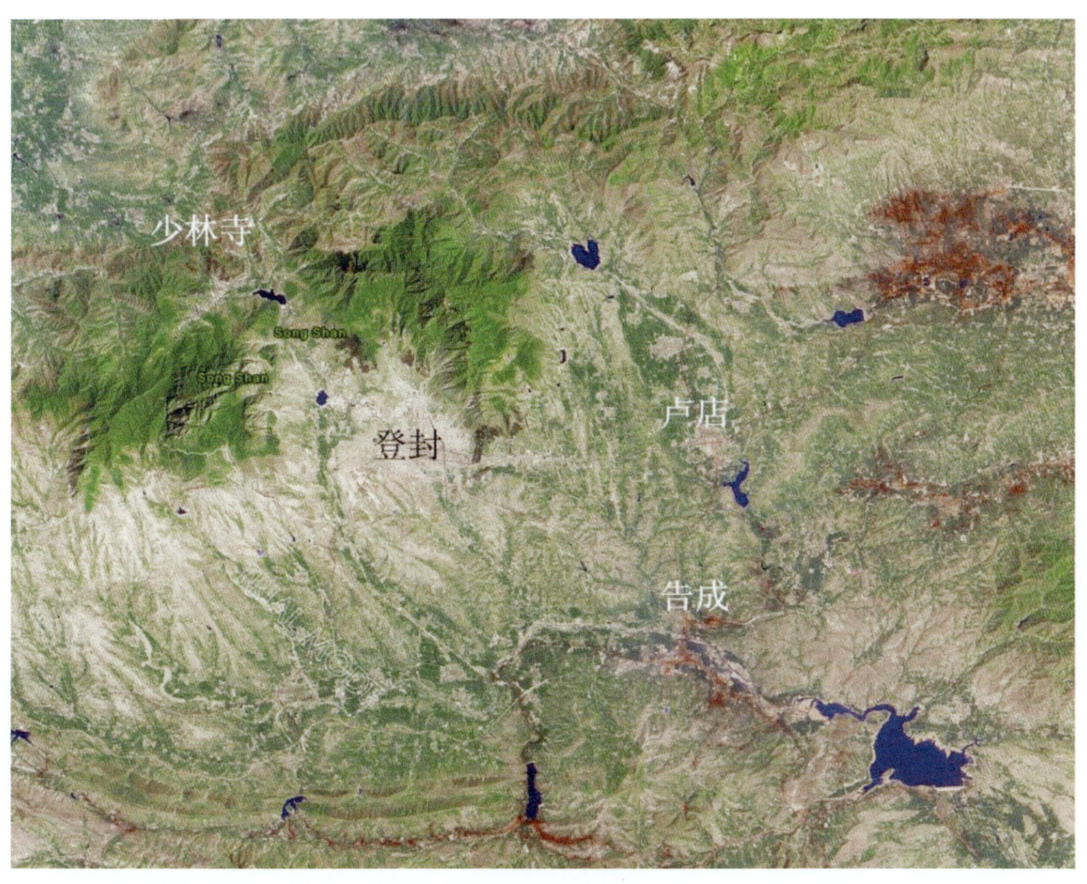

登封市区位图

* 周昆叔，原载《嵩山行》，文物出版社，2010年，第26~29页。

登封市交通位置图

2005年游客670万人次，门票收入2.36亿元，创社会效益36亿元。

交通：距郑州新郑国际机场68千米。已建成郑少、少洛、少许高速公路，正在建巩登、登汝高速公路，将于2008至2011年建成。国道G207线、省道S316线、S323线等干线公路穿境而过。

特点：世界地质公园、国家森林公园、全国文明城市、全国优秀旅游城市。

二、嵩山文化圈简介

中原古文化发达是共识。中原古文化何以发达？中原古文化在全国文化中的地位到底如何？这两个问题值得思考。经过近20年对中原进行环境考古，发现这里中原古文化核心区形成于嵩山或嵩山周边，因此命名为嵩山文化圈。嵩山文化圈是一个地域文化名称。

嵩山文化圈的形成，得益于这里古生态环境，那就是这里山好、水丰、土沃、生（物）茂、气（候）宜和位（置）中。

山好。嵩山有35亿年地质历史，为我国古陆之一。其地史之绵延和地壳运动之典型，世界少有。嵩山地貌北有海拔约1500米的太室山、少室山，南有海拔1000米以下的低山箕山，二山之间夹海拔300～400米的低丘，面积超过100平方千米，这种山岳地貌，非常罕见，嵩山是世界地质公园和国家森林公园，林木矿产资源丰富。嵩山环境优越，适于人类生活，成文化荟萃之区，仅全国重点文物保护单位即达 16 处，占“五岳”全国重点文物保护单位 28 处一半以上，为“五岳”之冠。

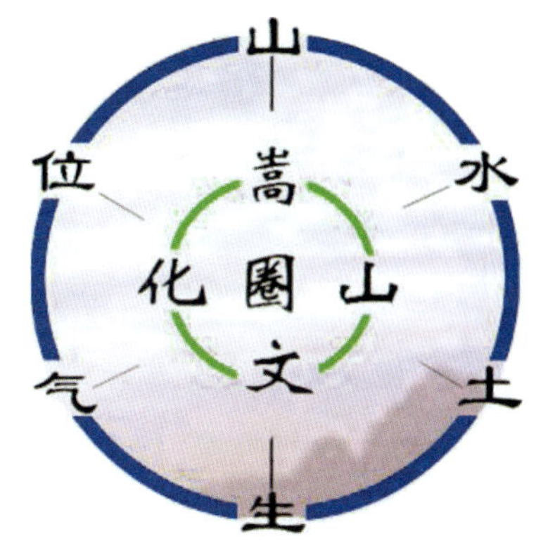

嵩山文化圈概念图样

水丰。嵩山中水网发达，好似江南，其水系呈放射状，每一条河流成为人们从山迁移至原的走廊，也是文化传播的通道。嵩山为中国古代四渎中河、济、淮三水的水源补给地或重要源头，中原古文化核心区受河、济、淮三水之孕育，故中原古文化也可称作三水（河）文化，世界独有。

土沃。嵩山及其周边为黄土高原的东南沿，中原古文化在棕壤类型的褐红色古土壤上发展农业形成。

生茂。中原古文化形成时的植被为含常绿阔叶树的落叶阔叶林。植物含亚带植物枫香、青冈等，动物含亚热带动物扬子鳄、麇鹿等。

气宜。当时嵩山处在亚热带。

位中。地处中纬度，为我国发达地区的中部，便于文化辐射与吸纳。恰值我国东西、南北十字形交通要道与文化传播通道交汇处，也与世界文明古国处在同纬度带上。

距今约 8000 ~ 3000 年的中全新世时期，嵩山地区上述的优越生态环境和边缘环境效应，成为形成发达中原古文化的原动力，先进的中原古文化在中华民族文化中起着核心作用。

嵩山文化圈科学理念引起的三个变化。

一是命名依据的变化，即从以考古学文化为主对文化区命名，变成以考古学为基础，以文化形成区域古生态环境为主的命名，嵩山文化圈这个地域文化概念涵盖中原古文化核心区，也涉及整个中原文化。

二是环境与文化关系分析的变化，即从以“水”为主单生态因素分析中原人、环境与文化关系，变成以“山”为主，并含水、土、生（物）、气（候）、位（置）多生态因素系统分析中原人、环境与文化关系。

三是水生态因素的变化，即过去从以黄河、河洛考虑与中原文化关系，变成以河（黄河古称，指汉以前的黄河）、济、淮三水考虑与中原文化关系。

三、嵩山文化产业开发

登封市实行“文化立市”、“工业强市”的战略。登封市召开了旅游产业发展大会，出台了加快旅游产业发展的意见和奖励等政策。全市以新的决心在大力发展登封市旅游产业。这一重要举措，符合登封市情，也与世界和我国重视文化产业的潮流一致。

有此远见卓识，一定会把登封建设得更好。

从打“少林牌”向打“嵩山牌”转变。“少林牌”要打得更响，“嵩山牌”也打响才能把整个嵩山文化产业发展起来，不能只见少林寺不见嵩山，也不能只见山不见水，也不能只围着老景点转而不去开辟新的景点。要把登封建设成为观光休闲、文化体验、健身养生的旅游胜地。

文化产业是文化事业中的新观念，是推动文化进步的新动力，是经济的新增长点，它与制造业构成双轮共同推动社会进步，都在为国家 GDP 增长做贡献。

文化产业归根结底是要在弘扬文化上做文章，弘扬是在继承传统上发展。发展文化产业既要深研传统文化，又要不拘泥于传统，不能只见古不知今，我们要力争古为今用，就是要把凝固的古文化变成今天可体察可借鉴的生动文化。古为今用，做得好坏是检验我们做学问到底为什么的问题。古为今用是我们研究古的动力之源。古为今用是克服孤芳自赏的灵丹妙药。所以嵩山文化圈研究是要在深挖嵩山文化内涵的基础上，力争转化为文化产业。

登封属郑州市，我在 2006 年 7 月底“中国第四届文化产业郑州论坛”会上谈到：“郑

2007 年周昆叔在“嵩山论剑”会上演讲

州是中原的重心，中国传统文化的核心，东亚文化的中心，这‘三心’是源于这里有‘四力’，即有强大活力，辐射力、吸纳力和凝聚力，而四力源于一个圈中，那就是嵩山文化圈”。嵩山文化的孵化作用，嵩山文化形成的边缘效应，嵩山文化在中华民族文化中的核心地位，河水、济水、淮水三水文化，嵩山文化圈处在中国十字形文化传播古道的交汇点上，嵩山文化圈同处在世界各古文化带上，特别是嵩山文化在中华文化中的根脉性等文化理念，是郑州市、登封市文化产业腾飞的独有资源，以嵩山文化为内容的郑州、登封文化产业将成为新时期中原崛起和再现豪放中州的重要动力。

嵩山文化甲天下*

［摘　要］嵩山处中国五岳之中，故又称中岳。嵩山奥，为何奥？嵩山文化内涵丰富使然。嵩山是古陆块之一，有30多亿年的地质历史，以其年代古老、地层连续和构造典型著称。龙山文化中晚期嵩山地区在我国文化中的核心地位显现。王城岗遗址及其周边地区为夏代建国源起的地方。嵩山居中国宗教、书院、天文文化之巅。嵩山古建筑文化以其历史久远、规模宏大、类型繁多和工艺精湛著称于世。嵩山及其周边是华夏文明奠基之所。嵩山地区是自然史与社会史互动的典范。嵩山在华夏文明形成中发挥了关键作用。

［关键词］嵩山　嵩山文化

五岳胜景各具特色，有所谓泰山雄，衡山秀，华山险，恒山奇，嵩山奥之说[1、2、3]。乾隆皇帝游嵩山曾赋诗云："自古山川秀，太少无穷奥"。嵩山何以奥？嵩山之名就有奥之韵。嵩山又名崇山，嵩即崇，崇本意为高，同时还有敬重之意。这就是说嵩山不仅高且令人崇敬，何以如此？嵩山文化内涵丰富使然。

地球宠儿

嵩山是我国古陆块之一[4、5]。在约30亿年之前，由于地球深部能量的释放，催生了地球新的活力。地幔层以其灼热的岩浆冲破坚硬的地壳喷涌而出，遇地球表层的海水而凝固，遂冒出波涛汹涌的茫茫大海，形成陆核或小陆块，从而诞生了最初的嵩山。嵩山以及其他古陆的出现，宣示了地球成陆时代的来临。为了探求嵩山形成的奥秘，地质工作者首先要测算其年龄，方法不外乎从嵩山最古老岩石的放射性元素衰变史来推算。这是一个艰难的差事，几经周折，难以遂意。1988年，由中、德科学家合作，取嵩山中太古代酸性火山岩的锆石，测得其年龄为约30亿年[5]。这也就是前述于30亿年前地球开始孕育成陆的缘故。实际上，就世界范围而言，地球成陆的起始时间可

* 周昆叔，《中华文明与嵩山文明研究》（第一辑），科学出版社，2009年，第3~14页。

追溯到40亿年前。人们考虑到嵩山陆核或小陆块形成有一个过程，应比所测年龄要老一些，故加上5亿年的推断量，所以，说嵩山的年龄30亿和35亿年，均属于科学的说法，不过前者乃实测年龄，后者乃推断年龄。嵩山既如此古老，理当受人尊敬。

嵩山地质历史经过了太古宙、元古宙、古生代、中生代和新生代，层序清晰，时代连续，故被地质界誉为“五代同堂”，后来又说是“七代同堂”[4、5]。这是怎么回事？原来是人们发现早期地质历史划分得时限过长，太古代延续了11亿年，元古代延续了19亿年，国际地质界决定把这两个代提升为宙，并且各分出古、中、新三个代，这样地质历史就成了3宙9代。嵩山地区经历了新太古代、古元古代、中元古代、新元古代、古生代、中生代和新生代，所以有了“五代同堂”和“七代同堂”两说。这一区别只是对早期地质历史的划分方法不同，二者并无实质的区别。

嵩山自形成之始，一直处在变动中，六变海六成陆，只是到3亿年前的二叠纪后才完全脱离海而成陆了。不过，“树欲静而风不止”，地球内部始终处于活动状态，犹如人每天都在运动一样。地球内部的运动一般比较缓慢，不易察觉，当剧烈运动时，则往往会岩浆喷发，地层断裂、扭曲，甚至翻转，正所谓地动山摇，于是就会在地层中留下痕迹。地质学家将这些痕迹较典型的地点作为地质构造运动的名称，以便人们识别和研究。嵩山及其周围广大地区在23亿年前发生了嵩阳运动，18.5亿年前发生了中岳运动，8亿年前发生了少林运动（图1–3）[4、6、7、8]。由于这三期地质构造运动在嵩山地区表现得强烈、典型，且遗迹较完整，所以这三次地质构造运动的名称都是以嵩山区域内的地名命名的。

嵩山因其地质历史古老、地层连续、构造运动典型三个显著特点而被评定为世界地质公园。这些地质特点不但是地球形成史的一幕，而且为嵩山地区的古人类提供了良好的生息环境与丰富的生活资源。例如，这里的石灰岩洞穴为古人类提供了栖身之所，山中丰富的动物和植物为人类提供了生活资源。嵩山煤炭资源十分丰富，储量达40多亿吨，这是在2.35亿年前左右的二叠纪时，海滨的森林被埋藏并发生变质后而成的。它为人类提供了丰富的燃料，也为我国经济建设提供了急需的能源和资源。嵩山还为这里著名的钧窑、汝窑、柴窑等提供了瓷土，而这些瓷土多出自3.2亿年前的晚石炭纪滨海泄湖沉积。8000多年前以来，在嵩山河谷的黄土台地上（图4），华夏先民利用黄土层中的褐红色古土壤，先后种植了粟（*Setaria italica*）、黍（*Panicum miliaceum*）、稻（*Oryza saitiva*）、小麦（*Triticum aestivum*）、大麦（*Hordeum vulgare*）、大豆（*Glycine max*）（图6）[9、10]，形成五谷农业，嵩山人就是靠种植这些农作物而得以生生不息的。

图 1　嵩阳运动

图 2　中岳运动

图 3　少林运动

图 4　嵩山谷地中的黄土

图 5　混元三教九流图赞碑

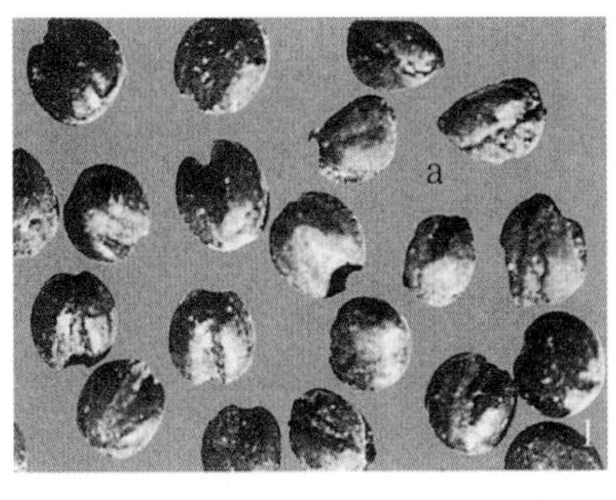

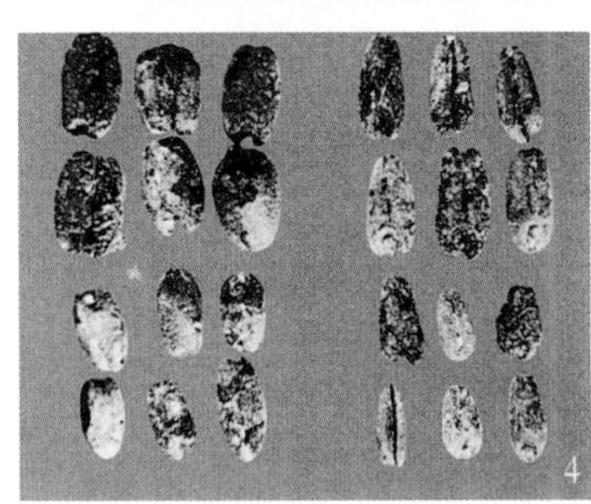

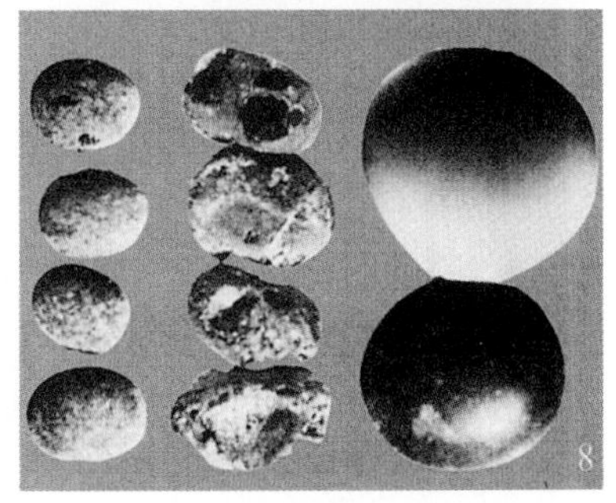

1 粟 *Setaria italica*, ×8

2 粟的内稃表面小颗粒状突起， ×16

3 黍 *Panicum miliaceum*, ×8

4 小麦 *Triticum aestivum*（左上6粒：矩圆形，大粒；左下6粒：矩圆形，小粒；右上6粒：大粒；右下6粒：卵形，小粒），×2.5

5 稻 *Oryza sativa*, ×3.2

6 大麦 *Hordeum vulgare L.*, ×5

7 大豆 *Glycine max*, ×4

8 炭化大豆（中排）与现代野大豆（*Glycine soja*）和现代栽培大豆（*Glycine max*）的比较，×3.2

图6 皂角树遗址二里头文化层出土的农作物种子

国之源起

《世本·作篇》曰“鲧作城”，《国语·周语》曰“崇伯鲧”。正如开篇所述，崇即嵩山，伯指部族首领。这说明鲧是以嵩山为活动中心的，并在嵩山作城。《古本竹书纪年》、《世本》均有“禹都阳城”之载。禹系鲧之子，故禹也应在嵩山一带生息。鲧、禹到底在嵩山何处常住呢？20世纪70年代后期，考古学家在位于登封告成镇之西的王城岗遗址发现了一个龙山文化时期的小城，与之同时，在告成镇北的台丘所发掘的陶器与陶片上有不少印有“阳城”和“阳城仓器”的戳记，说明这里是“东周阳城”[11]，也说明“禹都阳城”应在“东周阳城”附近，甚至有的学者认为“东周阳城”西边王城岗遗址就是“禹都阳城”。但是有的认为王城岗的小城面积不过万余平方米，它与二里头遗址一个宫殿基址差不多大，故对王城岗遗址为“禹都阳城”存疑。近些年对王城岗遗址重新进行了发掘，发现在小城基础上筑有一个大城，面积达34.8万平方米，王城岗遗址一跃成为迄今河南龙山文化古城中的面积最大者[10]。因此，人们更趋向认为王城岗遗址即“禹都阳城”[10、12]，并且推测王城岗遗址的小城为禹父鲧的“鲧城”，而王城岗遗址的大城应是“禹城”[10]。至于禹之子夏启的“启都阳翟”，多认为在禹州瓦店[13]，近有人认为在新密新砦[14]。而太康斟鄩可能在偃师二里头遗址[15]。这些地点均在嵩山及其周边地区，这就说明嵩山及其周边是我国夏代建国之始的地方。

嵩山地区所以成为我国最初国家形成的地方并非偶然。据郑州市文物考古研究院调查，郑州市境内有超过300处旧石器时代文化遗址或旧石器出土地点，其中一部分为距今8万年左右，有的遗址中既主含北方的石片石器，又含南方的砾石石器，表现出在旧石器时代中期，嵩山地区就有南北文化交融的特点[16]。

最引人注目的是，近年来河南省文物考古研究所在嵩山东麓低丘平原的许昌市灵井镇灵井古泉6米以下的湖沉积物中，发现了距今10～8万年的“许昌人”头盖骨化石，这弥补了我国与世界上该时段人类化石缺乏的遗憾，为我国智人本土起源说提供了重要证据[17、18]。在灵井遗址发现了许多精美的旧石器，这些旧石器也表现出南北过渡的特点[19]。在该遗址还发现了一批属于晚更新世早期的古动物群化石，包括灵猫（*Viverra cf. zibetha*）、熊（*Ursus sp.*）、鬣狗（*Pachycrocuta cf. sinensis*）、古菱齿象（*Palaeoloxodon sp.*）、披毛犀（*Coelodonta antiquitatis*）、马（*Equus caballus*）、驴（*Equus hemionus*）等[20]。这些发现纠正了原来认为该遗址为中石器时代的认识。笔者等考察灵井遗址许昌人出土的湖积物上覆晚更新世马兰黄土，其湖积物与黄土中的第一层埋藏土壤应是同期沉积物，故前述许昌人的年代基本可信。

值得注意的是，近些年来郑州市文物考古研究院在新郑发现了20多万平方米的裴李岗文化唐户遗址，发现半地穴式房屋64座[21]。这对研究裴李岗文化聚落形态与社会发展水平大有助益。经学者研究考证，河南龙山文化的中晚期聚落群，有以嵩洛为

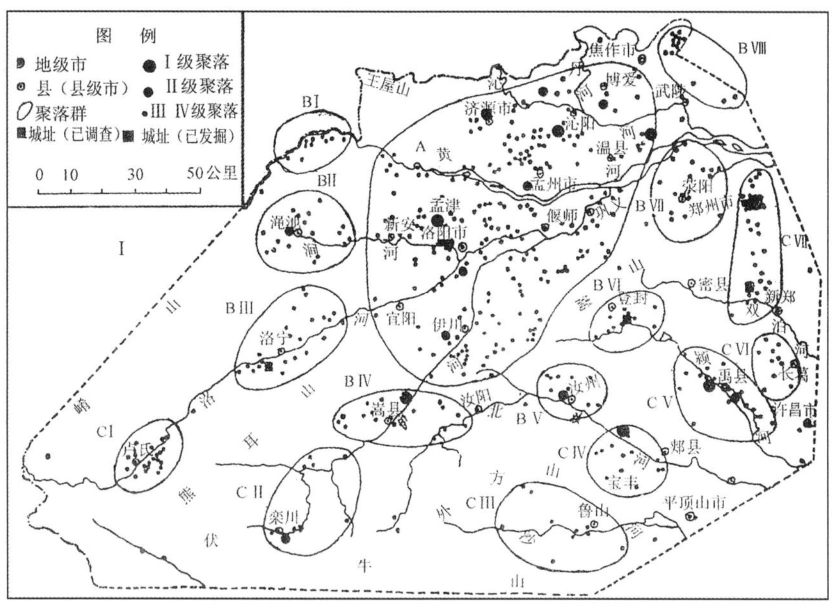

图 7 中原龙山文化王湾类型聚落群分布示意图（据赵芝荃，1985）

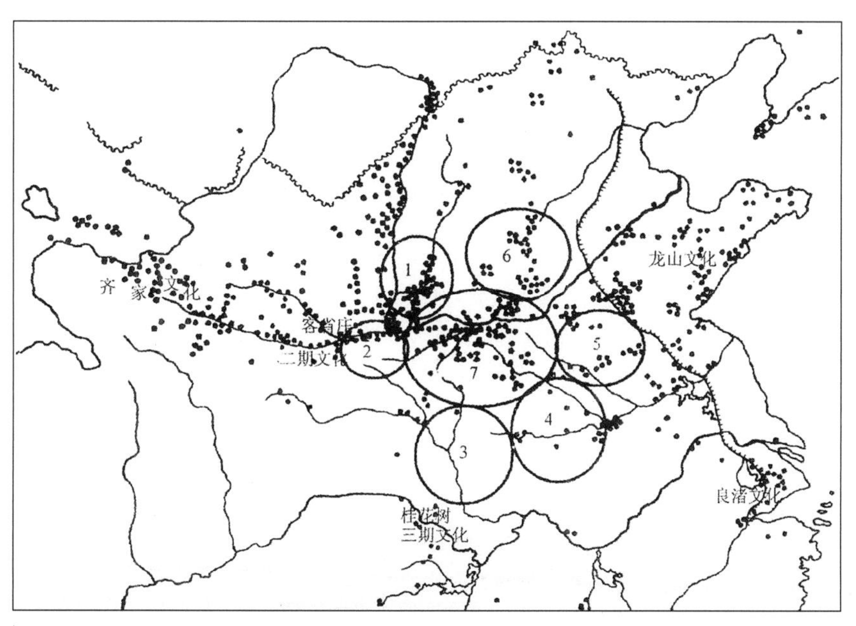

图 8 中原龙山文化向心式分布格局（据赵春青，2004）

中心，作二三排向心式分布的特点（图 7、8）[22、23、24]，这就反映了《尚书·尧典》中说的“协和万邦”的社会状况[25]。新密古城寨和新砦古城也许正是这一记载之佐证。在新密新砦、巩义花地嘴等龙山文化晚期遗址发现有公元前 1850 ~ 前 1750 年的新砦期文化[12]，这是龙山文化向二里头文化过渡的文化，仅分布在嵩山东麓、东北麓与东南麓不大的地区。这也可证明嵩山地区成为国家的源起之区是有坚实古文化基础的。在嵩山以东有良渚文化、以南有石家河文化、以西有齐家文化等龙山时代文化，但这些文化在经历了繁盛期之后相继走向了衰落，与嵩山地区龙山文化晚期绵延到夏代形成鲜明的对比。龙山文化中晚期嵩山地区在我国文化中的核心地位更加显著。

文化之巅

我国是以佛、道、儒教为主要宗教的国家。佛教是世界三大教之一，在我国分八宗，其中之一的禅宗流传时间最长、最广、最盛。禅宗是 527 年由佛教的第 28 祖菩提达摩在嵩山少林寺创立的，所以少林寺有“禅宗祖庭”之美誉[26]。禅宗讲究静养，就是“定”，但久定而不动则难持久。为了达到“静”与“动”的统一，就出现了少林武术。少林武术是少林寺创立的一套特殊拳法，传世 1500 年，至今在嵩山有少林武术馆和武术学校 83 所，学员达 5 万之众。少林寺自 2001 年设柏林首个少林文化中心后，影响到 90 多个国家和地区，学员超 200 万。 少林寺享誉“天下第一名刹”当之无愧。

中岳庙原名太室祠，始建于 2000 年前，是历史长、规模大、影响广的道教重地之一[27]。中岳庙历来受皇室重视，不仅历代维修和扩建，而且有 65 位皇帝亲至或遣使前来祭祀，是古代官方祭祀中岳的圣地。

嵩阳书院是宋景祐二年（1035 年）赐名，其始建年代为北魏太和八年（484 年），名称累有更替。嵩阳书院与江西白鹿洞书院、湖南岳麓书院、河南睢阳书院并称为四大书院，是宋代的最高学府之一[27]。洛（阳）派理学家程颢、程颐兄弟，儒学大师范仲淹、司马光等曾在嵩阳书院讲授儒学。常年在此求学者数百人，涌现出许多优秀学生，如明代的焦子春、崔应科、刘景耀、常克念，他们后来分别担任少卿、部政、督堂、推官等要职。还有九任御使的景冬，蜚声朝野。司马光在嵩阳书院撰写了记载公元前 403 年至公元 959 年共计 1362 年的“史事”巨著《资治通鉴》的一部分。由于嵩阳书院为发展教育、培养人才贡献卓著，乾隆皇帝为书院赐题“高山仰止”匾额。

难能可贵的是，嵩山佛、道、儒教互相尊重，成我国三教荟萃的典范。嵩阳书院的前身曾为佛教、道教的场所，后建成书院讲授儒学，所以嵩阳书院有一寺兼三教的历史。嵩山三教荟萃最典型地表现在少林寺《混元三教九流图赞碑》的线刻图上，该图作圆形，偶看为端坐的释迦牟尼正面像，仔细一瞧，以佛像中部鼻线左右分开则右为儒家、左为道家侧面形象，全图展现出佛、道、儒三教在共商教义（图 5）[27、28]。碑上刻有唐肃宗皇帝李亨写的题赞“佛教见性，道教保命，儒教名伦，纲常是正，百家一理，万法一门”，这道出了嵩山三教荟萃的要旨。三教九流图是少林寺三教荟萃思想升华而制成的一件艺术珍品，形象地表达了中国宗教要走三教荟萃的正确道路，以服务于发展中华民族文化。

如果说嵩山寺庙及周边是中国重要的宗教中心，那么嵩山观星台就是中国素负胜名的古代天文馆。观星台分前后两部分，前部为周公测景台，古时“景”、“影”通用，故又称周公测影台，是距今3000多年前周文王的次子姬旦为营建东都洛阳寻求天文依据，用作测量日影，以验证四时季节变化的仪器。该仪器由圭表两部分组成，置子午线上，观察记录影长数据，以定四时，完善二十四节气。观星台在周公测影台后面，为距今700多年前著名天文学家郭守敬受皇命而建，由台身和量天尺两部分组成。郭守敬根据观星台测得《授时历》，算出一个回归年的长度为365天5时49分12秒，与今相比，仅差26秒，与现在世界上通用的《格里高利历》（即阳历）相比，则分秒不差。但《格里高利历》比《授时历》晚了300年。观星台是中国，也是世界古天文科学的骄傲。

建筑艺术之宫

嵩山古建筑有悠、大、全、特、美五大特点。

悠

是指嵩山古建筑历史源远。如周公创测影台，距今3000余年。太室阙始建于东汉初年的118年，距今1890年。少室阙、启母阙始建于东汉初年（123年），距今1886年。中岳庙始建于西汉武帝时期（前110年），距今2119年。法王寺始建于东汉永平十四年（71年），距今1938年。少林寺始建于北魏太和十九年（495年），距今1514年。嵩阳书院建于宋景祐二年（1035年），但是承建于魏孝文帝元宏太和八年（484年）创建的嵩阳寺，距今1525年。嵩岳寺俗称大塔寺，始建于北魏宣武帝永平二年（509年），距今1500年。会善寺得名于隋开皇五年（585年），但是承建于北魏孝文帝时期（471～499年），距今1538～1510年。观星台始建于至元十三年至十六年（1276～1279年），距今733～730年。举上述嵩山11处古建筑始建年代，可知周公测影台历史最久，达3000年。中岳庙、法王寺、汉三阙，历史约2000年。少林寺、嵩阳寺（嵩阳书院前身）、嵩岳寺、会善寺历史约1500年。观星台历史最短，也有700多年。嵩山重要古建筑多兴建于北魏，即公元500年前后。

大

指嵩山古建筑规模宏大、气势宏伟。如少林寺是以少林寺常住院为主体，包括初祖庵、塔林等一组庞大古建筑群。少林寺常住院为七进建筑，前后高差达22.61米，面积3万平方米。少林寺塔林有各个时代的僧人墓塔241座，占地1400平方米，由于塔的结构、造型、疏密、高低不同似森林状而得名，有“古塔艺术博物馆”之称。又如中岳庙是中国规模最大、礼制级别最高建筑。它南北长650米，东西宽166米，面积

10.89 公顷，比莫斯科红场还大 1 公顷多。庙中有殿、宫、楼、阁、亭、廊等建筑 39 座，近 400 间。中岳庙有五岳中最大的殿宇——峻极殿，该殿建在高台上，面阔九间，进深五间，重檐庑殿，覆以黄琉璃瓦，雕梁画栋，高达 23 米，面积 920 平方米，前设广阔月台，真是峻极雄伟。

全

指嵩山古建筑类型齐全。嵩山古建筑中，包括寺、庙、宫、观林立，祠、庵、塔、堂、院、宅、台、坛、阙、馆众多，碑刻题记、石雕、壁画星罗棋布，不但有传统古建筑，还有观星台天文观测建筑。

特

指嵩山古建筑有专有的特殊建筑。如汉三阙，即太室阙、少室阙与启母阙。阙是城、宫、祠、陵建筑物前相向而立的建筑物，两物之间的“空缺”（古时“阙”与“缺”通用）为通向主建筑物的道路。汉三阙是我国唯一保存的寺庙前阙，由于有不可取替代的历史、艺术价值，故于 1961 年 3 月 4 日国务院公布为全国第一批重点文物保护单位，且排在“古建筑及历史纪念建筑物”第一、二、三名。中岳庙虽为庙，却有官式建筑风格，其木结构建筑能真实反映清代工部颂发的《工程做法》，属于典型的样板工程。中岳庙建筑宏大、雄伟、完整，故在山岳、河渎祭祀建筑中无与伦比。

美

指嵩山古建筑体现的美学功能。如嵩岳寺塔，是我国现存最早的一座砖砌佛塔，筒体结构，十二边形密檐式，高 38.6 米，由塔基、塔身、密檐和塔刹组成，共 15 层，整体呈抛物线形，外部敷白泥，观之令人赏心悦目。19 世纪出现筒体结构建筑，至今仍为高层建筑的首选结构，但在 1000 多年前嵩岳寺塔就已采用这种建筑结构，因此，嵩岳寺塔虽经 1500 年的风吹、日晒、雨雪侵袭，仍完整如初，不能不令人称奇。汉三阙使人对建筑物有层次感，为了加深人们这一印象，设计者对由巨条石堆垒的汉三阙进行了精心的美化，除刻有篆隶书法的阙铭外，还用浅浮雕雕出反映汉时的生活场景，包括神话故事、四神、车马出行、宴饮、奇禽怪兽、狩猎、蹴鞠（足球运动起源）、百戏等画面 200 多幅。汉三阙是体现汉文化的建筑艺术珍品。少林寺除讲究对称和层层叠叠的整体美外，还特意在千佛殿东、西、北三面墙上彩绘壁画，495 个罗汉活跃于山、云、水之间；还将少林武术的场景绘在白衣殿内，这都是嵩山绘画珍品。前述的少林寺三教九流图等众多石刻书画有很高的文化与艺术价值。还有各寺都有许多古树名木，其中多为柏树，最著名者是嵩阳书院两株有几千年树龄的将军柏，中岳庙有 330 棵汉代至清代古柏树。古树给寺、庙、宫、殿添幽、起净化和美化作用。嵩山古建筑环境幽静，其中以嵩岳寺、法王寺、少林寺、会善寺为甚，这些寺都处在山环水抱之中，身临其境，离世脱俗，心境怡然。嵩山古建筑依嵩山山水而显神韵，而嵩山以古建筑点缀增辉。嵩山古建筑是建筑功能与建筑美结合的杰作，是自然山水与人工创造相互彰显的诗篇。

活水源头

嵩山有十五最：

最早由陆块成山之一。

最典型的地质构造活动之山。

地层最连续而成“五代同堂”之山。

早期国家兴起的地方。

嵩山古建筑群是中原地区最完整、最庞大的古建筑群。

中岳庙是中国现存最古老、最大的官式祭祀建筑。

汉三阙是庙前现存最古老的阙。

少林寺是禅宗祖庭。

影响最广的少林拳。

规模最大的少林寺塔林。

最典型的儒、佛、道三教荟萃地。

建于北魏时期的嵩岳寺塔为现存最古老佛塔。

宋代嵩岳书院是最早的书院之一。

五岳中全国重点文物保护单位最多。

周公测影台和观星台是现存最古老的天文观测建筑。

正因为嵩山有十五最的自然与人文景观，所以嵩山是文物之乡。嵩山有全国重点文物保护单位 16 处，如王城岗遗址、太室阙、少室阙、启母阙、永泰寺塔、法王寺塔、中岳庙、嵩阳书院、观星台等。还有许多省级文物保护单位和市级文物保护单位。

从上述可见，嵩山文化甲天下。因此，嵩山有中原古文化发动机的功能和孵化器的作用。嵩山的山、水、土、生（生物）、气（气候）和位（地理位置）六大生态因素对人类生存的综合作用，导致形成以嵩山为中心的“嵩山文化圈”[29]，龙山文化中晚期后嵩山文化圈曾长期为全国古文化的核心。

山：嵩山以其丰富的水土、动植物、矿产资源哺育了嵩山文化。

水：嵩山以放射状的水系补给汉以前四渎中的三渎（按：渎为独立入海的大河，另一渎为江水，即长江，不在本区）：河（古黄河）、济（古济水，在今郑州市北东流入渤海，被河水袭夺，大致为今黄河中下游）、淮（今淮河）。人类沿河、济、淮

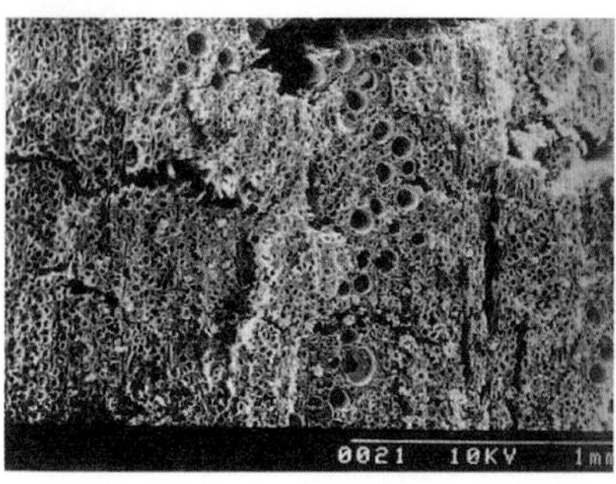

1 青冈横切面（50 倍）

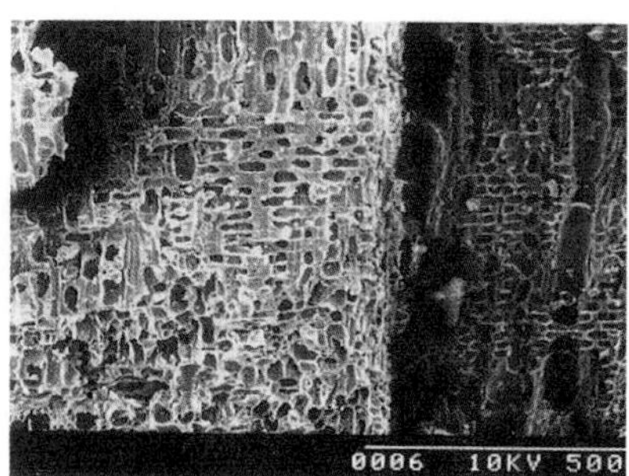

2 青冈径切面（100 倍）

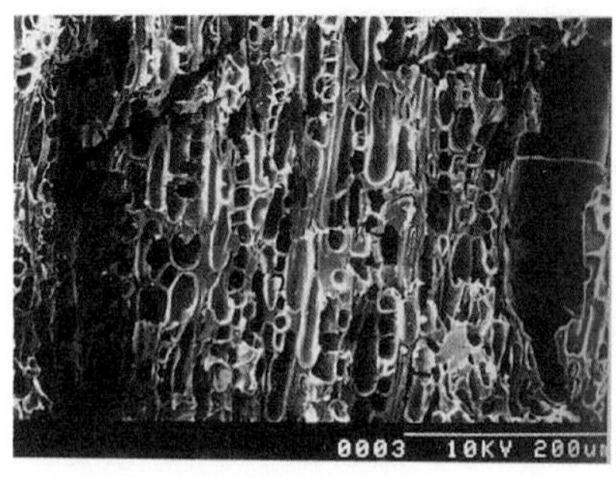

3 青冈弦切面（200 倍）

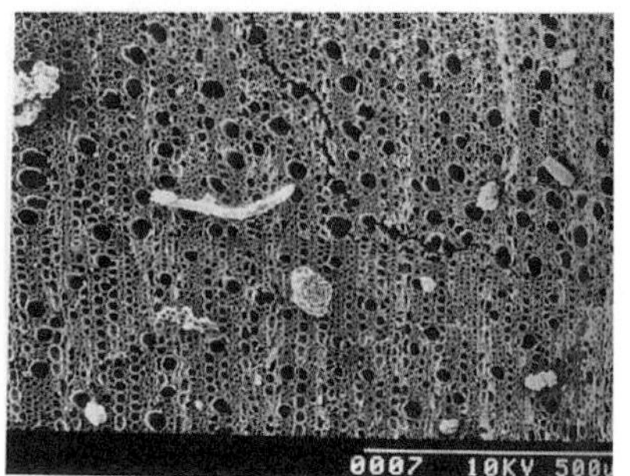

4 枫香横切面（100 倍）

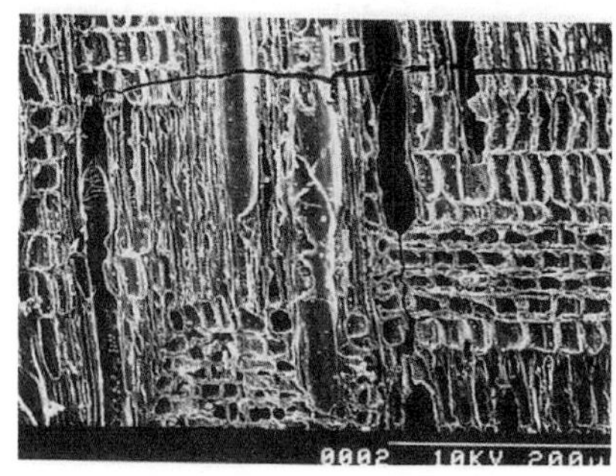

5 枫香径切面（200 倍）

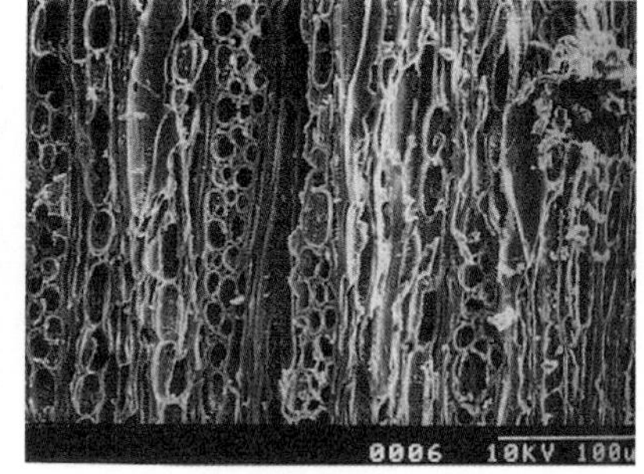

6 枫香弦切面（300 倍）

图 9 王城岗遗址龙山文化层出土的青冈、枫香木炭显微解剖

三水由嵩山而迁入山前平原，形成了许昌人等旧石器文化，形成了裴李岗、仰韶、龙山新石器文化和夏、商、周及以后的中原文化。

土：这里是黄土高原与华北平原的连接地带。黄土，特别是距今 8000 ~ 3000 年形成的褐红色古土壤，距今 3000 ~ 2000 年形成的褐色古土壤及其后堆积的新近黄土，对这里农业兴起与发展起了重要作用。

生：距今 8000 ~ 3000 年时，嵩山地区气候温暖、雨量充沛，生物繁茂，栎等阔叶树生长旺盛，梅花鹿等动物栖息繁衍，有利新石器时代文化和夏、商、周三代文化的兴起。

气：距今 8000 ~ 3000 年时的亚热带北移，东可达今黄河口，西可达关中盆地，嵩山正处在亚热带气候环境下。在告成镇王城岗遗址的龙山文化层中就出土了现今只能生长在华南的枫香（*Liquidambar formosana*）、青冈（*Cyclobalanopsis*）树木的炭化木材碎块（图 9）[10]，这证实距今 4000 年左右的嵩山气候确为亚热带，类似如今淮河以南的气候，而这正是我们国家兴起的时候。

位：嵩山地区正处在中纬度的温带、亚热带交汇区域，又是黄土高原与华北平原的接壤处，即处在活跃的边缘环境区，四季分明，雨热同季、形成生物繁茂的环境边缘效应。自 3000 年前周公为营建洛阳在告成镇设测影台就视嵩山为中心位置，又据陕西博物馆藏西周初年铸造的“何尊”铭文，周公营建东都时，以洛阳地区为“中国”。这里是中师之地，立国都之所，有郑州、安阳、洛阳、开封四大古都，占我国八大古都的一半。嵩山地区处中心位置，为交通枢纽，有利人类交往，有利中原文化的辐射和吸收。中原历来有开阔的胸怀，三教荟萃，促成嵩山地区文化具有综合性特征，有的说中原文化是吃“百家奶”长大的，这形象地表达了发达的中原文化形成的缘由。北魏孝文帝笃信佛教，促成了 1500 年前嵩山古建筑的大发展。嵩阳书院正门楹柱联相传是乾隆皇帝所撰为 “近四旁惟中央统泰华衡恒四塞关河拱神庙，历九朝为都会包伊瀍洛涧三台风雨作高山”，道出了嵩山文化发展与处中心区位和依都城洛阳的重要关系。

嵩山抚三水而功伟，立中区而得利，近都城而易发。嵩山文化甲天下，乃得天地之助，人之爱矣！

踏访嵩山是认识中华文明的捷径。

研究、建设和保护嵩山是促进中原崛起的要务。

参考文献

[1] 褚赣生：《品读中国名山》，长春出版社，2007 年。

[2] 杨延阳：《中华名山纵览》，中国长安出版社，2006 年。

[3] 张国臣：《神奥嵩山》，河南大学出版社，2003 年。

[4] 程胜利、劳子强、张翼：《嵩山地质博览》，地质出版社，2003 年。

[5] 张翼、洪国良：《嵩山》，中国地图出版社、中华地图学社，2007 年。

[6] 张伯声：《嵩阳运动和嵩山区的五台系》，《地质论评》1951 年 1 期。

[7] 马杏垣、索书田、游振东等：《嵩山构造变形——重力构造、构造群析》，地质出版社，1981 年。

[8] 赵洪山 :《走进嵩山——世界地质公园》，中国摄影出版社，2003 年。
[9] 洛阳市文物工作队 :《洛阳皂角树》，科学出版社，2002 年。
[10] 河南省文物考古研究所、北京大学考古文博学院 :《登封王城岗考古发现与研究（2002~2005）》（上、下），大象出版社，2007 年。
[11] 河南省文物研究所、中国历史博物馆考古部 :《登封王城岗与阳城》，文物出版社，1992 年。
[12] 曹兵武 :《学界首次聚会研讨早期夏文化》，《中国文物报》2008 年 7 月 23 日。
[13] 河南文物考古研究所 :《禹州瓦店》，世界图书出版公司，2004 年。
[14] 赵春青 :《新密新砦城址与夏启之居》，《中原文物》2004 年 3 期。
[15] 吴汝祚 :《夏文化初论》，《中国史研究》1979 年 2 期。
[16] 周昆叔、张松林、莫多闻、王辉:《嵩山中更新世末至晚更新世早期的环境与文化》，《第四纪研究》2006 年 4 期。
[17] 李占扬 :《河南许昌灵井旧石器遗址出土人类头盖骨化石》，《中国文物报》2008 年 1 月 25 日。
[18] 李占扬 :《"许昌人" 又有新发现》，《科学世界》2008 年 9 期。
[19] 李占扬 :《许昌灵井遗址 2005 年出土石制品的初步研究》，《人类学学报》2007 年 2 期。
[20] 李占扬、董为 :《河南许昌灵井旧石器遗址哺乳动物群的性质及时代探讨》，《人类学学报》2007 年 4 期。
[21] 张松林、信应君、胡亚毅 :《新郑唐户遗址发现裴李岗文化大面积居址》，《中国文物报》2007 年 7 月 13 日。
[22] 严文明 :《龙山文化和龙山时代》，《文物》1981 年 6 期。
[23] 赵青青 :《郑洛地区新石器时代聚落的演变》，北京大出版社，2001 年。
[24] 赵青春:《龙山时代中原与海岱地区文化分布格局的比较》，载山东大学东方考古研究中心编《东方考古》（第 1 集），科学出版社，2004 年。
[25] 李民 :《中原古代文明进程中的"万邦"时期》，《中原文物》2005 年 1 期。
[26] 吕宏军 :《嵩山少林寺》，河南人民出版社，2002 年。
[27] 杜忠有 :《三教荟萃在嵩山》，中国文艺出版社，2005 年。
[28] 王雪宝 :《嵩山少林寺石刻艺术大全》，光明日报出版社，2004 年。
[29] 周昆叔、张松林、张震宇等 :《论嵩山文化圈》，《中原文物》2005 年 1 期。

嵩山峻极文昌远　中华文明日月新*

一

泱泱中华，文昌嵩山。

余于20世纪后期在我国始倡环境考古学之研究，并着力中原，至今20年。在这20年里，我的工作可以分为三个阶段。1987～1993年对中原（大中原）进行环境考古调查研究，主要是研究该区全新世黄土分层及其与文化层对比问题，从而提出了“周原黄土”概念，为展开该区环境考古打下了地层学基础[1]。1993～1998年对洛阳与晋豫峡谷间进行小区域环境考古调查研究，主要通过对洛阳市关林镇皂角树遗址和渑池县南村乡班村遗址的研究，试图深入了解环境变化与文化发展间的关系，为环境考古可行性做进一步探讨[2]。1998年至今对中原核心区域嵩山及其周边进行环境考古调查研究，通过对该区域古环境与古文化间的关系研究，提出“嵩山文化圈”理念，以为促进探讨中原文化何以发达的机制及其在中华文化中的地位问题。2002年在济南“中国第三届环境考古学大会”上，我在《十五年来的中国环境考古》主题报告中首次提出“嵩山文化圈”。2005年初，我同多位学者合撰《论嵩山文化圈》一文在《中原文物》刊出，论述了“嵩山文化圈”的理念。2006年3月应《文明》杂志社之邀，在该刊迎接俄罗斯总统普京访嵩山少林寺特刊上刊登了我撰写的《中华民族文化的核心：嵩山文化圈》一文[3]，继后4月又应中共郑州市委宣传部之邀在郑州作了同题的报告，按照市委的部署，《郑州日报》、《郑州晚报》、郑州电视台、郑州广播台都对这一报告进行了报道和宣传。

近三年来，中共河南省委常委、郑州市委书记王文超同志和中共郑州市委宣传部、郑州市文化局主要负责同志多次与我们一起共商开展嵩山文化研究的计划。王书记指出：嵩山文化研究很重要，当前首要的是加强组织工作，成立专门的研究机构，同时要大力宣传“嵩山文化圈”，做到家喻户晓。他强调：我们若不重视嵩山文化研究就是失职。这铿锵有力、掷地有声的谈话让我为之震动，不时萦绕脑际，叮嘱自己不辱使命。

二

2008年1月，郑州市成立了“郑州嵩山文化研究会”，2009年改名为“郑州中华

* 周昆叔，原载《中华文明与嵩山文明研究》（第一辑），科学出版社，2009年，序言。

文明与嵩山文明研究会”，这对于推进中华文明与嵩山文明研究具有重大的意义。

2007 年，嵩山文化研究被列入郑州市重大科研项目。此后，我们这个研究集体为深入研究嵩山文化精诚团结，努力工作，多次奔走于原野、山间调查地质地貌与人类活动的关系，或风餐露宿于具茨山调查岩画和岩刻符号，或在酷暑中置身于考古工地打钻取样，或潜心于分析实验、伏案研读和撰写。本书所刊出的 31 篇论文就是我们工作的汇报。为便于朋友们对“嵩山文化圈”的理念有一个连贯的了解，还收集了 2 篇曾经刊出的论文。这些论文可分作 5 个方面，其中综合研究 11 篇，文物考古研究 11 篇，史学研究 2 篇，地质地理研究 6 篇，相关研究 1 篇。

《中华文明与嵩山文明研究》第一辑主要论述了下述两方面的问题：

（1）依据中原古文化的核心区分布在嵩山和嵩山周围的事实，提出了“嵩山文化圈”的科学理念。“嵩山文化圈”是对中原文化核心区的先秦文化作整体的形成机制的阐释。嵩山文化圈的形成与这里的山、水、土、生、气、位六大生态因子密切相关。鉴于河、济、淮三水织成的水网，为嵩山文化圈形成所创造的罕见的水文环境，提出了“三水文化”（三河文化）的科学理念。“三水文化”（三河文化）是对中原文化核心区水环境独特性的表述，从人与水的密切关系上认识中原文化核心区形成的必然性与专属性。古埃及文明源于尼罗河，古印度文明源于恒河，古巴比伦文明源于底格里斯河与幼发拉底河流域，中华文明主源于黄河流域。中华文明核心区形成于早期国家起源的河、济、淮三水之间。中原核心区环境稳定性是嵩山文化得以持续发展的生态基础，而人们对环境不同景观的巧妙利用所创造的五谷农业，则是嵩山文化得以蓬勃发展的农业基础。

（2）对崇山观念形成，嵩山名称的由来，嵩山文化圈的范围、内涵、特征与形成过程，嵩山文化与湖北省大洪山等周边地区文化的交流等若干嵩山文化问题进行了探讨；讨论了嵩山文化在中国古文化发展过程中长期居于核心地位的问题；讨论了以嵩山文化作为河南省文化名称可能性及对河南简称“豫”的含义做了进一步解析；讨论了嵩山与郑州、洛阳、西安一线旅游文化产业开发等问题。还报道了对具茨山古文化等的调查。

提出“嵩山文化甲天下”，乃基于嵩山文化在中华文化的源起和形成过程中所起的主源与核心作用。何以如此，乃源于嵩山地区社会与嵩山地区自然环境的良性互动和得中师之地利。“嵩山文化甲天下”这一论断是对嵩山文化特殊重要性的深度概述，是对中国多元文化一统性、一体性、核心性特征渊源的进一步论述。因此“嵩山文化甲天下”的理念有助于深化对嵩山重要性的认识。

嵩山文化显著特征是它的开放性、包容性与持续性。大河村遗址的仰韶文化接受了东来的大汶口文化和南来的屈家岭文化的影响，是嵩山文化开放性与包容性的很好体现。经龙山文化绵延至二里头文化，早期国家才得以在嵩山地区形成，这清楚地表现出嵩山文化的持续性。嵩山文化的开放性、包容性与持续性促成了中原文化先进性的形成和核心作用的发挥。

嵩山文化圈在华夏文明中核心作用的形成历经了 5000 ~ 6000 年，可以分述为四个阶段：即距今 9000 ~ 7000 年的裴李岗文化为萌芽期；距今 7000 ~ 5000 年的仰韶文化为成长期；距今 5000 ~ 4100 年的龙山文化为显现期；距今 4100 年后的夏、商、周三代为达成期。

任何事物的发生与发展都有其内在规律性。就人类起源与文明形成来说，人猿分野发生在山林，早期人类和文明形成与山有密切关系。人们高度重视水与人类文明的关系无疑是正确的，但山的作用也不可低估，因为山是水之源。人们沿发源山地的河流迁移到山前的原野，从事垦殖，创造文明。中原文化在中华文化中的特殊重要性，嵩山发挥了关键作用。但是，能否以山名命名为文化圈，则需要视其地质历史、规模、地貌、构造、位置、环境与文化而定。

近一个世纪的中国考古学和上古史研究成就，为中原文化在中国古文化中的重要性提供了依据，即提供了其存在的事实。近 20 多年来的环境考古研究，则阐释了这一存在得以生成的环境缘由，即做了机制的探讨。这样把对中原古文化重要性的认识，从感性的体认推进到理性的理解阶段。

总之，《中华文明与嵩山文明研究》第一辑是推动中原文化与人类生存环境关系研究的多学科综合研究成果，是推动深化认识中原文明在形成中华文明中重要作用的研究成果。

三

近些年中原考古学新发现层出不穷，兹举几例：

许昌市灵井镇灵井遗址发现距今 10 万 ~ 8 万年前的“许昌人”头盖骨化石，该遗址还发掘出大量旧石器与动物化石[4]。灵井遗址处在嵩山东支具茨山东端新生代低丘与颍河二级阶地相交的断层带上，断层泉水上涌，积水成湖，人们依泉水而居，动物依泉水而生，保有其遗存遂成为遗址。“许昌人”头盖骨出土在深 8 米的马兰期黄土状土与湖沼沉积下的湖积物中，属晚更新世前与中更新世初的沉积物，大致可与第一层埋葬土壤相当，故许昌人的时代为 10 万 ~ 8 万年前是可能的。许昌人的发现证明了中国智人诞生于本土。

新郑市观音寺镇唐户村发现的面积 20 多万平方米的裴李岗文化遗址，也位于嵩山东支具茨山山前平原二级台地上，该遗址最引人注意的是发掘出大面积的半地穴式房屋 47 座（后增至 64 座）[5]。另外，在洛阳市寨根遗址，发现裴李岗文化新类型[6]。这些说明农业兴起时代的裴李岗文化比原先知道的要复杂和更发达。农业出现标志着人类生活从完全被动依靠自然物跃变为开始依靠主动生产粮食的大变革。农业为什么到距今 8000 年前后诞生呢？令人费解，但从裴李岗文化层处在褐红色古土壤的底部来看，原来是裴李岗人抓住了全新世温暖湿润期到来，土壤层得以形成这一千载难逢的机遇，终于在有肥力的沃土上创造了辉煌的农业文明[7]。裴李岗文化的农业文明以其内涵丰富、规模广泛和影响力大列全国同期农业文明之首，从而萌发了中原文明在中华文明中的核心地位。

灵宝市阳平镇西坡仰韶文化遗址发掘出占地面积516平方米大型房屋（大宫殿）[8]和长5米、宽3.4米的大墓[9]，令人耳目一新。在西坡遗址发掘前的1998年，我曾到灵宝考察，应陈星灿同志之求，提供给他“灵宝环境考古图”参考，并同他谈到，安志敏先生命名“庙底沟文化”是他考古学生涯的重要贡献，现在您研究西坡遗址会在安先生研究的基础上作出新的重要贡献。上述谈话是基于我对西坡遗址区域分析和对遗迹的观察。我在调查中看到围绕西坡遗址有一以仰韶文化为主的聚落群，又看到西坡遗址露出房基面厚23.5厘米，分7层构成，这被后来的考古发掘所证实。我曾写到“这样精心加工的地面，它极具文化、技术和环境意义，即或现今也不是一般可及的……”“西坡这样特大型遗址（按：原估计遗址面积为100万平方米，后经详查为40万平方米）只是中心聚落吧；它是否有更深层意义与作用……”[10]我们不是要研究中华文明的起源吗？精心建筑的西坡遗址的大宫殿应是重要大型聚会的场所。据考古学研究，大墓的时代可能晚于宫殿，墓主人是否就是对当时社会有重要影响的人物呢？果如此，那无论从社会组织或科技水平来看，5000年前的西坡应是闪耀着文明之光的时代了！

登封市告成镇王城岗龙山文化遗址发现36万多平方米的大型古城遗址[11]，考古学更进一步证实王城岗遗址系史载“禹都阳城”，这样大禹是否会从传说人物变为历史人物呢？王城岗遗址发掘的新成果是近年上古史被考古学所验证，考古学为解决中国古史悬疑问题所作的新贡献。王城岗遗址是分布在山河之交的典型遗址，依嵩山、箕山，临颍河与五渡河，居于山河之间的二级黄土台地上，过着资源丰富、安全舒适的生活，创造出裴李岗、仰韶、龙山文化，在绵延4000年文明的基础上结出了国家形成之初的硕果。[12]

新郑、新密、禹州三市间的具茨山上发现几千幅多为史前的岩刻符号，绝大部分为表现抽象思维的圆穴等图形，它包含了数概念与逻辑思维，对探索华夏古文化的源头有不可或缺的重要价值[13]。

上述几例，旧石器文化、古人类、古脊椎动物、新石器时代文化和新近研究的岩刻古文化，都说明嵩山文化圈内涵的探索在日新月异。

四

嵩山文化圈与嵩山文化的理念是相关联的。嵩山文化圈主要是指嵩山地区先秦时期的文化研究，而嵩山文化不仅包含嵩山的先秦时期的文化，也包含嵩山的历史文化、现代文化和未来文化研究。嵩山文化研究的重点是研讨嵩山文化的源流，丰富嵩山文化的内涵，包括嵩山的自然史、社会史、文化史等。

文明是先进的精神文化与物质文化的总和，有广泛的影响，而文化则不然。中华文明是指中国各区域、各民族的多元先进文化；嵩山文明是中华文明核心区的中原先进文化，嵩山文明是中华文明主要源头，二者密切相关，故只有从中华文明全局来研究嵩山文明，嵩山文明研究才能深化，才能收到事半功倍之效，故将“郑州嵩山文化研究会”改名为“郑州中华文明与嵩山文明研究会”，本书系也就命名为“中华文明与嵩山文明研究”了。

《中华文明与嵩山文明研究》是“郑州中华文明与嵩山文明研究会”的会刊，希望以此构建一个学术研讨的平台，诚望广泛、持续地汇聚国内外有识之士的真知灼见，共同探求中华文明与嵩山文明发展的规律，以便促进其更好地发展。

参考文献

[1] 周昆叔、张广如:《关中环境考古调查简报》,《环境考古研究》(第一辑)，科学出版社，1991年；周昆叔:《周原黄土及其与文化层的关系》,《第四纪研究》1995年2期；周昆叔等:《再论周原黄土及其与文化层的关系》,《华夏文明的形成与发展》，大象出版社，2003年。

[2] 洛阳市文物工作队:《洛阳皂角树》，科学出版社，2002年。

[3] 周昆叔:《十五年来的中国环境考古》,《环境考古研究》(第三辑)，北京大学出版社，2006年；周昆叔等:《论嵩山文化圈》,《中原文物》2005年1期；周昆叔:《十余年来的中国环境考古》,《中国文物报》2005年6月10日；周昆叔:《中华民族文化的核心：嵩山文化圈》,《文明》2006年特刊。

[4] 李占扬:《河南许昌灵井旧石器遗址出土人类头盖骨化石》,《中国文物报》2008年1月25日。

[5] 张松林等:《新郑唐户遗址发现裴李岗文化大面积居址》,《中国文物报》2007年7月13日。

[6] 李德方、王玲珍:《寨根裴李岗文化初步研究》,《中华文明与嵩山文明》(第一辑)，科学出版社，2009年。

[7] 周昆叔、鲁鹏、张松林等:《裴李岗文化农业物质基础——褐红色古土壤》,《中华文明与嵩山文明》(第一辑)，科学出版社，2009年。

[8] 河南省文物考古研究所、中国社会科学院考古研究所河南一队等:《河南灵宝西坡遗址105号仰韶文化房址》,《文物》2003年8期。

[9] 中国社会科学院考古研究所河南一队、河南省文物考古研究所等:《河南灵宝市西坡遗址2006年发现的仰韶文化中期大型墓葬》,《考古》2007年2期。

[10] 周昆叔:《铸鼎原觅古》，科学出版社，1999年。

[11] 北京大学考古文博学院、河南省文物考古研究所:《登封王城岗考古发现与研究》，大象出版社，2007年。

[12] 河南省文物考古研究所等:《颍河文明》，大象出版社，2008年。

[13] 周昆叔:《具茨山岩画》,《文明》2009年3月；周昆叔、宋豫秦等:《具茨山岩刻古文化等考查纪要》,《中华文明与嵩山文明》(第一辑)，科学出版社，2009年。

论再现豪放中州*

从历史的底蕴中，提高文化自觉，抓住契机，再现豪放中州。

传说禹分九州，《书·禹贡》作冀、兖、青、徐、扬、荆、豫、梁、雍。豫处在九州之中部，故称中州，可见中州主指河南省一带。

以史为鉴，可以知兴替。现今我国处在大兴时期，故为兴而鉴史，很有必要。具体问题具体分析。河南省以史悠长和影响深广著称，故兴河南，鉴史更有必要。

河南史可分作古代豪放中州、北宋衰败中州和建国后再现豪放中州三个阶段。

一、古代豪放中州

古代中州是指上溯原始文明的距今约5000年，下抵发达的封建社会北宋的距今约1000年，延时约4000年，在这4000年的中州史有两大特点。

一是古都多[1]。中州地区有洛阳、郑州、安阳、开封4个古都，占八大古都的一半。洛阳号称九朝古都，其称谓是缘于我国古时认九、五数为尊，以九位为最大个位数，示多之意，故洛阳“九朝古都”系多朝古都的美誉，并非在洛阳只有九朝。先后在洛阳建都的有夏、商、西周、东周、东汉、曹魏、西晋、北魏、隋、唐、武周、后梁、后唐、后晋等14朝。郑州为早商古都。安阳为晚商古都。开封为战国时期的魏（公元前364～前225年），五代时期的后梁、后晋、后汉、后周（907～960年），北宋（960~1127年）和金代后期（1214～1233年）的七朝古都。综上所述，可见在中州立都有20多个朝代。据考证，中州有更多的古城，如西山、王城岗、孟庄、新砦、大师姑、古城寨、娘娘寨、高城、徐堡与戚城等古城和郑韩、许昌故城等都具某些古都的功能。黄河中下游这样密集的古都城是绝无仅有的。

二是名人多。据统计，影响中国100位名人中，黄河中下游中原河南、陕西、山西、河北、山东五省有40位，占40%，长江下游江苏、安徽、浙江三省29位，占29%，湖广两省11位，占11%，其他省20位，占20%。其中中原各省40名人中河南占12位，占30%。从该统计看中原出名人多，占全国的五分之二，但均出在1000年前的古代。

* 本文是在笔者2010年6月12日应河南大学环境与规划学院邀请所作同题学术报告的基础上整理而成。原载《嵩山行》，文物出版社，2010年，第14～25页。

河南出的名人包括黄帝、大禹、李耳、玄奘、杜甫、赵匡胤、张衡、张仲景、子产、王安石、陈胜、岳飞 12 人，在中原五省名人中河南占多数[2]。

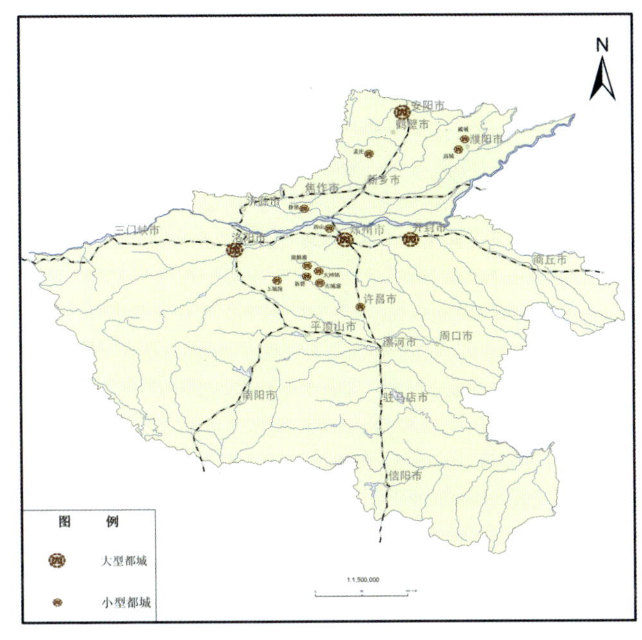

河南省古代都城分布示意图

国都是一个国家政治、经济、文化的中心，古代中州有 20 多个朝代立都河南，约占我国朝代总数的三分之二，河南对中国的影响之深之广是不争的事实，是无与伦比的。名人，尤其是影响中国发展的 100 位名人，都是精英中的精英，是人杰，是智慧的顶峰，是时代的代表。因此，在古代中州河南对中国社会发展所起作用何等巨大，故前河南省省委书记徐光春同志有“一部河南史半部中国史”之说[3]，对我们很有启发。

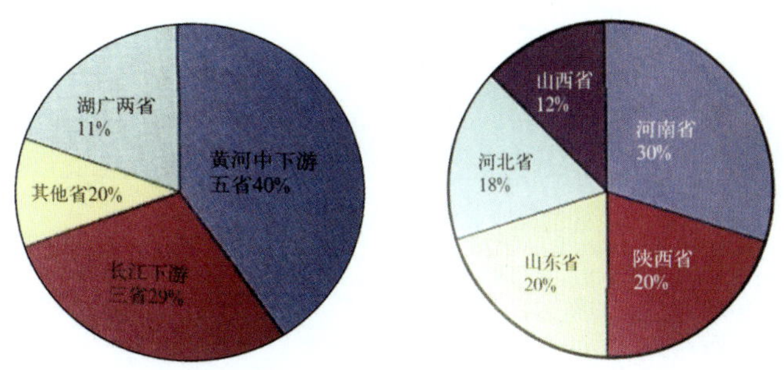

影响中国 100 名人各区域和中原各省百分比图

古代中州人们以天下为己任，豪情满怀，壮志冲天。以 4000 年前大禹为例，他挽万民于水火，故“三过家门而不入”，其精神泣鬼神，万古流芳。大禹“薄衣食，致孝于鬼神，卑宫室”（《史记·夏本记》）所体现重民克己，轻小我重集体的品德已为考古学所验证。正因此，才促进了中原文明的持续发展，中原才最早形成国家。又如商汤，是距今 3600 年开创商朝的第一个帝王，筑内城 7000 米长城墙的巨大商城，总面积约 40 万平方米的庞大宫殿，以及重量达 60 多至 80 多公斤令人震惊的、巨大的、精美的青铜方鼎等，让我们看到了一个有开创文明之殊功的早商先贤。商汤号郑州商城为“亳”。甲骨文中“亳”从“高”从“丰”，即亳有盛大、崇高之意，故亳与博通。商汤废夏桀暴政，以仁德施于天下，深得人民拥戴。当遇特大旱灾，商汤自责，要引火自焚，“祈雨于桑林”。火将至，雨大降[4]。这些可见商汤胸怀之广，志气之弘。古代中州以民为重，以集体为先，以国家为己任奠定了华夏民族的伟大精神，是何等的豪放！以上所谈，是先进的都城与贤达的名人相互

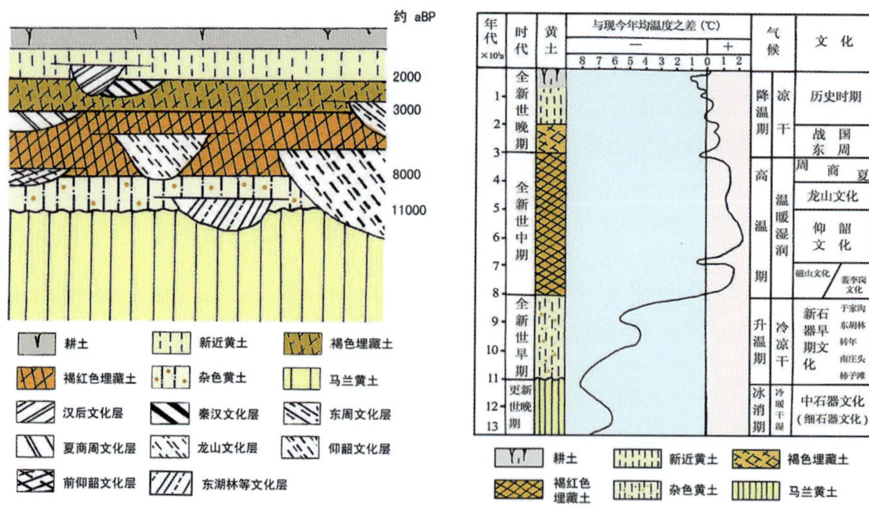

黄土高原东南边沿周原黄土地层划分、环境演变与文化发展关系图

少林寺方丈室东藤抱柏

辉映，推动着古代中州成为华夏民族的核心，这是促成古代豪放中州的社会因素，即社会史。

古代豪放中州的社会史得以形成，有如植物于土，当时中州人所处的生存环境，尤其是前期，与今有所不同。3000年前，中州水丰土沃，河水、济水和淮水组成发达的水网。土壤为褐红色的棕壤类古土壤，青冈、枫香等亚热带植物和麋鹿、扬子鳄等亚热带动物都可以分布到中州河南。那时年均降水量多于现在约200毫米，年均气温比现在高约2℃。这样的温湿气候，有利于人类生存繁衍，有利于文明的创造。[5]

2010年8月1日在巴西首都巴西利亚，联合国科教文组织世界遗产第34届大会上，登封“天地之中”历史建筑群被列入世界文化遗产名录，这就肯定了嵩山在适宜环境下所创造的先进中原古文化。嵩山天地之中，是缘于中国古代的“天圆地方”的宇宙观[6]，地既是方的就应有地中，地中就应是黄河中下游至高无上皇权中心嵩山及其周边，故有周公到嵩山的登封市告成镇“禹都阳城”、“立杆测影”求地中之举。嵩山系天地之中，主要表述嵩山位置、环境适中，处在北纬34°。嵩山位置适中，还表现这里为环境的过渡带，才分布有东西南北四方植物。少林寺方丈室和立雪亭东边各有一株藤抱柏奇观，其藤为常绿阔叶植物，名扶芳藤（*Euongmus fortunei*）[7]，主产华南，而被它缠绕的侧柏（*Platycladus orientalis*）为常绿鳞片状叶植物，我国广布。嵩山适中环境造就了少林寺藤绕柏植物奇观。嵩山主体之一的太室山上的峻极峰东南侧松树洼生长了一大片油松（*Pinus tablaeformis*），油松是华北代表针叶树，嵩山为其分布的南界。嵩山还为我国东部低平的平原、丘陵区与西部高耸的高原、山区的交界处，为生态环境边缘地带，这里环境活跃，人类需求资源较丰富；自古至今还由于处在我国南北与东西交通枢纽，有利人流、物流、文昌和政通。嵩山可容四方植物，自然也适合人类的生息繁衍。经中州人历代之经营，纳周边文化“百川”而归中原“大海”，成发达的新石器文化，裴李岗、仰韶、龙山、夏商周直至北宋文化发达，众所周知。近期在新密又发现了李家沟遗址，填补了距今 10500 年 ~ 8600 年间旧石器文化向新石器文化过渡的新石器早期文化的空白[8]。近年还在嵩山东支具茨山发现有丰富的岩画和巨石文化[9]。这些古文化构成了嵩山文化圈[10]，成为中华文明的主源、核心和孵化器，嵩山文化奥而甲天下。在“天地之中，万山之祖，三水之联，五岳之宗”的嵩山及其周边，适宜的山、水、土、生（生物）、气（气候）和位（位置）六大环境因素作用下，物华天宝，3700 年前的夏代就形成了粟（*Setaria talica*）、黍（*Panicum miliaceum*）、稻（*Orgza sativa*）、小麦（*Triticum aestivum*）、大麦（*Hordeum vulgare*）、大豆（*Glycine max*）五谷农业[11]，经济增益，人丁繁衍，文明初兴，政治倡化，国家形成。以嵩山为“天地之中”的这块亚热带北沿适宜的水土，既得北方适耕黄土之利，又得南方温湿气候滋润之利，在两利环境下[12]，孕育了在华夏“多元一体”文化中起核心作用的中州河南古文化，才使我们中华文明内容既丰富，又统一，形成一株生生不息的东方文明大树。这就是古代豪放中州形成的自然环境，即自然史。

因此，是自然史与社会史共同孕育出古代豪放中州这朵中国、东方和世界的文化奇葩。我们要庆幸大自然在文明形成之初赐予我们嵩山地区天地之中这块沃土。

二、北宋后衰败中州

金太宗天会四年（1126 年）女真族金兵南侵，北宋 1127 年被金灭。盛极一时的北宋何以兴、何以灭、又中州河南自此何以衰败，有其深刻的社会和自然原因。

北宋兴于开国之君赵匡胤的雄才大略，从选都开封，到收服南方政权和建设繁盛东京等大建殊功。就选都于川原之地的开封来说，与前依山河之险建都迥异。这是有鉴于我国自 3000 年前西周时开始干旱，2000 年前时更甚。这从褐红色古土壤变褐色古土壤，再被新近黄土代替，以及植被草原化，植被覆盖度变小，导致水土侵蚀加重，河道逐渐淤塞等自然界变化可以看得出来。因此，洛阳、长安一带始有开渠、开运河、疏浚河道和发明与发展保墒技术之举，以利农业和漕运。开封地区，接近济水，由三条断层形成开封凹地，易于积水，加之此前开鸿沟引荥阳来水，促成开封有汴、蔡、金水河、五丈河四河交汇之发达水网，水运通达，便人流、物流、文发、政昌，形成有150万人的超大城市，其繁荣达世界之最，故有表现汴水一隅盛况的旷世巨画之作《清明上河图》。北宋东京三重城郭的严谨布局，为后世京城建设所仿效，破“坊”“里”分割的陈规，开防火制、供排水系统之先河。促成“富丽甲天下”，“人民车马往来，日夜不休”的名都大邑[13]。但是由于疏于防范和过于集中管理，部队将官难履行职守，金兵的铁骑所向披靡，“汴京富丽天下无”的宋东京都城顷刻土崩瓦解，不得不迁都临安（今杭州），史称南宋。

北宋亡，南宋起，有其深层次的环境原因，那就是前述的干旱化。由于北方干旱，农业收成欠佳，而南方原来湿热，多瘴气。由于干旱，湿地疏干，阻碍发展的瘴气环境得以改善。湿洼地露出，可垦为耕地，稻作发展，产量高，吸引中原人南迁。中原人南迁，始于汉代[14]。此后在环境旱化和北方社会动乱诱发下，中原人南迁是其大势[15]，到北宋末年，北方多丝、瓷，产五谷的富庶时代一去不返，而被后起的南方取代，中国的经济、文化、政治重心南移，致南方人才备出[16]。影响中国100位名人的南方名人均出自北宋以后，近代出现尤多。北宋以降，影响中国的100位名人中北方名人则再不见踪影。中国北衰南兴还与社会发展阶段有关，那就是随航海事业发展引发海洋经济兴起，有利沿海的东南，而处在内陆中州则相形见绌。

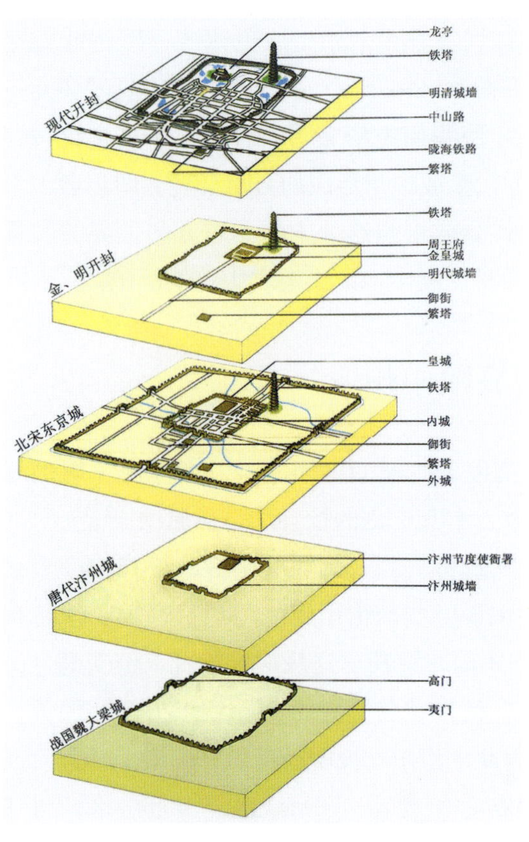

开封“城摞城”示意图

中州的衰败，也由于地处要冲，战争频仍。受“得中原者得中国”的制约，逐鹿中原，使中州屡屡成为兵家必争之地，中州人民深受其害。

中州衰败还源于洪灾。3000年前的湿暖时代，河水即古黄河由西东流，出豫西山地入华北平原，至武陟改东北流，绕今新乡后分两支沿太行山前和华北平原东北流，经今天津入渤海。到汉以后，由于干旱加剧，流水减少，河水推动力变小，致河水中泥沙日增，河道淤塞日重，洪水来临时遂溃堤向东南改道，这为内黄三杨庄汉代农家院落覆压于约4米厚的河水沉积物之下，以及离三杨庄遗址东南约20千米的濮阳市高城遗址的战国城墙上堆积有3米厚的汉代河水洪泛沉积的事例所证实[17]。汉以后的“河水”

改名为“黄河”。古黄河经过1000多年向东南改道，终于袭夺了济水。由于黄河带来大量泥沙，其下游形成悬河，导致黄河常常决口，低洼的开封地区，洪灾首当其冲。“据《祥符县志》和《开封黄河志》记载：从金大定二十年（1180年）黄河在开封县境决京东埽起，到民国三十三年（1944年）尉氏容村决口止，前后764年间，共决溢338处，平均两年多决口一处。据统计，在黄河的多次决溢中，开封城曾七次被淹（元太宗六年、明洪武二十年、建文元年、永乐八年、天顺五年、崇祯十五年、清道光二十一年），其中明崇祯十五年（1642年）和清道光二十一年（1841年）的两次特大水患，均使开封城遭到了“灭顶之灾”。这样形成开封“城摞城”的奇观[18]，开封七朝古都被埋在约12米厚的洪水沉积物之中。

在内患外侵、环境干旱化和洪水肆虐的几重危害下，造成豫东良田被毁，城镇淹没，河流埋没，土地退化，“黄沙白草，一望丘墟”，农业衰败，哀鸿遍野，迫使农民流离失所，中原人民不得不忍受较之其他地方更大的苦难。

古都开封兴于济水，败于黄河。

三、建国后再现豪放中州

乌云总是遮不住太阳。1949年河南人民唱着“解放区的天是明亮的天”的歌迎来了解放的春天。

根据《河南60年（1949～2009）》统计资料，2008年与1949年相比，生产总值由20.88亿元增至18407.78亿元，增长881.6倍。第一产业（农、林、牧、副、渔）由14.12亿元增至2658.80亿元，增长了188.3倍。第二产业（工业、建筑）由1.54亿元增至9546.08亿元，增长了6198倍。第三产业（服务、旅游）由2.95亿元增至5271.06亿元，增长了179倍。人均生产总值由50.00元增至1132.615元，增长22.6倍。[19]

2009年9月27日，河南省省委副书记、省长郭庚茂同志在“河南省庆祝国庆成就60周年展”开幕式上的讲话，为河南建国60年巨变做了个言简意赅的总结，他说：“由经济落后省份向全国经济大省、由温饱不足的省份向全国第一粮食生产大省、由传统农业大省向新型工业大省、由文化资源大省向全国有影响的文化大省的伟大转变。”

河南60年来的巨变是河南人民在党中央和河南省委领导下所取得的卓越成就，是河南人民脱贫致富路上一首可歌可泣的豪放赞歌。

但是，河南若纵向与历史上古代中州豪放时代比，距离很大，若横向与先进省市比也有距离，河南要完成国家现代化建设中承东启西的任务还需做更大的努力。

河南面临着大发展的历史机遇。

首先是国内、省内发展面临新契机。党中央审时度势，提出我国科学发展、和谐发展的新发展战略，在贯彻中央制定的国家发展战略中，如何发扬河南人民的奋进精神，

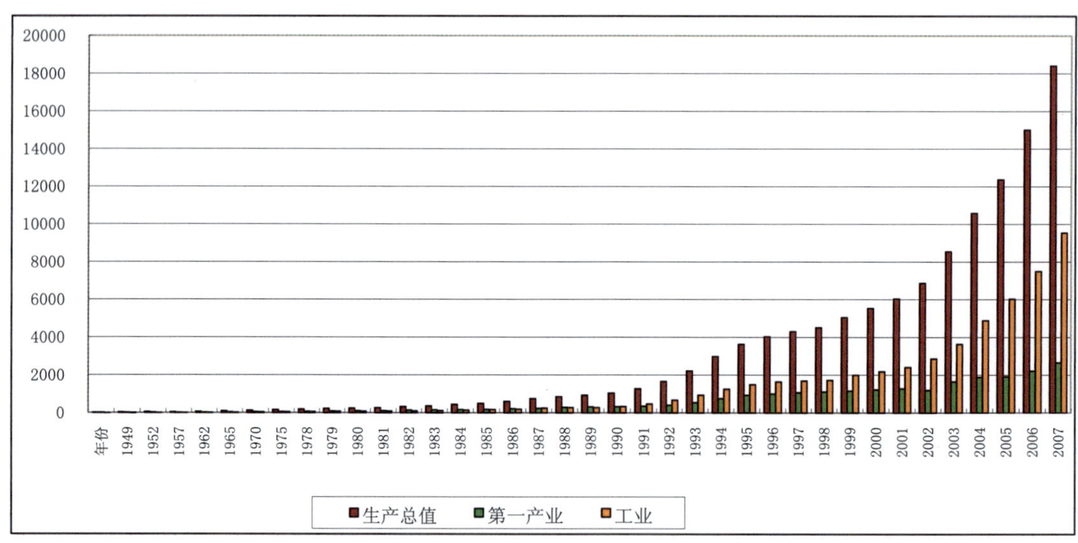

1949～2007 河南省主要经济产值柱状图

表 1　有关省市 2009 年 GDP 调查表

省市排名	GDP（亿元）	增长（%）	GDP 含金量排名	人口数量（万人）	常驻人口（万人）	人均 GDP（元）
1　广东	39081.59	9.5	8	7859	9449	39978
2　江苏	34061.00	12.4	23	7381	7625	43907
3　山东	33805.30	11.9	28	7859	9367	35893
5　河南	19367.28	10.7	27	9613	9360	21073
6　河北	16188.60	10.1	26	6735	6943	24583
8　上海	14900.93	8.2	1	1625	1858	77205

注：根据百度查找的数据。

克服不足，把河南的工作推上一个新台阶就很有必要了。如前所述，河南经过 60 年的建设已成工农业大省，一些设施和生产指标名列全国前茅。例如全省高速公路通车里程为 4556 千米，列全国第一。又如 2009 年河南 GDP 为 19367.28 亿元，继续保持中西部第一和全国第五。还如粮食生产 11 年来一直列全国第一。这就为河南生产转型创造了良好的基础。

其次是世界形势给我们的动力。放眼人类文明发展史，有过农业革命时代和工业革命时代，近年来就全球发展的需要已提出生态革命。我们是农业革命的先锋。工业革命我们落后了，所以我们挨打。解放后，我们奋起直追，成就斐然。当我们在还工业革命帐时，人类又在向生态革命时代迈进了。生态革命是什么？生态革命要求人类以既有利改善生活又有利环境的方式生产与生活。这样就要求我们淘汰落后的生产方法和生活方式，要进行低能耗低碳排放的新生产和新生活。这就要求我们以新的思维模式来生产和生活，这是一个重大的变革与挑战。我们是工业革命时代落伍者，我们好不容易逐渐赶上来，当今又要向生态革命时代前进，我们别无选择，只有顺潮流而动，才不致落后，才有生机，才主动。知难而进，是我们中华民族文化永续的动力，是我们发展的契机。抓住生态革命的契机，提高文化自觉性，淘汰拼资源的落后思路，调动文化、智力资源尽快转变生产、生活方式，是河南人民，是中国人民的历史任务。

第三，借申遗成功的东风促河南工作迈上新台阶。2010 年 8 月 1 日，联合国教科文组织第 34 届世界遗产大会上批准登封“天地之中”历史建筑群列入“世界文化遗产名录”。这表明“天地之中”的理念得到世界认可。“天地之中”理念的形成是地理位置、古天文、生态自然因素与人文因素综合作用的结果。“天地之中”是指古代嵩山及其周边文明诞生、发展最适宜处。“天地之中”理念巨大的凝聚力是我们中华形成、巩固的基础，由此结出中华民族文化绵延等的硕果。嵩山“天地之中”理念所反映河南“中”的客观存在，启示我们要努力发挥河南承东启西的作用。当今我们国家的经济有如一人挑担，成一头重、一头轻之势，为了前行，靠中间挑担人来挪动肩膀。在解决挑担子一头重、一头轻的问题中，挑担者起好支点作用就是关键了。当今我国经济发展起支点作用的挑担者主要是中州河南，即中原。所以，中州河南崛起豪放时代的到来，有牵一发而动全身的作用。过去战争时代有“得中原者得天下”之说，现今和平建设年代也会河南崛起全国崛起，河南不小康，全国难小康，河南早小康，全国早小康。重视河南在经济建设中的辐射作用，就抓住了国家经济迈上新台阶的契机。因此，全国上下要认识“天地之中”的重要意义，以此促进中原和国家的建设。

河南人民在历史转折关头，首先是要在新形势下有清醒的头脑，发扬胜不骄、败不馁的继续革命精神，想成绩，信心百倍，想困难，意气昂扬。

人类的历史是一部与困难作斗争的历史，克服困难，就会前进。我们的困难是什么？是任务重，底子薄。当前的重任是要让过亿的第一人口大省过上小康生活。河南是第一人口大省，这有形成的历史和适宜人口繁衍的环境原因，但不可讳言，还有传宗接代的思想作祟，我们希望在努力改进社会福利中，尽快丢掉这个妨碍大家过小康生活的包袱。河南创造的经济总量并不算小，但是由于人口多，按人口平均计算起来与有关省市比就偏少了（见《有关省市 2009 年 GDP 调查表》）。河南底子薄，就是指近代以来给河南留下的一穷二白底子，还包括近几十年，尤其近十年河南奋进中，我们低头拉车，少抬头看路，以致形成在全国 GDP 取得排名第五的好成绩时，在全国 GDP 含金量却排 27 位，即倒数第四的窘境。GDP 含金量是什么？是指单位 GDP 牺牲的环境

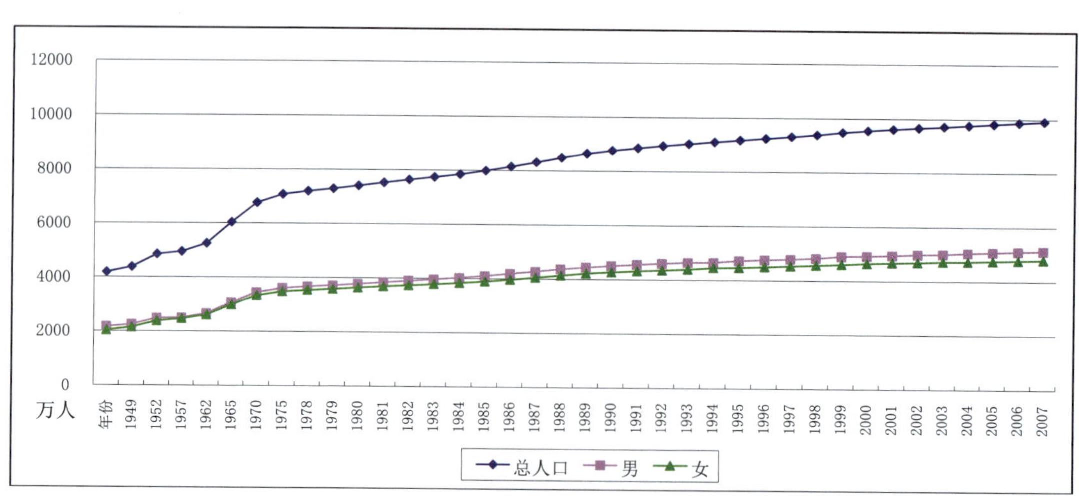

1949～2007 年河南省人口统计图

越小，对生态冲击越小，GDP 含金量越高。因此，从河南 GDP 排行靠前和含金量拖后的一前一后矛盾来看，说明我们河南的建设还是粗放的。现在全省的河流都有不同程度的污染，严重者已成无生命的死河，有的干枯，大部缺水，“流水不腐，户枢不蠹”，无水、缺水所造成的“腐”就会难以改变，而近期河湖干枯、缺水的主要原因就是过度开采矿产与水资源。因此，河南环境质量严重下降对我们今后建设影响是很严重的，绝不可掉以轻心。

我们河南抓住生态革命的契机有三大有利条件。首先是有党中央与省委的有力领导，这是最根本的有利条件。其次是资源条件较好，那就是有“天地之中”的适宜环境条件，即生产生活必需的适宜水、热等条件。现今水、热条件虽不如上古时期，但我们生产技术较古代大为改善和组织能力大为增强，从而可以得到补偿。我们交往条件，即枢纽作用依然。尽管不依海，但由于交通工具先进化和管理方式的现代化，也会从中得到补偿与强化。第三是人力资源富裕和素质较高。现代生命科学证明，“基因”可以遗传，而“基因”也包括文化积淀所带给后代大脑的积极影响。有辉煌历史的河南人民，继承了先辈的聪明才智，智慧超群，有能力去创造新生产、新生活。我们要像仰韶时代大河村人，以一种开放心态，既接受东方大汶口文化，也接受南方屈家岭文化，形成五千年前先进的新石器时代晚期文明那样，努力培养自己的先进人才的同时，也注重吸纳四方先进文化与人才为我所用，形成原创性，能起核心推动作用的先进生产力。

中州发展的历史，对推动河南经济建设有很大的启发和借鉴作用。由于 3000 年前干旱萌发，2000 年前干旱明显，1000 年前干旱加剧，是中国经济、文化重心由中原向东南转移的诱因，因此，要把抗旱和节水作为持久发展河南农业和保护地力的战略思考。这样，在河南农业中要注重培养耐旱、质高、丰产的农作物品种并大力推行、落实节水等措施。由于距今3000年以来中州的环境在逐步干旱化和脆弱化，故对河南环境破坏大的工矿业要分批淘汰，大力发展节能、低碳环境友好型的高技术产业。文化底蕴深厚是河南的重要优势，它既是引导河南文化自觉的依据，也是最具文化产业开发潜力的资源，要重点培植和连线、深度开发河南古老文化，使其可看、好看，以推动河南文化和旅游与服务业的发展。

河南人民会继承红旗渠奋斗精神和焦裕禄革命传统，发扬宇通客车、双汇食品争先的干劲，勇于克服困难，再现豪放中州，成为时代先锋的河南，指日可待。

参考文献

[1] 朱士光主编：《中国八大古都》，人民出版社，2007年。孟令俊：《洛阳古今》，中州古籍出版社，1991年。刘春迎：《考古开封》，河南大学出版社，2006年。

[2] 张大可、王慧敏主编：《影响中国历史100名人》，民族出版社，1999年。

[3] 徐光春：《一部河南史半部中国史》，大象出版社，2009年。

[4] 朱士光主编：《中国八大古都》，人民出版社，2007年。

[5] 周昆叔：《周原黄土及其与文化层的关系》，《第四纪研究》1995年2期。

[6] 关增建：《中国天文学史上的地中概念》，《自然科学史研究》2000年3期。

[7] 叶永忠、吴顺卿主编：《嵩山植物志》，中国科学技术出版社，1993年。

[8] 北京大学考古文博学院、郑州市文物考古研究院：《中原地区旧、新石器时代过渡的重要发现》，《中国文物报》，2010年1月22日6版。

[9] 周昆叔：《具茨山岩画是认识中原古文化的第三依据》，赵德润主编《炎黄文化研究》（第十辑），大象出版社，2009年。

[10] 周昆叔、张松林等：《论嵩山文化圈》，《中原文物》，2005年1期。

[11] 洛阳市文物工作队编：《洛阳皂角树》，科学出版社，2002年。

[12] 周昆叔、张广如、曹兵武：《中原古文化与环境》，张兰生主编《中国生存环境历史演变规律研究》，海洋出版社，1993年。

[13] 朱士光主编：《中国八大古都》，人民出版社，2007年。

[14] 王子今编：《秦汉时期生态环境研究》，北京大学出版社，2007年。

[15] 陈正祥：《中国文化地理》，生活·读书·新知三联书店，1983年。

[16] 王慧敏主编：《影响中国历史100名人》，民族出版社，1999年。

[17] 周昆叔、宋豫秦、鲁鹏等：《再论嵩山文化圈》，周昆叔、齐岸青主编《中华文明与嵩山文明研究》，科学出版社，2009年。

[18] 刘春迎：《考古开封》，河南大学出版社，2006年。

[19] 河南统计局、国家统计局河南调查总队主编：《河南60年1949—2009》，中国统计出版社，2009年。

千年古树复开花　登封窑火再辉煌*

登封窑复仿制成功，是我国瓷器研究的重要收获，是我国复兴的新动力，是我国崛起艰辛历程的缩影，是登封人不畏艰辛奋进的标志与赞歌。登封珍珠瓷将大放异彩。

一、千年登封窑

登封窑是隋、唐、宋、金、元时期登封瓷窑的总称，其中以登封告成镇曲河窑区、宣化镇前庄窑区和白坪乡程窑区为主，此外还有大冶、东金店、徐庄、君召等古窑。

“在中国历史文献中，最早言及登封窑的，不是本地文献，而是清代景德镇人蓝浦编著的《景德镇陶录》，初刻于清嘉庆二十年（1815）。该书尽管是一部关于景德镇地方陶瓷史的专著，但其中却第一次明确提出“登封窑”这一概念：“登封窑：亦自明始，即河南府登封县，今尚陶。”[1]

登封窑还有神前窑的称呼，源于在禹州市与登封市间白沙水库的南岸曾有一古庙，名为天爷庙，此庙庙门朝北，古时以此庙为界，庙北的窑称神前窑，庙南的窑称神垕窑。神垕窑为名声遐迩的钧瓷胜产地，至今仍沿用此名。神前窑到底指何窑，依地理位置与天爷庙邻近的当首推前庄窑。

作者与李景洲先生（左）

登封窑，神前窑，收异曲同工之效，从古至今争相传颂的登封窑与神前窑透出尘封已久的登封窑业盛况。登封窑自元代以后湮没，是不幸，也是幸，因为久无人问津得以保存，我们才可以观察和研究。

* 周昆叔，原载《嵩山行》，文物出版社，2010年，第130~152页。

8月14日，在“嵩山古陶瓷研究学会”会长、登封窑瓷苑科技有限公司董事长李景洲先生[2]与登封市文物局张德卿科长和宋嵩瑞同志的陪同下，冒小雪经卢店镇，抵宣化镇（原王村乡）到前庄古瓷窑遗址考察。此前有许昌师专美术教师安廷瑞[3]、赵会军、李景洲先生等前来考察[4]。2008年被河南省人民政府公布为河南省文物保护单位，时代为唐至元。据李景洲先生介绍，所谓前庄遗址实际是一包括河道附近两侧以前庄为中心的遗址群，计有前庄、朱垌、磨脐、玉翠、窑湾和钟楼等遗址，总面积达20多平方千米。由于近年修建许（许昌）少（少林寺）高速公路，前庄遗址的古陶瓷碎片裸露，再次引起李先生等人们的关注。我们的考察车停在许少高速路高架的水泥柱旁，随李先生等步入干涸的河道，走了不过几十米，就登上北来与东北来的两河道间形成的阶地，先踏上高2~3米、长几十米、宽100米的一级阶地，续登高3~5米、长几十米、宽超100米的二级阶地。李先生指向北来的河流河畔陡岸二级阶地含北宋窑黄白色匣钵（盛瓷坯入窑烧制的器具）碎片说，匣钵作圆形盆状，口径约20多厘米，盆高约10多厘米，从断口看，匣钵质地比较粗糙。这种匣钵指示该处曾有宋代瓷窑址。继续考察，不远处见到残留的窑炉遗址，清楚显现残破的匣钵堆垒的窑壁，窑壁断口十分坚硬，炉壁外的围土被烘烤成鲜红色。

前庄宋窑遗址

马兰黄土及顶部的夏代文化层（二里头文化层）

越二级阶地，登上2米高的黄土台，这是不久前修许少高速公路取土垫路基的取土场，形成一南北长，东西宽100米的土台，土台北侧形成一高约8米巨大黄土陡壁。在黄土壁顶部有显见的灰坑和东部覆盖在黄土上几十厘米至近2米的文化堆积层。我们从黄土台西部入前庄村，从村后攀登到黄土台上，北望看到宽阔的台地上，越冬的麦地一块接着一块推展开来，在麦地远处遥见前庄村的村舍点点。南望由前述二条河

前庄村南一、二级阶地和马兰黄土台地

前庄古窑的彩绘瓷瓷片

前庄古窑白地细线划花瓷瓷片

前庄古窑珍珠地瓷瓷片

在前庄村南合流后，并入颍河，现入白沙水库。张科长等从前述的灰坑中拾得篮纹、绳纹和附加堆纹的碎陶片几块，系二里头文化的遗物。考察完黄土台地，暮色已降，我们沿来路返回至黄土台前的西边向二河合流处考察，见二级阶地河畔陡坡上有古瓷窑一座，李先生从拾得的饼状窑具和圆台形支柱判断，该窑应是唐代瓷窑。继续前行，见一级阶地河畔陡坎中时含碎瓷片，是人们倒弃所致。李先生谈到，前庄古瓷窑残破陶瓷堆积如山，时代跨隋、唐、五代、宋、金、元，延续烧窑约 800 年，有碗、盘、罐、盆、枕、执壶、盏等；白、黄、黑、褐、青、花瓷与白地黑花、白瓷加绿彩、白地划花、珍珠地划花，乃至生肖动物形象都有。说着说着，李先生拾到了一块 4~5 厘米大的珍珠地花瓷片，大家纷纷前来欣赏。李先生说前庄窑以产白地细线划花瓷为特色，那流畅如水的线条，一气呵成。

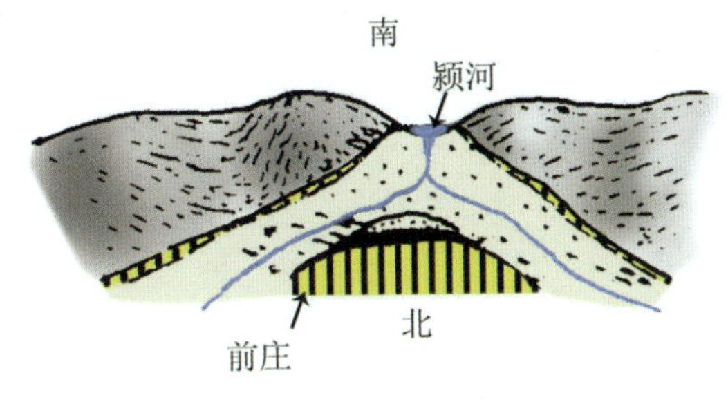

前庄丘间之地貌

考察完毕，我思考了前庄遗址地貌形成可分作四个阶段：

第一阶段：11500 年前的末次冰期在低丘间堆积有 10 米左右的马兰黄土。

第二阶段：11500 年后，河流发育，流水聚集，马兰黄土被冲刷，形成北来与东北来的两条河流，在前庄村南合流为马峪河汇入颍河（现白沙水库）。在两条河流间形成马兰台地（系 20 世纪初瑞典地质学家安特生在对北京西山调查中命名的）。

第三阶段：3000 年前，由于此前为温暖潮湿期，人口增加，文明因素聚集，夏代晚期二里头文化时期的先辈们来到马兰台地聚居，因为这里地势高无洪水之患，近水而利生活。此后由于气候转凉干，河水减少，形成二级阶地，人们逐水而居，下到二级阶地上生活，并在隋、唐、五代、宋、金、元时期在此烧制瓷器。

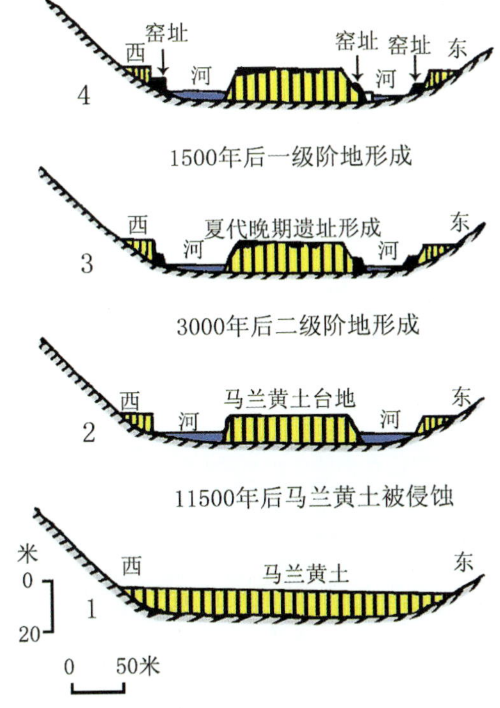

11500 年前马兰黄土堆积

第四阶段：1500 年后，由于气候进一步旱化，河水更加减少，形成一级阶地。人们将烧瓷中形成的废品倾倒到一级阶地。

12 月 15 日下午，李景洲先生陪同我到告成镇东南颍河北岸曲河遗址考察，该遗址曾先后有河南文物考古研究所安金槐、李京华[5]，故宫博物院冯先铭、耿宝昌、叶喆民[6]，张德卿等先生和李景洲先生带领的嵩山古陶瓷研究学会的先生们前来考察。李先生带领我们考察了曲河村后临丘陵的一处匣钵废品堆积处，见堆积的匣钵残器厚二米多，均为口径十多厘米的灰色小匣钵。李先生从废旧瓷堆中取出匣钵谈到，此种匣钵小而精，质细腻，塑造成口缘整齐、分层精细的漏斗状匣钵，它工艺讲究，匣钵下壁施白色化妆土。此种匣钵用以套装碟、碗、盘瓷器的煅烧，以图获得精细瓷器。另有圆桶形匣钵。返途见路旁山岩上瓷土出露，层理清楚的灰色黏土岩多数在构造作用下成破碎块状。

曲河窑遗址废弃的匣钵堆积

曲河窑古瓷壶（左）与现代复仿制壶（右）

曲河窑的古瓷瓶（左）与现代复仿制瓶（右）

现代复仿制瓶

入村中，见空旷处立了河南省文物保护单位曲河窑遗址碑一座。碑背面刻有碑记：“曲河窑位于登封城东南 22 千米，始于晚唐，盛于宋，东西长约 750 米，南北宽约 600 米，文化层达 3 米，有白釉、绿釉、青釉、三彩、白釉褐彩、刻花，种类有壶、罐、碗、盘、碟、盆、盂、杯、枕、玩具，出宋钧瓷，古有神前之称，与禹州神垕相对而言。”碑中未列“瓶”，看来是落掉了。李先生说：曲河窑历史久远，是古时重要窑口，盛况空前，与颍阳、费庄为宋时登封的三重镇之一。曲河窑附近有一古庙菩萨堂，庙内有清嘉庆二十一年《重修观音文殊普贤三菩萨堂碑记》，碑文为：“地名曲河，面水势也，其中风景物色，宋以前渺无可稽。尝就里人偶拾遗物，质诸文献通考而知，当有宋时窑场环设，商贾云集，号邑巨镇。金元两代亦归淹没……堂创于何时，蚤无可考。”可见曲河窑位于颍河旁，三面环水，一面靠凤凰山，故名曲河，为宋时瓷窑重镇。

曲河窑盛产白釉珍珠地瓷而著称于世，制作技艺影响四邻。故宫博物院古陶瓷专家蔡毅先生对曲河窑调查后著文说：“而珍珠地划花作品之多，更是多年调查北方窑址所仅见。统计 1962 年在窑址所得瓷片 473 件标本内，此种瓷片竟有 110 件，约占 1/4。器形包括瓶、洗、碗、罐等，而且质量均较一般精细。”[7] 所谓珍珠地是指根据花卉、飞禽走兽、人物和几何主题图案大小的不同，借鉴唐代金银器錾花工艺，用 3、4、6 毫米竹筒作工具，在主题图案空白处戳上均匀的小圆圈，经高温作用瓷釉，形成晶莹剔透、如珠似宝、酷似珍珠梅穗状花布满在主题图案间，反光折射，使线条流畅的人物、动物、花草倍富动感，活灵活现。因此，以曲河窑独特工艺生产的珍珠地瓷器成为嵩山文化瓷艺代表，备受人们喜欢，国内外争相收藏，如北京故宫博物院收藏的“双虎纹瓶”最受人们赏识。“该瓶高 31.9 厘米、口径 7.17 厘米、足径 9.5 厘米，瓶侈口圆唇、颈短细，整个瓶略如橄榄，平底，俗称‘橄榄瓶’。据故宫博物院蔡毅、刘伟研究员讲，宋代登封曲河窑的‘双虎橄榄瓶’制作规整、线条匀称优美，瓶胎体为灰褐色，胎上施白色化妆土，瓶身刻画双虎搏斗为主题纹饰，划刻两只凶猛的老虎在草丛中搏斗，一虎站立张牙舞爪，一虎作欲扑姿态，前肢相攀，张嘴翘尾，两虎神态修长刻划有力，威武雄健，极为生动，并以柱石和丛草作陪衬，近底处刻十六莲瓣纹一周，纹饰以空白处填以宛如珍珠状的小圆圈作地，均匀细密，外罩透明釉，整个纹饰呈黄褐色，是我国中原民间瓷窑中的一种特殊产品，传世品极为稀少。”[8]。此外曲河窑的珍品不少流传至国外，如日本出光美术馆的执壶和美国波士顿美术馆的人物瓶。

曲河遗址产的白釉剔花柳条钵也独具一格，体积不大，口径约 10 厘米，却十分夺目。那白色与深色作同心圆状的曲线，具韵律节奏的动感，好似建筑工人戴过的安全帽，在古朴中蕴含时代气息，是一种不可多得的瓷艺珍品。

考察完曲河窑跨干涸的颍河抵水峪的一座丘陵顶，我们踏着雪化后的泥泞路下到一处岩坑坑底，迎面岩石断面显现着厚层黄黑相间的黏土岩层。手感相当细腻，属重黏土，为湖沼沉积物。李先生用力摔打黏土岩块，从破裂的层面中显现出古植物的茎、

现代复仿制瓶

曲河西南水峪瓷土矿

叶印痕，经由中国科学院植物研究所古植物学家李承森先生鉴定，计有栉羊齿属（*Pecoptreis*）、瓣轮叶属（*Lobatannularia*）等，这说明粘土岩属二叠纪沉积。依嵩山世界地质博物馆资料，该层沉积属石炭纪，年龄为3.54~2.95亿年。因此，该处和颍河流域瓷土矿时代为古生代晚期。该期气候暖湿，植物繁茂，湖沼发育，湖沼沉积的黏土中有机质含量高，是上好的瓷土。李先生说这就是瓷器制胎用的瓷土，以含有机质多的黑色粘土最适合做瓷胚用，可塑性强，且不易开裂。考察完山顶瓷土，沿来路下山，至山坡处下车向路边一深达约20米的深坑观察，见两台巨型挖土机正在轰鸣往返在坑中，在10多米的黄土层下有厚层的灰绿色瓷土岩出露。这些上等瓷土，经磨碾、浸泡、沉淀、分选就能在瓷工巧手塑造下成为瓷胚。沿颍河分布的黏土岩成为登封窑首要的物质基础。前庄、曲河、白坪瓷窑分布的地方都是石炭纪瓷土分布多的地方，尤其曲河窑遗址处瓷土储藏多，故曲河窑规模大、瓷器质地好和特点突出。

2006年11月18日应邀参加“登封古陶瓷遗址和标本论证会”期间，会议组织前往登封市白坪乡颍河支流白江河考察古窑址。白坪古窑是李景洲先生在此任党委书记5年间发现的。李先生说白坪古瓷窑的发现还应归功许昌师专（今许昌学院）的教师安廷瑞先生。由于安先生写了一封公函，说他带领学生在密腊山写生期间发现了钧瓷标本，“这是祖先的遗产，希望加强对这份遗产的保护”。此后李先生特意关注，白坪瓷窑遗址才得以发现。白坪古窑是以程窑为中心，含程窑、栗子沟、赵家门、牛园、碗窑岭、东白坪、南拐、砂锅窑、北魏窑、南魏窑、卧羊坪、牛元、三元等十余处遗址，总面积达十多平方千米。在马兰黄土和河流二级阶地中含座座古窑。古窑时代为宋早期至金、元400多年间，炉火熊熊，烧制出碗、盘、碟、罐、钵、炉、洗、盆、瓶及生肖瓷。由于与汝官瓷和钧官瓷仅一山之隔，成鼎足之势，彼此交流，使白坪乡古窑兼有钧、汝之美，既有钧瓷浑然天成的特点，又有汝瓷温润含蓄的韵味。按叶喆民先生的说法是“钧汝不分”[9]。

登封窑尘封的每一块瓷片都是华夏长歌的音符，而重现登封窑的辉煌将构成一曲时代的强音。

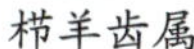

栉羊齿属

瓣轮叶属

宋代柳条钵

二、登封窑的名分问题

登封窑，或神前窑，在湮废了600年后，现在重现其光彩，大家拍手称快，随之问题来了，登封窑的名分如何，这关系到我国瓷器史的书写，而瓷器居中国瓷、茶、丝三大特征文化之首，若瓷器史不清楚，那么我们的文化史也就说不清了，因此，瓷史是非同小可的事。

过去一说起曲河窑，或谈及前庄窑，多说属北方磁州窑系，真是这样吗？

2008年11月份北京故宫博物院古瓷研究员李辉炳先生在李景洲先生处见到前庄窑遗址出土的一个四系罐，从其造型腹宽大、上下收缩、上半部施薄层釉而下半部不施釉和考虑罐的质地，断定其为隋代瓷器。该罐高23.5、腹阔19、口外径10.5、底径8.4厘米。2009年10月，中国古陶研究学会会长耿宝昌先生见到该罐也断定为隋代产品。若考虑前庄窑产的瓷器繁多，达11类，又细线划花瓷特点十分突出，这种内容丰富、风格特殊，规模达20平方千米之巨的重要古窑，在未经考古学详查之前谁能轻易把它归入哪一瓷系呢？曲河窑曾因盛产瓷器而名曲河镇，为登封境内宋代古镇之一，那不是像今日景德镇因盛产瓷器而得名一样吗？曲河窑尽管因战乱而湮没，但从研究中国

隋代四系罐（前庄窑出土）

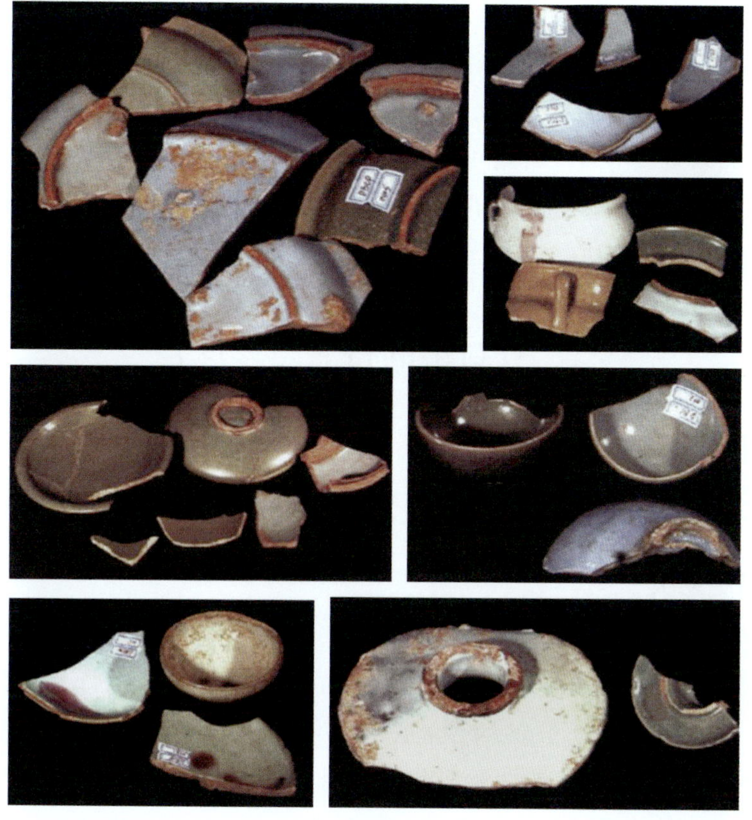

嵩山钧瓷

陶瓷史来说，却不能因湮废而忽视其历史。何况曲河窑规模大、工艺精和内涵丰富，且产珍珠地瓷之多之好也不是其他各地可望其项背的。看来对前庄、曲河、白坪这些登封窑史做详细研究是十分必要的。

谈到白坪古窑，也有一些问题引人深思。宋代《元丰九域志》载，“西京河南府河南郡土贡蜜蜡各一百斤，磁器二百事”。土贡指土产进贡皇室，进贡皇室既是满足皇室之需，也是显示权威和服从权威的表现，所贡者，按现在的话来说是顶尖产品，具代表性与特殊性。白坪除盛产钧瓷外，附近还有蜜蜡山，以盛产蜜蜡（蜂蜜的副产品）而名。蜜蜡不溶于水，可作蜡炬，或蜡染，更重要是皇室以之制作蜜玉玺，即蜜印、密章，作皇室追赐去世臣下的官印，以区别于生前官印，这是皇室不可或缺的大事，故有唐朝著名诗人刘禹锡《为人谢追赠表》云：“紫书忽降于九重，蜜印加荣于后夜。”白坪既有良好的蜜蜡，又何不纳白坪钧瓷呢？虽《元丰九域志》所记“磁器二百事”未明载系出自白坪，由于河南郡十三县中，既产蜜蜡又产瓷器，只有白坪一处，看来白坪窑产瓷器在官窑出现前曾一度作为贡品是可能的。如果考虑到李辉炳先生曾写到：“在北宋‘官窑’建立之前，历史上还经历了一段由‘民窑’烧制‘贡瓷’的阶段”，“……

登封很有可能贡瓷……”。[10]那么我们这种推测就不是空穴来风了。

至于说到白坪窑所产瓷有“钧汝之美”，这是我们发现白坪古窑之后对其质地的观感，因原有禹州钧瓷和汝州汝瓷，自然彼此联想起来，至于白坪古钧瓷与禹州钧瓷和汝州汝瓷的关系是一个尚待研究的问题。

总之，由于登封窑的发现是迈向弄清中国瓷史路途中必经的一道关卡，是一个推进中国瓷史研究的良好契机，故对登封窑遗址的保护与研究的必要性是显然易见的。

三、登封窑的特点与珍珠瓷

考察登封窑后，那些尘封久远、特点突出的片片瓷器不时浮现脑际，我觉得登封窑所产瓷器有以下四大特点：

（一）历史悠久

由于对登封窑遗址还缺乏考古学发掘，地层关系还有待理清，故登封窑的历史尚待详查。但多位专家多次对登封窑调查所采集的大量古瓷标本进行分析而得出登封窑始烧于隋唐，盛于北宋，延于金、元也是基本可信的。登封窑属唐宋名窑。汝瓷形成于北宋哲宗、徽宗时期[11]。钧瓷始于北宋时期[12]。这样，历史晚的必然要借鉴历史早的，故登封窑应是钧瓷、汝瓷的先导。著名收藏家汪黎明先生认为，磁州窑尚处在萌芽期，登封窑各种工艺已臻于成熟[13]。

（二）类型齐全

瓷器中的青、白、彩三种瓷登封窑都有。既生产贡瓷、高档用瓷，又生产民间日用瓷。器型丰富，瓶、壶、盆、罐、碗、碟、鼎、钵、枕、笔洗、香炉等齐全。

（三）工艺精湛

登封窑产品口足规整，制作考究，甚至匣钵也用细泥制作过刀，造型规整干净，并在匣钵外侧施化妆土。

（四）装饰独特

宋代陶瓷装饰工艺点彩、刻花、划花、剔花、印花、绘花、贴花、镶嵌、錾金工艺在登封窑中均有，或同一产品运用多种装饰工艺。

登封窑最具特征的是珍珠地划花、白釉刻线和白釉剔花瓷器。北京故宫博物院的著名古陶瓷专家冯先铭、叶喆民两位先生著文说：“能够代表登封窑的特征，要算北宋时期的珍珠地划花及白釉刻线两类装饰方法在同时期其他瓷窑采用较少，而在登封窑所占比重则相当大，具有明显的代表性。”[14]登封窑中常见珍珠地剔刻花瓷，它如颗颗珍珠填充在人物、花草与动物主题图案中，使其在流畅中又显活泼和富有生气，人见人爱。征得李景洲先生的同意，建议登封窑以“珍珠瓷”名之，以利赏识。登封窑珍珠瓷的“珍珠”是大胆借用金银器錾花工艺戳成，赋予创新精神，表现出兼收并蓄的文化内涵和精益求精的工作态度。我们在欣赏登封窑珍珠瓷中自然会激发出创新、包容和敬业的美德。

总之，登封窑有历史久远、种类齐全、工艺独特、形态优美的突出特点。

四、600 年后登封窑的复兴

2006 年 11 月 18 日应邀参加“登封古陶瓷遗址和标本论证会”。会上肯定了登封窑发现的重要性，并期盼恢复生产。当时李景洲先生的古窑仿制基地还处在初创阶段，不能生产，又所采标本也缺乏秩序，因此，我为李景洲先生捏了一把汗，要知道珍珠地花这种高档瓷品已失传上千年了，要恢复谈何容易。

事隔仅两年，2008 年 9 月 27 日举行的“中国登封窑古陶瓷复仿制品鉴定会”上，李景洲先生及其同事们拿出的众多复仿制登封窑产品征服了所有与会专家，众口一词称赞复仿制成功。认为在传统工艺的基础上，复仿制产品从造型、胎色、釉质、釉色到装饰效果基本达到了宋代标本的水平，造型流畅，饱满浑厚，釉色纯正，釉质温润，体现了宋瓷淡雅、沉静的时代特征。钧窑产品体现了登封窑钧瓷器物钧汝兼具的特点，对宋之钧窑瓷器物复仿制也基本到位。复仿制的登封窑珍珠地划花、白釉剔刻划花等产品，属目前国内该类型复仿制品的最高水平。李景洲先生及同事们两年来拼搏的显著成就获得了河南省文物局授予的“河南省文物局复仿制品研究开发基地”的殊荣，也被郑州大学历史学院定为教学实习基地。

12 月 16 日，在李景洲先生热诚引导下，我到登封西南 4 千米处的“登封窑瓷苑科技有限公司”参观学习。首先见到他复仿宋代制瓷工艺，从仿古搅拌、沉淀、分选到加工瓷土的设施，让参观者知道他们是严格尊重传统的。接着看到了他们在室外堆的制釉用的多种矿石，计有钾长石、钠长石、钛铁矿、铁矿石和麦饭石等，室内分别搁置有石英粉等和分选出的瓷土。再看到的是制胚间与晾胚间，续前行入刻、剔花和画室，最后看到了气和煤烧车间，李先生顺手拿出烧残的废品说，每一炉都有废品，有时整窑都成废品。李先生把我们带到他的实验室说，我们对每一批次烧瓷实验都要做生产过程的记录，对瓷土要委托郑州大学做 Na、Mg、Al、Si、K、Ca、Ti、Fe 与 C 元素的测试，以作改进原料匹配的参考。

我们来到有 60 平方米的古瓷标本展览室。这些标本都是李先生历年寻觅的，按遗址放置在不同的标本柜中，有地点、编号和时代等的标出，墙上还张贴了遗址分布图等。

现代复仿制登封窑展品

现代复仿制登封窑梅瓶

现代复仿制登封窑壶

标本有专人管理。在标本柜中我们分别看到了白坪的钧瓷、前庄的细线刻花瓷和曲河的珍珠地剔、刻花瓷等。在标本柜中引人注目的有前庄隋代四系罐、黄釉水注和曲河的珍珠地残瓶和修复的柳条钵，这些宝贝组成了登封窑1000多年的历史，是仿制登封窑瓷器的宝贵档案和依据，这些超万件的标本要做到不误是何等不易。最后进入他们复仿制瓷的展示厅，见到约100平方米的展厅中展览架上摆满了各式各样的高仿真古瓷样品，如有稳重、纯润的祭色梅瓶和各种盆、碗等钧瓷，看得出他们不追求新奇花样，重在体现钧瓷的庄重又不失灵巧的传统风格。迎面摆着八个瓷缸是分别表现嵩山风情的作品，给人焕然一新的感觉，尤其那一个个巧夺天工的珍珠地剔刻花瓶，晶莹剔透，闪闪发光，十分夺目。真是琳琅满目，美不胜收。仅仅两年的功夫，就把失传几百年上千年的国宝工艺展陈出来，真是了不起。这一切都是为了与时间赛跑，功夫不负有心人，他们终于在2008年8月复仿制成功登封窑珍珠地、白釉剔刻花和嵩山钧瓷三大系列20多个品种瓷器作为迎接北京奥运会的献礼。这让我想起河南省文物局副局长孙英民同志2008年9月在中国登封窑古陶瓷复仿制品鉴定会上的发言："历史从来都是向两个方向发展，人类的历史一方面要向前走，另一方面是要向后看，向前走是发展，向后看，是对历史资源的发掘也是一种发展。"[15]祖国5000年文明史是先祖的伟大创造，这些伟大创造是智慧的结晶，是他们艰苦卓绝功勋的记录。但由于种种原因某些片段被湮没了，后来者发掘它、恢复它、弘扬它，既是对先辈与历史的尊重，也是继续发展的源泉与动力，无尚光荣。李景洲先生的团队让在隋、唐、五代、宋和金、元辉煌的登封窑瓷器活灵活现地再次呈现出来，使我们得以欣赏千百年前丰润华丽、沉静淡雅的登封窑国宝，应该深深感谢李景洲先生团队的重要贡献。他们这种高度的责任感和不屈不挠的精神是何等的可贵，这是登封、中国复兴的奋斗精神。人是要有一点精神的，李景洲先生的团队就是有这种对历史负责，不达目的不罢休的拼搏精神才获得复仿登封窑的成功。

五、思绪萦绕

参观完毕，我们到了会客室，已是晚上 8 时，我的心情仍然十分激动，见到一张大办公桌上铺着羊毛毡，我主动向李先生提出来要为他们写几个字，我觉得只有如此，才能抒发我的感受。在李先生安排下，迅速展开了一大张宣纸，在纸的前半张疾书了“复兴”两个斗大的字，另半张写了如下的话：“国之兴，文为本，经为力，政为纲。文兴，经发，政通。登封窑之复兴，代表中国三大特征文化之首的复兴，故殊属重要。”

回登封的路上，我仍在遐想。

1000 年前登封窑兴盛，得益于登封有适合发展陶瓷的资源，有上好和丰富的瓷土和釉料，有丰富的水满足生产与生活需要，有厚层的黄土与黄土状土可挖窑，有柴与煤作燃料，在颍河沿岸的这些条件最完备，故登封窑集中分布在颍河两岸。相反太室

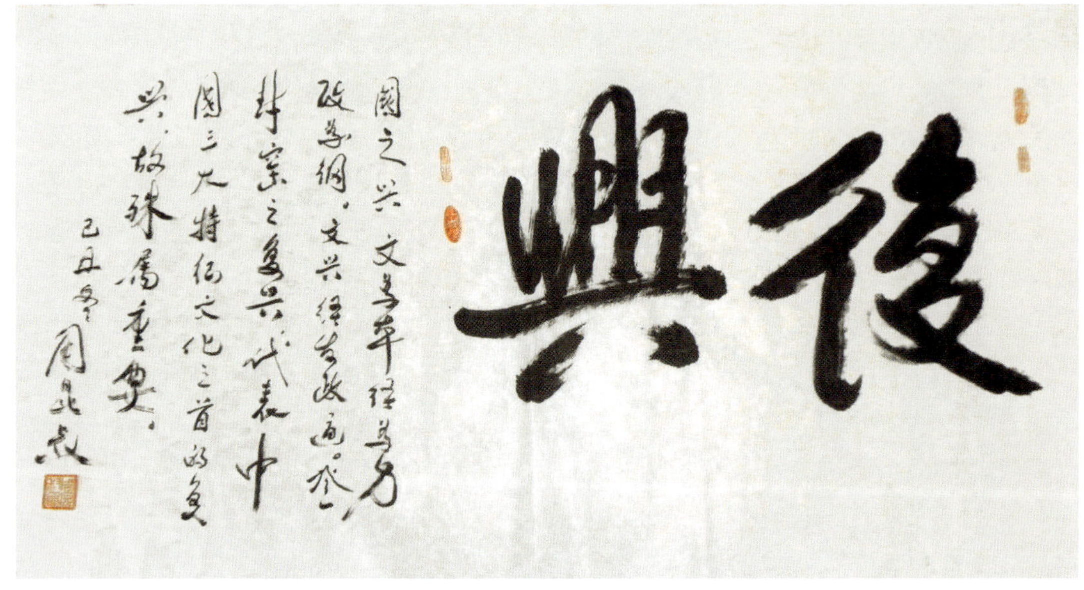

作者参观登封窑复仿瓷后的题词

山、少室山麓这些条件不具备或不全具备，故太室山、少室山一带没有登封窑分布。这可归结为自然条件，或曰天地因素，没有这些自然因素，即物质条件，要想搞起登封窑那是空想。但是这些物质得以发挥，还要靠具有深厚文化传统和智慧的人去运用，否则物质资源只是物质资源，不能尽其所用。我们办事没有物质作基础那是空想，但是如果没有积极和恰当利用物质的精神与聪慧，物质仍然不能起作用。所以，登封窑的兴起是“天人合一”的结果。

登封窑的兴衰维系社会，登封窑的复兴更维系社会。

登封窑的复兴是顺势而动的结果，登封窑的发展更要顺势而动，使其纳入文化产业，服务社会，服务旅游业。期盼登封窑恢复中国北方瓷窑中心窑口的地位。

登封窑的复仿制成功，还是初步的，还要提高质量与丰富内涵，但当今更多的是要推介，而这要投入，只靠原班人马苦苦支撑，难以为继，需要社会和政府的引导和大力支持，否则好的局面能否更好，甚至能否继续都是面临的问题。

不怕有问题，就怕不重视问题。问题是动力，让我们大家都来为发展登封窑而努力，让登封窑珍珠瓷能真正成为体现嵩山文化的一张响亮名片。

参考文献

[1] 刘扬正：《登封窑不老的珍珠传奇》，《中国国土资源报》2008 年 5 月 2 日。

[2] 李景洲：《让登封窑重现风采》，《魅力中国》2009 年 11 月。

[3] 安廷瑞：《登封市王村乡大型唐宋古瓷窑群“神前窑”址的发现与研究》，《嵩山文化》2009 年 1 期。

[4] 赵会军、张俊儒、李景洲：《登封宣化唐宋时期瓷窑遗址调查简报》，《中原文物》2008 年 2 期。

[5] 河南省文化局文物工作队：《河南省密县、登封唐宋窑址调查简报》，《文物》1964 年 2 期。

[6] 故宫博物院编：《中国古代窑址标本・卷一・河南》（卷上），紫禁城出版社，2005 年。

[7] 蔡毅：《简论河南登封曲河窑》，《嵩山文化》2009 年 1 期。

[8] 贾尊叔：《登封“曲河窑”初探》，《嵩山文化》2009 年 1 期。

[9] 李景洲：《登封白坪钧瓷窑遗址调查简报》，《嵩山文化》2009 年 1 期。

[10] 李辉炳：《中国瓷器鉴定基础》，紫禁城出版社，2005 年。河南省文化局文物工作队：《河南省密县、登封唐宋窑址调查简报》，《文物》1964 年 2 期。故宫博物院编：《中国古代窑址标本・卷一・河南》（卷上），紫禁城出版社，2005 年。

[11] 河南省文物考古研究所：《汝窑与张公巷窑出土瓷器》，科学出版社，2009 年。

[12] 阎夫立、阎飞、王双华：《中国钧瓷》，河南科学技术出版社，2005 年。

[13] 《登封窑的前世今生》，《魅力中国》2009 年 11 月。

[14] 冯先铭、叶喆民：《登封古窑址调查》，《嵩山文化》，2009 年 1 期。

[15] 《“中国登封窑古陶瓷复仿制品鉴定会”专家发言摘录》，《嵩山文化》2009 年 1 期。

嵩山根雕艺术*

嵩山根雕是嵩山“天人合一”的艺术创造，
是嵩山文化的一朵新奇葩

我们的生活与“木”密切相关，衣、食、住、行都少不了“木”。人们最早穿的衣服就有用树皮制作者，以避风寒。最早农耕工具有耒，以获粮果腹。最早住的半地穴房子用木柱搭窝棚，以避寒暑。最早用独木舟，以沟通水路。后来用木浆纤维造纸，以用作书写，利交流。凡此种种，说明“木”是文明的要素，“木”是现代化的必需。

“木”还能增进人们的情趣，充实人们的生活内容，提高人们的生活质量。如木雕艺术，不论是木雕实用器或观赏器，都是为增加美感，陶冶人们情操。又如根雕，它虽属利用木材制造，但它与木雕不同。木雕是利用未加工良好的原木，经人工雕琢成不同艺术作品，而根雕是以腐朽根材为主要利用对象，后来又扩及到利用腐朽或难以利用的树干、树枝、木块。根雕贵在利用根的自然美，不打磨，不雕刻，就能彰显根雕神韵，此为根雕的上品。为完善根雕，必要时也可稍打磨，稍雕刻，点到为止，以有助彰显根的神韵为原则。著名美术家常任侠先生为根艺题的十句话：“天然造型，历史长久，奇根劲节，饱含异光，造物赋形，变化无方，唯有识者，乃能衡量，略加休整，永化宝藏”。根艺界总结根艺特点为“真、奇、古、怪、绝”五个字[1]。由于根蕴含有体现万物自然美的神韵，又有借以发挥人们聪明才智的机会，所以根艺成为我国传统艺术。我国古代已有根艺。1982年湖北荆州博物馆在发掘江陵县马

作者与登封根雕艺术家

* 周昆叔，原载《嵩山行》，文物出版社，2010年，第89~107页。

山一号楚墓时，发现了战国时期的根雕作品“辟邪”，虎头蛇身，四足雕有蛇、雀、蛙、蝉等图案，作行走状，富有动势和神韵，这是我国公元前 340 ~前 270 年间战国时期的根艺作品。后来汉代在河南街邮、汝阳发现根雕。南北朝时期有用竹根做的“如意”，还有用树根做的笔筒、佛柄、烟斗等。到隋、唐、五代根雕进入兴盛期。到宋、元、明、清时期根雕已深入到人们的生活中，如明代根雕巨作“流云槎”，呈榻形，高 86.5 厘米，长 320 厘米，宽 257 厘米，因其木纹似流云状而得名，后经几百年流传，现藏于北京故宫博物院。随着国家复兴，人们生活水平和审美情趣的提高，生活的需要，从事根艺活动的队伍越来越大，根艺创作组织纷纷成立，评定与展销活动频频举行，根雕已成为一艺术门类，为人们所喜爱和追求，根雕成为一些家庭和公共场所较常见的摆设，雅俗共赏，呈现出古朴、生动和立体美的艺术氛围。

近几十年来嵩山登封根雕创作蓬勃发展，现在从事根艺创作的有 30 多人，2004 年成立了“河南省嵩山根雕奇石艺术研究中心”。会长是 62 岁的张金盘先生，他是有 30 年根雕创作经历的中国根艺大师，作品超 1000 件，许多作品被名人名家收藏，为推动我国与嵩山的根艺事业，培养后起之秀做出了很重要的贡献。已是花甲之年的毛海根先生担任常务副会长，他一谈起根艺创作，笑容满面，沉浸在他那如诗如画的《飞天》、《愚公移山》、《乳气》创作中。李根兴副会长兼秘书长，他那粗中有细的手法体现在嫉恶如仇的《钟馗》成功创作中，表现出高级工艺美术师的功力。郭顺昌先生是一位受过系统美术专业训练的根艺美术家，酷爱根艺，克服了常人难以忍受的重重困难，几十年如一日地坚守根艺创作阵地，以献身于祖国根艺事业为己任，创作了《展》、《警》等 300 多件根艺佳作，多件作品获奖，在他的根艺展室中，品种繁多的根艺作品让人目不暇接。郑德钦先生是一位退休老人，退休后全力投入根艺创作中安度晚年，他那根艺展室中展出的《寿比南山》吸引着人们的眼球，让他享受着根雕艺术的无穷快乐。性格沉静却十分内秀的赵建营先生，创作出形神兼备的《声震天下》、《戏》等许多颇具美感的根雕作品。赵耐丰是从事根雕一枝独秀的女青年，虽然年龄才 30 出头，却以其成就获得河南省第一位女根雕艺术大师的殊荣，她以女性的特有细腻手法制作出典雅的《照》和神奇十足的《绅士》等佳作。冯建省先生创作出福气迎门的《福》字等许多赏心悦目的作品。嵩山登封根雕，呈现出老、中、青人才辈出的可喜局面。

我们对登封三个根雕展览室中用嵩山材料制作的根雕展品进行了统计，统计结果列在下表中。突显两个特点，其一是以嵩山材料制作的根雕，可以叫出植物名称的涉及 22 个科、属与种，这对嵩山产的超千种植物来说，登封根雕作品利用材料类型还很少，大有潜力可挖。其二是从根雕利用植物的种类所占比例来看，以黄荆占多数，可占到 37.5% ~ 50.6%，这与其他植物所占比例不过百分之几到十几来说独占鳌头，而且由于展出时要考虑到品种多样和实用与艺术性兼顾，还有许多黄荆根雕作品未能展出，据说黄荆根雕作品要占到嵩山登封根雕作品 70% ~ 80%。为何嵩山登封根雕用黄荆制

登封市三个根艺展览室根雕统计表

植物名		城隍庙		郑德欣		郭顺昌	
中文	拉丁文	数	%	数	%	数	%
柏	Cupressaceae	5	1.4	3	1.5		
杨	Populus			4	2.0	2	1.6
构树	Broussonetia papyrifera			15	7.4	3	2.3
棠梨	Pyrus betulaefolia					3	2.3
国槐	Sophora japonica	6	1.7	4	2.0	10	7.8
槐	Robinia pseudoacacia	6	1.7	17	8.4	24	18.6
梨	Purus					1	0.8
黄荆	Cercis chinensis	183	50.4	82	40.4	48	37.2
榆	Ulmus	33	9.1	7	3.4	1	0.8
榔榆	Ulmas parvifolia	28	7.7			4	3.1
青檀	Pteroceltis tatarinowii	5	1.4	3	1.5		
臭椿	Ailanthus altissima			4	2.0		
山葡萄	Vitis amurensis	12	3.3				
柿	Diospyros kaki			3	1.5	5	3.9
楸树	Catalpa bungei					8	6.2
黄栌	Cotinus coggygiascop			6	3.0		
楝树	Melia azedarach			3	1.5		
杜鹃	Rhododendrn simsii			5	2.5		
枣	Ziziphus jujuba					5	3.9
酸枣	Ziziphus jujube var spinosa	65	17.9	21	10.3	9	7.0
柳	Salix			1	0.5	5	3.9
石榴	Punica granatum			20	9.9		
杂木		20	5.5	5	2.5	1	0.8
合计		363	100	203	100	129	100

嵩山腹地低丘地貌素描副本

作的根艺品能占到如此高的比例呢？这是一个引人深思的问题。

黄荆，又名紫荆，俗名黄荆条，它是一种除西北干旱地区外，可以在华北、华中、华东、华南和西南广大地区生长的常见灌木，它为什么在其他地区根艺中应用较少，而在我们登封根艺中却一枝独秀呢？总的来说与登封水土关系甚密。

登封水土的最大特点是北有高耸的嵩山，南有低丘。所谓低丘，是指那些起伏不平的岗丘，它与河面间的高差不超过 50 米。在这些低丘间，有由嵩山发源的少林河、书院河、石淙河、五渡河等 7 条河由北向南汇入颍河，这些河流与许多沟谷相连，它们组成一个稠密的水网。构成这些低丘的基底是岩石，地质学上叫基岩，这里的基岩多半是一种易受风化的片麻岩，在水流等作用下受破坏而成低丘地貌，而嵩山多半是石英岩、岩浆岩（火成岩），它们都很坚硬，不易被风化而成 1000 米以上高耸的中低山。仔细一瞧低丘，丘顶一般有大小不同，磨圆状况一般较好的砾石分布，这些砾石多为石英岩，显然来自嵩山，其搬运动力还不大清楚，形成的时代大约在几十万年前，也可能达百万年。在低丘坡上堆积有薄层的红土与厚层的黄土，土层厚度可达 7~8 米或更厚。除几百万年前堆积在底部少量的分散的红土外，多半是几十万年前堆积在较下部厚 2~3 米深的褐色黄土，地质学上叫离石黄土；上部连续堆积的小于 8 万年厚 4~5 米灰黄色黄土，地质学上称马兰黄土，这一土层中常含有从丘顶带来的砾石。11000 年以来还形成了厚约 1 米的黄土，这层黄土地质学称为周原黄土，此层黄土多被人们开垦耕地时破坏了。人们开垦耕地的过程中，要平整土地，把含在黄土中妨碍耕种的砾石捡起来丢在地头，日积月累，这些地头的砾石堆成砾石垄，厚达 1~2 米或更厚，这里成为适宜黄荆生长的场所。黄荆这种适应性大、生命力强的植物根拼命地伸向砾石层中，去吸收有限的营养供自己生长发育。于是在砾石间的大小空隙成为黄荆根的生长空间。细缝处黄荆根系细小，而到了砾石空隙宽大处就扩大生长，以增大根的体积，利于吸收营养，这样造成有粗细不同、曲直有别的奇形怪状和盘根错节的形态，那黄荆根清晰的木纹显示出线条美和力感。黄荆根量多，相对好采、造型特殊和美而被根艺专家与爱好者青睐。可见嵩山登封根雕的材料以黄荆为主并非偶然，而是这里嵩山南边低丘上堆积有砾石的地质环境和人开垦耕地中捡拾砾石的活动所造成的。所以嵩山登封的根雕以拥有许多黄荆根雕艺术品而著称，嵩山根雕已成为嵩山文化中的一支新奇葩。

根雕艺术之所以在中国有生命力，一是我国有丰富的植物资源，二是有能开发利用植物资源的聪慧人民。

就植物资源来说，种类不同，形状有别，尤其纤维发达的根，显出不同的线条，而线条是体现美的基本元素，人们充分利用和彰显植物的线条美，达到尽善尽美的程度，这既是评定根雕者技能高底和吸引人们爱好与否的依据， 也是决定着根雕以崇尚自然美为最重要宗旨的原因，甚至决定着这门艺术前景与从事者的前程。

另外就人力来说，我国有 5000 年文明史熏陶下成长的聪明勤劳的人民，就嵩山登封来说，这里更是中国 5000 年文明的主要发源地，这里不论是受过专业或未受过专业训练的人，都有超乎一般的爱美、审美、作美的能力与毅力。因此，嵩山登封的根艺才得以兴旺发达。

做出一件好的根雕作品，要经历一个十分艰辛的过程。首先是寻找与采取。根雕材料，尤其是稀罕作品的材料往往是踏破铁鞋无觅处，找根是个含辛茹苦的历程。找到根后接着就是挖根。10 月 29 日我跟随郭顺昌先生到东十里铺采砾石垄中生长的黄荆根，首先是清理现场，用剪枝剪除杂草和乱枝，突显黄荆，然后挖去埋没黄荆根的砾石。顺昌先生是用自制的可折叠轻便镢头挖掘。经过两个半小时全神贯注地挖掘，累得他满头冒汗，手指碰破了皮，鲜血渗流，最后取出黄荆根，郭顺昌先生露出了笑容。随后要经过蒸煮去皮，打磨造型，直至命名的复杂过程。

砾石垄中的黄荆根

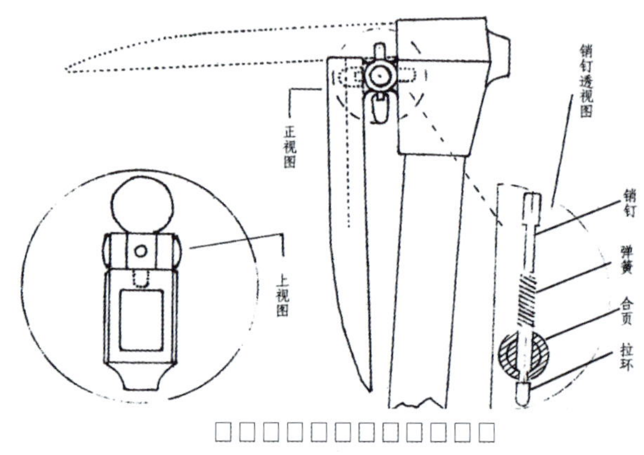

郭顺昌采根用的镢头制作图

从砾石垄即将采出的黄荆根

树旁的砾石垄

可见根雕创作要求从事者要具备良好的素质，要有追求美不达目的不罢休的坚强事业心，有能吃千般苦的忍耐力，有慧眼识珠的鉴赏和塑造智慧。因此，嵩山登封根雕是嵩山自然与人文相结合的“天人合一”产物，是嵩山文化的艺术新体现与发扬。

嵩山根雕要本着出自自然、爱护自然和服务社会为宗旨，努力学习，精益求精，走市场化的道路，力求成为登封文化产业的一部分，使之更上一层楼。

《亲情》（黄荆　高 47cm　张金盘）

《入世》（黄荆　高 43cm　张金盘）

《菜》（油松　高 30 厘米　毛海根）

《钟馗》（檀　高 114cm　宽 64cm　李根兴）

《龙》（榆　长 180 厘米　毛海根）

《展》（黄荆　高 183cm　宽 220cm　郭顺昌）

《警》（枣　高 43cm　宽 12cm　长 22cm　郭顺昌）

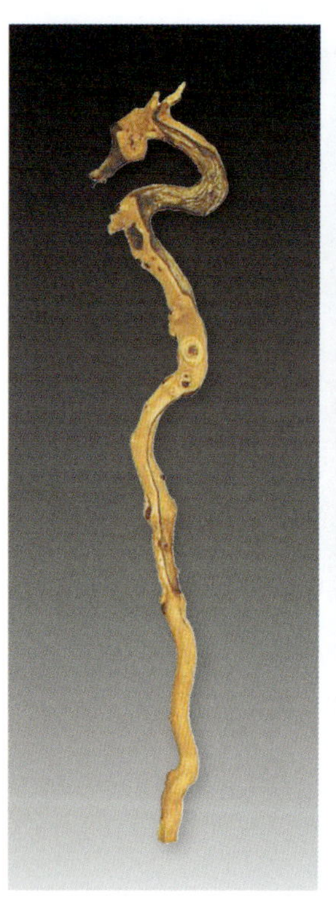

《多寿》（酸枣　高 150cm 李根兴）

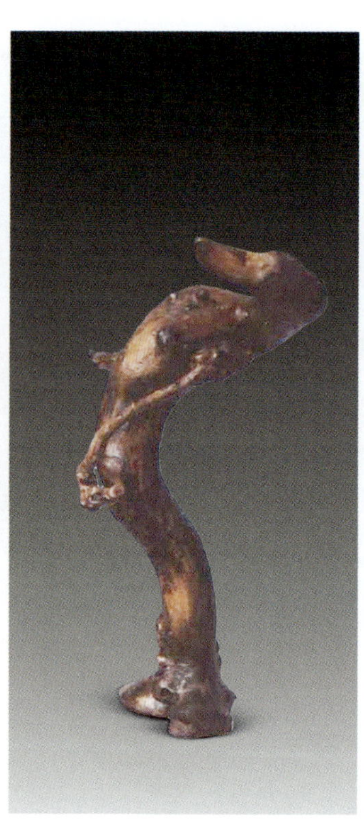

《绅士》（榔榆　高 57cm 宽 40cm　赵耐丰）

《无敌》（黄荆　高 32cm 赵耐丰）

《声震天下》（黄荆　高 72cm　宽 156cm　赵建营）

《寿比南山》（梨高 50cm　长 95cm　宽 70cm　郑德欣）

《福》（紫薇　高 156cm　字宽 150cm　冯建省）

参考文献

[1]　靳佃三：《谈谈根艺的发展和在河南的普及》，《河南根艺》2006 年。

嵩山奇石艺术*

嵩山奇石艺术之花盛开，也是嵩山“天人合一”的另一艺术新创造。

人类与石交往由来已久。人之初，以石砸野生坚果食用就与石发生了关系。从200多万年前到1万多年前所谓旧石器文化时代，重要特点是打制石器，基本上未采用磨制技术。从1万年前到4000年前所谓新石器时代，重要特点是石器基本上采用了磨制技术。7000年前裴李岗文化的石铲、石镰、石斧等的新石器为农业文明的萌发做出了重大贡献。这些可以从登封市告成镇阳城博物馆和许多陈列中国史的博物馆中看到。人类早期依石洞而居这是常识了。至于人类把石制品当作纪念品和艺术品至少有上万年的历史了。我国仰韶文化前就有赏玉石的风俗，至于到5000年后的龙山文化时代玉文化已成为时尚，影响到人们的意识、礼仪等方面。长江中下游的良渚文化，玉成为其标志。农业打场中用的石磙，在粮食加工中用的石碾、石磨和石臼才刚刚退出历史舞台。

至于我国与石有关的岩画文化更是丰富多彩。2008年，在嵩山的东支具茨山发现了大量岩画，在箕山上发现了日月星辰岩画，2009又在具茨山上发现许多巨石文化，这是令人震惊的石文化发现。

启母石（采自《文明》杂志，2006年）

我国与石有关的传说文化更是层出不穷。就嵩山来说，与石有关的传说文化具有史诗意义。在太室山万岁峰南麓两块巨石组成1000立方米的启母石，就是4000年前大禹治水由石而生子启传说而命名的。后人为纪念启母支持大禹治水之功在启母石南修了“启母庙”，庙已毁，碎瓦尚存，庙前有

* 周昆叔，《嵩山行》，文物出版社，2010年，第108~129页。

地胆石照片（原物被毁）

东汉修建的启母阙，此为启母庙前的象征性大门，由多块雕刻精细的条石堆垒而成。此外，在中岳庙南有太室阙、在少室山前有少室阙，这二阙与启母阙统称汉三阙，由于此三阙为我国仅存的庙前三阙，其历史、建筑、文化、艺术价值甚大，为我国第一批国家重点文物保护单位，这些都是我国名声显赫的石文化。据《嵩山志》[1]名石篇载，嵩山名石除上述启母石外，尚有太室山南麓玉柱峰下三公石，宋人曾在石上对酒作歌，亦称三醉石。少室晴雪石，在少室山南山坡上有一大石板，因雨后初晴，阳光反射，恰似白雪而名。石僧迎宾石，在少室山阴，从少林水库西南望，有一似僧的石柱，如僧迎宾。石笋闹林石，在太室山积翠峰下，会善寺后柏林中有形态各异的石笋。仙人采药石，在太室山玉柱峰西，有一似采药老翁的巨石。石池耸崖石，在太室山子晋峰下，在高耸的山崖上有似“龙头”的巨石，其下巨石上有一石池，故名。玉女捣帛石，在太室山山顶悬崖处有一平如砥的石头，夜深时有捶击声出，如捣帛，故名。卧牛石，登封城南旷野有似卧牛石，传说牛在耕作中过累而化作石，是可贵的登封农耕文化传说。云峰虎啸石，在少室山望洛峰南端，有一似虎啸之石。石猴观天石，在少室山西望洛峰，有一似翘首远望的石猴。炎黄化石石，在少室山西当阳山南麓有似炎黄二帝石像，据说是炎黄二帝战罢蚩尤，依石小憩所化。苍鹰欲飞石，在少室山北麓有巨石如鹰。达摩渡江石，在太室山观香峰西坡有一沟白碎石堆积，在青草绿树映照下，十分醒目，如达摩渡于滚滚江中。磙磨成亲石，在嵩山东麓磨沟南边，传远古两石相叠成婚而得以繁育后代。在告成镇原北寨门的外面有地胆石一块，该石极像一颗巨型的胆囊，当地群众传说：“天有心，地有胆，天心、地胆在告县（即告成）。”此外还有定心石、日月石、鸡鸭石、寿星石、量天石、称天石等。

在登封市城西南，靠近旧飞机场的称天石，地理方位为东经 113° 00.528′、北纬

残存花岗岩体“称天石”全貌

“称天石”称砣

奇石艺术家田苹先生

34° 27.105′，称天石的称砣位置在北边，圆柱形，高3米，直径3.2米，周长12.10米。称盘位南，近圆形，直径约40米，高几十厘米，大部分较平整，局部凸起成馒头状。称砣与称盘相距约百米，有一小路相连，谓之称杆。此处为元古代的钾长花岗岩体，易于风化，长期受风、水、气候侵蚀作用下，成球状风化，似蒜瓣状剥离，残余钾长花岗岩体或晚期花岗岩浆喷发，它们凸出于地表，酷似秤，令人称奇，人们赋予它称天的功能，风趣、传奇。

嵩山石多而坚，受长年地质构造变动影响，加上水、风等外力作用，被塑造成不同形态，多以形似而名，并转化为文化。嵩山多名石是自然与人文相结合的“天人合一”文化，当石人格化、物化后，通过有趣味的感人宣扬，而成名石文化，丰富的嵩山名石文化反映出嵩山古老的、丰富的自然资源与社会文化内涵，孕育出浪漫的想象力。

自改革开放后，人们生活逐渐富裕起来，在衣食无忧后，人们开始追求生活的情趣。当在用石、观石中，有趣味的石不断深入人们的观念时，人们自然而然地逐渐亲近、追求石的形态美。当发现自然形态美尚不足时，就琢磨着去影响它。当有成就感时，就沉醉于收集质地不同与形态奇异的石头并美化它而成石艺、奇石文化。

如前所述，嵩山奇石文化历史源远流长，但作为收藏却较晚。首先是眼科医生李长贤、电力工程师刘有立、退休干部田莘先生与夫人退休干部李卫华女士，还有退休教师杨鹤群先生等为首从事奇石收藏，现在奇石收藏已达二三十人。2004 年成立了“河南嵩山根艺、奇石艺术研究中心”，田莘先生任副会长。

田莘先生已年七十有五，中等个头，身体硬朗，性情平和、憨厚和善，听他那堆满笑容的脸上发出的浑厚、浓重登封口音谈话时，一下把你融化在他的奇石文化欢乐中。田老先生的夫人李卫华女士，1.5 米多的个子，身体结实，性情豁达，做事麻利，讲起话来，音调高而明朗，隔几间房子都听得清楚，也是个奇石迷，是田莘先生好搭档。两个老人兴趣相投，乐在奇石中。他们共收藏奇石 6000 多块，房间、院里、屋顶、墙隙、梯旁、阶缘都堆有石。石头一多，精选上千块，自焊铁架，在登封市第一个办起了家庭“奇石苑”奇石展，前来观赏的人络绎不绝。他们收藏的奇石种类繁多，如人物、动物、山水和文字等。人物有猿人头、达摩坐禅、李白神游、恋人和美人等石，动物有象群游弋、雄鹰展翅、河马、猫头鹰和龙虎斗等石，石质多石英岩、砂岩。文字石有“元旦”、“三八”、“五一”、“六一”、“七一”、“八一”、“十一”，可以说一年中与数字有关的重要节日都一应俱全，尤其是“八一”石从字的造型到笔力的刚劲都十分传神，田副会长拿着该石参加 2006 年 9 月 30 日“河南省根艺奇石精品展”获得金奖。文字石的石质多砂岩，少砾石。砂岩砾石在水动力搬运摩擦和冲刷下，石上的石英岩和铁质等物质残留而呈现出似文字的痕迹。田副会长的“奇石苑”中最多和最引人注目的是山水国画石，此种石占到他的陈列品中一半以上。在城皇庙展出的奇石也是以嵩山山水国画石最显眼。嵩山山水国画石可分为两类，一类为工笔淡彩国画石，一类为泼墨国画石，均为含磁铁矿的石英岩，是 30 亿 ~20 亿年前的滨海石英砂经海水不同流向作用使白色的石英砂和黑色的磁铁矿分别聚集而形成不同方向的层理，地质学上叫交错层理。其层理厚薄、方向不同以及不同切面的不同表现而成国画状，有似山、似水、似瀑、似草、似木、似人、似动物的图画。石英砂经高温、高压作用变质而成石英岩，这种岩石十分坚硬，硬度达莫氏硬度 7，不容易被破坏，故得以保存。工笔山水国画石线条之精准和神韵之丰富，画家之作也难媲美。泼墨山水国画石具朦胧的抽象美，更富想象力。山巍巍，水滔滔，嵩山国画石是“天人合一”的国宝。还有如“彩球”是砾岩形成的奇石，乃不同岩石含在褐红色的泥岩中经变质、崩解、滑落和水蚀而成。还有如“贵妃出浴”奇石是沉积岩不同矿物形成的层理经变质而成变质岩，在变质过程中受力使层理发生扭动而形成似水波和似人的奇石。“猿人头”、“象群”等奇石属于纹理类奇石，是细砂岩中黑色矿物聚集的结果。又如“美人”、“恋人”奇石是石英岩上铁质矿物残留的结果。

杨鹤群先生是一位多次获省、市、县表彰的小学模范退休教师，60 开外，语言不多，文字功底厚，桃李满天下。退休后，以山为邻，以石为友，怡然自得。在家里陈设各种奇石，除山水国画石为大宗外，还有一些稀见的奇石。如生动逼真的喜鹊石，是由石英岩中黑色矿物聚集而成，那长长的羽尾，鸟身羽毛黑白颜色变化，以及挺胸、抬头姿势，酷似活灵活现喜鹊登枝。又如构造角砾岩中红、蓝、黑、白各种颜色的矿物聚集而成彩色奇石，呈现出灿烂夺目和斑斓多姿的美，也很引人注意。

田莘先生认为收藏奇石不但能丰富生活，而且是健身良途。他原来体质不佳，患有高血压、肩周炎、胃炎，自跨入收藏奇石艺术门槛后，成天泡在奇石收藏中，不是到野外山沟寻石，就是在室内琢磨、打磨。不畏石重，搬来搬去，又在空气新鲜的山沟中爬上爬下，乐此不疲，锻炼了体魄。田老先生说："走在高低不同的石头上，石头刺激脚的穴位，收按摩之效。"田先生在收藏奇石中，得追求之志，获成功之乐，心情舒畅，体力得以增强，诸病消除，精神焕发。

2009 年恰值建国 60 周年大庆，登封市退休办委托田莘先生办迎国庆 60 周年奇石展。田先生感到能为迎接国庆尽一份力是无尚光荣的事，他与夫人重选奇石、重布展览、裱挂字画，使出各种招数，让奇石在迎国庆中大放异彩。功夫不负有心人，展览获得一致好评。为助幸，我除为田先生写了"国宝"二字外，还写了如下的贺信：

贺嵩山奇石展

欣悉"喜迎国庆六十周年嵩山奇石展"隆重开幕，谨此祝贺。奇石集天地人之精华，呈万象而奇，故谓之奇石。我国有丰富的石文化，由用石而赏石，而梦石，而醉石，而品石，而藏石，倍受石文化熏陶。奇石艺术为中华文化奇葩。嵩山盛产奇石，其中国画石为一绝。其缘于嵩山古陆海滨，白砂，黑砂，千淘万漉，经高温高压，变质结晶，物造天成。嵩山伟力造就嵩山奇石。以田莘先生为代表的登封人发扬奇石文化，丰富嵩山文化，增添国庆风采，乃登封人之荣耀也，可钦可贺。

己丑于嵩山寄楼　周昆叔

杨鹤群先生在收藏奇石中不时写些体会文字，以表心态。他写到："爱石，觅石，可享天年之乐。头顶六月烈日，寻觅于峡谷荒野；身披腊月寒风，浏览于河滩道旁。爱石之精诚，觅石之艰辛，获石之快乐，无以言状"。"爱石吧！石会使你受益终生；使你在灯红酒绿中保持一份清醒；使你在车马喧嚣的都市中保持一份冷静；使你从石中保持一份纯真"。这些肺腑之言，是杨老师收藏奇石的深切体会，让我们理解和分享一个奇石收藏者的乐趣。

由登封快抵少林寺的马路西侧，摆着大小不等的奇石，既有4~5米高的花岗岩，也有1~2米高的石灰岩、石英岩和砾岩等，这就是马玉林经理经营的奇石产业园。进入奇石园不远处就到了少林水库东岸，马经理在这里设了一个奇石加工场和展卖室。马经理是一个很干练的年轻人，承他热情接待我参观了他的奇石展览室，展出的多是嵩山国画石，大小不等，多为几十厘米者，我似乎到了一座立体国画的艺术殿堂里。令我惊讶的是竖立在室外一块巨型嵩山国画石，作近圆形，直径超两米，奇石画中峰峦叠嶂，奇峰秀拔，山川纵横，壁立千仞，远影依稀，近影清晰，有的山峰上被铁质渲染，画面更加多彩，也更富有立体感，这是一件嵩山国画石中的上品。

冯建省先生是一位爽朗和热诚的嵩山林业管理员，成天在嵩山九龙潭一带上上下下，见到山溪中的块块岩石似山似水，引起他的兴趣，从2005年开始从事奇石艺术事业，并兼根雕制作。在他的家唐庄乡王河村设了奇石加工作坊，只见几个工人忙着加工打磨岩石，一片繁忙。砂轮打磨奇石发出刺耳声，讲话都难听清楚。做奇石底座的工人，在用钻机精心制作奇石雕花木座。奇石中以嵩山国画石为主。在冯先生家还设了奇石与根雕两个展室。奇石展室展出的奇石摆在地上与架上，琳琅满目。根雕展室有“长城”、“雄鹰展翅”和“福”字等作品。“雄鹰展翅”占地2~3平方米，气势磅礴。墙上挂的大“福”字，由整块紫荆根做成，浅黄色的紫荆根在深色绒布衬托下，十分显眼，传递着安祥与平和的氛围。冯先生精心经营奇石，成就不菲。他在登封城崇福路北段还设了奇石展售门市部，生意兴隆。我提议他应做出品牌来，帮助他取名为“嵩山趣文奇石”，并为他书写了这一店名。

8月26日，承田莘副会长引领到嵩阳书院西的大塔寺河（嵩阳寺河）考察，这里是一条山石堆积的山沟，沟宽10~20米，沟西侧有三级阶地，高度分别为2米、3米和超5米，宽度一级阶地约25米、二级阶地约30米、三级阶地超50米。大塔寺河主河道沿东侧的三级阶地基部流淌，该阶地高约8米。一、二级阶地与河沟里都为石英岩巨砾构成，三级阶地中除多为重结晶石英岩砾石外，还含马兰黄土。除三级阶地为万年前形成外，余为万年后形成。沟中的石英巨砾大小不等，大者达2~3米，小者几十厘米，花纹也有好有次。这里是奇石收藏者的天堂，这些石英岩虽非玉非璞的变质重结晶石英岩，却蕴含了超玉超璞的山水美，只有慧眼识珠者，才能在不起眼的乱石堆中寻珍识宝。这种能力要靠多年经验的积累，也要有识美的资质与悟性，所以选奇石、创奇石的过程，具有挑战性与吸引力。登封人在丰富的传统文化陶冶下形成的审美情操，仅仅用了短短十年左右的功夫，

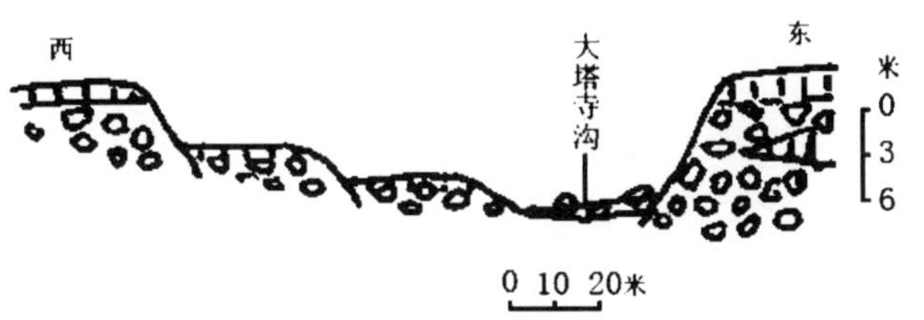

大塔寺沟剖面

就把嵩山奇石文化搞得有声有色。2007 年中央电视台曾在《走遍中国》节目中着重介绍了嵩山奇石文化国画石，称其为一绝。绝者，罕见也。创造这种绝美的第一功臣就是形成嵩山主体的远古石英岩等，第二功臣就是热爱生活、积极创造生活美和富有执著精神的登封人民。所以，嵩山奇石文化是“天人合一”的文化奇葩，是对嵩山文化的弘扬，是嵩山人为祖国艺术事业所作的新的重要贡献。

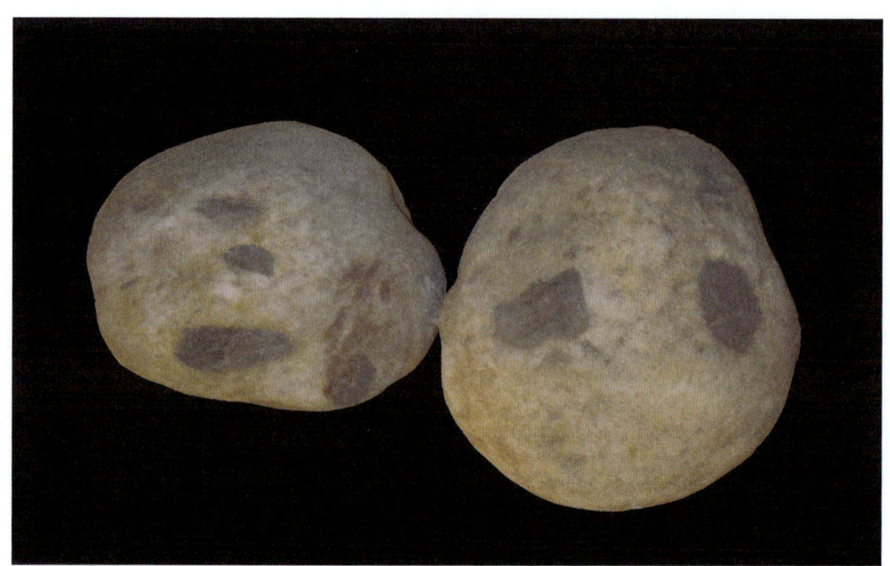

“三八”字石（砾岩，左高 8 厘米，右高 14 厘米，田莘）

象群（石英岩，高 20 厘米，田莘）

工笔淡彩山水画（石英岩，高 76 厘米，田苹）

泼墨山水画（细粒石英岩，高 60 厘米，田苹）

喜鹊石（石英岩，高 21 厘米，杨鹤群）

彩石（构造角砾岩，高 20 厘米，杨鹤群）

工笔淡彩山水画（石英岩，高 210 厘米，马玉林）

大塔寺沟中的石英岩巨砾是嵩山国画石产地之一

参考文献

[1] 河南省嵩山风景名胜区管理委员会编著:《嵩山志》,河南人民出版社,2006年。

嵩山行 *

嵩山占天地之利，兼四方之美，甲五岳而少天下。

2005年10月7日上午，我与北京大学莫多闻教授等初次登嵩山，从嵩阳书院后山起程，午后抵达嵩山的太室山最高峰——峻极峰。当日下山回到嵩阳书院已是黄昏时刻。匆匆登山，未及详察。林茂山陡，山岩壁立，环顾四野，山峦连绵。南远眺登封城与箕山，二者间为低丘原野。北望洛阳盆地，沃野无垠。大河东流，积陈年伟力，创华北沃野，成欧亚大陆东侧海陆边际，在海陆互动中，创东方文明的摇篮。立嵩山之巅，观自然与人文之最，何其遂意。巍巍中岳，窥其一隅，游兴未尽，有待来日。

一晃，2009年，人生旅途已进入76岁矣！重登太室山的欲望与日俱增，遂计划入秋后了却夙愿，那知阴雨连绵，不能如愿。9月15日，趁雨后天晴，与禹州市具茨山文化研究会秘书长刘俊杰先生一早从嵩阳书院东登山。这是登嵩山常走的一条路线，在老母洞以下比较平缓，所以成为登封人携老扶幼常登攀锻炼的地方。峻极宫有一著名景点，叫石船，名源于峻极宫东北有两块相并而立的巨石，体积达几十立方米，形如船状。又因该石周围常云雾缭绕，故又名云城。这是山岩受重力作用崩塌而成，实际上除巨大船石岩块外，附近还有许多较小的岩块，就整体来说，石船附近的崩塌岩块应称作倒石堆，这也是嵩山在继续作上升运动的一种标志，地质学上把这种现象叫做新构造运动，所谓新构造运动是指几千万年前以来的地质构造活动。在石船之南缘，生长有两颗木瓜树（*Chaenomeles sinensis*），树高约七八米，生长旺盛，结有十多个木瓜。木瓜树在会善寺内大雄宝殿前有一颗，据说嵩山上还偶有发现。木瓜多栽于华南，能在嵩山生长，说明嵩山有某些南方气候环境的特点，这为孕育丰富的嵩山文化提供了多种多样可供人们利用与选择的环境。峻极宫海拔698米，到嵩山山顶峻极峰尚有一半多路程，自此山势更加陡峻，一般为倾角60°至70°，这种陡峻山势直至山顶，故名峻极峰。峻极！峻极！峻至极点，名不虚传。由于天色已晚，我们只好从石船就步入返途了。

寒露已过，秋末冬初，风和日丽，遂邀请吕宏军与刘俊杰先生续登嵩山，吕先生因公务忙，虽未能如愿，但一直得到他的关注。于10月17日，与刘俊杰先生到登封市东北，从卢崖瀑布所在的寺里沟旁拾级而上。卢崖有唐名士卢鸿一隐居于此。寺里沟的源头由许多半圆状岩层形成高百米的陡坎，山水从陡坎上倾泻而成卢崖瀑布，如

* 周昆叔，《嵩山行》，文物出版社，2010年，第52~66页。

珠似帘，霏充山谷，声震长空，其势之雄，其形之美，令人叹为观止，引无数游人流连忘返，或为瀑布奇观陶醉而凝视，或为其欢腾雀跃。人们禁不住摄影留念，留住这奇观、美景和震撼的永远怀念。明代著名旅行家、地理学家徐霞客（1587~1641 年）于 36 岁（1623 年）见之写到："从庙东北循山行，越陂陀数重，十里，转而入山，得卢崖寺。寺外数武，即有流铿然，下坠石峡中。两旁峡色，氤氲成霞。溯流造寺后，峡底矗崖，环如半规，上覆下削，飞泉堕空而下，舞绡曳练，霏微散满一谷，可当武彝之水帘。盖此中以得水为奇，而水复得石，石复能助水，不尼水，又能令水行，则比武彝为尤胜也。"[1]。可见徐霞客认为"卢崖瀑布比武彝尤为胜"。卢崖瀑布以其瀑布的规模来说比之吉林长白山、江西庐山等瀑布并无多少差异，为何给游人印象很深刻呢？这是由于卢崖瀑布背景是 20 亿年前微褶曲石英岩层，岩层颜色深浅有别，这样卢崖瀑布就好似倾泻到一纹轮清楚的"盆"中。又游人可以从近"盆"底下缘岩层间隙开凿的游道攀向悬练峰，深入瀑布后，如珠似帘的瀑布，霏微入怀，阳光照射，奇光异彩，令人惊叹。卢崖瀑布虽以源头为盛，然卢崖瀑布流经的寺里沟也美不胜收。当卢崖瀑布以其水深切山崖蜿蜒南下时，切石而成涧，击石而成潭，组成搁笔潭、黑

嵩山会善寺内的木瓜树

石英岩交错层理

龙潭等十潭九瀑，形成潭涧相随的景观，涧水潺潺，潭水映照，一步一景，一路泉声，一路欢乐。寺里沟如一把锐利的大刀，将18亿年前的海滨石英砂岩深深切开，岩层中层理清晰可见。由于远古海滨水流方向的改变，致地层层理成互相交错的结构，石英砂白，磁铁矿黑，黑白矿物分别聚集，交互叠置，线条勾勒清楚，呈现出互相交错叠置的交错层理，以其清晰程度和规模之大来看是很罕见的。卢崖瀑布所在的寺里沟是展示沉积物交错层理的典型地点，也是学习沉积物交错层理的教科书，还是嵩山奇石国画石的绝好原料。

要说这次到卢崖瀑布是再次谋面了。在今年盛夏8月21日，时值雨季水丰，卢崖瀑布壮观，在嵩山管理委员会刘慧铎女士陪同下，我与夫人单岁琴就曾游览了卢崖瀑布。途中遇雨，只好在一岩棚下避雨，这里是刘老先生摆摊为游客题诗名处。我们这些不速之客的到来，有碍先生的生意，于是赠刘老诗一首：

阵雨卢崖游兴浓，偶遇刘老仙居岩。
思路敏捷真才子，名诗逢送乐开怀。

当我们游毕返途时，承刘老先生回赠诗一首：

烟雨嵩山遇周公，谈笑犹若故友逢。

先生胸怀若幽谷，同道永结万古情。

游览途中，与刘老先生萍水相逢，彼此赠诗，令人回首。

途中偶遇中岳景区管理局卢崖瀑布管理处刘万森、钱育生与景庆伟三位同志，三位自述在2006年听过我的报告，初会旧知，承蒙他们热情引导和帮助下，告别卢崖瀑布，我们继续攀登。山势越来越陡峻，直抵悬练峰山脊前，危岩耸立，攀登之难，难于上青天。似乎嵩山能解人意，在两扇巨岩间形成一深达几十米的裂隙，然宽不过两米，长达百米，可供人们通行，这就是著名的"一线天"景观。入其中，如与世隔绝，判若另一个世界。

由于"一线天"两侧岩壁凸凹不平，有吸声之功，外声不入，内声不扰，故十分安静，令人心境平和。由于一线天内岩层暗，一线天外天空明，两者的对比度大，仰望其上，如坐井观天，蓝天一线。它好似一条可望而不可及的湛蓝色飘带，这根飘带给人以美的享受。"一线天"，物以征名，名副其实，名为景增色，"一线天"这个名字再恰当不过了！不到嵩山悬练峰"一线天"，就不知什么是洞天。要知何为洞天，最好到"一线天"。洞天，洞天，只是洞天，步出洞天，豁然开朗，广阔天地欢迎我们重新迈入她的怀抱。

卢崖瀑布远景

悬练峰一线天

卢崖瀑布近景

荫蔽的栎林

午后1时，到达北纬34° 29.46′、东经113° 03.37′的东天池，这是一个人工水库，库容量约一万立方米，为卢崖瀑布的补充水源。我们在水库大坝的南头吃了点午餐。在和煦阳光下，波光粼粼的水库送来的水气，被秋风带来伴餐，十分惬意。水库中流泻的水正在为卢崖瀑布美景增色。

入悬练峰山脊，视野开阔，遥望气象台和峻极峰，尽收眼底，似乎唾手可得。然山脊忽高忽低，登山阶梯虽完备，却在攀登与下踏之频繁交替中让人疲乏，令我想起“望山跑死马”之说的真切。我们既要有望山之期盼，也要做好应对曲折前行的准备，且有不达目的不罢休的决心，这既是登山之要旨，也是求真之路的必然吧！道路虽曲折，美景更诱人，我们行进在一条美景如画的长廊中。一会儿穿行在阳光点点的栓皮栎中，一会儿步入到开阔的灌木与草丛间。栎林的杏黄色与

嵩山秋色烂漫

黄栌的赤红色，还有一些不敏感秋意的杏树绿色，它们组成一幅幅斑斓多彩的画卷铺展在嵩山上，如花似锦。此情此景，诗兴盎然。

彩叶红如二月花，
点缀嵩山竞自华。
一步一登无限好，
夕阳又送万千霞。

嵩山植物种类丰富，达 1540 种，有许多珍贵树木和多种奇花异草，“嵩山作为国家森林公园，开拓为旅游风景区来说，观赏植物格外重要。区内有许多优良的风景树种，如银杏、侧柏、油松、青檀、黄连木、三角枫、泡桐、楸树、香椿、椴树、枫杨、大果榉等等。这里的观赏花木种类繁多，如中国特有的蝟实，春夏之交全株满缀粉红色的花朵，繁花如锦，十分美丽，英文译文为美丽的小树（*Beauty bush*）。流苏树属全世界共两种，北美洲一种，中国一种，即流苏树，春季开花，犹如积雪。还有天目琼花，春开白花，秋结红果，枝叶也很美观，还有玉铃花，白鹃梅、杜鹃、山梅花、绣线菊、紫丁香、醉鱼草等等。万紫千红，满山春色，供游人鉴赏。”[2]

春季嵩山开繁花，夏季嵩山翠绿妖，秋季嵩山漫山红，冬季嵩山傲雪霜。嵩山适宜四季游，只有四季游才能真正亲近嵩山，体验嵩山完整的美。

带着美景醉意，于午后 4 时多到达了河南省嵩山气象站。曾在山下遥看的气象站，如今来到它的跟前，不胜感慨。气象站人长年守候在这离尘脱世的海拔 1170 米工作岗位上，为观天测地尽职尽责，他们的心地如同这气象站白色建筑物一样纯洁，令人敬佩。

蝟实（*Kolkwitzia amabilis*）
（叶永忠等，1993）

流苏树（*Chionanthus retusus*）
（叶永忠等，1993）

嵩山气象站，坐落白云间。
把稳天公脉，力解百家难。
人生有追求，何惧风雪寒。
感谢气象人，字字送平安。

过了气象站，续西行，在登山步道的北侧丛林间见芦荻随风飘舞，十分奇异。又西行，在北纬 34° 30.05′，东经 113° 02. 05′ 处惊观西流泉井一眼，石井口径约半米，泉水清澈见底。在嵩山山脊能见芦荻与泉眼，真是应验了“山有多高，水有多高”的说法。

接近峻极峰，步入胸径多为 20 厘米左右的油松林中。松香扑鼻，松叶铺地如毯，风助松树针叶摩擦而发出海涛般声音，这就是所谓的松涛。嵩山太室山这样近 1494 米峻极峰的高山上，气流多变，山风劲吹，才会有松涛声声。这里生长的松树名油松（*Pinus tabulaeformis*）。油松乃华北常见的针叶树种，它在嵩山分布已为该种分布的南界，故只适于气温较低的嵩山山顶分布。油松之所以能在太室山峻极峰茂盛生长，还与它立地为变质花岗岩有关，因为松树根能分泌出酸性物质，助其根深入花岗岩中，吸收它所需的营养物质。这也是安徽省黄山上松多而美的原因之一。所以我们能在太室山山顶听松涛声，是一种机遇，是大自然的恩赐，我们感谢峻极峰松涛涤荡去行者的征尘，得到身心的助益。太室山峻极峰是旅游的天堂，是要十分珍惜的宝地。

红叶焰嵩山（刘俊杰摄）

苍松翠欲滴，风雪不低头。

峻极松树洼，涛声动千秋。

夜幕已降，我们不得不用手电照明前行。遥望山南，登封城万家灯火，闪闪发光，流光溢彩，如诗如画。

城坐半山腰，南向气宇昂。

四方通衢畅，出入任城乡。

傍晚7时抵达松树洼嵩山管理委员会招待所，承招待所款待夜宿，在嵩岳之巅进入梦乡。

次日晨5时半醒来，见天已亮，我们立即翻身起床，拿起照相机直奔几百米外的悬崖，庆幸东方刚露出晨曦，灰暗的天空露出一丝鱼肚白，接着一轮红日喷薄欲出，从紫霞中冉冉升起。顿时，晨曦的天空中霞光万道，彩之美，力之大，变之速，都在瞬息间，难得一睹。到嵩山之巅观日出，是力与美的享受。我们在观日中能体察到宇宙之空灵，她赐予地球以光明，以伟能，以生命，以希望。太阳这部发动机与地球、宇宙和我们息息相关。因此，人类正在竞相奔向月球，探测宇宙，去洞察她无穷的秘密，从而使人类生活得更自在些。所以，人们观日出是迎接新希望、体验新世界难得的契机。

在晨曦中遥看东北，层层山峦，在晨光照射下颜色由浓重至浅淡，山巅次第展布，格外分明，层峦叠嶂，如浪之涌，如马之腾。向西南眺望少室山，它浩似一座孤岛，那高尖的山峰，在晨曦中显得那么顽强、高耸，真有刺破青天之势。晨曦中的嵩山，有少女披纱巾的朦胧美，给人以企盼与追求。

7时许，我们打点行李下山，不久，就见到人群鱼贯而上，真是更有早行人，祝君再上一层楼，美景风情尽眼收。

不久狂风大作，行难前，立难稳，帽子都差点被风吹跑。西望山脊之凹的“嵩门待月”，这是在25亿年前的世界性大地构造运动——嵩阳运动的作用下，导致岩层陡峭，千刀万仞，奇峰秀拔。真是鸟难立，攀登好手也胆寒。这里却是徐霞客游嵩山下山之处，其勇其谋，令人敬佩。

三百年前霞客游，樵夫陪伴行影单。

红男绿女竞登攀，笑声飘逸尽嵩山。

下到天梯后，在楼榭间小息。一长得很干练的小伙子，约20岁的风华正茂年青人，仰望45° 倾角的天梯，难见尽头，长出了一口气，询问我天梯有多少级，答：有200级。

嵩山松树洼郁郁苍苍的油松林（刘俊杰摄）

嵩山日出

他伸了伸舌头，做出起跑的姿势，就奋勇向上攀登，不久，这可爱的小伙子消失在我的视野之外了，寄盼所有的旅者都像这小伙子一样，奋勇攀登。同休息的还有几位衣着整齐的旅游者，他们中一先生询问我何来，答：来自北京。他说：您是周教授吗？回答："正是。""先生，我们曾见过，我听过您的报告。"啊！我们曾谋面，今相识了。原来询者系登封市纪律检查委员会办公室主任刘书杰同志，真是幸会，在刘主任的提议下，我们合影留念后道别。

过中岳行宫后，来到张伯声先生命名的"嵩阳运动"题字前，这位嵩山之子，是我国大地构造镶嵌学说的创立者。当下，科学建国，我们要认真学习张先生的创新精神，才不愧是他的学生和后继者。

我曾经谈到嵩山奥而文化甲天下，现在我要说嵩山瀑布之美，一线天之奇，悬崖之险和四季秀色，嵩山也有其他四岳奇、险、秀、美的特点。正因为嵩山奇、险、秀、美才促成三皇五帝巡访，皇室垂幸，达官贵人和文人墨客的来访，以及寺、庙、书院的聚集，这样使嵩山孕育出“奥”的文化。所以说：嵩山甲五岳而少天下。

晨光映嵩山

群峰舞嵩山

嵩门待月（刘俊杰摄）

陡峻的天梯

中岳行宫

嵩阳运动

参考文献

[1] 徐宏祖 :《徐霞客游记》，时代文艺出版社，2002 年。

[2] 叶永忠、吴顺卿主编 :《嵩山植物志》的吴仲伦《序》，中国科学技术出版社，1993 年。

嵩山腹地凹形地貌与嵩山文明*

［摘　要］嵩山腹地低丘凹形地貌有利于沉积物堆积和水分集蓄，适宜文明起源时期人类生存。得天独厚的条件使得该地区早期遗存众多，人文历史久远，成为中华文化的发动机和孵化器。

［关键词］嵩山　凹形（河谷）地貌　文明

一、引　言

天地之运转，生灵之繁衍，文化之根脉，皆各有据，且各有关。中华文明绵绵五千年，诞生中华煌煌之大地，形成多元一体文化。多元灵动，一体和谐，何以多元又一体？在乎有核心，其核心是嵩山文化圈。[1]

自汉后，兴山岳文化，而有五岳。五岳各据一方，其环境有别，特点各异，故有泰山雄、华山险、恒山奇、衡山秀、嵩山奥之说。泰、华、恒、衡四岳特点均以形表，而惟嵩山以神表，何以如此？乃嵩山文化至为深奥。笔者曾对此有所论及，[2-6] 今再复论，曰嵩山凹与嵩山奥关系笃厚。

二、嵩山腹地凹地（河谷）地貌

嵩山腹地凹地地貌是指北部的嵩山山脉与南部的箕山山脉之间的河谷地区。（图一、二）

图一　嵩山腹地凹地地貌素描图

*　周昆叔、宋豫秦、张国辉，《中华之源与嵩山文明研究》（第二辑），科学出版社，2015 年，第 39~47 页。

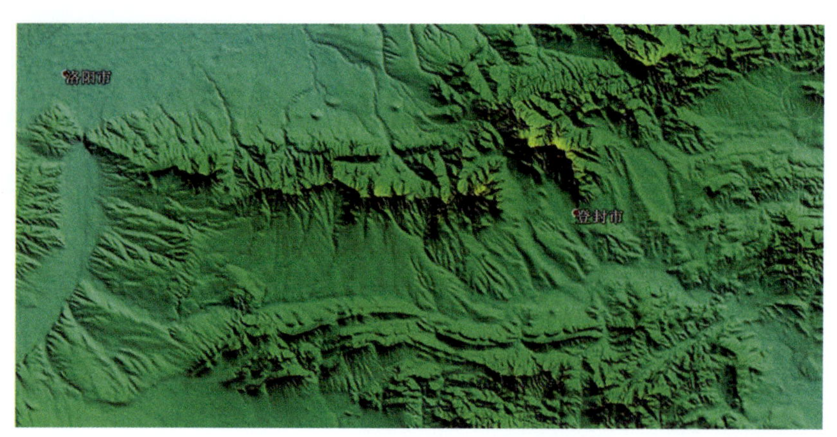

图二　嵩山腹地凹地地貌影像图

嵩山山脉自西向东依次由万安山、安坡山、马鞍山、五佛山、挡阳山、玉寨山、嵩山（峻极峰）、五指岭和尖山等山组成。嵩山古称太室山，巍峨壮观，峻极于天，如人卧于登封市城北，其主峰峻极峰海拔1492米。嵩山西的玉寨山又名少室山，海拔1512米，群山耸峙，拔地腾空。嵩山东北五指岭，海拔1215米，蜿蜒起伏，层峦叠嶂，为低山区。嵩山山脉为中低山。

箕山山脉自西向东依次由暴雨山、禹王山、老婆寨、密腊山、大洪寨、圪垃垛、荟萃山、火煤山、陉山等组成，海拔在1000米以下，为低山丘陵。

嵩箕地区，经历次地壳运动和漫长而复杂的沉积、侵蚀、变质、喷发等多旋回地质过程，形成了太古代、元古代、古生代、中生代、新生代“五世同堂”的各时期地层。地质学家根据嵩山地区保存良好的地层不整合和其他构造运动遗迹，较早发现、确认和分别命名了25亿年前的嵩阳运动、18亿年前的中岳运动和5.43亿年前的少林运动等三次地壳运动[7]。后来受到燕山运动、喜马拉雅运动深刻影响，嵩山得以形成。

嵩箕山系如两条巨龙昂华北平原，迎着东升的太阳，时而风和日丽，时而狂风雾起，在这山丘之间分布着南北宽约10千米，东西长约50千米，面积约500平方千米的低丘起伏的凹地。低丘相对高度不超50米，海拔约300~400米，与南北的嵩、箕山脉高差悬殊，达几百米至千米。其间，西部君召乡有属黄河支流伊洛河水系的狂河。自石道乡至大冶镇间属淮河水系区，该区自西向东分列着南河涧沟、顾家河、少林河（少溪河）、老东沟、书院河、五渡河与石淙河共七条河，这些河均源于嵩山南麓，共同南流汇入箕山北麓的颍河，蜿蜒入淮河，为淮河诸支流最长者。嵩山之水，汇入黄淮，古时还汇入济，入于海。嵩山腹地低丘凹地（河谷）地貌，是接收沉积物和水的聚宝盆，其水文网发达，每平方千米有水系320米。

嵩山腹地低丘凹地（河谷）地貌得以形成，是构造活动和堆积、侵蚀作用的结果。

从杨村北新修的郑州至登封快速通道路堑北壁剖面看（图三）。该剖面东西长约150米，高约5米，自上而下层序如下：

上述剖面表明，嵩山腹地第四纪各河谷下切之前的第三纪，嵩箕二山之间受喜马

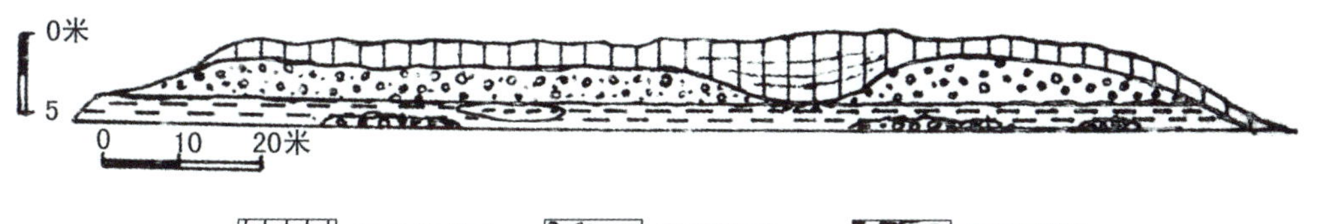

图三　登封市杨村北郑登快速通道地堑北壁剖面

1. 马兰期黄土。由于受有机物浸染，颜色发暗，厚 0.5~2.0 米。但该剖面西的沟谷中堆积厚约 5.0 米的典型马兰黄土。
2. 砾石层。大砾，主为石英岩，显然来自嵩山。由于侵蚀作用冲刷了覆盖在砾石上的马兰黄土，故有些低丘上此砾石层裸露，厚 1.5~2.5 米。
3. 河湖沉积。砂质黏土，层理清楚，红黄色，有的含砂砾，或夹绿色砂黏土透镜体。层厚约 2.0 米，未见层底。

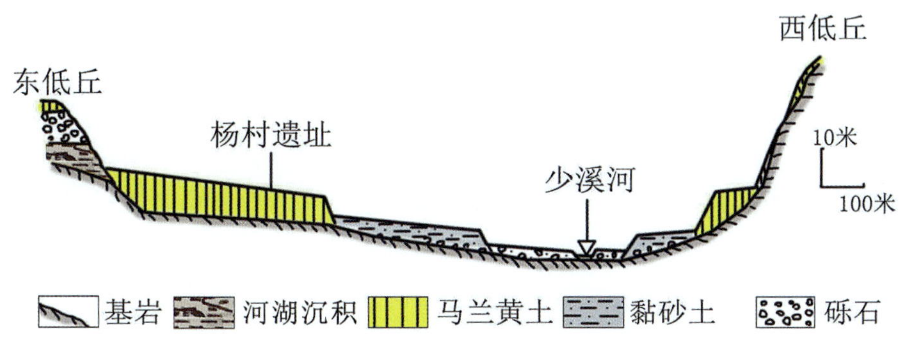

图四　登封市东华镇杨村遗址剖面

拉雅构造运动下滑作用（与符光宏先生商），地势平缓，河湖发育。第四纪早、中更新世，各河谷逐渐下切并展宽，形成河谷与岗丘相间的地貌景观，如少林河谷地宽达 1000 米，许多较为平缓开阔的岗地上残留有第三纪河流相砾石层或湖相沉积。中更新世末期以来，黄土沉积过程逐渐强盛。晚更新世末次冰期时，风尘沉积马兰黄土铺天盖地而来，覆盖了大部分岗地和坡面。风成黄土和经流水搬运的次生黄土充塞河谷。全新世初侵蚀活动再度活跃，之后又逐渐下切展宽，冲刷部分马兰黄土而成现今 500 米宽谷，未经冲刷的马兰黄土形成几百米宽的马兰黄土台地。此台地适宜人居住和耕种，自古至今为人类居住之地，故嵩山腹地的遗址绝大多数都是发现在该马兰黄土台地中，如石道、袁村、杨村、程窑、王城岗等。到全新世晚期，河流下切，形成 300~400 米宽的第一级阶地（图四）。

三、嵩山文明神奥

嵩山神奥是指嵩山文明源远流长，丰富多彩，这见于典籍，也被考古学证实。

嵩山文明古代文献多有记载。古本《竹书纪年》载："禹居阳城"。《世本》说："禹都阳城"等古文献明示夏代确有阳城。另《国语·周语上》说："昔夏之兴也，融降于崇山。"韦昭注："崇，崇高山也。夏居阳城，崇高所近。"崇、嵩通，崇山即嵩山。融即祝融，祝融活动于嵩山，且阳城就在嵩山。其中以《水经注》卷二十二记载阳城地望最详："颍水又东，五渡水注之……其水东南迳阳城西……昔舜禅禹，禹避商均，伯益避启并于此。亦周公以土圭测日景处，县南对箕山。"

20 世纪 50 年代初为建白沙水库，对颍水旁玉村进行考古，已认识到其下层文化与二里岗文化"似属于两个文化系统"。[8]后来证明玉村遗址下层文化就是 1962 年以后命名的二里头文化，即夏文化。为此，郑州中华之源与嵩山文明研究会在 2013 年还召开了"纪念登封玉村二里头文化遗存发现 60 周年学术讨论会"。经过 20 世纪 70~80 年代和 21 世纪初对王城岗遗址的考古调查，基本确认王城岗是夏代城址，多数学者认为王城岗遗址是"禹都阳城"。[9-12]

安金槐先生著文说："在登封市境内的颍河沿岸及其主要支流沿岸的初步调查中，共发现龙山文化遗址与二里头文化类型遗址 20 处，其中龙山文化中晚期遗址（有的和龙山文化早期或仰韶文化共存）计有康村遗址、杨村遗址、毕家村遗址、南城子遗址、西范店遗址、告成北沟遗址（包括有龙山文化早期）等 6 处；龙山文化中晚期与二里头文化类型共存的遗址有小李湾遗址（原称后河遗址）、袁村遗址、李家村遗址、十字沟遗址（原称油坊头遗址）、华楼遗址、程窑遗址、王城岗遗址、西施村遗址、垌上遗址、南高马遗址等 10 处；二里头文化类型遗址有袁桥遗址、安庙遗址、王村遗址、玉村遗址等 4 处。"[13]

据笔者统计：嵩山腹地凹地，即颍河上游登封境地段古文化遗址有旧石器遗址 4 处，其中陈窑遗址中既有石片石器，也有砾石石器，说明嵩山文化在旧石器时代就具南北过渡特点。又西施村遗址发现石叶石器，也十分罕见。另有新石器遗址 32 处。夏代遗址 14 处。合计古遗址 50 处（图五）。

就文物保护单位来说，嵩山有全国重点文物保护单位 21 处，河南省级文物保护单位 13 处，郑州市级文物保护单位 40 处，登封市级文物保护单位 132 处，合计 206 处。作为一个县级市文物保护单位如此之多，实在罕见（图六）。

我国著名地理学家、旅行家徐霞客在《游嵩山日记》中写道："余髫年蓄五岳志，而玄岳出五岳上，慕尤切……。"[14]应是嵩山文化奥妙和在我国文明起源中的重要性，使他对登嵩山情有独钟。

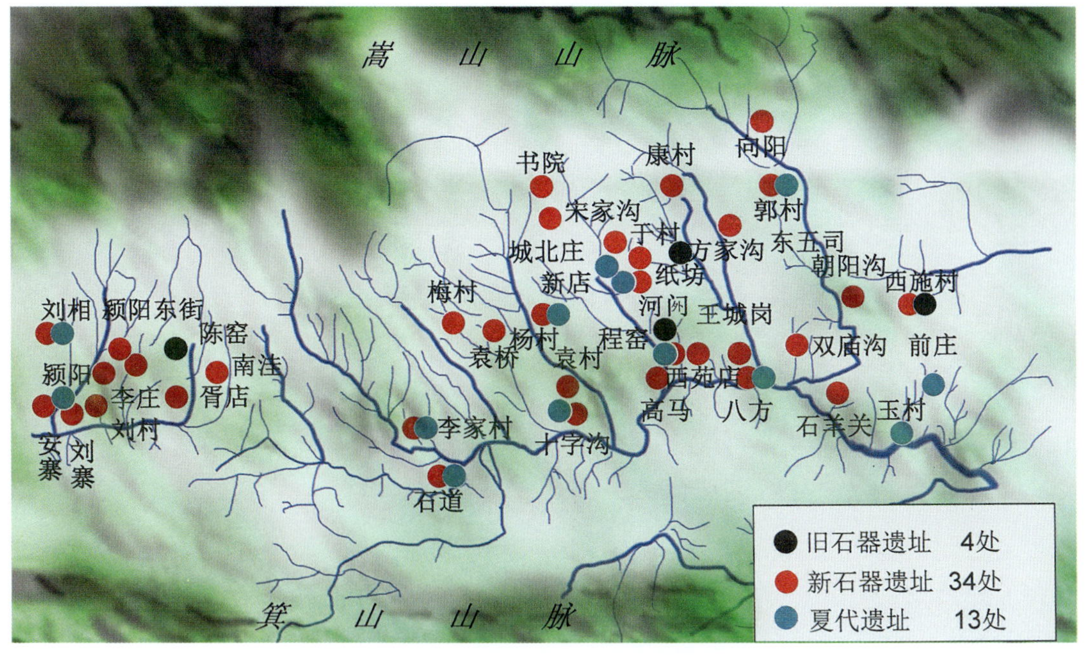

图五 嵩山腹地遗址分布图

四、讨论与小结

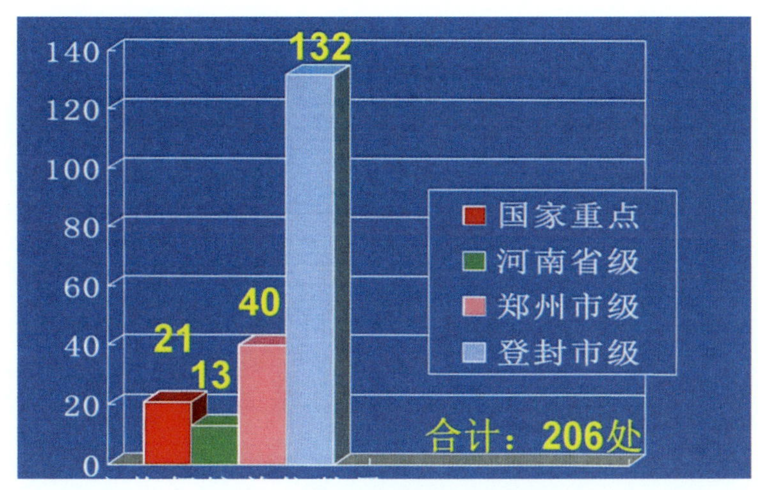

图六 登封文物保护单位数量图

我们按“五岳”各所在行政单位含全国重点文物保护单位进行统计，列入表一和绘成柱状图（图七），可以从中看出三个问题。

其一，从表一可见“五岳”中全国重点文物保护单位合计44处，嵩山占21处，几乎占总数的一半，故嵩山全国重点文物保护单位在柱状图中高高耸起，十分醒目。

其二，嵩山全国重点文物保护单位不仅有龙山文化至战国文化，即距今4000年前至2000年前的王城岗遗址与阳城遗址，还有夏商至唐宋，即距今3000多年前至距今1000年前的南洼遗址，还有汉代遗址4处，北魏、唐代遗址7处，合计嵩山距今1000年前的全国重点文物保护单位有13处，而其他四岳全国重点文物保护单位除个别历史久远外，绝大多数遗址历史为元、明、清，即在1000年以内。嵩山登封不仅有众多历

表一 “五岳”全国重点文物保护单位统计表

山岳名称	文物保护单位名称	时 代	合计（处）
嵩山	少室阙	东汉	21
	太室阙	东汉	
	启母阙	东汉	
	嵩岳寺塔	北魏	
	观星台	元	
	净藏禅师塔	唐	
	王城岗遗址及阳城遗址	仰韶——东周	
	初祖庵及少林寺塔林	宋——清	
	法王寺塔	唐	
	永泰寺塔	唐	
	会善寺	元——清	
	中岳庙	汉——清	
	大唐嵩阳观纪圣德感应之颂碑	唐	
	大周封祀坛遗址	唐	
	刘碑寺造像碑	北齐	
	南洼遗址	夏商至唐宋	
	少林寺	唐至清	
	清凉寺	金至清	
	南岳庙	明至清	
	登封城隍庙	明至清	
恒山	悬空寺	明	7
	荆庄大云寺大雄宝殿	金	
	浑源永安寺	元	
	栗毓美墓	清	
	浑源圆觉寺塔	金	
	律吕神祠	元——清	
	浑源文庙	明——清	

山岳名称	文物保护单位名称	时　代	合计（处）
泰山	大汶口遗址	新石器时代	8
	冯玉祥墓	1953 年	
	岱庙	宋——清	
	泰山石刻	北齐——唐	
	泰山古建筑群	明——清	
	大汶口石桥	明——清	
	萧大亨墓地石刻	明	
	徂徕山抗日武装起义旧址	1938 年	
衡山	南岳庙	明——清	4
	衡州窑	唐——宋	
	南岳摩崖石刻	南北朝——民国	
	湘南学联旧址	1919 年	
华山	西岳庙	明——清	4
	魏长城遗址	战国	
	京师仓遗址	西汉	
	横阵遗址	新石器时代	

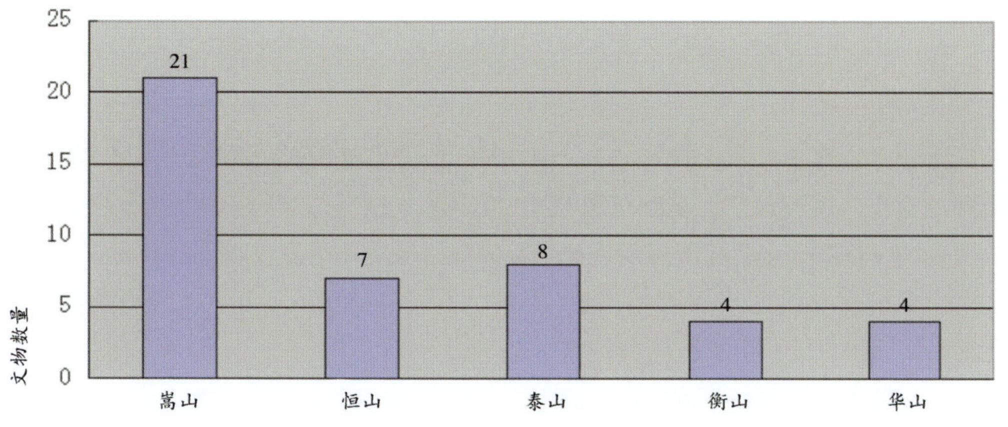

图七“五岳”全国重点文物保护单位柱状图

图八　华、泰、恒、衡四岳峰峦地貌

史悠久的文物保护单位，且有约 80 个名村，其中许多是古村落。如告成镇王城岗遗址附近的八方村为裴李岗、仰韶文化遗址，加之王城岗遗址含龙山文化至东周文化，这说明王城岗一带有 5000 年以上的人类居住史。因此，嵩山的人文史显然较其他四岳久远，故嵩山为五岳之宗，嵩山地区为华夏民族文化主源。

其三，所计嵩山全国重点文物保护单位全在山里，而其他四岳全国重点文物保护单位基本上是在山外。这是由于嵩山腹地凹地（河谷）地貌适于接纳沉积物和集存水份，特别是河旁的黄土台地龙山时代后能种植粟（*Setaria italica*）、黍（*Panicum miliaceum*）、小麦（*Triticum aestivum*）、水稻（*Oryza sativa*）、大豆（*Glycine max*）等农作物[11、12]，是人们很好的粮库，而富水不仅利农业，也利人生。环视其他四岳均为峰峦耸起的凸地地貌（图八），不利沉积物堆积和水份集蓄，故不利人生，或无或少人迹。

嵩山自远古至现今，山塬相连，台水相依，加之中纬度气候和居中的方位，人们生活资源富集，适合人生，上山可以采集和狩猎，下塬可以耕作和捕捞，故嵩山适合人类生存，尤其适合文明起源时期人类生存，成中原文化的发动机和孵化器。[2]

嵩山环境，尤其是嵩山腹地凹地（河谷）地貌，给嵩山早期人类发挥聪明才智，创造嵩山文明提供了一个难得的聚宝盆。

嵩山腹地凹地（河谷）地貌促成嵩山文明悠久而丰富，致神韵奥妙。

致谢：感谢登封市文物局，感谢莫多闻、吕厚远、刘俊杰、袁一峰等先生给予的帮助。

参考文献

[1] 周昆叔 :《中华民族文化的核心——嵩山文化圈》，周昆叔、齐岸青主编 :《中华文明与嵩山文明研究》(第一辑)，科学出版社，2009 年，第 15 ~ 18 页。

[2] 周昆叔、宋豫秦等 :《再论嵩山文化圈》，周昆叔、齐岸青主编 :《中华文明与嵩山文明研究》(第一辑)，科学出版社，2009 年。

[3] 周昆叔 :《嵩山文化甲天下》，周昆叔、齐岸青主编 :《中华文明与嵩山文明研究》(第一辑)，科学出版社，2009 年，第 3 ~ 14 页。

[4] 周昆叔:《地层·环境·嵩山文化圈》，周昆叔、齐岸青主编:《中华文明与嵩山文明研究》(第一辑)，科学出版社，2009 年。

[5] 周昆叔 :《嵩山行》，文物出版社，2010 年。

[6] 宋豫秦等 :《中国文明起源的人地关系简论》，科学出版社，2002 年。

[7] 符光宏、冯进城 :《万山之祖》，地质出版社，2009 年。

[8] 韩维周等 :《河南登封县玉村古文化遗址概况》,《文物参考资料》1954 年 6 期。

[9] 方燕明 :《简论嵩山地区的夏文化考古研究》，周昆叔、齐岸青主编 :《中华文明与嵩山文明研究》(第一辑)，科学出版社，2009 年。

[10] 河南省文物考古研究所、中国历史博物馆考古部:《登封王城岗与阳城》，文物出版社，1992 年。

[11] 北京大学考古文博学院、河南省文物考古研究所 :《登封王城岗考古发现与研究 (2002 ~ 2005)》，大象出版社，2007 年。

[12] 河南省文物考古研究所、密苏里州立大学人类学系、华盛顿大学人类学系 :《颍河文明—颍河上游考古调查试掘与研究》，大象出版社，2008 年。

[13] 安金槐 :《豫西颍河上游在探索夏文化遗存中的重要地位》,《考古与文物》1997 年 3 期。

[14] 徐弘祖著、朱惠荣校注 :《徐霞客游记校注》，云南人民出版社，1985 年。

双洎河流域环境考古*

［摘　要］通过对双洎河流域地质、地貌与文化遗址考察，选取了该流域二级台地沉积剖面进行光释光年代测定和孢粉分析，并制作流域环境考古图，分析了流域地貌、环境与人类的关系，认为旧石器至裴李岗文化时代的人类自嵩山沿着双洎河向嵩山东侧侵蚀堆积平原逐渐迁移，新石器中期早段裴李岗文化时期的人类主要生活在低丘岗地上，由于双洎河及其支流主要在谷底基岩上流动，河谷不易展宽，故无一级阶地或一级阶地狭窄，以致新石器中期后段仰韶文化时期后的人类主要生活在河谷旁的二级阶地与黄土台地上。本区新石器中期文化繁荣，人们在亚热带疏林草原环境下生活，并在红褐色棕壤沃土上耕作，为创造中原文化核心区做出了重要贡献。

［关键词］双泊河流域　环境考占　光释光测年　孢粉分析

一、双洎河流域环境与文化概况

（一）自然环境概况

双洎河系淮河干流的三级支流，它源于嵩山东侧马岭山山麓的登封市大冶镇西施村紫罗池。双洎河源头至新密市超化镇段，名洧水。洧水在超化镇与溪水汇合后改名双洎河。双洎河向东南流，全长 171 千米，流域面积 1758 平方千米。它在扶沟县彭庄与贾鲁河相汇，再入颍河，终流入淮河。双洎河汇入溱水等众多支流，呈近似羽状水系嵌在嵩山东侧处茨山与云蒙山之间（图 1）。

双洎河地貌可分为 4 段，即上游峡谷段、中游西部侵蚀堆积倾斜平原、中游东部侵蚀堆积平原和下游冲积平原。新密市超化镇以西为上游峡谷段，该段以平陌镇一带为代表，河谷较窄，一般宽约 300 ~ 500 米，一级阶地为砂砾、亚砂土和亚粘土组成，高约 4 ~ 5 米，宽 100 ~ 300 米；二级阶地为砂砾、马兰黄土和周原黄土组成，高约 8 ~ 10 米，宽约 100 ~ 200m；二级阶地以上为黄土台地，高约 20 ~ 60m，宽约 300 ~ 500m，台地叠压在基岩山地上。到中游西部超化镇与张湾间为侵蚀堆积倾斜平

* 张震宇、周昆叔、杨瑞霞等，原载《第四纪研究》2007 年第 3 期，第 453 ~ 460 页。

原地貌，以张湾一带为代表，河谷较上游开阔，二级阶地不发育，黄土高台地分布更广更高，河湾的一级阶地更发育。双洎河中游西部侵蚀堆积倾斜平原地貌的明显特点是岗地与谷地高差大，可达 40 ～ 60m，且有基岩残丘出露。张湾以东为双洎河中游东部侵蚀堆积平原，高差约 20m，地势较平坦，水系发育，有著名的双洎河支流溱水贯流。中游两个地貌单元梁岗与谷地高差有所不同，双洎河中游西部侵蚀堆积倾斜平原梁岗与谷地高差大，其东部侵蚀堆积平原梁岗与谷地高差小，两者相比较，后者约为前者的三分之一。双洎河出新郑市进入冲积平原，地势平坦，遗址密集程度不及中上游段。

（二）文化遗址分布概况

双洎河流域史前文化遗址分布密度高、数量多，野外考察遗址共 32 处，其中单一文化遗址 17 处，多种文化共存的遗址 15 处（见图 1）。分布在双洎河中游东段受水流作用痕迹明显的马兰黄土台（岗）地上的遗址有 14 处，如人和寨、金钟寨、王垌、柿园、杨庄、交流寨、程庄、古城寨、裴李岗、新砦、曲梁、金庄、耿庄、补子庙等；分布在双洎河中游的西段受水流作用较少的马兰黄土台（岗）地上的遗址亦有 14 处，如张湾、沙石嘴、杨家闷、老城东关、老城东北角、马良沟、高沟、禹楼、朱家沟、穴道、莪沟、平陌等。另有西土桥、李庄、蒋庄、坡刘等 4 处遗址所处地貌类型不明，后 3 处遗址均位于黄水河上游，中间以高黄土梁地为分水岭与溱水流域相隔。根据在溱水流域的杨庄遗址和柿园遗址所见的情况，这 3 处遗址分布的地貌似也应该属于水流痕迹明显的马兰黄土台（岗）地遗址。

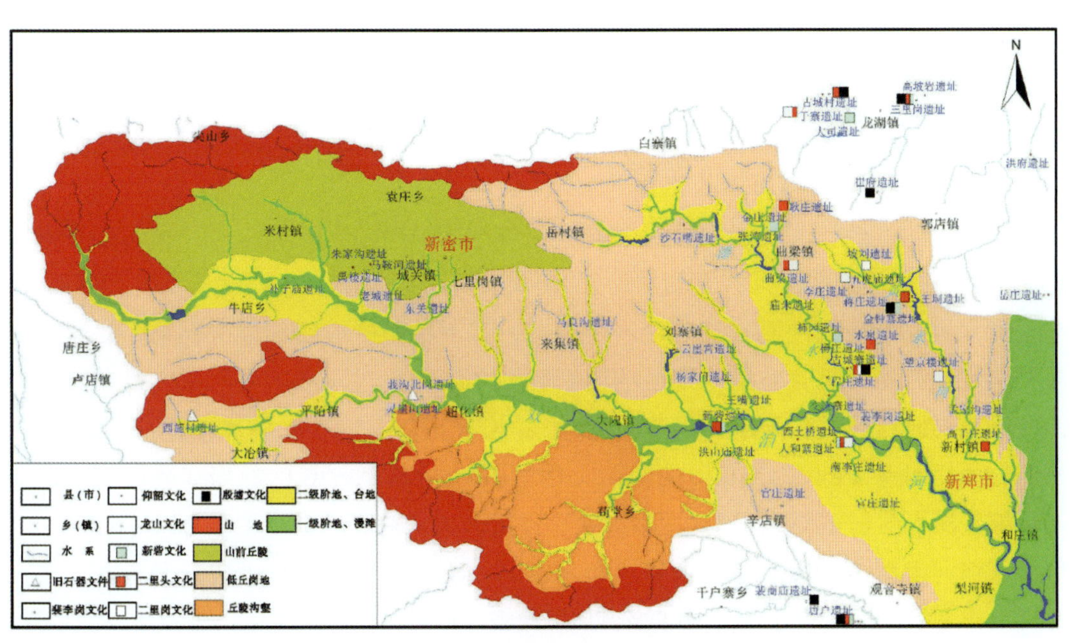

图 1　双洎河流域环境考古图

二、环境与人类生存

（一）环境选择

在双洎河两侧约1283平方千米的范围内有较多重要的旧石器、新石器与夏商时期遗址分布。丘陵山地海拔300 ~ 700米，地势险峻，多岩石裸露，土壤贫瘠，有灌丛、落叶阔叶树与油松等植被分布，偶有旧石器遗址分布。

在新密市区及其附近有山前丘陵分布，海拔200 ~ 400米，多岩石裸露，向阳的沟壑地带分布有较厚的中更新世至全新世的黄土，厚者可达15 ~ 20米。在新密市西南山前丘陵与低丘岗地间分布有老城、东关、穴道、裴李岗文化遗址，还分布有马鞍河、朱家沟仰韶文化遗址。

低丘岗地在本区占有较大面积，地势起伏不大，裸露岩石少，多覆盖有厚薄不等中更新世晚期至全新世的黄土，黄土最大厚度可达10米左右。其上分布有多个裴李岗文化遗址，如莪沟北岗、马良沟、杨家冈、裴李岗等遗址。

双洎河及其支流洧水、溱水、黄水谷地间有较宽广的二级阶地与台地分布，一般高山河面约10米，其上主要分布有更新世晚期与全新世黄土，这里分布有补子庙、张湾、曲梁、柿园、杨庄、古城寨、新砦、人和寨、官庄、坡刘等仰韶至殷商时期遗址。

从上述可知，双洎河流域遗址分布的特点是新石器时代中期早段裴李岗文化遗址离山地近者较多，远离山地者较少，且多分布在低丘岗地上，而新石器时代中晚期至历史初期的遗址多分布在二级阶地与台地上。丘陵沟壑区和不甚发育的一级阶地上基本无遗址分布，所以双洎河流域自古至今人类主要活动场所为河流二级阶地与黄土台地[1 ~ 3]。（见图1）。

（二）地貌、沉积与人类生存

在河流的上游，河谷切割较深，遗址分布在低丘岗地上，如溱水源头的沙石嘴仰韶文化遗址。到河流中游河谷开阔的地区，河流坡降减缓，河流流速减小，发生大洪水时，会有洪水漫溢至河流两侧二级阶地或台地上，留下粉细砂或粗细砂沉积物，如溱水中游曲梁水库西侧可见含东周时期鬲的粗细砂洪水沉积。对溱水中游西岸二级台地新密市曲梁镇柿园村西沉积与堆积层^{14}C年龄采样（于北京大学考古系^{14}C实验室测得），柿园村西也见有4960 ± 45aB.P. 的仰韶文化之后与3390 ± 35aB.P. 的褐红色埋藏土之前的粉细砂洪水沉积（图2）。这两期洪水事件对人类居住场所造成了破坏。

双洎河上游灵崖山一带石灰岩广布，多洞穴，适合人与动物栖居，据新密市文物考古工作者魏殿臣老先生讲，20世纪70年代曾在此处龙骨洞与韩湘子洞等洞穴中发现大批动物化石和人头骨化石。

双洎河流域较早的裴李岗与仰韶文化遗址，多以单一文化类型分布在双洎河中上游侵蚀堆积倾斜平原上。到龙山时期后，遗址分布重心东移，且遗址往往含有新砦期、二里头至二里岗与殷商之间前后相继的两个以上不同时期的文化层。说明到新石器文化中期后，人类选择远离山地，到地势平坦、水土条件更好的双洎河中游侵蚀堆积平原上生活。由于这里生存环境较优越，人类生活能力增强，故在同一地点能生存几百年、上千年，文化得以绵延。

（三）地层年代分析

选择双洎河流域重要支流溱水下游东岸新郑市新村镇鲍家村邓家自然村（XD）西北的台地沟谷上剖面取 9 个样品，进行光释光年代测定，取样的剖面（34° 28.136´N，113° 39.325´E）距溱水和双洎河的汇合处不远的古城寨古城东北约 300m。

样品按深度自上而下依次实验室编号为 L652 ~ L660。其中 L652，L654，L655，L656 为现代或古代土壤层；L653，L657，L659，L660 为不同性状的黄土层；L658 为湖相沉积（表 1）。

1. 样品前处理

样品在北京大学环境学院光释光实验室按照常规步骤进行前处理，首先加 0.1 mol / LHCl 溶液进行反应，去除样品中的钙质、碳酸盐。反复加酸直至继续加入酸时无明显反应为止。然后加 30% 的 H_20_2，去除样品中的有机质。然后对样品进行分粒级处理，过筛后获得 90 ~ 125 μm 组分。

粒度分离完成后选择 90 ~ 125 μm 组分进行了 60 分钟氰氟酸溶蚀，提取纯石英后上机测量，红外检测无明显长石信号。

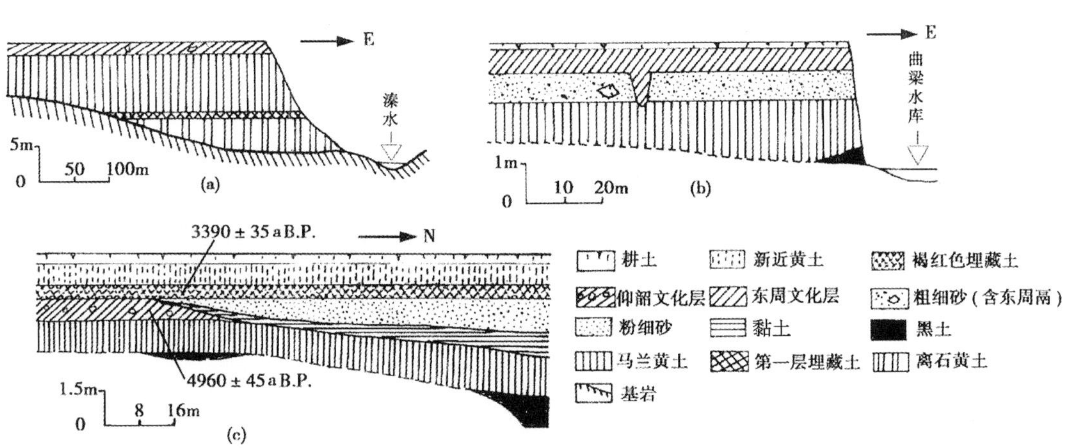

图 2　溱水流域剖面图

（a）砂石嘴　（b）曲梁水库西　（a）柿园村西

表 1 样品基本信息和前处理实验中的一些观察

样品编号	采样深度/cm	岩性	碳酸盐	有机质	粒度组成
L652	5 ~ 10	耕土层	中等	高	11 ~ 45μm > 63 ~ 90μm 45 ~ 63μm > 4 ~ 11μm 90 ~ 125μm
L653	20 ~ 25	新近黄土	低	低	
L654	40 ~ 45	褐红色土	低	低	
L655	60 ~ 65	褐红色土	低	低	
L656	90 ~ 100	褐黑色古土壤	低	高	11 ~ 45μm 占主导
L657	165 ~ 175	杂色黄土层	中等	低	11 ~ 45μm > 63 ~ 90μm 45 ~ 63μm > 4 ~ 11μm 90 ~ 125μm
L658	180 ~ 190	湖积层	低	低	
L659	265 ~ 270	马兰黄土	中等	低	
L660	350 ~ 355	马兰黄土	中等	低	

2. 光释光测量和测年结果

光释光测量采用粗颗粒技术，对于 L652 ~ L655 每个样品测量 8 个样片，对于样品 L656 ~ L660 每个样品测量 12 个样片。本实验采用的等效剂量测量方法是单片再生剂量测量方法（Single Aliquot Regenerative—dose Protocol，简称 SAR），这是目前光释光测年中应用最广泛的方法，其测量步骤如下：1）给样品加再生剂量 Dn（n=0 ~ 5，n=0 时，Dn 为自然剂量，D4=0，D1=D5）；2）预热，220 ℃，持续 10 秒；3）在 125℃的条件下蓝光释光，持续 40 秒，信号为 Ln；4）检测剂量 Tn（Tn 保持为一恒量，以等效剂量 Ed 值的 10%以下为宜）；5）预热，160℃，0 秒（原则上该步预热温度小于第 2 步中的即可）；6）在 125℃的条件下蓝光释光，持续 40 秒，信号为 Tn；7）回到第一步。

校正的自然或者再生剂量信号为 Ln / Tn，重复若干次对样品施加再生剂量，便可以对再生剂量和相应的 Ln / Tn 建立生长曲线，然后将自然信号的 Ln / Tn 值在该曲线上进行比对求出等效剂量。

信号积分选择最初 0.64 秒，背景积分选择最后 3.2 秒。数据显示除样品 L656、L659 和 L660 外，样品的等效剂量平均值的标准偏差均在 0.5Gy 以内，L656、L659 和 L660 样品的等效剂量平均值的标准偏差依次为 0.63Gy、1.09Gy 和 2.25Gy。

为进行剂量率的计算，样品的铀、钍含量用 α 计数器测得，钾含量用火焰光度计测得，利用 Age 2003 软件进行年龄计算，样品表面被氰氟酸溶掉的厚度为 8 ± 2μm，样品粒径设置为 107 ± 17.5μm。表 2 为光释光年龄测量的基本数据。

从地层学角度看，该剖面的 9 个光释光年代与地层层序相符，L657 和 L658 样品虽然显示出地层的颠倒，但是在误差范围内，这两个年代值是一致的，加之两样品的深度只有 10cm 的差距，从地层学的角度，没有理由拒绝这两个数据；同时，L658 为湖相样品，其来源可能是风力搬运来的，也可能是河流搬运来的，如果是河流搬运来的，由于其年代并没有比其上 10cm 的 L657 偏老，所以没有理由怀疑样品是否完全晒退。

从光释光测量本身技术指标和内检验指标的角度，不同样品存在差异。在220℃预热的标准条件下完成测量后，对L657和L660两个样品进行了预热坪检验。预热坪检验结果表明，220℃是合适的预热温度。

（四）孢粉分析

1. 邓家剖面孢粉分析

样品取于与光释光样品的同一剖面。剖面附近现已大面积开垦成耕土，主要种植玉米、花生、小麦和大豆，地表常见的杂草主要是蒿属、藜科和葎草等植物。剖面周围泡桐、构树和杨树常见。

剖面总厚355cm，从上至下分别发育耕土层和新近黄土层、褐红色古土壤层、褐黑色古土壤层、褐黑色古土壤钙积层、杂色黄土层、青灰色粉砂层以及马兰期黄土堆积。详细描述如下：

（1）耕土层和新近黄土层，0 ~ 25cm上部耕土层为屑粒状结构，土质疏松，含有大量的虫孔和植物根系。

下部的新近黄土层土质疏松，为较纯的粉砂质黄土。

（2）褐红色古土壤层，25 ~ 85cm粘质粉砂土，成块状，质较坚硬，有较多的假菌丝体。

（3）褐黑色古土壤层，85 ~ 114cm黑褐色，土质致密坚硬。

（4）褐黑色古土壤钙积层，114 ~ 150cm黑褐色，向下颜色逐渐变浅。土质斑杂，钙结构层、淀积层中有钙结核。

（5）杂色黄土层，150 ~ 175cm土质斑杂、斑块小，土质相对疏松。

（6）青灰色粉砂层，175 ~ 264cm以青灰色粉砂和细砂为主，夹有黄色锈斑，有

表2 XD剖面样品的光释光年龄*

实验室编号	深度/cm	描述	D_e/Gy	U/ppm	Th/ppm	K/%	剂量率/Gy·ka^{-1}	年龄/kaB.P.
PKU L652	8±3	耕土层	0.55±0.07	3.71±0.45	10.77±1.49	1.75±0.1	3.1±0.2	0.18±0.03
PKU L653	23±3	新近黄土	3.08±0.11	2.38±0.40	11.95±1.35	1.75±0.1	2.8±0.2	1.09±0.08
PKU L654	43±3	褐红色土	5.55±0.21	2.95±0.43	11.16±1.43	1.78±0.1	2.9±0.2	1.92±0.14
PKU L655	63±3	褐红色土	6.40±0.13	2.96±0.43	11.04±1.43	1.62±0.1	2.8±0.2	2.33±0.17
PKU L656	95±5	古土壤	15.04±0.63	2.84±0.46	12.65±1.53	1.60±0.1	2.8±0.2	5.37±0.45
PKU L657	170±5	杂色黄土层	33.99±0.34	3.16±0.37	9.23±1.22	1.50±0.1	2.6±0.2	13.3±0.93
PKU L658	185±5	湖积层	34.60±0.44	2.70±0.37	9.63±1.22	1.70±0.1	2.6±0.2	13.1±0.90
PKU L659	268±3	马兰黄土	43.17±1.09	2.92±0.44	11.14±1.47	1.55±0.1	2.6±0.2	16.3±1.25
PKU L660	353±3	马兰黄土	47.90±2.25	3.78±0.40	8.30±1.33	1.70±0.1	2.8±0.2	17.4±1.45

* 样品的含水量均设为20% ±5%

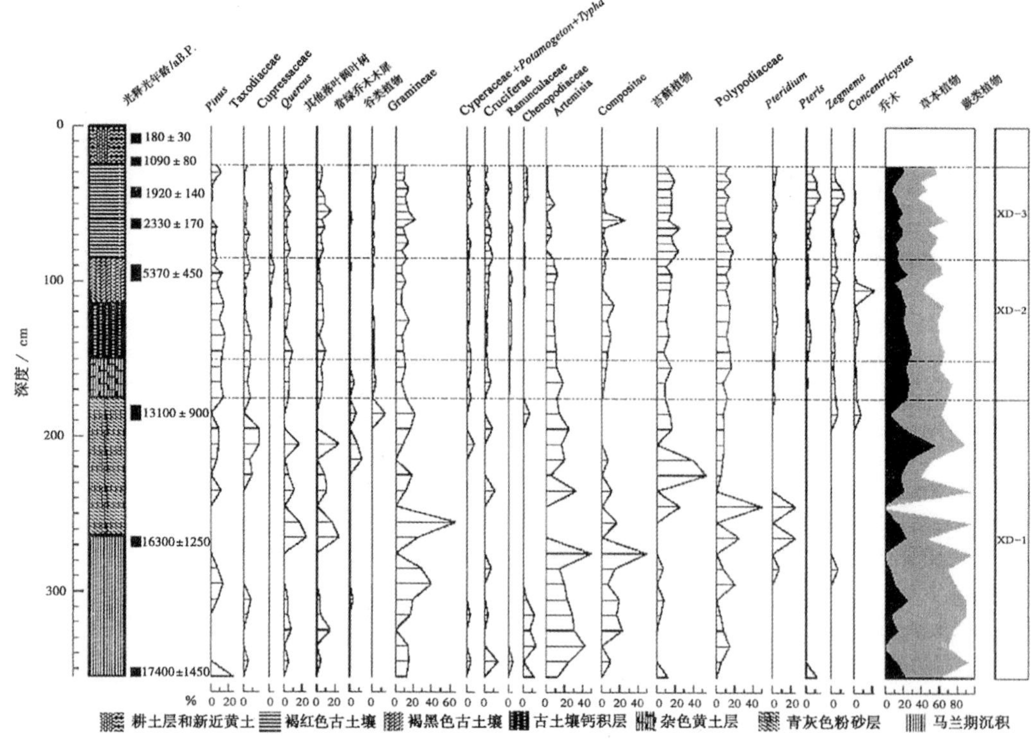

图 3　新郑市新村镇邓家（XD）村剖面孢粉式

3mm 大小的螺。

（7）马兰期沉积，264 ~ 355cm 锈黄色土呈大块斑状，夹有少量的条带状的青灰色土。

剖面共采集 71 个孢粉分析样品，采样间距为 5cm，鉴定出 45 个属种的孢粉。被子植物花粉类型多样，落叶阔叶树有柳（*Salix*），栎（*Quercus*），桦（*Betula*），榛（*Corylus*），榆（*Ulmus*），槭（*Acer*），枫杨（*Pterocarya*），椴（*Tilia*）常绿乔木木犀（*Osmanthus*）花粉呈零星分布；草本植物花粉比较丰富，主要类型有禾本科（*Gramineae*），十字花科（*Cruciferae*），毛茛科（*Ranunculaceae*），菊科（*Compositae*），藜科（*Chenopodiaceae*）和蒿（*Artemisia*）；水生植物莎草科（*Cyperaceae*），眼子菜（*Potamogeton*）和香蒲（*Typha*）花粉也常见。裸子植物常见的花粉类型有松（*Pinus*），冷杉（*Abies*），落叶松（*Larix*），杉科（*Taxodiaceae*）和柏科（*Cupressaceae*）。蕨类孢子以水龙骨（*Polypodiaceae*），蕨（*Pteridium*）和凤尾蕨（*Pteris*）常见。环纹藻（*Concentricystes*）和双星藻（*Zegmema*）及苔藓孢子的含量也很丰富[3]。

孢粉含量以 175cm 为界有明显变化。175 ~ 355cm，孢粉贫乏，统计量不足 100 粒；175cm 以上，孢粉丰富。

根据孢粉百分含量的变化，XD 剖面从下至上可以划分为 3 个孢粉组合带（图 3）。由于 175cm 以下孢粉不足统计量，因此图 3 的孢粉百分比含量变化在 175 ~ 355cm（XD-1 带）存在较大误差。

XD-1（355 ~ 175cm, 17400 ~ 12000aB.P.）：孢粉贫乏带。主要以草本植物禾本科、蒿及菊科花粉为主，乔木花粉松、栎、榆也有零星分布，苔藓孢子和水龙骨孢子常见。

XD-2（175 ~ 85cm, 12000 ~ 4500aB. P.）：以 Pinus, Gramineae, Artemisia, Polypodiaceae, Bryophyta 为主孢粉带。组合中草本植物花粉与蕨类孢子含量相当。分别为 5.0% ~ 57.1% 和 24.3% ~ 56.9%。木本植物花粉数量稍微少一点，为 12.3% ~ 30.6%。草本植物花粉中数量较多的有禾本科、蒿属，还有一定量的菊科、十字花科、毛茛科等；蕨类孢子中数量较多的有水龙骨科、凤尾蕨、蕨属，藻类中双星藻、环纹藻也有一定含量，苔藓孢子含量较高，而且分布稳定；木本植物花粉中数量较多的是松属，还有一些落叶栎类、杉科、柏科，有少量的榆属、椴属、榛属花粉。常绿灌木或小乔木桂花也有出现。

XD-3（85 ~ 25cm，4500 ~ 1100aB．P.）：以 Gramineae，Compositae（Artemtisia），Chenopodiaceae，Polypodiaceae，Pteris 为主孢粉带。草本植物花粉含量与蕨类孢子相近，分别为 27.9% ~ 56.2% 和 28.8% ~ 61.5%，木本植物花粉的数量较少，为 8.5% ~ 21.3%，草本植物花粉数量较多的是禾本科，其次是菊科、蒿属、藜科，还有一些十字花科、莎草科、毛茛科、蓼属等花粉；蕨类孢子、藻类中，数量较多的是水龙骨科、苔藓孢子、凤尾蕨属，还有一些蕨属、石松属等孢子，藻类中双星藻、环纹藻的含量减少；木本植物花粉中，只有一些松属、榆属、落叶栎类、杉科、柏科花粉，偶见槭属、大戟、

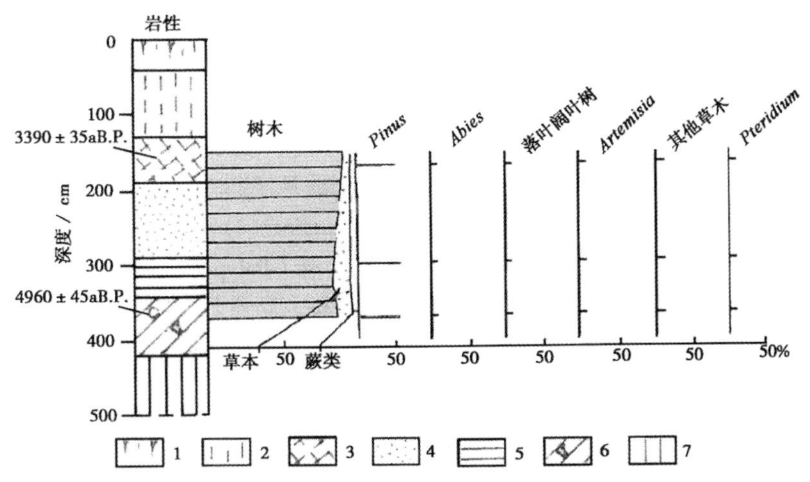

图 4 新密市曲梁镇柿园村西剖面花粉式

1. 耕土 2. 新近黄土 3. 褐色埋藏土 4. 粉细砂 5. 黏土 6. 仰韶文化层 7. 马兰黄土

木犀属、冷杉属、麻黄属花粉。

从所出现的孢粉成分反映出 XD–l 阶段气候干冷，孢粉贫乏；XD–2 阶段气候温暖湿润，尽管地处亚热带北缘，但人类的开垦使该地形成了疏林草地景观。XD–3 乔木进一步减少，水生种类也减少，甚至消失，气候明显变干，仍是疏林草地景观。

2．柿园村西剖面孢粉分析

对溱水中游西岸二级台地新密市曲梁镇柿园村西仰韶文化遗址约 4m 沉积与堆积层进行孢粉分析（图 4），结果表明，乔木花粉占绝对优势，其中主要成分是松属（*Pinus*），占 57% ~ 66%，这说明该处或附近地区仰韶时期及其以后有一定面积的松林分布，而且距今约5000多年及其后有喜暖的蕨类植物里白（*Hicriopteris*）与凤尾蕨（*Pteris*）的分布，中全新世晚期冷杉属花粉可达 25.3%，表明该期气温一度强烈下降。

三、小　结

双洎河流域发育有较厚的中更新世至全新世的黄土，厚度可达 15 ~ 20m。双洎河中游西段地势较陡，而东段地势较平坦，故更新世晚期的马兰黄土堆积状况有别，前者受流水作用小，而后者受流水作用大。旧石器至裴李岗文化时代的人类自嵩山沿着双洎河向嵩山东侧侵蚀堆积平原逐渐迁移。新石器中期早段裴李岗文化时期的人类主要生活在低丘岗地上。由于双洎河及其支流主要在谷底基岩上流动，河谷不易展宽，故无一级阶地或一级阶地狭窄（可能主要是因为二级阶地形成之后，河流下切展宽的时间较短），以致新石器中期后段仰韶文化时期后的人类主要生活在河谷旁的二级阶地与黄土台地上。本区新石器中期文化繁荣，人们在亚热带疏林草原环境下生活，并在红褐色棕壤沃土上耕作，为创造中原文化核心区做出了重要贡献。由于剥蚀堆积平原具有水网发达及其间分布有黄土堆积的低丘岗地与二级阶地和台地，这里近水并有利耕种的红褐色埋藏古土壤堆积，得当时亚热带气候之利，成为嵩山文化圈的中原古文化重要组成部分[4 ~ 21]。

致谢　莫多闻教授和王辉博士参加了本项工作的许多调查和研究；周力平教授、李宜垠教授负责 XD 剖面光释光年龄测定与孢粉分析；严富华教授负责柿园村西剖面孢粉分析；吴小红教授负责 ^{14}C 测年；研究工作得到赵春青博士的支持。特此致谢！

参考文献

[1] 国家文物局主编：《中国文物地图集·河南分册》，中国地图出版社，1991年。

[2] 周昆叔：《花粉分析与环境考古》，学苑出版社，2002年。

[3] 周昆叔：《周原黄土及其与文化层的关系》，《第四纪研究》1995年2期。

[4] 周昆叔、张松林、张震宇等：《论嵩山文化圈》，《中原文物》2005年1期。

[5] 周昆叔、张松林、莫多闻等：《嵩山中更新世末至晚更新世早期的环境与文化》，《第四纪研究》2006年4期。

[6] 王星光：《生态环境变迁与夏代的兴起探索》，科学出版社，2004年。

[7] 河南省文物考古学会：《中原文物考古研究》，大象出版社，2003年。

[8] 宋豫秦：《中国文明起源的人地关系简论》，科学出版社，2002年。

[9] 许顺湛:《文明形成与发展的理论纠葛》，见:河南省文物考古研究所编:《华夏文明的形成与发展》，大象出版社，2003年。

[10] 王巍：《关于文明起源与形成的几点思考》，见：河南省文物考古研究所编：《华夏文明的形成与发展》，大象出版社，2003年。

[11] 张震宇、邬恺夫、郝利民等：《数字环境考古学若干问题研究》，《河南社会科学》2005年3期。

[12] 杨瑞霞、张震宇、鲁鹏等：《黄河中下游数字环境考古研究》，《地域研究与开发》2005年2期。

[13] 苏秉琦：《中国文明起源新探》，生活·读书·新知三联书店，1999年。

[14] 周昆叔：《环境考古研究》（第一辑），科学出版社，1991年。

[15] 周昆叔、宋豫秦：《环境考古研究》（第二辑），科学出版社，2000年。

[16] 杨晓燕、夏正楷、崔之久等：《青海官厅盆地考古遗存堆积形态的环境背景》，《地理学报》2004年59期。

[17] 张光直著，曹兵武译：《考古学—关于其若干基本概念和理论的再思考》，辽宁教育出版社，2002年。

[18] 吴文祥、刘东生：《4000aB.P.前后东亚季风变迁与中原周围地区新石器文化的衰落》，《第四纪研究》2004年24期。

[19] 吴文祥、刘东生:《4000aB.P.前后降温事件与中华文明的诞生》,《第四纪研究》2001年21期。

[20] 莫多闻、王辉、李水城：《华北不同地区全新世环境演变对古文化发展的影响》，《第四纪研究》2003年23期。

[21] 洛阳市文物工作队编：《洛阳皂角树：1992～1993年洛阳皂角树二里头文化聚落遗址发掘报告》科学出版社，2002年。

裴李岗文化农业物质基础

——褐红色古土壤*

自1977年发掘裴李岗遗址到2007年已30周年。裴李岗遗址的发掘及裴李岗文化的确定，对建构史前社会历史具有重大意义，是我国新石器文化研究的突破。

裴李岗遗址已发现约120处[1]，它分布在豫中、豫南、豫西与豫北。以豫中分布最为密集，据不完全统计这里有44处裴李岗文化遗址[2]，它们是丁庄、丁集、刘庄、灵井、滕岗、夹岗、南张庄、石固、枣王、西杨庄、唐户、兴隆岗、岗时、岭西、裴李岗、西土桥、王嘴、张湾、杨家闲、莪沟北岗、马良沟、老城、业王、店张、洪府、鸿庄、沙窝李、宋庄、岳寨、王城岗、双庙沟、杨庄、铁生沟、水地河、双庙、高崖、杨窑、前户、后户、湾张、荫南、新庄、中山寨、水泉，占裴李岗文化遗址总量的36.6%，

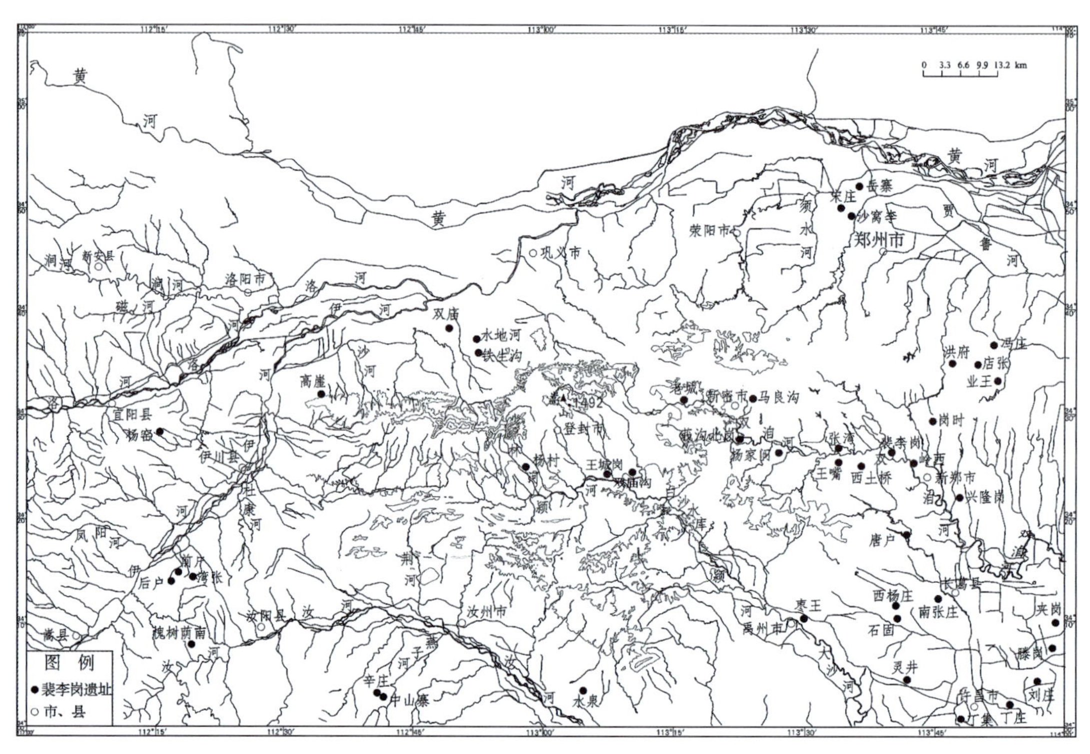

图1 环嵩山地区裴李岗文化遗址分布图

* 周昆叔、鲁鹏、张松林、信应君，原载《中华文明与嵩山文明研究》（第一辑），科学出版社，2009年，第243~248页。

超过⅓。其中嵩山内分布有3处，嵩山周围分布有41处，后者又以嵩山东部占绝大多数，达29处。裴李岗文化均分布在沿河的黄土岗地与台地上，其中以双洎河流域分布最多，达10处，裴李岗文化命名地裴李岗遗址即分布在此区（图1）。

裴李岗文化一个显著特点是农业的兴起。其证据是发现了农作物籽粒，在舞阳贾湖遗址发现有千余粒炭化稻粒，包括野生的与栽培的，栽培稻处在籼、粳分化中，以粳型为主[3]。在新郑沙窝李裴李岗遗址中发现像粟的密集炭化颗粒[1]。另外发现许多农作石器工具，计有垦种的砍伐工具石斧，翻土工具石铲，收割工具石镰，谷物加工工具石磨盘与石磨棒，其工具涵盖了整个农业生产过程，其工具造型之精，功能之合理，使用之便利和选材之讲究，都说明当时农业生产已有一定水平。此外与定居农业相适应的聚落已形成，房屋是单间半地穴式建筑，最近在南水北调工程唐户遗址抢救性发掘中，发现有密集的分排房址达51间，其中单间房址48座，双间房址3座[4][5]。裴李岗文化中还包括用于煮食的鼎，以及罐、壶、钵、碗和勺等生活陶器[1]。

1. 周原黄土地层

在中原地区与裴李岗文化类似的文化有冀西的磁山文化、关中的老官台文化，这些都是以有农业为特征的文化。我国农业文化的发生一般认为始于距今10000年前，经过2000年的酝酿后，于距今8000~7000年兴起。人们对于这突如其来的农业兴起，既欣喜，又感到突然，何以如此，难以理解。这需要从这里全新世地层发育中来探讨。经过近20年来对黄土高原东南缘开展环境考古学研究，在全新世黄土地层划分中建立了周原黄土地层单位，共分5层[6]。

（1）全新世周原黄土（Q_4）（距今10000年以降）

第1层：耕土，深灰至灰黄色粉砂土。厚0.20~0.30米。

第2层：新近黄土（距今2000年以降），浅黄色粉砂土，含唐宋等文化层。厚约0.50米。

第3层： 褐色古土壤（So^2）（距今3000~2000年），褐色黏质粉砂土，其微结构研究说明，黏粒膠膜少，碳酸钙结晶较多（图2，左），土壤类型属褐土[7]。含东周、战国、秦汉文化。厚约0.50米。

第4层：褐红色古土壤（So^1）（距今8000~3000年），褐红色黏质粉砂土，其微结构研究说明，粘粒膠膜较多，且能成厚层状（图2，中），还含铁质凝团（图2，右），土壤类型属棕壤[8]。含裴李岗、仰韶、龙山、新砦期、二里头、商、西周文化，厚约0.80米。

第5层：杂色黄土（距今10000~8000年），黄、褐、褐红色粉砂土，文化不明。厚约0.20 ~ 0.50米。

（2）晚更新世马兰黄土（Q_3）（距今80000~10000年）

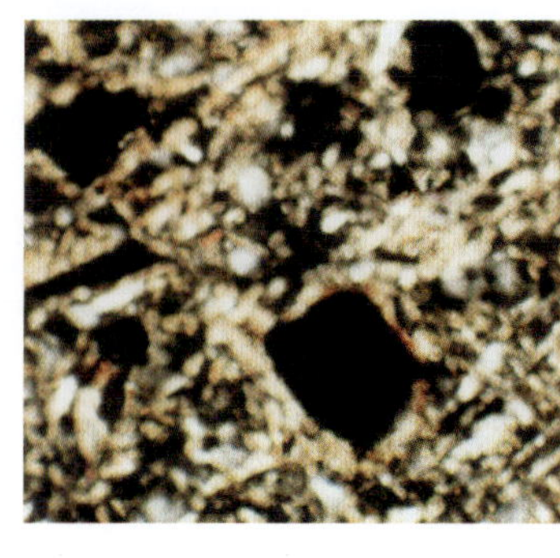
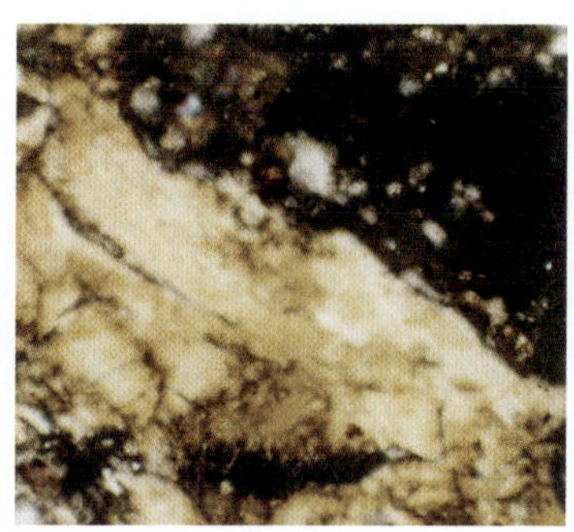
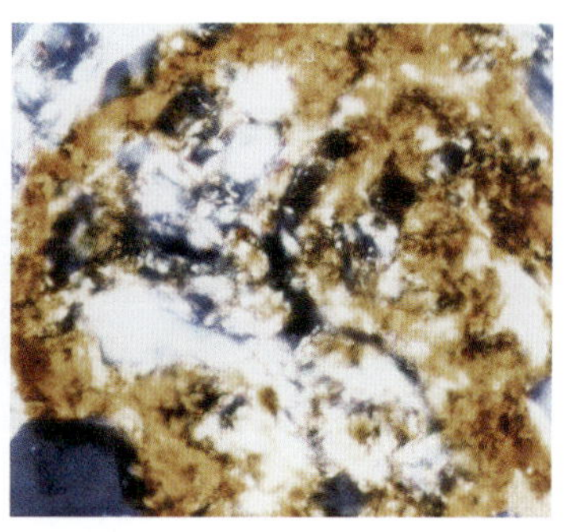

图 2　洛阳市关林镇皂角树遗址周原黄土古土壤层微结构分析照片

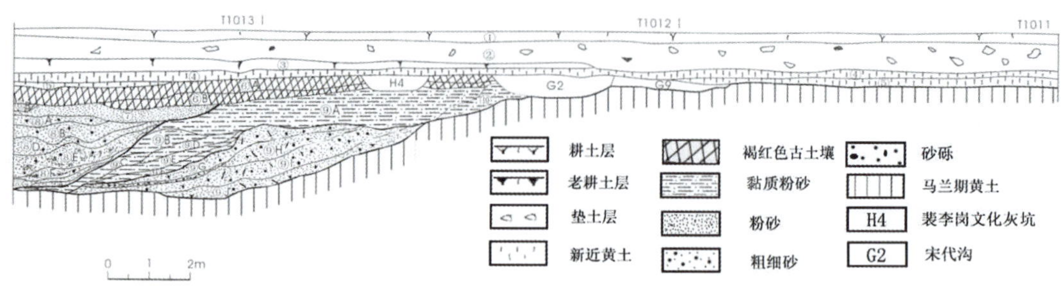

图 3　河南新郑唐户遗址 T1011、T1012、T1013 西壁剖面图

2. 唐户遗址 T1011 ~ T1013 西壁地层剖面

灰黄色粉砂土，含旧石器中晚期文化，厚 6 米左右，局部地区达数十米。

裴李岗文化层都是含在周原黄土的褐红色古土壤的下部，如灵宝荆山遗址[8]、新安盐东遗址（处在庙底沟文化层下）、唐户遗址等。唐户遗址的西南角，即九龙河从东北向西南流的大拐弯处，在 T1011、1012 与 T1013 揭露出西壁剖面，有如下的沉积层（图 3）。

（1）全新世周原黄土、冲积层（Q4）

第 1 层：现代耕土层，灰黄色粉砂土。　0.15~0.25 米

第 2 层：垫土层，灰黄色粉砂土与砂质黏土混合层，含碳屑，烧土块、陶片、石块、砖块、瓷片。　0.40~0.50 米

第 3 层：老耕土层，灰黄色粉砂土。　0.10~0.25 米

第 4 层：新近黄土，灰黄色粉砂土，含明清遗物。　0.20~0.30 米

第 5 层：新近黄土。　0.10~0.20 米

第 6 层：褐红色古土壤（So^{1}），含裴李岗文化灰坑 H4。　0.20~0.60 米

第 7 层：锈黄色粉砂土，含大量锈斑，显冲积层理。　0.10~0.20 米

第 8 层：青灰色粉砂层，混杂粗砂或夹薄层粗砂层，呈倾角大的倾斜层理，倾角 30°~40°，可分 7 个小层，含裴李岗文化遗物。　1.75 米

第 9 层：灰色粉砂质黏土，上部 6 小层，颜色不均，有深有浅，灰色粗细砂层；

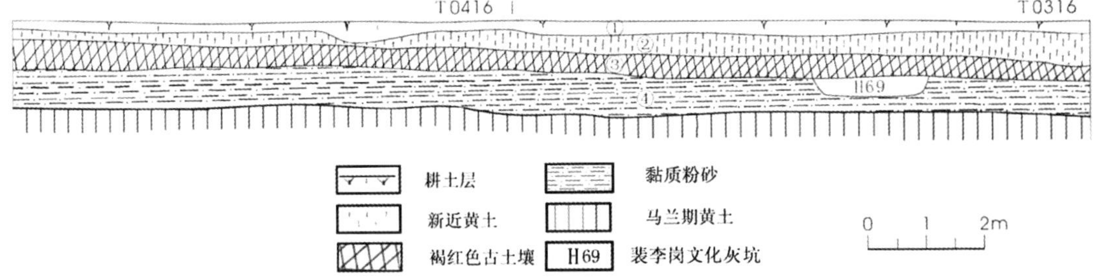

图 4　唐户遗址的南部 T0316、T0416 南壁剖面图

下部 4 小层，其中 7、9 小层以粗细砂为主，局部呈砂砾层（9 小层），含大量锈斑。8、10 小层为粉细砂层。该层被上层侵蚀，呈大的倾斜层理，倾角 5°~20°，含大量裴李岗文化泥质或泥质夹砂红色、褐色、灰色陶片，含有蜗牛化石。分层厚度 0.20~0.40 米。　2 米。

第 10 层：灰黄色砂质黏土。　0.10~0.40 米

（2）晚更新世马兰期黄土（Q_3），含大量锈斑。　出露 0.20 米

从上述剖面中可以见到周原黄土的褐红色古土壤（So^2）的顶部有裴李岗文化灰坑 H4，在其下伏冲积物中含裴李岗文化陶片，这些裴李岗文化陶片是来自褐红色古土壤层。

又在唐户遗址的南部 T0316、T0416 南壁剖面有如下沉积层（图 4）。

3. 唐户遗址 T0316 ~ T0416 南壁地层剖面

（1）全新世周原黄土，淤积层（Q_4）

第 1 层：耕土层，灰黄色粉砂土。　0.15~0.25 米

第 2 层：扰动层，棕黄色粉砂土。　0.10~0.55 米

第 3 层：褐红色古土壤（So^1），褐红色黏质砂土，有团粒结构，含少量假菌体，多蚯蚓粪便，微细孔发育，底压有 H69 裴李岗时期灰坑，含裴李岗文化陶片，为夹砂红褐陶、泥质红陶，灰坑直径 2 米，深 0.35 米。　0.60 米

第 4 层：淤积层，深灰色砂质黏土，含根孔，未见层理，与周原黄土最底部的杂色黄土为同期沉积。　0.70 米

（2）马兰期黄土（Q_3），受上层浸染，呈浅灰色、灰黄色粉砂土，含锈斑，未见层底，厚度不详。从此剖面地层关系看，裴李岗文化层应形成于全新世中期之初，即距今约 8000 年。　出露 0.20 米

从上述两个剖面见到周原黄土的褐红色古土壤（So^1）下压裴李岗文化灰坑 H69，上顶裴李岗文化灰坑 H4，说明唐户遗址的裴李岗文化层位于形成褐红色古土壤层之初的地层中，大致距今 8000~7000 年。

裴李岗史前农业社会的形成产生于全新世周原黄土褐红色古土壤的初期，产生于

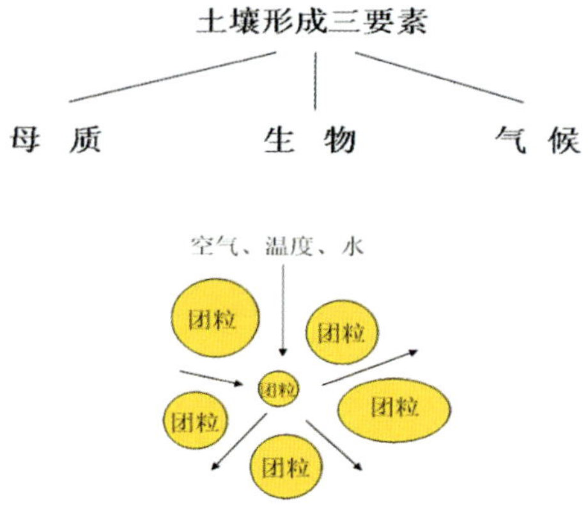

土壤形成三要素

母质　　生物　　气候

空气、温度、水

团粒

图 5　土壤形成三要素示意图

全新世周原黄土褐红色古土壤的初期，其缘由是只有土壤的形成，才有农业形成的物质基础。褐红色古土壤形成需要三个条件：（1）即形成土壤的黄土母质，就是年复一年的尘降，每年有 0.1~0.3 毫米的尘埃降落[9]，成为形成古土壤的矿物质物源。（2）气候条件属于裴李岗文化的贾湖遗址中出土了包括麋鹿、獐、扬子鳄等的动物群和大量的栎树果实[3]的生物群，反映暖湿气候，给形成褐红色古土壤提供了适宜的气候环境。（3）茂盛生物的作用。具备了这些条件就可能形成具有团粒结构的土壤（图 5）。由于土壤含有机质和孔隙间含空气、水，毛细管作用产生，使土壤具备肥力，利于农作物扎根生长。

总之，裴李岗文化农业兴起是天时、地利、人和的结果。天时是处在全新世中期之初的温暖适宜期；地利是有全新世周原黄土褐红色古土壤的物质基础；人和是新石器时代中期早段原始氏族社会的出现。有鉴上述，裴李岗文化兴起看似突然，实则是裴李岗人抓住了全新世气候适宜期到来这一千载难逢的机遇，创造性地发展了农业，通过种植，收获稻、粟等农作物过上了较有保障的生活，这是人类发展史上的重大革新和飞跃。8000 ~ 7000 年前中原裴李岗人的后裔，继承了先辈的聪明才智和勤劳品德，在嵩山及其周围地区创造了比裴李岗文化更先进的仰韶文化、河南龙山文化、二里头文化、商周及至北宋的中华核心文化——中原文化。

参考文献

[1]　李友谋：《裴李岗文化》，文物出版社，2003 年。

[2]　周昆叔、张松林等：《论嵩山文化圈》，《中原文物》，2005 年 1 期。

[3]　河南省文物考古研究所：《舞阳贾湖》，科学出版社，1999 年。

[4]　张松林、信应君、胡亚毅：《新郑唐户遗址发现裴李岗文化大面积居址》，《中国文物报》，2007 年 7 月 13 日。

[5]　郑州市文物考古研究院：《2006 ~ 2007 年度唐户遗址裴李岗文化考古发掘情况报告》，纪念裴李岗文化发现三十周年会议文件，2007 年。

[6]　周昆叔：《花粉分析与环境考古》，学苑出版社，2002 年。

[7]　洛阳市文物工作队：《洛阳皂角树》，科学出版社，2002 年。

[8]　周昆叔：《铸鼎原觅古》，科学出版社，1999 年。

[9]　周昆叔：《环境考古》，文物出版社，2007 年。

嵩山中更新世末至晚更新世早期的环境与文化*

［摘　要］近年在嵩山地区黄土层中发现300多处旧石器地点，多半出产在中更新世末至晚更新世早期的地层中，可与深海氧同素第5阶段后期对比。这表明约70kaB.P. 前末次间冰期嵩山旧石器文化发达，为新石器时代至夏商华夏文化的核心——嵩山文化圈的形成和发展提供了重要的文化基础。末次间冰期后期的环境变化，对古人类和生物界产生了重大影响。

［关键词］嵩山地区　晚第四纪环境　旧石器文化

一、嵩山地区简介

嵩山是我国五岳之一，为中岳。嵩山地区西界龙门伊河，东界新密市东，约为112° 28′~113° 36′ E；南界临汝市的汝河，北界黄河，约为34° 14′ ~35° 53′ N，其面积为7350平方千米，仅嵩山山体的面积为4000平方千米。嵩山地区行政区属，中心区为登封市，周边涉及洛阳市、偃师市、巩义市、荥阳市、新密市、禹州市、汝州市、汝阳县和伊川县。

嵩山具有四大特点（图1）[1-3]：一是历史悠长的古陆。35亿年来出露太古宙、元古宙、古生代、中生代和新生代地层，层序清楚，时代连续，被地学界誉为“五代同堂”。23亿年、18.5亿年、5.7亿年分别发生了嵩阳运动、中岳运动和少林运动。嵩山以其古老的地史和丰富、典型的地质现象被评为“世界地质公园”。二是相对独立。在龙门伊河以东，嵩山山体以西约4000平方千米面积和海拔1500米的高度，成圆锥状突兀于华北平原西南部。三是资源丰富。山体北部以太室山和少室山为代表的72峰形成海拔1500米的中山，南部箕山形成1000米以下的低山，在二山之间由于分布有易受侵蚀的硬度小的片麻岩，所以形成面积超100平方千米的低丘，系颍河的源头，有7条支流汇入颍河，水网发达，其密度达到0.32千米/平方千米，且水量丰富，年变率小，山上植被成垂直带分布，为“国家森林公园”。动植物和水土资源丰富，丰富的水资源补给我国古代四渎中的河水、济水和淮水。地处黄土高原东南缘，黄土利于农业发

* 周昆叔、张松林、莫多闻、王辉，《第四纪研究》2006年4期，第543~547页。

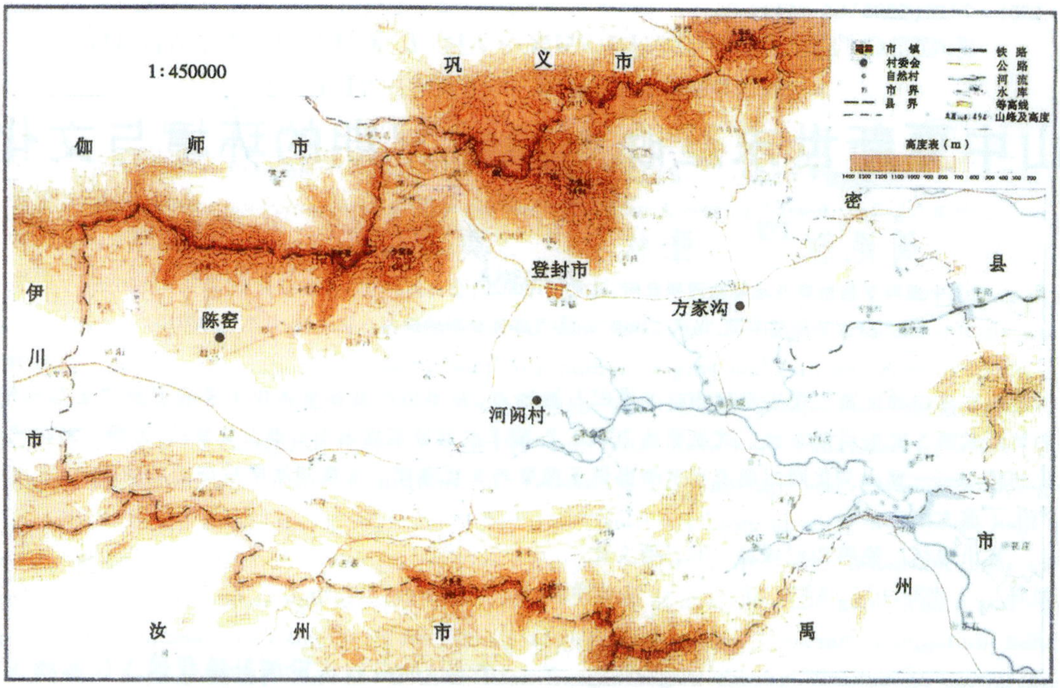

图 1　嵩山地形与研究地点

展与人类生活。四是古文化发达。据近年郑州市文物考古研究所的调查，发现旧石器中、晚期石器地点 300 余处；新石器文化也很发达，如裴李岗（ 9000 ~ 7000aB.P. ）、仰韶（7000 ~ 5000aB.P. ）、龙山（5000 ~ 4000aB.P.）各期文化内涵丰富，有距今 5000 年前的西山古城，距今 4000 年前的古城寨、新砦古城，距今 3000 年前的二里头夏古城、偃师和郑州二里岗商城，距今 2000 多年前的著名洛阳古都。这里古文化以其数量、规模、绵延和影响来说，在全国独占鳌头，历为人文荟萃之区，形成环绕嵩山的嵩山文化圈。

二、旧石器遗址举例

1. 方家沟遗址

方家沟遗址（34° 26′ N，113° 08′ E）位于登封市卢店镇以南的方家沟村，遗址所在区域属颍河支流五渡河的支流源头（见图 1），地貌为低丘间冲沟，沟宽约 100 米，下切到基岩，低丘上覆盖黄土。海拔 314 米，相对高度约 30 ~ 40 米。遗址位于沟的东侧。遗址所在的地层剖面多厚约 8 米，剖面上部堆积约 6 ~ 7 米的马兰黄土，下伏 S_1，出露厚度约 1~2 米。马兰黄土与 S_1，为侵蚀不整合接触关系（图 2a 和 2b）。马兰黄土底部含砂砾层，为古冲沟沉积。在该砂砾层的北侧，1985 年农民取土时发现象牙两支，长约 2.5 米，基径约 20 厘米（见图 2a），现藏展于登封市嵩阳书院。2005 年河南省文

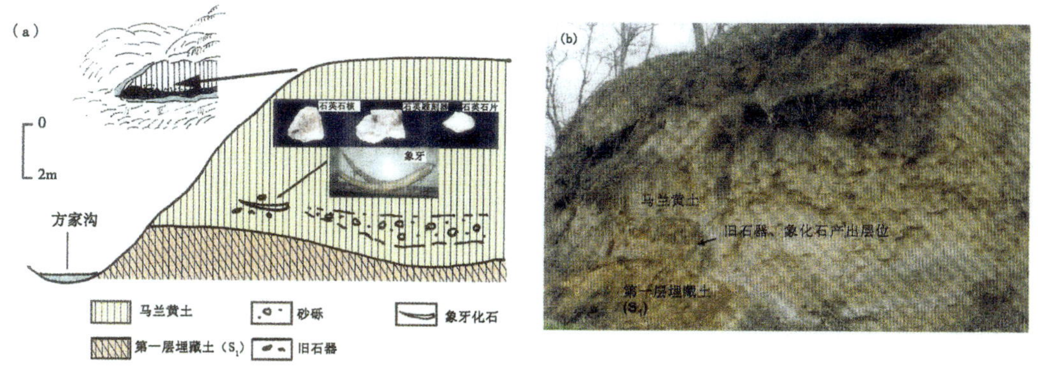

图 2　登封市卢店镇方家沟旧石器遗址剖面（a）和照片（b）

物考古研究所在象牙出产层位发现有旧石器，质地为石英石，包括有石核、石片和雕刻器等石器。

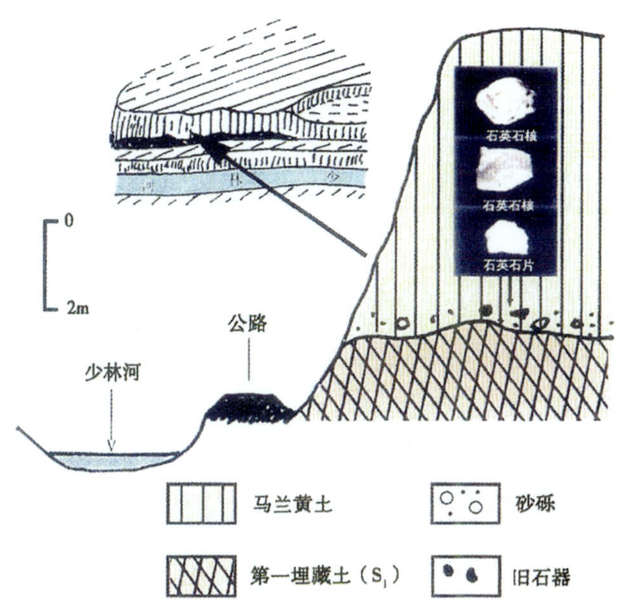

图 3　登封市东金店乡河阏村旧石器遗址剖面

2. 河阏村遗址

河阏村遗址位于登封市东金店乡河阏村的少林河中游西岸的公路旁（图 3），位于少林河第二级阶地（见图 1）。遗址所在的地层剖面厚约 8 米，上部堆积了厚约 6 米的马兰黄土，底部为砂砾层，下伏厚约 2 米的 S_1 古土壤，二者为侵蚀不整合接触关系（见图 3）。在砂砾层中含旧石器，质地为石英岩，包括有石核和石片等石器。

3. 陈窑遗址

陈窑遗址（34° 26′ N，112° 49′ E）位于登封市君召乡陈窑村伊河支流狂河北岸。遗址处在狂河上游的二级阶地前沿，出露地层剖面厚约 6 米，剖面上部有厚约 4 米的马兰黄土、下伏有厚约 2 米的 S_1 古土壤出露，二者间为侵蚀不整合接触关系（图 4）。马兰黄土底部含砂砾层，为一古冲沟沉积。古冲沟中或旁边含旧石器，质地为石英岩、石英砂岩等，包括有石核、石片砍砸器和砾石砍砸器等石器（见图 4）。

三、讨 论

嵩山低丘中的旧石器遗址多见于颍河及其支流以黄土沉积为主的二级阶地中，认识其分布规律就必须认识本区河谷地区中更新世晚期以来的堆积与侵蚀历史。河谷二级阶地下部主要为中更新世的离石黄土及其之上的 S_1 古土壤，人类在温暖的末次间冰期生活，尤其在末次间冰期后期得到较快繁衍，古人遗留了许多旧石器在 S_1 及其上部地层中。到晚更新世早期的末次间冰期后期，产生的流水侵蚀和搬运，使得砂砾沉积中夹有旧石器，古冲沟旁也遗留有旧石器，之后被快速堆积的厚约 5～6 米的马兰黄土覆盖。到全新世时，由于发生板桥期侵蚀，切穿马兰黄土、离石黄土上部（图 5），因此，在出露的中更新世离石黄土之上的晚更新世马兰黄土底部的地层中就可以找到许多旧石器。

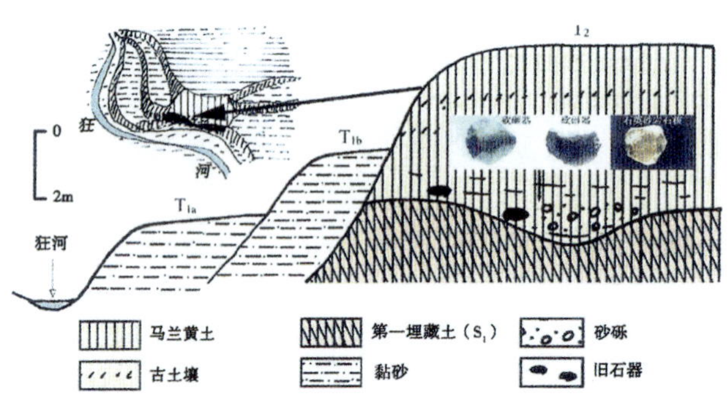

图 4 登封市君召乡陈窑旧石器遗址剖面

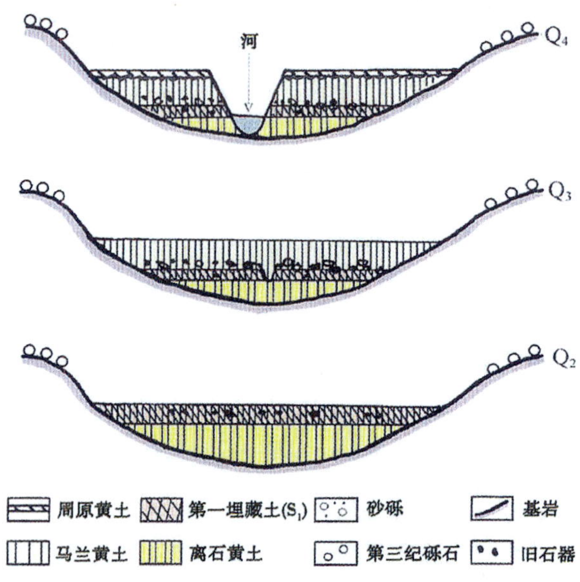

图 5 嵩山河谷地区中更新世晚期以来的地貌演化

上述 3 处旧石器遗址的旧石器产出层位均位于离石黄土之上的马兰黄土底部的砂砾石层中，或古冲沟旁，这说明末次间冰期与末次冰期间环境发生变化的时候，有流水侵蚀作用。生活在嵩山低丘中的人们使用过的石器，保存于古冲沟旁或被流水带到冲积物中。从方家沟遗址含象牙化石，联想到嵩山北伊洛河西岸洪沟旧石器遗址，在 70 米马兰黄土底部切割浅红色黄土（笔者注：拟为 S_1）的古冲沟中含大量年龄不同的象化石和旧石器[4]，说明该时期的环境变化对人类以及与之共存的象等生物产生了影响。

S_1 属末次间冰期堆积，马兰黄土主要为末次冰期堆积，晚更新世早期的沉积层的时代可以与深海氧同位素第 5 阶段后期对比，其时约为 70kaB.P. 前[5]。用洪沟遗址纳玛象下臼齿化石做铀系法测年测得年龄为 110kaB.

P.[4]，马兰黄土底部测得热释光年龄为85kaB.P.[6]，宝鸡黄土S_1顶部年龄为67. 5kaB.P.[7]。

嵩山山体4000平方千米的地区发现约70kaB.P. 前的旧石器地点300多处，这是罕见的。这不仅是对黄河中游旧石器文化研究的重要补充，而且随着调查与深入研究将给我们以许多新的启迪。研究区中纬度适宜的气候、南北之交的适中位置[8]，以及黄土地层发育、水网发达、生物资源丰富、有石灰岩洞穴可供栖息，这些为旧石器文化的形成提供了优越的环境。陈窑等遗址中不仅含石片石器，也含砾石石器，表明嵩山旧石器时代就具有南北文化兼有与过渡的特点。嵩山地区发现丰富的旧石器文化遗址，进一步证明了苏秉琦先生曾说过的中原文化之根扎得很深[9]，也说明刘东生先生论证的“黄土石器工业”和“中亚人与环境”将引导我们深入认识中国古代人类创造的文化[10,11]。嵩山地区发达的旧石器文化，为后来新石器时代至夏商的华夏文明历史中起核心作用的嵩山文化圈的形成和发展，打下了良好的古文化基础。

参考文献

[1] 程胜利、劳子强、张翼等：《嵩山地质博览》，地质出版社，2003年。

[2] 张国臣、张海鑫：《嵩山地质》，《文明》2006年（特刊）。

[3] 周昆叔、张松林、张震宇等：《论嵩山文化圈》，《中原文物》2005年1期。

[4] 巩义市文物保护管理所等：《河南巩义洪沟旧石器遗址试掘简报》，《中原文物》1998年1期。

[5] Petit J R, Jouzel J,Raynaud D et al. Climate and atmospheric history of the past 420, 000 years from the Vostok ice core, Antarctica. Nature.1999,399:429 - 436.

[6] 夏正楷、郑公望、陈福友等：《洛阳黄土地层中发现旧石器》，《第四纪研究》1999年3期。

[7] Ding Z,Yu Z, Rutter N W et a/. Towards an orbital time scale for Chinese loess deposits. Quaternary Science Reviews,1994,13(1): 39 -70.

[8] 莫多闻、王辉、李水城：《华北不同地区全新世环境演变对古文化发展的影响》，《第四纪研究》2003年23期。

[9] 苏秉琦：《中国文明起源新探》，生活·读书·新知三联书店，1999年。

[10] 刘东生：《黄土石器工业》，见：徐钦琦主编《史前考古学新进展》，科学出版社，1999年。

[11] 刘东生：《李希霍芬和“中亚人与环境”》，《第四纪研究》2005年25期。

郑州商城往事今解*

"郑州商城以逾千万平方米的城址，宫殿群，铸铜、制陶、制骨手工业作坊，祭祀遗址，贵族墓地，青铜器、金器、玉器、原始瓷器、骨、字符等内涵，奠定了商代一都的地位"[1]。郑州商城的发现与研究是我国商代考古的重大收获，其内涵之丰富与地位之显要众所周知，要说它的往事多得很，这里仅对该城选址和城墙基础陈述我们一些初步看法，还盼方家指正。

一、选址——原原之交

郑州商城地望早已被学者们关注。2009年春末，时任郑州市市委书记王文超同志约笔者周昆叔前往郑州凤凰台商代遗址发掘现场考察，负责发掘的郑州市文物考古研究院信应君队长接待了我们。抵达凤凰台商代遗址，呈现在我们面前的是一片黄色，堆积物为均匀的粉细砂，显示出典型的河湖环境，而这里西距商城仅约2千米，可说是咫尺之间。郑州商城座落在黄土高原东沿，既获黄土干爽之利，又收河湖清心之效。联想到其西北有距今5000年前仰韶文化的西山古城，又有较郑州商城稍晚的小双桥商代遗址，还有新近发现的龙山文化、二里头文化东赵古城，这些古城群集之处，既立地黄土，又濒华北冲积平原，加之处于亚热带北沿与交通要冲，环境适中，利生存与交往。不过郑州商城与上述早期古城不同的是它处在黄土高原前端，与华北平原贴近。可见郑州商城是处在原（黄土高原）原（华北平原）之交。由于后来环境干旱化，华北平原河湖多已干涸消失，仅留下郑州东圃田泽踪迹，这样郑州旱原与湿原之交生境不易被人们察觉罢了，然而这里古城群集却为郑州市提供了立市渊源，至今郑州市仍如远古起着我国枢纽重镇的作用。

二、城墙——红土墙基

前几年周昆叔到商城参观，见到商城南城墙与紫荆山路相交处西侧剖面，城墙基底红色土与上覆黄色土有显著差别，引起他的关注。2014年9月26日，周昆叔邀鲁鹏、

* 周昆叔、鲁鹏、信应君、杨柳，原载《嵩山文明与中国早期王都——2014中国古都学会（郑州）年会论文集》，科学出版社，2016年，第95～98页。

杨柳两位前往商城，在商城遗处保护管理处马玉鹏主任等的热诚陪同下看个究竟。见高可达 6 米、宽 28 米的城墙之基础的中段有厚几十厘米至 1.5 米的红色土堆积物出露，结构不均，有夯迹，该红色土是从异地取土夯筑而成。此红色土性黏，透水性差，且承载力大，故构成了商城城墙坚实的基础。事后向郑州商城遗址保护管理处前任主任王文华先生询问，获知郑州商城城墙基础均为红色黏土，这使我们意识到周长近 7 千米的商城城墙，至今仍有高 5 ~ 10 米，长 3000 多米的城墙挺立地面上，历 3600 年风雨而不倒，应与坚实红色黏土墙基有至关重要的关系。此现象早已被人们注意，却百思不得解的是这红土来自何处。原来万余年来的全新世，在黄土高原的东南沿分布有周原黄土[2]，此土分五层，且与各期古文化有耦合关系，其中距今 8000 ~ 3000 年间为温和湿润气候，氧化作用较强，形成褐红色古土壤层，为棕壤。商朝正处该层古土壤发育的晚期，由于郑州市内人类聚居破坏，不易见到，但在郑州市西郊则普遍发育。此褐红色古土壤厚约 70 ~ 80 厘米，厚者可达米许。据鲁鹏博士测量，郑州商城城墙之基础红色黏土低频磁化率为 50 ~ 60，与该区全新世周原黄土中的褐红色古壤的低频磁化率相仿，这从一个侧面证明商城城墙之基的红色黏土应是就地取自周原黄土的褐红色古土壤层。除此之外的红色黏土还产于中更新世的离石黄土中，此层被深埋在 5 ~ 6 米的晚更新世马兰黄土之下，故深埋于地下中更新世红色古土壤不可能被商人采用，且中更新世离石黄土中的红色黏土低频磁化率作郑州商城城墙基础的红色黏土低频磁化率高出许多。因此，郑州商城城墙填基的红色黏土只能是就地取自商城附近的全新世中期褐红色古土壤。

三、小结——文明之花

郑州商城以其在商代的显赫地位成为中国与东方文明的代表。郑州商城选址与周城墙有其独特性和先进性。在选址中注重交通和兼顾干湿环境，以及筑城墙中就地采取不易渗水和承载力大的全新世中期褐红色古土壤做城墙基础的事实，说明商人已有较多的环境、物性知识，并在建城中加以利用，这再次展现了 3600 年前商人的深邃智慧，成嵩山文明之花。

参考文献

[1] 李维明：《郑州青铜文化研究》，科学出版社，2013 年。

[2] 周昆叔：《周原黄土及其与文化层的关系》，《第四纪研究》1995 年 2 期。

嵩山地区早期古城群立地环境与嵩山文明形成*

[摘　要] 嵩山及其周围有仰韶文化时期、龙山文化时期、夏、商古城26座，构成了罕见的嵩山地区早期密集古城群，这些早期古城中的22座是分布在黄土台地或黄土岗地上，只有4座是分布在冲积平原上。这一方面说明嵩山地区古代人们有依黄土而生的鲜明特点，另一方面说明嵩山地区早期古城群占有黄土高原和华北平原毗邻，以及处水热适宜的中纬度、交通要冲和山原相兼的人类生存地理环境优势，促成了嵩山文明兴于距今5000年前的仰韶时代，发展于距今4000年前的龙山时代，成于夏、商、周。从嵩山地区早期古城群绝大多数建在黄土高原与华北平原相接壤的黄土上来看，透视出嵩山文明的本土性、唯一性和先进性。

[关键词] 嵩山地区早期古城群　立地环境　嵩山文明

一、嵩山地区早期古城群

城是人类文明的重要标志，在古代社会演进、文明兴起与形成过程中具有重要意义。

据发表资料统计，目前全国新石器中晚期至商代的城址有112座[1]，经考古勘探发掘的有80座，主要分布于黄河中下游、长江中下游、四川盆地、内蒙古地区。嵩山及其周边新石器中晚期至商代古城密集，达26座，占该期古城数32.5%即占该期古城已发掘总数的近三分之一。嵩山地区早期古城中新石器时代中晚期仰韶文化时期西山古城1座；新石器时代晚期龙山文化时期有王城岗（大城和小城）、古城寨、新砦、西金城、徐堡、孟庄、后冈、蒲城店、郝家台、平粮台古城11座；夏代有二里头、大师姑、望京楼、东赵（新砦期城，二里头时期城）、孟庄、蒲城店古城7座；商代有郑州、偃师、小双桥、望京楼、洹北、府城、沁阳古城7座（表1　图1）。现择要者简介如下：

西山古城位于郑州市北郊23千米处的古荥镇孙庄村西，北依邙山余脉——广武山、距黄河约4千米，南面枯河。古城坐落在枯河北岸二级黄土台地的南缘，处在豫西丘

* 张国辉、周昆叔，《嵩山地区早期古城群立地环境与嵩山文明形成》。

陵与黄淮平原的交汇处。城址约距今 5450 ~ 4970 ± 70 年间，面积 2.5 万余平方米。加上城墙及城壕的范围可达 3.45 万多平方米。[2] 城壕之外有外围壕沟。

王城岗古城位于登封告成镇西北约 500 米和八方村东北约 500 米的五渡河西岸台地上，南距颍河约 400 米。北有嵩山主峰之一的太室山，南望箕山和大、小熊山，西邻王岭尖，东为卢医庙坡，四周群山与丘陵环抱。颍河与五渡河在此交汇，形成告成小型盆地，王城岗古城就处在盆地西侧黄土岗、台地上。20 世纪 70 年代末至 80 年代初，在王城岗龙山文化二期[3] 遗存中发现一座小城址，城内面积约 1 万平方米。2002 至 2005 年，王城岗遗址新发现一座河南龙山文化晚期大城，复原后城内面积 34.8 万平方米。[4] 大城北、西两面有城壕，东、南两侧利用自然河道作为城壕。

古城寨古城位于新密市东南 35 千米的曲梁乡大樊庄古城寨村（新密、新郑交界处）溱水东岸的河旁台地上，地处嵩山东麓的丘陵地带，东面辽阔的黄淮平原。城址面积 17.65 万平方米，建筑与使用年代为龙山文化晚期[5]，平面呈东西长方形，至今仍较好地保存着东、北、南三面城墙。城墙结构特殊，虚实相兼[6]。筑墙技术上继承了西山古城的小板块版筑技术且又有新发展，其自创的主体墙与附体墙和隔断夯筑的方法，为郑州商城和辉县战国共城所继承。城外南、北、东三面有护城河环绕，西面溱水形成自然屏障。

新砦古城位于新密市刘寨镇新砦村（距离古城寨 7.5 千米），三面环水，南依双洎河（洧水），西濒武定河，东临寿圣溪河，地势略高于四周地面。城址始于龙山文化晚期末段、废于二里头文化早期，平面基本为方形，南以双洎河为自然屏障，东、北、西三面建有城墙和护城河，是为大城，城内复原面积 70 万平方米。大城西南部为内壕圈占的小城，面积约 6 万平方米。包括外壕在内整个城址面积逾 100 万平方米，是河南省面积最大的龙山文化城。[7]

二里头古城位于偃师西南 9 千米的二里头村南，北面紧邻洛河，南距伊河 5 千米，所在地势平坦而略高于周围区域。该古城的宫城出现于二里头文化三期，平面略呈长方形，面积约 10.8 万平方米。[8]

大师姑古城位于荥阳市广武镇大师姑和杨寨村南地，北距黄河、西南距荥阳市区均为 13 千米，东南距郑州市 22 千米。该城所在的郑州市西北郊，是一处开放型盆地。盆地北依邙山， 西、南为嵩山余脉环绕。盆地内周边略高，为山前低缓丘陵区，中、东部地势较为平坦。发源于嵩山的索河、须水河、枯河流经其间，最终在盆地东部汇于贾鲁河后流入淮河。盆地为交通要冲，北凭黄河，南对嵩岳，西出虎牢关可抵伊洛盆地，东面连接广阔的黄淮大平原。这里土地肥沃，气候温和。该城始于二里头文化二期偏晚、废于二里头文化四期偏晚和二里冈下层偏早阶段之间，由城墙和壕沟构成，今索河从城南向东在城址南偏西部位折向北流，将城址分成东西两部分，大部分在河东岸，少部分在河西岸。城址平面呈东西长、南北窄的扁长方形。城址范围依据城壕计算，总面积约51万平方米。[9]

望京楼古城位于新郑市区北6千米的新村镇望京楼水库东侧，海拔119米，黄水河从古城西侧流过且从遗址西南部折而向东，北距郑州市区35千米。发现二里头和二里冈文化城各1座，皆方形，内外相套，二里头文化城在外，二里冈文化城在内。二里头文化城建于二里头文化二期、毁于二里冈文化城址始建之时。二里冈文化城始于二里冈下层一期、繁荣于二里冈下层二期和上层一期、废于二里冈上层二期，平面近方形，面积约37万平方米。[10]城墙东北部夯土外有一条人工开凿的壕沟，东接黄沟水，西连黄水河，三者形成一个封闭的防卫圈。

偃师商城位于偃师城关镇，西南隔洛河距二里头遗址约6千米，东距郑州商城约110千米，西北距垣曲商城约140千米，东北距焦作府城商城约90千米。主要由宫城、小城和大城构成。宫城位于南部居中，平面略呈方形，总面积超过4.5万平方米。池苑

表1 嵩山地区早期古城表

序号	古城名	地 址	时代	特 征
1	西山	古荥镇孙庄村西	仰韶	年代久远，国内第二。城墙采用方块版筑法。
2	王城岗	登封告成镇	龙山	有河南龙山文化晚期大、小两座城。城内供水系统设计科学，设施复杂。
3	古城寨	新密市曲梁乡大樊庄古城寨村	龙山	城墙结构特殊，虚实相兼。自创主体墙与附体墙和隔断夯筑法。大型建筑基址（F1、F4）具备四合院式建筑雏形，其建筑形制、规模具备早期宫殿的基本要素，是夏商宫殿建筑最直接的前身。城内出土釉陶，世所罕见。
4	新砦	新密市刘寨镇新砦村	龙山	河南省内面积最大的龙山文化城，分大城和小城。出土有玉凿、红铜容器等高规格器物。
5	西金城	博爱县金城乡驻地西金城村	龙山	河南龙山文化遗址中首次发现小麦遗存。
6	徐堡	温县武德镇徐堡村东	龙山	龙山、西周、春秋、战国、汉、宋、明、清八类文化遗存叠压，内涵丰富，延续时代长。其中1件陶器上有两个字。
7	后冈	安阳市洹河南岸	龙山	
8	郝家台	原郾城县石槽赵村东北	龙山	郝家台二期遗存有连间式房子。

序号	古城名	地 址	时代	特 征
9	平粮台	淮阳县大朱庄西南	龙山	城南门道路土下埋有陶质排水管。发现铜渣。
10	蒲城店	平顶山市卫东区东高皇乡蒲城店村北	龙山、夏	龙山文化、二里头文化城址各1座。年代最早的二里头文化城址。
11	孟庄	辉县孟庄镇东部	龙山、夏	二里头文化城直接叠压在龙山文化城上，两城面积大小一样。
12	二里头	偃师西南9千米的二里头村南	夏	出土有高规格的铜器、玉器、漆器和铸铜陶范。连接3号和5号基址的通道的路土下发现长逾百米的木结构排水暗渠。
13	大师姑	荥阳市广武镇大师姑和杨寨村南地	夏	地处交通要冲。出土有玉钺、玉杯、玉琮、绿松石和青铜器工具。城址中部有大量陶制排水管道。
14	东赵	郑州高新区沟赵乡东赵村	夏、东周	新砦期、二里头、东周时期城址各1座。发现的商代早期大型建筑基址规模仅次于偃师商城建筑基址。
15	望京楼	新郑市新村镇望京楼水库东侧	夏、商	二里头文化城和二里冈文化城内外相套。
16	郑州商城	市区东部	商	规模最大的早商都邑。布局清晰，铸铜、制陶、制骨手工业作坊，祭祀遗址，贵族墓地。出土有青铜器、金器、玉器、原始瓷器、卜骨。
17	偃师商城	偃师城关镇	商	由宫城、小城和大城构成。宫城分为宫殿区、祭祀区和池苑区三部分。池渠设施经过认真规划、精心施工。我国时代最早的人工凿池引水造景的帝王池苑设施。由水池和引水、排水等组成城市循环水系。
18	小双桥	郑州西北约20千米的小双桥村	商	有熔炉残块、残陶范、孔雀石等铸铜遗物，青铜构件（与宫殿建筑有关），青铜爵、斝等礼器残片，原始瓷尊、瓮等残片，绿松石装饰品及写在陶质礼器表面的朱书文字等高规格遗物。
19	洹北	安阳殷墟遗址东北部	商	与殷墟王陵遗址、殷墟宫殿宗庙遗址等共同组成规模宏大、气势恢宏的殷墟遗址。
20	府城	焦作市西南郊府城村西北	商	
21	沁阳	焦作沁阳	商	

区有经过认真规划、精密施工的池渠设施，是目前所知我国时代最早的人工凿池引水造景的帝王池苑设施。由水池和引水、排水渠等组成的城市循环水系，是我国目前发现的年代最早的城市人工水利系统。小城平面呈长方形，面积81万多平方米。大城平面呈“厨刀形”，面积近200万平方米。[11]大城城墙之外有护城河环绕。

郑州商城位于郑州市区东部，京广铁路以东，陇海铁路以北。其西、南两侧是由嵩山余脉延伸而来的黄土丘陵高地，东、北两侧是一望无际的平原和低洼的沼泽、湖泊。熊耳河、金水河在商城南、北自西向东流过。该城由内城和外郭城构成。内城城墙呈东北角略有倾斜的南北向长方形，面积约2500万平方米。宫殿区位于内城东北部一带，略呈东西向长方形，面积约40万平方米。外郭城呈弧形，长约500米，绕内城的东南、南、西南三面。[12]外城墙外有宽约40余米的护城河。

嵩山及其周边密集的古城群何以形成，乃立地环境优越使然。

二、嵩山地区早期古城群与立地环境

据贾杰华等撰写的《黄河冲积扇的形成及其水文地质环境》一文中插图“黄河冲积扇全新世岩相”改编成本文“嵩山地区早期古城群立地环境与古城分布图”（图1）。在嵩山山腹及其北、东麓与伏牛山东麓、太行山东南麓为黄土高原东沿。这里分布有中更新世晚期的离石黄土、晚更新世的马兰黄土[13]和全新世的周原黄土[14]，其厚度可达几米、十余米至几十米。前节中谈到仰韶、龙山、夏、商26个古城中的22个都是分布在黄土台地或黄土岗地上，虽然二里头文化城址分布洛阳盆地中，也是处伊洛河间二级阶地的全新世黄土中，偃师商城分布在邙山山麓的全新世黄土中，只有龙山时代的西金城、徐堡、沁阳和平粮台古城是分布在焦作和周口冲积平原的河间带高地上。

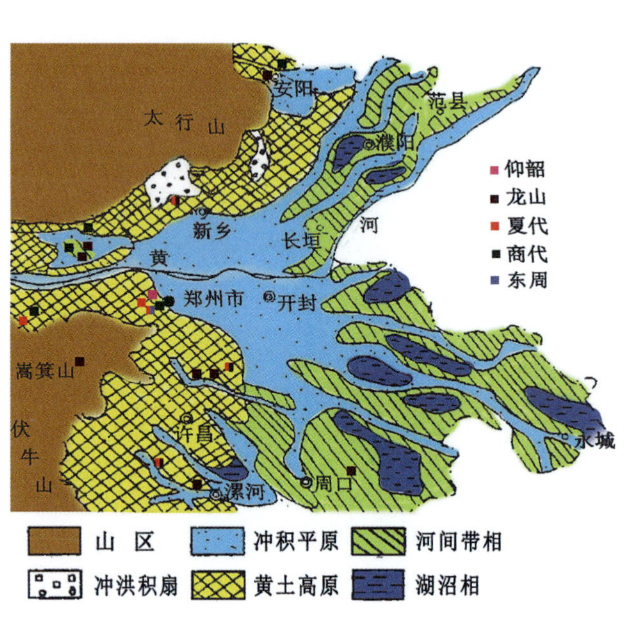

1. 山区　2. 冲洪积扇　3. 冲积平原　4. 黄土
5. 河道间带相　6. 湖沼相
图1　嵩山地区早期古城群立地环境与古城分布图

三、嵩山地区早期古城群立地环境与嵩山文明形成

从我们对嵩山地区早期古城

与立地环境看，除龙山时代西金城、徐堡、沁阳和平粮台四个古城是分布在焦作和周口冲积平原的河间带高地上外，其它仰韶、龙山、夏、商 22 个古城均分布在黄土高原东沿的黄土台地、黄土岗地上。古代人们从他们的生活与生产实践经验中，体会到黄土台地或黄土岗地肥沃、墒好、宜耕而丰食，也认识到黄土台地或黄土岗地稳定和干爽而宜居，不仅是他们的栖居地，更是他们建城的首选。另外嵩山地区[15]黄土高原与黄河冲积扇、华北平原接壤，又系亚热带与温带之交的中纬度地带，水热适度，五谷丰登[16]，六畜兴旺[17]。加之为东西、南北交通的要冲，而成物流、人流、文流发达与政治昌明的古城形成之理想区，构成嵩山文化圈[18]。嵩山地区黄土高原与华北平原毗邻的绝佳生态环境中的黄土，成为嵩山地区早期古城群立地的物质基础，也是嵩山文明形成的主要物质基础。这里距今 5000 年前西山古城城墙已采用版筑工艺等，说明当时嵩山文明之光已普照。距今 4000 年前有龙山文化古城 11 座，有特定的布局，构造复杂，除有宫殿建筑外，尚有大城、小城之分和内、外壕设施。古城寨城墙虚实相兼，抗折断能力强，故距今 4000 年前的城墙至今尚高高耸立，若考虑到城的选址、城墙基础加固及城外排水设施完备等，古城寨应视作一优质工程。这些说明龙山时代的嵩山文明已成华夏文明的核心。距今 3000 年前夏、商时代已有 14 座古城，城更复杂、庞大、完备，还有精美的青铜器、绿松石龙、绿松石牌等礼器与艺术品的发现，说明夏、商时代礼仪分明和组织有序的中国国家已奠定在嵩山地区。嵩山地区早期古城群绝大多数建筑在黄土高原与冲积平原接壤的黄土上，这是中外唯一的建城优越环境，故嵩山地区早期古城群的出现是中外早期古城建城的特例，也是嵩山文明在古城文化催生下的唯一性和本土性、先进性体现。

参考文献

[1] 内蒙古：包头阿善、西园、莎木佳、黑麻板、威俊，准格尔旗白草塔、寨子圪旦、小沙湾、寨子塔、寨子上，清水河后城嘴遗址、马路塔遗址、下塔古城、纳太、二里半，凉城老虎山城址、西白玉遗址、板城遗址、大庙坡遗址，赤峰［东八家、迟家营子、台家营子、大营子南山、大榆树底、新店、西山根、三座店、上机房营子西梁、上机房营子、尹家店、红山］、敖汉旗大甸子。辽宁：凌源三官甸子城子山、北票康家屯、建平水泉、阜新平顶山和南梁城子山。陕西：神木石峁，佳县石摞摞山，榆林寨峁梁，吴堡后寨子峁、关胡疙瘩，清涧李家崖，横山金山寨，府谷寨山。山西：襄汾陶寺，垣曲商城，夏县东下冯商城。河南：郑州西山，登封王城岗（小城、大城），新密古城寨，新密新砦，博爱西金城，温县徐堡，辉县孟庄（龙山文化城、二里头文化城），

安阳后冈，平顶山蒲城店（龙山文化城、二里头文化城），郾城郝家台，淮阳平粮台，偃师二里头，大师姑，望京楼城址（二里头文化城、二里冈文化城），东赵城，郑州商城，偃师商城，小双桥遗址，安阳洹北商城，焦作府城商城，沁阳商城。山东：滕州西康留、尤楼，章丘城子崖（龙山文化城、岳石文化城），寿光边线王，邹平丁公，五莲丹土（大汶口文化城、龙山文化城），淄博田旺（旧称桐林），临沂尧王城遗址，阳谷县景阳岗、皇姑冢和王家庄，茌平县教场铺、大尉、乐平铺（三十里铺）、尚庄，东阿县王集。湖北：石首走马岭，江陵阴湘城，公安鸡鸣城，天门石家河，荆门马家垸，应城门板湾，黄陂盘龙城。湖南：澧县城头山、鸡叫城。江苏：连云港藤花落。浙江：杭州良渚古城。四川：新津宝墩，郫县古城，温江鱼凫，都江堰芒城，崇州双河、紫竹，大邑县盐店古城、高山古城；广汉三星堆。需说明的是，1994 ～ 1995 年中外联合对阴河中下游地区调查，确认 51 处夏家店下层文化石砌围墙（王惠德等:《西辽河流域早期青铜文明》，内蒙古人民出版社，2007 年，第 117 ～ 118 页）。无定河一级支流——大理河流域发现二十座龙山时代石城聚落遗址。……秃尾河流域确认数座史前石城聚落（卫雪、邵晶：《陕蒙史前石城发现与年代的一点思考》，《中国文物报》2015 年 8 月 14 日 6 版）。这七八十处石城址中，城址已命名且资料公开的皆已计入 112 处城址总量之中。

[2] 国家文物局考古领队培训班：《郑州西山仰韶时代城址的发掘》，《文物》1997 年 7 期。张玉石：《史前城址与中原地区中国古代文明中心地位的形成》，《华夏考古》2001 年第 1 期，注释 6。

[3] 根据最新公布的 ^{14}C 测年数据，王城岗龙山文化二期为公元前 2132 ～ 前 2082 年。见夏商周断代工程专家组：《夏商周断代工程 1996 ～ 2000 年阶段成果报告·简本》，世界图书出版公司，2000 年，第 79 页。

[4] 河南省文物研究所、中国历史博物馆考古部：《登封王城岗与阳城》，文物出版社，1992 年。北京大学考古文博学院、河南省文物考古研究所:《登封王城岗考古发现与研究（2002~2005）》（上、下），大象出版社，2007 年。

[5] 方燕明：《关于新密古城寨城址的年代与性质》，载《华夏文明的形成与发展——河南省文物考古研究所建所五十周年庆祝会暨华夏文明的形成与发展学术研讨会论文集》，大象出版社，2003 年。

[6] 周昆叔:《古城寨古城的伟大创造》,《花粉分析与环境考古》,学苑出版社,2002 年,第 259~260 页。

[7] 赵春青、张松林等：《河南新密新砦遗址发现城墙和大型建筑》，《中国文物报》2004 年 3 月 3 日 1 版。赵春青：《新密新砦城址与夏启之居》，《中原文物》2004 年 3 期。

[8] 中国社会科学院考古研究所：《偃师二里头——1959 年 ~1978 年考古发掘报告》，中国大百科全书出版社，1999 年；中国社会科学院考古研究所二里头工作队：《二里头遗址宫殿区考古取得重要成果》，《中国社会科学院古代文明研究中心通讯》第 5 期，2003 年。中国社会科学院考古研究所二里头工作队：《河南偃师市二里头遗址宫殿及宫殿区外围道路的勘察与发掘》，《考古》2004 年第 11 期；中国社会科学院考古研究所二里头工作队：《河南偃师二里头遗址 4 号夯土基址发掘简报》，《考古》2004 年第 11 期；中国社会科学院考古研究所二里头工作队：《河南偃师市二里头遗址中心区的考古新发现》，《考古》2005 年 7 期。

[9] 郑州市文物考古研究所：《郑州大师姑（2002~2003）》，科学出版社，2004 年。

[10] 张松林、吴倩：《新郑望京楼发现二里头文化和二里岗文化城址》，《中国文物报》2011 年 1 月 28 日。国家文物局：《2010 年中国重要考古发现》，文物出版社，2011 年。郑州市文物考古研

究院：《望京楼二里岗文化城址初步勘探和发掘简报》，《中国国家博物馆馆刊》2011 年 10 期。

[11] 井中伟、王立新：《夏商周考古学》，科学出版社，2013 年。

[12] 河南省文物研究所:《郑州商城考古新发现与研究（1985 ~ 1992）》，中州古籍出版社，1993 年；《郑州商城——1953~1985 年考古发掘报告》，文物出版社，2001 年；《郑州商城外郭城的调查与试掘》，《考古》2004 年 3 期。

[13] 刘东生等：《黄土与环境》，科学出版社，1984 年。

[14] 周昆叔：《周原黄土及其与文化层的关系》，《第四纪研究》1995 年 2 期。

[15] 周昆叔等:《论嵩山文化圈》，《中原文物》2005 年 1 期。周昆叔等:《再论嵩山文化圈》，载《中华文明与嵩山文明研究》（第一辑），科学出版社，2009 年。周昆叔等：《嵩山腹地凹形地貌与嵩山文明》，载《中华之源与嵩山文明研究》（第二辑），科学出版社，2015 年。

[16] 赵志军、方燕明：《登封王城岗遗址浮选结果及分析》，《华夏考古》2007 年 2 期。刘昶、方燕明:《河南禹州瓦店遗址出土植物遗存分析》，《南方文物》2010 年 4 期。洛阳市文物工作队:《洛阳皂角树》，科学出版社，2002 年。

[17] 袁靖：《中国新石器时代家畜起源的问题》，《文物》2001 年 5 期。袁靖：《生业兴起　文明进程中的五谷、六畜、百工》，《中国文化遗产》2012 年 4 期。

[18] 周昆叔等:《论嵩山文化圈》，《中原文物》2005 年 1 期。周昆叔等:《再论嵩山文化圈》，载《中华文明与嵩山文明研究》（第一辑），科学出版社，2009 年。

黄帝与黄土高原*

一、黄帝与黄帝族团的统一

经近些年对五帝时代的研究[1、2、3]，使我们对黄帝的认识更深化。黄帝既是一个具体的人，也是黄帝族团及其首领的称呼，因此黄帝名先出于个体，后成为黄帝后裔族团的统称，故黄帝名既是个人又是集体。在黄帝与黄帝族团的努力下，创造了黄帝文化。黄帝有孕育统一中国，并且播百谷草木，大力发展生产，制衣冠、建舟车、制音律、创医学等的伟绩。因此，庄子曰："世之所高，莫若黄帝。"

黄帝是我国文明之初的始祖，他领着我们从蒙昧走向文明，有为我国文明奠基之殊功，逐本求源，故尊称黄帝为人文始祖。黄帝理当成我们中华民族的精神领袖。黄帝仙逝后的安息地黄陵桥山及有关黄帝的胜迹，自然是追念黄帝伟大功业的圣地。

二、黄土高原孕育黄帝与黄帝文化

根据文献对黄帝生产、生活和文化的记载，以其与考古学文化对应，属距今约6000 ~ 5000年间的仰韶文化中晚期[2、3]。仰韶文化的核心地区在豫、晋、陕三省交界的黄河中游。黄帝生、卒和活动的主要地区是晋、陕、豫、冀和鲁五省。如黄帝故里在河南省新郑市；黄帝与炎帝大战于阪泉在河北省涿鹿县的怀来盆地；黄帝族团重要扩展时期——考古学命名的庙底沟文化核心区在陕、晋、豫间；黄帝乘龙升天处在河南省灵宝市的铸鼎原；黄帝的陵墓在陕西省延安市的桥山。这里有广泛的黄土分布，为我国黄土主要分布的黄土高原中心偏东区。一般认为黄土高原范围是北界长城，南界秦岭，东抵太行山，西达日月山，东南至伏牛山、郑州一线的区域。其面积达60万平方千米，其厚度从几十米至400米以上，所以，我国黄土的分布面积与黄土分布厚度都是世界首屈一指的[4]。可见，黄土高原，尤其黄土高原东部是黄帝及黄帝文化主要孕育区（图一）。

黄土高原历来是我国文化发达的地方。我国古人类遗址直立人阶段黄土高原有7处，占全国22处的31.8%；早期智人阶段黄土高原有4处，占全国12处的33.3%；晚期智

* 此文是笔者2010年应陕西省文化产业发展委员会之邀参加"桥山黄帝陵区建设讨论会"在会上做的报告整理而成，原题为《世之所高 莫若黄帝》，补充修改后刊登《古都郑州》2015年第2期。

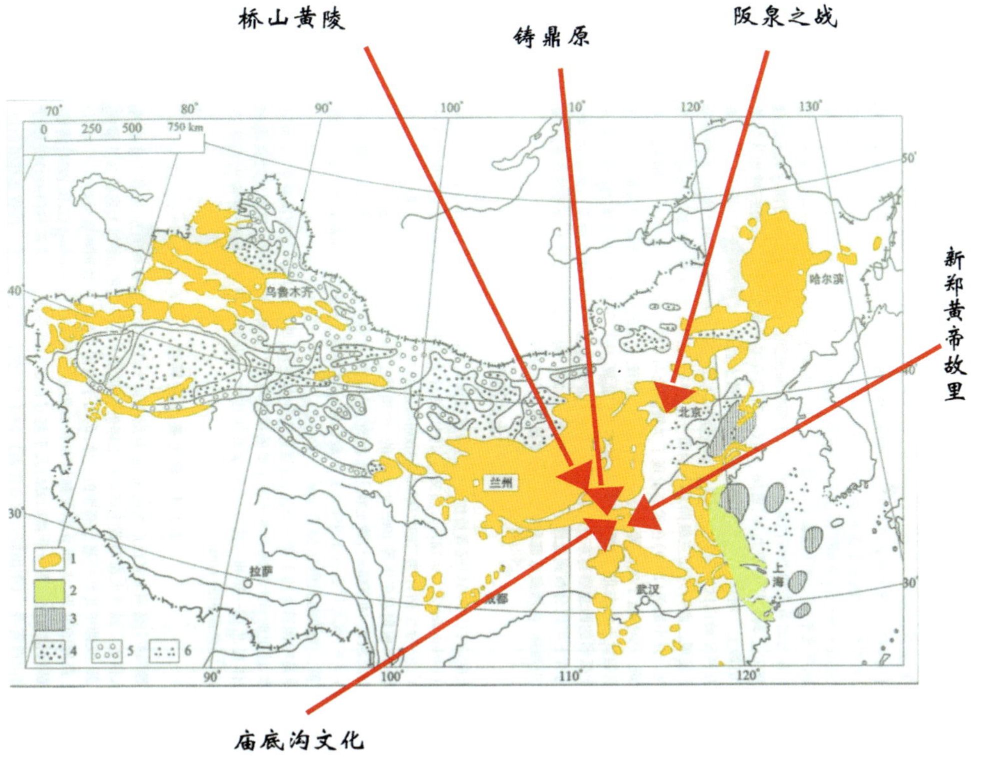

图一　中国黄土分布与黄帝文化图（根据孙建中《黄土学》（2005）补充）

人阶段黄土高原有 10 处，占全国 47 处的 21.2%。也就是说，黄土高原以占全国面积仅约 6% 的土地上有全国四分之一至三分之一的旧石器人类遗址，这说明黄土高原是中国乃至东方古人类的故乡，它的旧石器文化基础是很雄厚的。[5、6]

陕、晋、豫间是我国黄土主要分布区，这里距今 6000 ~ 5500 年左右新石器文化的仰韶文化中期的庙底沟文化空前发展，其影响西抵青藏高原东部，东达东海之滨，北至河套地区，南及长江流域，纵横超 2000 千米，世所罕见。所以，黄帝时代黄土高原新石器时代文化也很发达。

黄土高原深深扎根在炎黄子孙的观念之中，故司马迁在《史记》中说人文始祖黄帝“有土德之瑞，故号称黄帝”。可见黄帝称号就是瑞土——黄土主要分布地黄土高原所形成的观念文化。这种黄土观念文化还表现在很多方面，如旧时皇帝设社稷坛以青黄蓝白黑五种颜色的“五色土”构成，黄土居其中心。又如皇帝着黄色龙袍，黄色琉璃瓦为皇宫专用，这应与我们祖先世居黄土高原有关，耳濡目染，把黄土转化为一种以黄为尊贵国色的观念文化，从而把世界黄土石器工业[7]文化发挥到了极致[6][8]。

三、弘扬黄帝文化

笔者近60年科学研究工作生涯中，主要是在我国黄河中下游的黄土分布区研究黄土等地质问题和环境考古。在30～40年前的中青年时期，曾跟随黄土研究大家刘东生先生工作在黄陵至洛川一带，常往返于黄陵，每念其黄帝功德，同仁在黄帝精神鼓励和督促下，经半个世纪的奋斗，在刘东生先生主笔下写成了《黄土与环境》一书[9]，由于该书在阐述第四纪地质规律上获得国际先进水平成就，刘东生先生首先获得有诺贝尔环境奖之称的泰勒奖，后又获得国家科学技术最高奖。这是在黄帝精神的感召下对黄帝文化的大发扬。

笔者在知天命的年龄后，在我国提出“环境考古”研究。为此，在黄帝主要活动的黄河中下游坚持20多年的环境考古工作，把环境、人、古文化联系起来研究，在黄土高原东南沿提出了全新世周原黄土概念[10、11]，这是含地质与文化双地层内容的全新世地层划分方案，此为该区万年来环境、文化深入研究创造了地层学基础，证明黄帝时代正值全新世气候适宜期，水、热、土环境助推黄帝、黄帝族团及其文化形成与发展。

近年笔者着力中原文化的核心区研究，从山、水、土、生（生物）、气（气候）、位（位置）六重古环境因素，把环境与文化的关系进行系统分析后，得出了嵩山文化圈的理念[12]。这里正是黄帝故里和黄帝主要活动区之一。在此区与同仁发现和论证了嵩山支脉具茨山岩画、巨石文化，指出其岩画是认识中原古文化的第三依据[13]。

一个世纪以来，经过几代学者的不懈奋斗，黄土及其黄帝文化等古文化研究获得了显著成就。但是，关于黄土高原、黄土对我国人生及其文化影响的广泛性、决定性作用的研究还很不够，这是要特别关注的。众土之重，莫过黄土[14]。

四、小结

黄土高原造就了黄帝与黄帝文化，可以说没有黄土高原，则不会有黄帝，更不可能有黄帝文化。

黄帝时代的文化是中华统一文化的孕育期，也是国家形成初期。依黄土生产、生活的黄帝及其创造的黄帝文化是我国古文化的重要内容[6、7]，此突显着我国古文化与环境的高度统一性及其独特性。

黄土高原东部是我国文明起源和国家形成关键地区。因此，对黄帝与黄土高原关系的深入研究应成为我国环境考古学、黄土学的主要研究课题。由于对黄土高原人地关系的深入研究，既可以增进对我国古文化的认识，尤其是环境与文化密切关系认识，也可以促进我国可持续发展。

念黄帝功业，扬黄帝文化。梦中华崛起，兴华夏伟业。

忆桥山

周昆叔

陕北黄帝陵，万代皆敬仰。
掩蔽桥山丘，柏丛翠绿广。
沫若书大碑，陵耸气轩昂。
人文初祖匾，程潜念文昌。
暖泉[15]归巨流，百川入大洋。

（向邀请我的陕西省文化产业发展委员会，向与笔者探讨的中国科学院王守春教授、北京大学莫多闻教授等致谢。）

参考文献

[1] 周昆叔 :《铸鼎原觅古》，科学出版社，1999 年。
[2] 许顺湛 :《五帝时代研究》，中州古籍出版社，2005 年。
[3] 韩建业、杨新改 :《五帝时代》，学苑出版社，2006 年。
[4] 孙建中 :《黄土学》（上篇），香港考古学会出版，2005 年。
[5] 吴新智、黄慰文、祁国琴 :《中国古人类遗址》，上海科技教育出版社，1999 年。
[6] 周昆叔 :《黄土高原　华夏之根》，《中原文物》2001 年 3 期。
[7] 刘东生 :《黄土石器工业》，《史前考古学新进展》，科学出版社，1999 年。
[8] 周昆叔 :《花粉分析与环境考古》，学苑出版社，2002 年。
[9] 刘东生等 :《黄土与环境》，科学出版社，1985 年。
[10] 周昆叔、张广如 :《关中环境考古调查简报》，载周昆叔、巩启明主编 :《环境考古研究》（第一辑），科学出版社，1991 年。
[11] 周昆叔 :《周原黄土及其与文化层的关系》，《第四纪研究》1995 年 2 期。
[12] 周昆叔、张松林等 :《论嵩山文化圈》，《中原文物》2005 年 1 期。
[13] 周昆叔 :《具茨山岩画是认识中原古文化的第三依据》，赵德润主编 :《炎黄文化研究》第十辑，大象出版社，2009 年。
[14] 周昆叔 :《来自天上的“尼罗河”——黄土与降尘对中华文明的重要影响》，周昆叔著 :《自然与人文》，科学出版社，2012 年。
[15] 暖泉系桥山黄帝陵旁一溪流。

论大禹基业在嵩山*

2013年，笔者中周昆叔先生应《中国大禹文化》邀请为其刊题辞，题为“始祖大禹基业在嵩山”，刊登在该刊同年9月号（总第5期）上。2015年7月，周先生再次应邀到登封参加“2015中国登封大禹文化研讨会”，他在会上作了《始祖大禹基业在嵩山》的报告，周先生报告题目中“始祖”指建国始祖大禹。今撰写成文，以飨读者。

一、文献记载嵩山是禹族世居地

雷学淇校辑本《世本·帝系》曰：“黄帝生昌意，昌意生高阳，是为帝颛顼。……颛顼五世而生鲧，鲧生高密，是为禹。”张澍稡集补注本《世本·帝系》云：“颛顼六世而生禹……颛顼生鲧，鲧生高密，是为禹。”《史记·五帝本纪》曰：黄帝“娶于西陵之女，是为嫘祖。嫘祖为黄帝正妃，生二子，其后皆有天下：其一曰玄嚣……其二曰昌意。昌意娶蜀山氏女，生高阳。黄帝崩，其孙昌意之子高阳立，是为帝颛顼也。……帝颛顼生子曰穷蝉。颛顼崩，而玄嚣之孙高辛立，是为帝喾。帝喾高辛者，黄帝之曾孙也。高辛父曰蟜极，蟜极父曰玄嚣，玄嚣父曰黄帝。……帝喾娶陈锋氏女，生放勋。娶娵訾氏女，生挚。帝喾崩，而挚代立。帝挚立，不善，而弟放勋立，是为帝尧。……尧崩，舜践天子位，是为帝舜。虞舜者，名曰重华。重华父曰瞽叟，瞽叟父曰桥牛，桥牛父曰句望，句望父曰敬康，敬康父曰穷蝉，穷蝉父曰帝颛顼，颛顼父曰昌意。……舜十七年而崩，然后禹践天子位。……自黄帝至舜、禹，皆同姓而异其国号。”综上，《世本》、《史记》关于黄帝至禹之间世系、帝系的记载基本一致，禹系黄帝后裔毫无疑问。

传世文献记载，黄帝曾长期活动于新郑一带。今本《竹书纪年》载黄帝“居有熊”，西汉焦延寿《焦氏易林》卷1指出：“黄帝，有熊国君少典之子；有熊，即今河南新郑是也。”西晋皇甫谧《帝王世纪》进一步解说曰：“有熊，今河南新郑是也，古有熊国，黄帝之所都。”《水经注》则曰：“县故有熊氏之墟，黄帝之所都也，郑氏徙居之，故曰新郑矣。”这一观点为《续汉书·郡国志》刘昭注、《太平御览·州郡》、《通鉴外纪》卷1、《路史·后纪五》相继采用，迄至明清。2014年8月新郑市辛店镇许窑村发现的明万历四十一年《重修自然山寺佛殿》碑铭全文624字，两处提到“自然山寺者，世传轩辕黄帝驻跸处”、“自然之山，溱水经焉，龙盘虎踞，起自轩辕”。

* 周昆叔、张国辉，原载《登封与大禹文化》，大象出版社，2016年，第125～130页。

2007 年 2 月新郑黄帝故里景区扩建时发现的清乾隆四十七年《重修玉帝殿记》碑铭曰："吾邑固黄帝之故墟也。"[1]此外，禹的父亲鲧也曾被封为崇伯，居住在嵩山。《连山易》说："鲧封于崇"。《国语·周语下》曰："其在有虞，有崇伯鲧。"又云："昔夏之兴也，融降于崇山。"韦昭注曰："崇，崇高山也。夏居阳城，崇高所近。"《太平御览》卷 39 嵩山条下引韦昭注曰："崇、嵩字古通用，夏都阳城，嵩山在焉。"王念孙《读书杂志·汉书杂志·崇高》说："古无'嵩'字，以'崇'为之，故《说文》有'崇'无'嵩'。经传或作'嵩'，或作'崧'，皆是'崇'之异文。"又，《逸周书·世俘》载："乙卯，籥人奏《崇禹生开》三钟终，王定。"《尚书·舜典》："伯禹作司空。"孔颖达疏引贾逵曰："禹代鲧为崇伯。"《礼记·祭法》："夏后氏亦禘黄帝而郊鲧，祖颛顼而宗禹。"可见，禹和其父鲧、先祖黄帝都曾长期在嵩山及周围生活、经营，这些为禹日后成为部落首领（邦国之君）、部落联盟首领（天下共主），进而协和万邦、粗建王国政体，奠定了坚实的基础。可以说，嵩山及周围是禹发迹的靠山和根据地，而《史记·夏本纪》"帝舜荐禹于天，为嗣。十七年而帝舜崩。禹辞辟舜之子商均于阳城。天下诸侯皆去商均而朝禹，禹于是遂即天子位，南面朝天下，国号曰夏后"更侧证了这一史实。

二、考古证实禹都阳城在嵩山

1975~1981 年河南省文化局文物工作队在告成镇王城岗发掘龙山文化二期小城一座，面积约 1 万平方米。2002~2005 年北京大学考古文博学院、河南省文物考古研究所在王城岗遗址内新发现一座规模庞大的河南龙山文化晚期城址，面积 34.8 万平方米。

根据各自地层叠压关系，大城和小城都属于河南龙山文化晚期，小城略早于大城，东城又略早于西城。^{14}C 测年数据显示，王城岗龙山文化小城的年代，上限不早于公元前 2200~ 前 2130 年，下限不晚于公元前 2100~ 前 2055 年，其中值约为公元前 2122 年；大城城墙的年代，上限不晚于公元前 2100~ 前 2055 年或公元前 2110~ 前 2045 年，下限不晚于公元前 2070~ 前 2030 年或公元前 2100~ 前 2020 年，其中值约为公元前 2055 年。[2]

李伯谦先生在《登封王城岗考古发现与研究》序言里说："根据地望、年代、等级、与二里头文化关系以及'禹都阳城'等有关文献记载的综合研究。王城岗龙山文化晚期大城应即'禹都阳城'之阳城，东周阳城当以"禹都阳城"即在附近而得名，而早于大城的王城岗龙山文化晚期小城则可能是传为禹父的鲧所建造，从而为夏文化找到了一个起始点。"[3]

三、地名学佐证大禹王业在嵩山

我国古老历史中地名学是重要的组成内容。不论国、省、区、县、乡、镇、村、自然村、街、巷（胡同）名称均有其来源，绝大多数要么是该处人史、事史、地理特征的反映，要么是人地关系的共同反映，因此，我国地方名称有重要的史料价值，其价值源于地名是社会史或社会与自然的记录，故我们研究一个地方，或研究某地方某个问题，要注重溯源该处地名的缘由。

河南省登封市告成镇王城岗，从文献、考古都认为是禹都阳城，而此处历来就叫王城岗，这个“王城”必有所指，现在看来应是对禹王业绩的一个记载与纪念。若考虑濒王城岗的嵩山低丘王岭尖，其得名也应与王城岗同样——是对禹王业绩的反映，区别只是王城岗是禹王都城于黄土岗地上，而王岭尖是禹都王城依靠的尖形低丘（图1）。

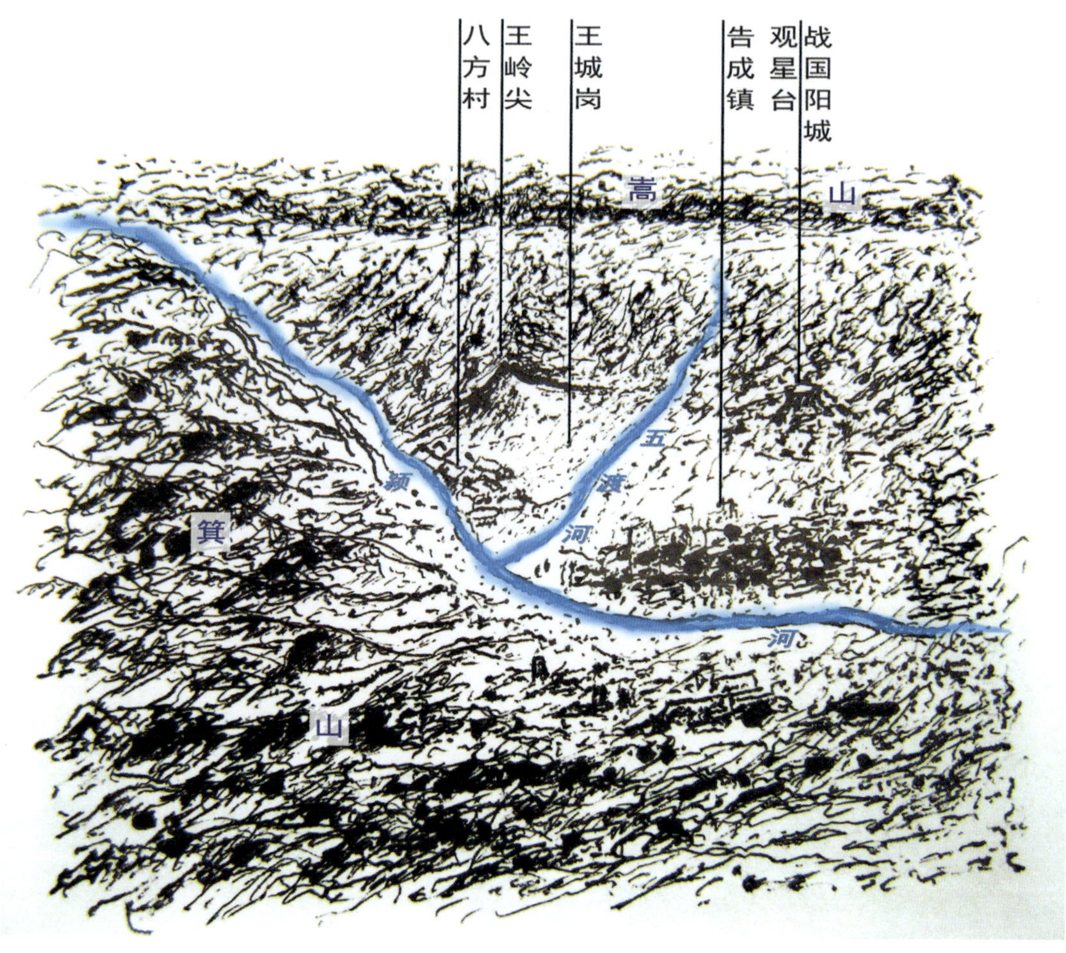

图1　登封市告成镇王城岗遗址山川形势图

我国先民选择居址有依山傍水的特点，王城岗依王岭尖，面颍水和五渡水，此与先民选址的地方吻合。

王城岗、王岭尖同出一地，且都反映出禹王都城所处地理与人文环境，故我们认为王城岗、王岭尖地名与文献、考古一样都有禹都阳城的史料价值。若果如此，那么禹都阳城于登封市告成镇王城岗就有文献学、考古学与地名学的三重证据了。

小　结

综上所述，文献学、考古学、地名学均证王城岗遗址为“禹都阳城”。大禹及其父鲧、先祖黄帝都曾长期活动在嵩山及周边地区，嵩山一带是他们部落世代居住的地方。夏禹在这里成长，并因治水实现集权，成为万邦之君，加速了原始社会向阶级社会的过渡。

参考文献

[1] 杜平安、牛青山：《重修自然山寺佛殿碑铭石碑》，《古都郑州》2015 年 1 期。

[2] 河南省文物研究所、中国历史博物馆考古部：《登封王城岗与阳城》，文物出版社，1992 年。北京大学考古文博学院、河南省文物考古研究所：《登封王城岗考古发现与研究（2002~2005）》，大象出版社，2007 年。

[3] 北京大学考古文博学院、河南省文物考古研究所：《登封王城岗考古发现与研究（2002~2005）·序》，大象出版社，2007 年。

许由史迹考察纪要*

研究史前圣贤许由，能促进我国文明起源研究。

许由系尧、舜时代的重要政治人物，其事迹虽散见于古典文献，但都语焉不详。好在这些年登封市成立了“许由与许氏文化研究会”，在王道生会长等的大力推动下，对许由的研究取得显著进展，达成许由为历史人物，系许姓始祖，生葬于登封箕山，以及他与许国有渊源关系等认识。[1]

许由生活的年代为早期国家形成时期，社会为“协和万邦”的时代，故对该期有重要影响的许由研究，能促进我国文明起源的研究，通过对距今4000年前许由人物个例分析，会使我国这段上古依稀历史变得清楚起来，有利于推动对我国上古史的研究。

今年4月，在登封市接待办公室邓全保同志引导下，前往箕山拜谒许由墓。下山参观了许由庙。

10月16日，风和日丽，在王道生会长的带领下，与登封市史志办公室主任吕宏军先生等一行从登封市西行，考察了与许由有关的遗迹，有君召乡黄城村黄城、石道乡西爻村隐士沟和大金店乡海河湾村负黍城。

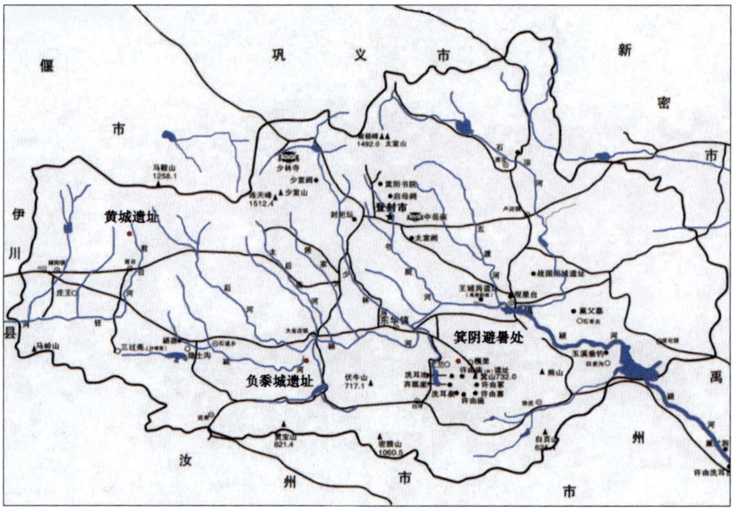

今将考察所见记叙如下：

据马世之先生研究，黄城有如下记载：《杂道书》：尧聘许由坛禅也，谓之黄城。《路史》：黄城，许由隐此。按《说嵩》以黄城，即今县治西南五十里之黄城沟，城址依稀尚存，在马鞍山南。[2]后王道生先生有相似的论述。[3]

从上所述，可见黄

登封市（禹州市部分）许由、巢父文物遗迹（址）分布示意图（据王道生）

* 周昆叔，《嵩山行》，文物出版社，2010年，第166~172页。

马鞍山山南的黄城

城与许由有重要关系。

我们到达黄城后，君召乡同志相继来到，后来在赵如一先生等陪同下考察了黄城遗址。

黄城遗址位于嵩山的少室山向西展布的马鞍山（又名阳乾山）南麓东西两高岗间的低岗上，有源于马鞍山南麓的东、西两沟环流，面积约10万平方米。东、西两沟在黄城南汇流后，南流入狂河，转西流再入伊河，为黄河水系。我们从城北入，有2007年河南省第三批文物保护单位“黄城故城”的醒目标碑一座。这提示我们黄城是一座重要的古城址。标碑南几十米，黄城故城的古城墙赫然耸立，长度约200~300米，高约5~10米，基本完整。我们怀着敬仰和觅古的迫切心情从城北门进入。城门东墙断面上10~20厘米厚的夯土层清晰可辨。入城后见到城墙分别从东、西两侧向南伸展，虽高低不同，保存状况有别，但城墙的形态与走势仍能看得清楚。城中为耕地，多种有待收获的烟叶，烟叶肥大，足见土沃。

我们从城中部穿西城墙考察，在城墙南断面的中上部见有含碎瓦片的遗物。然后

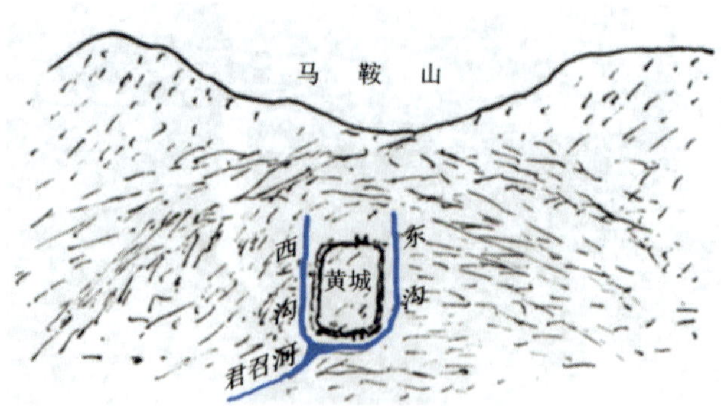

黄城故城位置示意图

沿羊肠小路下坡，下抵约 10 米深的西沟，沟中有少量流水，沟宽约 4 米，踏土垅抵达西沟西岸，回望城墙，见城墙立于黄土层之上。城墙北部薄层黄土之下为古老的基岩，至城墙南部，基岩下伏在约 8 米黄土之下，略记剖面如下：

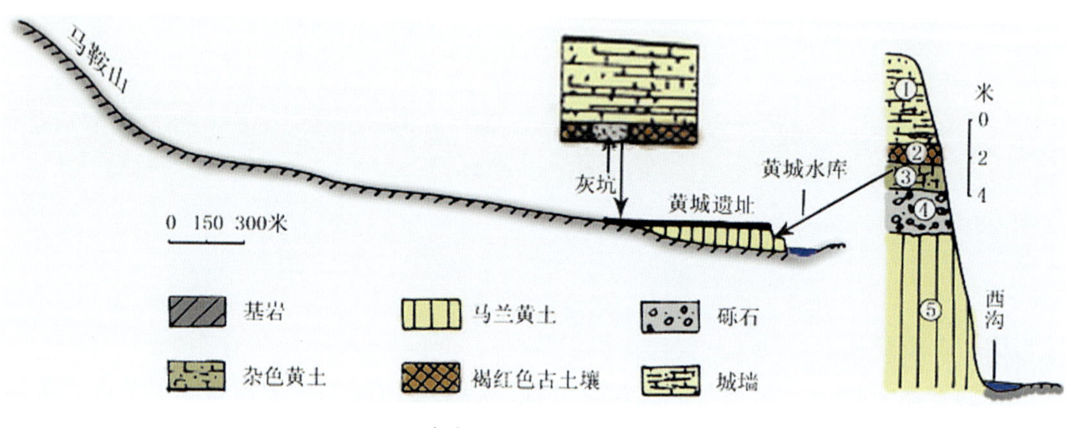

黄城遗址地貌与地层

1. 城墙。厚约 3 米。

2. 褐红色古土壤。厚不到 1 米。

3. 杂色黄土。厚约 1 米。此层下可能为距今 10000 年前全新世底界。

4. 砾石层。厚约 1.5 米。此层可能相当于板桥期侵蚀（即指晚更新世末至全新世初间一次气候变动引起地层受流水侵蚀活动）。

5. 马兰黄土。厚约 5 米，未见底。灰黄色粉砂土，可见厚层层理，偶含角砾。此层为距今 10000 年前末次冰期的产物。

西沟西侧有宽约 20~30 米，高约 2~3 米的一级阶地，该阶地贴在西边岗地东坡上。

考察完西沟及地层后，沿原下坡羊肠小道攀登至前出城墙处，然后沿西城墙外侧

北行。在北纬 34° 26.862′，东经 112° 49.192′，海拔 594 米处，见到约 4.5 米的城墙立于约 0.60 米的褐红色古壤之上，褐红色古土壤中有一灰坑，灰坑开口与褐红色古土壤表面齐平，灰坑上宽，向下稍窄，上宽约 1 米多，下宽约 1 米，灰坑出露深约 0.60 米。由于灰坑中的堆积为浅灰色，与周边的褐红色古土壤色差大，所以灰坑十分显眼。据介绍灰坑中曾出土两个小孩的骨架，现保存不全，尚残存脊椎骨的片断。这说明为上古殉人习俗。

笔者曾研究黄土高原东南缘的全新世黄土地层，划分为 5 层，各层与文化层有打破、叠置和可比关系[4]，其中含两层古土壤，下层古土壤为褐红色古土壤，厚度一般为 0.70~0.80 米，年代约为距今 8000~3000 年。上层古土壤为褐色古土壤，厚度约 0.50 米，年代约为距今 3000~2000 年。我们在黄城故城西城墙上见到的上述剖面提示我们，黄城故城的城墙基底是建在距今 8000~3000 年的褐红色古土壤层之上，而该处城墙下的褐红色古土壤比该层通常厚度约少 0.10~0.20 米，而且不见褐红色古土壤之上的褐色古土壤层，这说明黄城古城最早建造年代要早于距今 3000 年前，可能在距今 4000 年前。这与传说中许由受尧帝禅让的时代大体相当。

黄城的西北角

黄城西城墙下伏的褐红色古土壤与灰坑

隐士沟处在箕山西麓，颍河南岸，系箕山西麓的一冲沟，沟长约 1 千米、宽约 0.5 千米，沟头有基岩出露，沟中有 7 ~ 8 米的黄土堆积，主要为马兰黄土。在用紫红色砂岩块堆垒的去村庄道路基部有清泉涌流，据在潺潺流泉中洗衣农妇讲，该泉常年流淌，冬暖夏凉。泉水系在基岩与黄土层接触处渗流而成。沟中幽静，适于隐居。

负黍城位于颍河南岸，位于北纬 34° 21′，东经 112° 57′，海拔 395 米。处在西边段村河与东边王堂河之间，该二河系嵩山南麓之冲沟，南流汇入颍河。负黍城地头有不同时代的瓦和陶器残片。

对许由遗迹、遗址考察后的印象是，许由早、晚期主要活动于淮河的支流颍河源头和黄河支流伊河支流狂河源头，因此登封市西淮河与黄河水系分水区是许由重要活动区域，许由文化是黄河文化[5]与颍河文明[6]的重要组成部分，属淮河与黄河的两河文化。许由文化是嵩山文化圈[7]核心区文化重要内容之一，再一次说明嵩山是中国上古时代人才辈出的地方，嵩山确是中原文化的发动机和孵化器[7]。

黄城北城外

黄城西城墙下伏的马兰期黄土

参考文献

[1] 《根在箕山，祖乃许由——许由、许国与许氏文化国际学术研讨会纪要》，载于王道生、李立新主编《根在箕山》，中国文联出版社，2000 年。

[2] 马世之 :《许由史迹觅踪》，载于王道生、李立新主编《根在箕山》，中国文联出版社，2000 年。

[3] 王道生:《许由文物遗迹介绍》，载于王道生、李立新编著《许氏源流》，大众文艺出版社，2004 年。

[4] 周昆叔 :《周原黄土及其文化层的关系》，《第四纪研究》1995 年 2 期。

[5] 侯仁之 :《黄河文化》，北京文艺出版社，1994 年。

[6] 河南省文物研究所主编 :《颍河文明》，大象出版社，2008 年。

[7] 周昆叔等 :《论嵩山文化圈》，《中原文物》2005 年 1 期。

古城寨古城的伟大创造*

近年间在河南省新密市古城寨发现龙山文化晚期城址，以其城墙保存完好引起各方注目。我早想前往一睹这距今4000年前古城的丰采。2002年8月1日在河南省地理研究所组织下终于有机会前往参观，所幸的是有该古城发现与发掘者河南省文物考古研究所蔡全法先生陪同前往。

古城寨位于嵩山东侧剥蚀堆积平原的岗地上，西有淮河三级支流溱水，南有流入溱水的一无名河，古城寨的龙山古城就是位于溱水与无名河交汇的高地上。溱河南流入双洎河，再入颍河，终入淮河。

我们首先参观了北城墙东段城墙横剖面，版筑痕迹清楚可见。“每层版筑墙高1米左右，宽1~1.3米，长1.4 ~ 2米不等”。“为了节省工时和木材，也为了抽夹板的方便，起板夯打另一板墙时，总是隔一道板墙不打，而去打另一道版筑墙，这样依次反复，将一层需先打的打完后再将留下的板墙空间层层夯打起来。结果先打的板筑墙土质坚密，而后打的墙体却略虚，……”[1]

我们爬到北城墙内的一居民房楼顶朝东瞭望，4000年前高5~16米，长300多米 ~ 500米，底宽9.4 ~ 40米，顶宽1 ~ 7米的古城墙作长方形屹立在广阔的华北平原上，只有西城墙被溱水侵蚀。

下到遗址西的溱河边，见5米多的马兰黄土陡崖上筑有寨墙。

然后转到南城墙参观，在南城墙门的东侧见到古城墙是坐落在全新世周原黄土褐红色顶层埋藏土之上。

参观完毕，在告别这4000年前先辈伟大创造后，思绪纷纷。几千年前人们高举着集束的木棍，挥汗如雨的筑城劳动场面仿佛呈现眼前。经过4000年来各种自然和人为的损坏，土筑城墙居然能这样完整地保存下来，不能不说是一个奇迹。奇迹中蕴含着秘密，我向蔡全法先生请教这城墙为何能这样完整地保存下来，他说是这里居民稀少，少破坏。我想这当然是重要缘由，但是这一问题始终在脑际萦绕，觉得除人为破坏少之外，还有其他因素在起作用。

首先是城墙基础好，有利城墙保存。在筑城墙前加固了基础。在筑东南城墙时，为垫高补低，“最下部是先用红色粘土掺小卵石和料礓石打出厚0.25 ~ 0.45米的第一基础层，然后在上面用纯净的黑色粘土夯打出极为坚密的第二基础层，厚约0.60米。而后层层夯打出地面，起板夯筑主墙体。其二，在低洼地带以外地势略低的地方筑墙

* 周昆叔，原载《花粉分析与环境考古》，学苑出版社，2002年，第259~260页。

时，先对地面下的窖穴进行清理，然后由底部填土层层夯打出坑口，再在上面加筑夯土。无坑的地方是用黑色粘土夯打起 0.60 米左右的极为坚密的基础层，然后在上面夯出数层夯土后，再起板夯筑主墙体（南城墙的中段就是采用此法）。其三，在地势较高的西北部，即北城墙的西段，是先挖深约 1 米的基础槽，以生土为底，在其上打一层薄薄的基础夯，然后直接在基础槽内起板分块夯筑。其四，在北城墙的东段，平整出较宽的地基，在生土上打一层较薄的粘土和陶片层，再在上面打起数层夯土，而后起板版筑”[1]。基础牢，不易倒。

其次是地下水不易渗到城墙上来，有利城墙保存。西有溱水，南有无名河，北、东挖有护城河，深在 4 米以上，宽 34 ~ 90 米，从城西北角引溱水入护城河，再入南城外的无名河，这样溱水、无名河与护城河起到排水和降低地下水位的作用。更由于城就是座落在褐红色砂质粘土上，加之垫高基础时加添卵石或垫陶片，用多层黑或红粘土夯实，能起隔水作用。水既不易渗入城墙，就能长久保护城墙的基础而起稳固城墙的作用。

其三是城墙特殊结构有利城墙保存。如前所述，古城寨城墙是由成排有序、近乎立方土体构成。这类似现在垒墙用的承重粘土空心砖，这种砖与普通粘土砖相比，有同样的抗压强度、抗腐蚀及耐久性，但承重粘土空心砖比普通粘土砖体积质量小 200~400 千克 / 立方米，抗折强度却大 1~3 倍，且保温性能好[2]。可见承重粘土空心砖以其体积质量小、抗折强度大和保温而优于普通粘土砖。古城寨古城墙并非现在的承重粘土空心砖，但以其虚实结合的结构，也会具备某些比全实筑城墙有较小的体积质量、较大的抗折强度和保温性能。因此，古城寨古城墙以其虚实结合的特殊结构有利其长久保存。

4000 年前古城寨先辈们，筑城选址在淮河 3 级与 4 级支流之间高地上，不但有临水之便，又无洪涝之灾。还利用西、南两面自然河道做护城河，只需在城北、东两边深挖护城河，就可完善护城河，既大大减少了挖护城河工程量，而且护城河水质水量有保证。城北、东护城河的挖掘，并使之与城西、南的河流贯通，古城寨古城成为四面环水的岛城。

护城河既加强了古城防卫，而且有排水、降低地下水位、美化环境和调节气候的作用。古城寨古城墙与护城河，以及城内具廊庑宫殿的建筑，是一组引人叹为观止、科技含量很高的古城遗址。我们敬佩先辈的勤劳与智慧，更要自觉保护全国重点文物保护单位古城寨遗址。努力学习古城寨先辈勤劳精神，学习古城寨先辈筑城选址注重环境，以及巧妙利用自然环境，使其与人造环境相得益彰的优化设计思想，并借鉴其施工技能。大家都来爱护与光大古城寨先辈的伟大创造。

参考文献

[1] 河南省文物考古研究所等:《河南新密市古城寨龙山文化城址发掘简报》,《华夏考古》2002 年 2 期。

[2] 常用建筑材料手册编委会 :《常用建筑材料手册》，上海科学技术出版社，1998 年。

西山访古*

1995年12月，在郑州市文物考古研究所同志们陪同下造访西山遗址，感慨良多。

西山遗址西北依郑州邙山，位于该山东麓丘岗上，高出地面10数米，系黄土高原向东延伸部分的东端，是华夏文化繁荣于黄土大地难得的新证据，乃《孟子》中“依丘而居”情景的再现。《水经注》称：“济水又东迳敖山北。”又称：“水出荥阳城西南李泽，泽中有水即古冯池也。”《地理志》曰：“荥阳县冯池在西南是也，东北流经敖山南。”今称之郑州邙山，与洛阳邙山不是一回事，最多视之东延部分，它本名广武山，昔曾称三皇山，又曰敖山。该山在郑州市西北部的黄河南岸，作东西向，东西长约19千米，南北宽约3～5千米，由厚逾百米的黄土组成，其形成时间在70多万年前[1]。西山遗址东南面向广袤的华北平原，麦地葱绿，农舍点点，城镇屹立，我国南北经济大动脉京广铁路从东侧穿过，黄河大观游览区在遗址西南兴建，火车的轰鸣和工地的喧哗声，构成了西山遗址古老文化茁壮延伸的美妙画卷。

在发掘工地负责同志引导下，先参观修复文物库房，只见许多尖底瓶放置在文物架上，仰韶文化之风扑面而来。在秩序井然的工地上，见到基底宽达8米版筑之城墙，5000年前氏族社会创造的黄土生土建筑，赫然呈现在面前，对先辈崇敬和对参与发掘者感谢之情油然而生。伫立良久，西山的城，西山的物，西山的先民把我带到了远古。

古往今来，沧海桑田，环境迥异。郑州之东圃田乡，即古圃田泽之所，该区今约1米地层之下，即可见圃田泽之湖积物，据河南省水文与工程地质二队石钦周先生等之钻探与研究，埋深9米与12米的圃田泽^{14}C年龄分别为距今2875±115年和5855±130年。这说明仰韶至春秋时代，甚或后来较长一段时期圃田泽还存在。

按《水经注》卷七的详细描述，可知这里曾有著名的荥泽，“荥泽在荥阳县东南与济隧合”。济水现为黄河支流之一，发端于太行山的王屋山，在今温县与黄河相会。今广武山北之黄河可能是古黄河从北南移，取济水而代之的结果。济水曾经与荥泽相连。

荥泽到底有多大，现暂时难以完全说定，但从《水经注》三处的描述可见一斑。一是，“……与河水斗，南溢为荥泽，尚书曰荥波既潴”。指济水与古黄河相会后，南行在低处漫溢为荥泽，足见荥泽主要是济水潴成。二是，“黄水又东北至荥泽南，分为二水，一水北入荥泽，下为船塘，俗谓之郏城陂，东西四十里，南北二十里”。此指穿荥泽而过之一条河，仍可潴水成大湖，可见荥泽非同一般。三是，“荥泽中北流至衡，雍西与

* 周昆叔，原载《花粉分析与环境考古》，学苑出版社，2002年，第257～259页。

出河之济会，南去新郑百里，斯盍荥播，河济往复经通矣”。“出河”指河水漫溢。这里可见济水漫出河，使荥泽可扩至百里外的新郑一带，浩瀚的古荥泽，乃黄河与济水反复连通的结果。总之，古荥泽在今广武山之东南，当河水（古黄河）与济水相汇后，河水漫溢，使荥泽可广及百里。

圃田泽在郑州东南，荥泽在郑州西，二者是各成一水体，或二者各在济水一侧，或二者一度为一水体后分离，尚难论定，但西山东南古代河湖广布却是事实。西山东南何以河湖纵横，是由于此处是黄土高原的东端与华北平原的接壤处，故河水流至此，由于地势下降，河流梯降变小，河水减速，又河水与济水相汇后，水源增多，排泄不畅，导致河水漫溢而潴成水乡。

《水经注》指明济水、荥泽之时代为春秋，而春秋之时，是全新世气候适宜期之后，值自然环境由暖湿变凉干之际，当时该区仍为荥泽和济水为主的河湖分布区。而西山先民生活在距今 5000 年前的仰韶时代，正值全新世气候适宜期的中期，当时这里环境为亚热带北缘，气候较春秋时代暖湿。春秋时代广武山北、东与南三面仍被水环绕，自然，仰韶时代的西山较春秋时代的西山水要丰沛些。

因此，西山遗址先民生活的仰韶时代，很可能不像今天有四通八达之便，而受北、东与南三面环水之阻，难以连通，仅西面与外界陆地相连。果真如此，西山先民居所，北、东与南三面有水之天然屏障，何以仍要兴师动众营造城墙，持续于仰韶晚期秦王寨时期，悉心维护，以收防卫之效，足见西山遗址设城，用心良苦。

西山的居民与东边的大河村居民隔水相望。文化上表现出有某些差异，其缘由可能与生活环境差别有关。因二者除水的阻隔作用外，还由于西山属黄土高原黄土环境，而大河村属华北平原冲积环境。彼邻而交往，自然有较多相似处，又环境不同导致文化的某些差别。这种地形、环境的不同，引出聚落文化差异，也许是仰韶后裔把西山建设成“桥头堡”原因之一吧！

悠悠西山先民，背依黄土山，面临河湖，聚居于黄土，生息繁衍中原大地，壮我中华，荫及后世，发掘深研，妥为保护，既是继承之需，也收黄河旅游区之惠，古为今用，功莫大焉！

参考文献

[1] 赵希涛、曲永新、李汉青、杨革联、覃祖森：《河南荥阳孤柏嘴剖面黄土——古土壤序列与高分辨 S_1–L_1 地层的初步研究》，海洋出版社，1997 年。

考察风穴寺古建筑环境*

1998 年 9 月 16 日在河南省古建筑研究所牛宁副所长和北京大学环境科学研究中心生态研究室宋豫秦主任陪同下，前往河南省汝州市风穴寺作古建筑环境考察。

风穴寺位于汝州城东北 9 千米处。背依嵩山山系的玉皇山，海拔 864 米，其东有石榴峰，其西有旋风垛，自东向西展开，成淮河支流汝河发源地汝州盆地的北壁。风穴寺在该山山麓前沿，面向汝州盆地。自汝州盆地平坦的沃野进入风穴寺前，迎面是植被丰茂的山丘，行前疑无路，然通过丘间峡谷，河南省文物保护单位千年古风穴寺，耸立面前，错落有致，令人惊叹。风穴寺始建于后魏，名香积寺，隋代改名千峰寺，唐代扩建为白云寺，现风穴寺为俗称。由于这里保存有唐代高 24.16 米的七祖塔，有金代建筑中佛殿，还有北宋宣和年间铸造的 9999 斤大钟挂在高 10 米明代建筑悬钟寺内，再加上附近秀丽风光，风穴寺成中原名胜。对这一组十分珍贵的古建筑群如何有效保护，成为河南省古建筑保护研究的重要课题。

考察风穴寺古建筑环境后，得出四点印象。

其一是封而不闭。风穴寺位于玉皇山南坡丘间凹地，面积约 30000 多平方米，为寒武系灰岩被流水侵蚀形成。以其低于周围丘陵约 10~20 米，成一封闭幽静环境。然而爬上凹地周边，玉皇山南坡平缓起伏的丘陵一望难及边际，又通过凹地南侧丘间谷地与汝州平原相连，故此封而不闭。

其二是流而不腐。凹地中有溪水穿流。另外，翻过玉皇山向南顺山坡的气流，到风穴寺骤然下沉，又在风穴寺凹地南侧东西两丘陵间形成的峡谷活跃气流拉动作用下，气流加速，产生一股强大风力常年穿过凹地上空。当经过汝州平原，或立于风穴寺凹地底部，或立于风穴寺凹地旁的丘陵上，风平浪静，然而立在凹地北部望汝亭时，则风力可达 5~6 级，在悬岩边必须警防被风吹倒。这种局部气流加速成强风的环境效应，使风穴寺凹地风清气爽。风穴寺特殊气流活动所产生的常年刮风与潺潺清流，使这里成流而不腐的环境。风穴寺之俗称，正是物征而名化的结果。

其三是坚而不摧。凹地中堆积了 3 米多的中更新世离石黄土和 5 米左右的晚更新世马兰黄土，可见凹地形成虽早在此处石灰岩被流水侵蚀时，但现在面貌奠定却是在晚更新世末与全新世初马兰黄土被侵蚀之后。风穴寺凹地的基底为古老的侵入岩，质地坚硬，是良好的建筑基地，有利建筑物的保存。

* 周昆叔，原载《花粉分析与环境考古》，学苑出版社，2002 年，第 261 ~ 262 页。

其四是绿而有神。风穴寺凹地周边为寒武系灰岩丘陵，灰岩系富含钙、镁元素的碳酸岩类，适于柏树的生长。风穴寺凹地中阔叶树繁茂，而其周边丘陵上万柏葱茏。据研究“侧柏精油对多种害虫有驱避拒食效果”[1]。“侧柏四季常绿，精油含量高，可清新空气，杀菌力强且芳香宜人，可将侧柏林建成保健疗养的风景林”[2]。风穴寺茂密的植被，特别是柏林有利人生长寿和建筑物的持久。

有鉴上述，风穴寺的环境，动静结合，干湿适度，清新宜人，有利起于后魏，兴于宋金，延至现代风穴寺古建筑的保存，起到了物长久，人长寿的环境效应。所以，要保护风穴寺古建筑，固然要在古建筑上下功夫，但如只限于此，则不能事半功倍。为达到事半功倍之效，就要注重保护这里的生态环境。所以，风穴寺古建筑群的维护工程应包含保护风穴寺生态环境部分，并把整个工程放在保护风穴寺生态环境的基础上来实施。风穴寺的生态环境保护并非限于风穴寺凹地，也应包括影响风穴寺生态环境形成的周边地区。

风穴寺生态环境与其古建筑关系考察，虽然是个例，且是初步的观察，仅此也可看到我国建筑物是与其生态环境融为一体的，这是中国建筑文化的精髓，应在古建筑维护中得到弘扬。

参考文献

[1] 谢复旦:《江苏侧柏资源开发利用探讨》,《林业科技开发》1995 年 3 期。

[2] 黄洛华、龙玲、陆熙娴、李琦:《侧柏枝叶精油的化学组成与抗蚁性》,《林业科学研究》2001 年 4 期。

国家要务*

——建议尽快把登封建成“天地之中”国家级文化产业园

推动社会进步的生产力，分为物质与文化两类。

过去我们注重物质产业，而今却把文化也当作产业，且认为是国家支柱产业，为什么会发生如此大的变化呢？乃社会发展阶段变化使然。

当物质生产丰富后，也就是我国将进入小康社会时，人们吃、穿、住、行需求得到基本满足后，人们转入到对文化的关注，要学习，要欣赏，要愉悦，也就是要注重精神丰富与提高。人们经过参加观光等文化活动，以求扩大眼界，提高情操，心情松弛，身体健康，这有利于把物质生产搞上去，所以把文化作为产业是反映了人民对文化的需求，故把文化当作国家支柱产业来办是适时之举。

物质产业要有工厂、农田与牧场，文化产业也要求有场所，故国家为促进文化产业发展提出文化产业园的建设。

文化产业园必须名符其实，也就是园区一定要文化内涵丰富。文化是人们在选择、适应和改造环境中创造的，所以文化是人们利用环境的产物，故文化必打上环境的烙印，以致各地区有不同的文化。国家级文化产业园建设要选择那些能代表国家文化和环境优美的地方。

登封最适于建设成国家级文化产业园区，何以如此，因为登封本来就是国家文化顶尖的地方。

登封处在嵩山的中心。嵩山是我国五岳居中的一个，故名中岳。这个“中”字可了不得，不只是嵩山位置处于五岳中间而已，她反映嵩山处于我国中枢，在嵩山地区枢纽作用下，能控四方，这样在其中形成了我国4000年前第一古都—禹都阳城。后来影响扩展到嵩山周围，成为我们国家形成源起的地方，并成为占我国八大古都一半的地方。追其源是这里早有上百处旧石器文化遗址和成千新石器文化遗址，它们为这里文明起源和国家形成打下了牢固基础。人们长期在嵩山地区生活，创造出丰富与先进的嵩山文化圈，嵩山成为我国文化区中最重要的中原文化区的核心、发动机和孵化器。正因为这样，我们先辈早已认为嵩山登封是“天地之中”了。今年9月1日联合国教科文组织批准登封“天地之中”历史建筑群为世界文化遗产，这是世界对登封历史建筑群所代表我国“天地之中”文化理念的承认。登封“天地之中”延伸出中国、中华、

* 周昆叔，《嵩山行》，文物出版社，2010年，第30~31页。

中央、中原等“中”文化理念，登封为我国文明和国家形成主源地自然要得到肯定。

因此，把山青水秀的登封，把中华文化主源和文化认同的登封建设成为国家级文化产业园区是顺理成章的事。通过对登封国家级文化产业园的建设，让登封“天地之中”文化发扬光大，作用更广，乃国家要务。尽快把登封列入国家级文化产业园建设，善莫大焉！

嵩山东晓*

2011年3月16日，我从登封市天中大酒店一大早起来，要在7点半赶到新郑机场乘飞机返京。当6点钟下到酒店一楼大堂时，值班服务员还在伏案休息，灯光暗淡，一片寂静。预定送我的市接待办公室的司机，我的老朋友邓全保师傅还未到达，想起从登封到新郑机场有近100千米行程，且还要办理行李打包与办托运手续时，心里有些不踏实。好在6点刚过，邓师傅赶来了，随即驱车出登封市东城向新郑机场奔驰。

邓师傅打开汽车前照明灯，穿行在出城的公路上，驱车约5千米来到少（少林寺）郑（郑州市）高速公路入口处，这里地势较高，往东是一大片开阔地，光线暗淡难及尽头，只见远处的低丘若隐若现。不久灰暗朦胧低丘上露出一线白色晨光，将低丘的轮廓画得一清二楚。晨光逐渐扩展，终成亮丽的鱼肚白。低丘轮廓线上显现的株株柏树，在白色晨光衬托下，黑白分明，好似一排威严的卫士守护着豫中大地。当临近低丘，星散分布的落叶树林，枝茎分明。杨树枝直，槐树枝曲，尽显物种的区别，展现出形态各异的线条美。夹在灰暗天空与耀眼的晨光下的株株暗色树木，宛如幅幅版画。

晨曦版画

美到何处寻，尽在嵩山东。
晨曦展版画，中岳精气神。

当汽车随着爬丘与下沟，做高低交替变化行驶时，我似乎沉醉在传送带中的画廊里，虽目不转睛，却仍难留住那转瞬即逝的美景。不知不觉，白色晨光上方忽然露出橘红色的天幕，上浓下淡，还在其上抹了几道紫红色的烟霞，在灰暗的穹隆下，奇丽非凡。低丘长垅，蜿蜒曲折，层层叠叠，高低错落，近暗远淡，隐隐约约，村镇农舍点点，人们翘首迎候新阳光，新希望。

当橘红色天幕更浓时，紫云消退后，远处丘间耀眼的太阳，像羞答答的少女正在缓缓地揭去面纱。首先，金光簇射，接着月牙状的黄金太阳闪现，随之光芒万丈的半圆金黄太阳升起来了。眨眼间，圆盘状金黄太阳腾空而出，赶走了仅剩的一点灰暗天空。她那势不可挡的光芒，让我们的眼睛都不敢正视，只好赶快翻下汽车前排座位上方的遮光板来遮挡它。

* 周昆叔，《自然与人文》，科学出版社，2012年，318~319页。

在晨光斜照下，路堑岩壁上几米大的阴刻“武”字，显得特别神气。几亿年前大海升陆而成银灰色石灰岩层之上，先后堆积了几米厚1000万年的红色黏土和七八万年开始堆积的黄土，很是显眼。大地画家为丰富我们的生活，重重地刷上了灰、红、黄几笔，真是醒目提神。油绿的麦苗，在红黄的沃土上，身披朝霞，抖去露珠，茁壮成长。

在河北省北戴河鸽子窝观日出，日从波光粼粼的大海上弹跳而出。在黄山观日出，日穿云而出。在嵩山峻极峰观日出，日在丛山中冉冉升起。在郑州北黄河大桥上观日出，日在灰暗的河岸、河心滩间的金色河面上磅礴而出。这些地方日出不同乃地物差异引起，不同的地物，不同的环境，营造出不同视觉效果。

嵩山以东有40~50千米宽广的低丘分布，当站在低丘之巅，视线开阔，有如平川，或如细浪，但处低丘之间，视线虽不如前开阔，但影响不大，故在丘巅或丘间都可以从容地观日出，这里不仅有山原观日出之美，而且还可欣赏到特有的版画图景。我们的先辈就是在嵩山到华北平原之间这块黄土高原东部边缘上，迎着和煦的阳光，日出而作，日落而息，创造了从10万年旧石器文化至今绵长的辉煌中原文化。

嵩山览胜

嵩山东去低丘原，丘沟台地互相随。
岗台盘踞万千年，华夏文明溯源泉。
诗情画意千水畔，戏水长歌越三千。
晓日从容腾空起，嵩山文化日月新。

暑趣*

顺时而动，张弛之道，处事之章。

暑者，炎热也。这让我想起我国著名漫画家丰子凯先生为形容重庆的炎热，画了一只伸着长舌头喘气的狗，足见暑热难熬。

《易·系辞·上》:“日月运行，一寒一暑。”暑是日月运行之道。我国大部分地区暑天雨热同季，热量足而雨水多，利万物生长，故暑天是夏收秋播的季节。辛苦的汗水浸透着衣裳，然而夏收的硕果，秋实的希望，让人们喜上眉梢。

《淮南子·坠形训》：“暑气多夭，寒气多寿。”可见，暑天炎热多汗，不及时补液，若再贪凉，寒暑不均，必易染病，故“多夭”。这样防暑就十分重要了，度好暑成为人们生活的重要一环。自记事起，我已度过了70多个暑天，时事变迁，多已淡忘，但有三件事，没齿难忘。

我的老家位于湖南省株洲市荷塘区明照乡东流村刘家冲。我家处在一丘陵南麓，山上绿树成荫，房前阡陌纵横，池塘点点。少年时，一天劳作之余的夜晚，一家老少在晒谷场上或坐或躺，边喝茶边聊天，摇扇乘凉，仰望蓝天，星斗闪烁，不时流星划破夜空，打破了寂静夜晚，翘首指点，乐不可支。萤火虫一闪一闪，在夜幕下十分醒目，酷似一盏盏灯笼，在眼前晃来晃去，似乎在有意地捉弄着我们。这种田园牧歌式的生活，令我回味无穷。

湘潭白石公园

20世纪40年代，为了消磨暑假，我在堂屋把方桌一摆，展开纸笔，对着西墙上悬挂的齐璜（即齐白石）画的“芦雁图”临摹起来。“芦雁图”一共六幅，两边各一

* 周昆叔，《嵩山行》，文物出版社，2010年，第253~256页。

少林旅游度假村

少林旅游度假村远景

幅字，中间四幅为画，表现雁在芦苇丛中戏水和觅食的情景，有的雁伸脖挺立，有的没水觅食，有的展翅起飞，有的彼此亲昵，一派生气盈然。令人拍手叫绝的是雁伸脖扭转时着墨极淡或不着墨，恰到好处地利用透视原理，把雁伸脖的一瞬间表现得淋漓尽致，雁群活灵活现。想来我现在能画几笔，得益于齐璜老先生的启蒙。

今年盛暑是在嵩山少林寺前的王指（子）沟嵩山少林风景区管理局旅游度假村度过的。这里两山夹一沟，沟长约 2 千米，自南向北流，汇入少林寺前少林溪，转南东流入少林河，穿登封市区而过，南流入颍河，属淮河水系。王指沟上游谷地狭窄，不过几十米至 100 米，沟两侧山高可达海拔 800 米以上。王指沟的下游谷地较宽，可达 200~300 米，用石块垒砌的流水沟，沟宽约 20~30 米，海拔约 550~600 米，沟两侧山高海拔约 700 ~ 800 米。沟两侧房屋面沟相向而建。王指沟少林旅游度假村建在王指沟下游北侧台地上。少林旅游度假村的房舍系租农民的房屋，经装修改造成单门独院的三星级宾馆。临沟两侧有宽敞的公路可直通 10 多千米外的登封市。

王指沟两侧层峦叠翠，优势树种是栎树，计有栓皮栎、麻栎与蒙古栎等树木，多为落叶阔叶树，树林密闭，难见天空，阳光从树丛间隙射入道道光束，在弥漫的潮湿空气中，形成梦幻般的世界。

穿行在林间小道上，遮天蔽日的葱翠树木，散发出泥土与植物的清香，醒人肺腑。漫步其间，如入隔世境界。间或传来少林寺诵经悠长的乐曲，又入佛法圣境。

林中一些小块黄土地辟为练少林拳的场所，小伙子们在与世隔离的森林中龙腾虎跃，不时从丛林中传出拳击声和呐喊声，宁静中又生气盎然。

王指沟中草木繁茂，杏、桃、板栗等果木点点，沟中、沟两侧和山麓的闲置土地上种有蔬菜，沟边盛开着蔷薇、木槿等花草，石榴果实累累，花椒种子已紫红，香气扑鼻，空气新鲜，暑天无浩暑，漫步其间，令人心旷神怡。雨后溪水涌流，潺潺的清泉拍打着沟中的巨石，发出清脆的叮当声，王指沟溪声与小孩们戏水声组成一曲悦耳的乐章回响在山间。

王指沟是度暑问禅的天堂。在这天堂里，“智者乐山”，“仁者乐水”，“上善若水”，心境自明，何不乐哉。此乃禅宗少林寺的一方水土，它养育出了禅拳无双的少林文化。

在散步中，我哼出了“少林景区之歌”：

嵩山之阳，少林辉煌。千年古刹，闪耀光芒。

山川拥戴，碧水天光。溪水潺潺，鸟语花香。

吼声震天，三伏练忙。禅拳声起，友朋四方。

住在王指沟这乐山乐水圣地度暑，暑气虽减，志气要增，努力做事，夕阳更浓。

名村文化 *

嵩山文明扎根于嵩山古代聚落。我在2009~2011年常住嵩山期间促使这种认识进一步深化。所以，我曾向登封市史志办吕宏军主任等提出过要关注登封村史的编写。近日接到登封市政协文史委主任、嵩山文化研究会副会长常松木先生的电话，知道登封市政协要出版《登封名村》一书，令我十分高兴，并应邀写序。

我国历来十分重视史学研究，因为以史为镜，可以知兴替。太史公司马迁著《史记》，立开创写国史之殊功和成立史之典范，后才有《资治通鉴》、《二十四史》、《四库全书》等的编写，以及各种《中国通史》的问世和专门史学书籍的出版。我国重视历史的研究还体现在族谱和地方志的编写，且为适应时代的变迁，对族谱、地方志作定期修编。然而对村史的编写尚未成风尚，这应予关注。

所谓村落是指农民聚居之所。现在的村落尚可分若干自然村，甚或再分组。村落诞生于农业萌芽的新石器时代早期，即距今1万年前后，人们已开始过定居的生活，在嵩山东麓新密的李家沟文化应属之。此后距今8000~7000年的裴李岗文化时期，农业文明已经兴起，如新郑市唐户遗址，除有半地穴式的单间房屋，尚有双间房出现，且除连片房屋建筑外，尚有排水沟设施，显然这个时期的古代聚落已具村落的雏形。距今5300年的大河村遗址，已有排房建筑，这说明5000年前嵩山地区已有成熟的村落了。

登封市是华夏文明重要发祥地。登封有一批村落就是在古代聚落的基础上建成的，如告成镇的八方村等。有些村，虽不是古代村落的基础上形成，但也是在古代聚落影响下形成的。

本书由登封市80多个名村编纂而成。何谓名村，能称之名村者，当有突出特点，或历史悠久，或环境优越（指位置适当，交通便利，气候适宜，水丰，土沃等），或生产发达，或文化先进等。这些名村具上述特点一或二，或全具，虽各有别，但必具之。然事实上通常四者都占之，互为促进，只是各个名村的情况有别。

本书有助对名村的理解。如大冶镇的火石岭村，相传是黄帝命名，源于碰石取火，而人类发明碰石与钻木取火，并能控制火，是人类从茹毛饮血的野蛮时代进入熟食文明时代的重大事件。火石岭村是个有悠久文化传统的名村，以至出现了一批大学生、

* 周昆叔，《登封名村·序》，河南文艺出版社，2014年，第7~9页。

研究生，甚至还有获博士称号的文化人。又如告成镇八方村是在裴李岗、仰韶、龙山、二里头、二里岗、汉、北魏、唐、宋、元、明、清数千年文化积淀的基础上形成的。所以，我在《嵩山行》书中颂扬“悠悠四千年，夏都立阳城。中华长流远，王城有先声。”

名村必稳定，要稳定首在环境利人生。嵩山山腹是由北面的太室山、少室山与南面箕山间所形成上百万平方千米的凹地构成，在这依山傍水之地利人生，故有诸多名村的孕育，如八方村处五渡河与颍河之交黄土台地之上。名村亦多注重文化，民风朴实而厚重。如白坪乡的西白坪村，这里重信仰，多庙宇，且有一所无塑神像的庙，谓之“没爷庙”。其实“没爷庙”非庙，而是当地开明人士为贫困者、过路者避风雨设的临时居所，可能有与庙相同的慈善意义而名庙。西白坪村人，在这种可贵济贫救困的文化熏陶下，自然是团结而稳定的。另外，名村的稳定还源于我们民族历来注重族源传承，即血缘文化的继承与弘扬。这在登封名村中也有彰显，如颍阳镇有刘寨、安寨、刘村、郝寨、李洼、刘相，在君召乡有常寨、黄城、陈窑、海渚、钱岭、红石头沟，石道乡有阮村、王楼、阎坡等。这些村落由于历史演变，多已成众姓混居村，但至今也有某姓居民占一定数量者，或可查村名与某姓的渊源。

上述对村与名村的讨论中，不难看出其在我们国家社会中的基础作用。基础牢实，大厦方固。如果说家庭是社会的细胞，那么村落、名村就是细胞集合机体，我们应重视村在国家稳定与发展中的基础作用，就是很自然的了。

名村是我国农村发展的榜样，是起示范作用的基层组织，我们不妨以“名村文化”来推进建设名村、稳定农村和提高名村。一如前述，名村源于历史、环境、生产和文化，那么名村应当注重发扬传统，优化环境，发展生产和提高文化。在这举国响应中共十八大三中全会号召而努力实现中国梦的时候，作为中华文化重要发祥地的登封，应努力弘扬名村文化。因此，《登封名村》一书的出版恰逢其时，并以此为契机，大力弘扬名村文化。登封市将会在国家经济转型中争当先锋，在思想文化建设上日新月异。

祝登封市成为建设名村文化的典范。

具茨山岩画是认识中原古文化的第三依据*

[摘　要] 本文向西介绍了具茨山岩画的分布情况，分析了该岩画产生的年代，先民们创作这些岩画时的心理追求和企望，具茨山是黄帝故里的所在地，如此丰富多样的岩画说明具茨山应视作“中华根脉文化名山”。

[关键词] 具茨山　岩画　黄帝文化　中华文明

在中原以外多发现有岩画后[1]，几十年后终于在我国古文化主源地中原发现了岩画，了却了人们长期的盼望，甚幸！我们过去对中原古文化的了解来源于典籍和考古学，具茨山岩画的发现为了解中原古文化增添了一个新的“石头书”来源。

一、具茨山简介

具茨山是中岳嵩山向东部平原延伸最长的一座山（图 1）。具茨山作西北－东南走向，群山起伏，层峦叠嶂（照片一）。它西起登封市（N34° 16′ 36″，E113° 39′ 42″），东抵新郑市与禹州市间（N34° 26′ 35″，E113° 11′ 30″）。总长约 55 千米，平均海拔

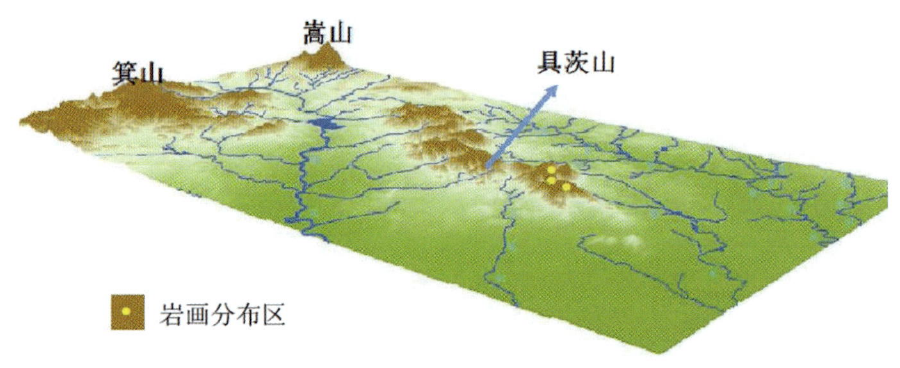

图 1　具茨山三维立体图

*　周昆叔，原载《炎黄文化研究》第十辑，大象出版社，2009 年；又载《岩画与史前文明》，九州出版社，2010。

600~700 米，主峰荟翠山海拔 792 米。具茨山为颍河与双洎河的分界山，是两河的重要水源地。具茨山岩画主要分布在该山东部风后岭至老山坪间约 15 千米范围内，多分布在海拔 350 米以上的山坡与山脊上，南坡多于北坡，风后岭一带也有密集分布。

具茨山是一座古老的山，有二叠系、寒武系、震旦系和元古界地层[2]，也有第三纪红色黏土和第四纪黄土堆积。这里古老的云母石英片岩在长期地质作用下，构造变形，发生褶皱与断裂，受重力影响，一块块塌落在山上，好似一片片碎纸铺撒在山上，在绿色植被衬托下，十分醒目。我们先辈以其做画、刻符，抒情写意，让我们神往、迷惑与沉思。

二、具茨山岩画简介

自 2006~2007 年几次对嵩山东支具茨山岩画进行考察之后，于 2008 年 11 月 4 日至 12 月 21 日的一个半月里，再次与同仁顶寒风攀登具茨山对这里岩画进一步调查，我前后主持和参加宋豫秦教授主持的具茨山岩画调查时间总共约两个月。

我们曾经对具茨山岩画做过介绍[3、4]，现在再做一简介。

具茨山岩画调查处在初期，尚需详查。据初步考察，其岩画总数达几千幅。这些岩画分布在山脊、山坡与山沟之中（图 2）。

山脊指具茨山南北坡之间的分水岭，即山顶。这里是具茨山岩画分布最高的地貌部位。这里的褶皱隆起倾斜面上岩块多，且坡度较缓，适合做岩画，故岩画多集中分布于此。褶皱隆起岩层的另一侧断崖上，由于岩层破碎，又地势太陡峻，不适合做岩画，故罕有岩画分布。

山坡指山脚与山脊之间的倾斜面，例如禹州市龙门村具茨山南坡。由于岩层构造变形，导致岩层破碎，形成岩块滑落多分布在较缓的山坡上，这些岩块便于做画，故成为具茨山岩画主要分布处，且多分布在山坡中上部和山间羊肠小道的两旁。

照片一　层峦叠嶂的具茨山

山沟指山坡之间较宽深的溪谷，例如禹州市大木（墓）场具茨山南坡沟谷。岩画分布在沟谷溪流的两侧较高的

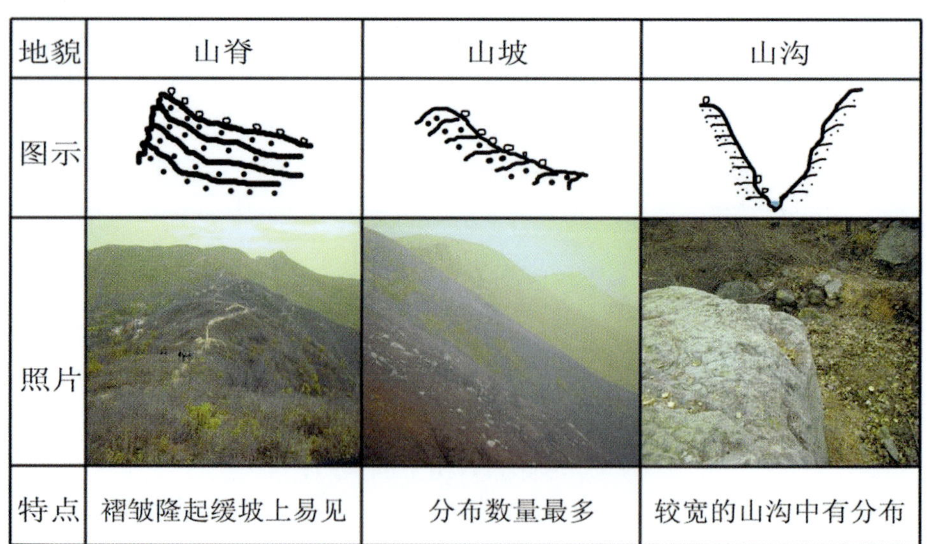

地貌	山脊	山坡	山沟
图示			
照片			
特点	褶皱隆起缓坡上易见	分布数量最多	较宽的山沟中有分布

图 2　具茨山岩画分布的地貌分类

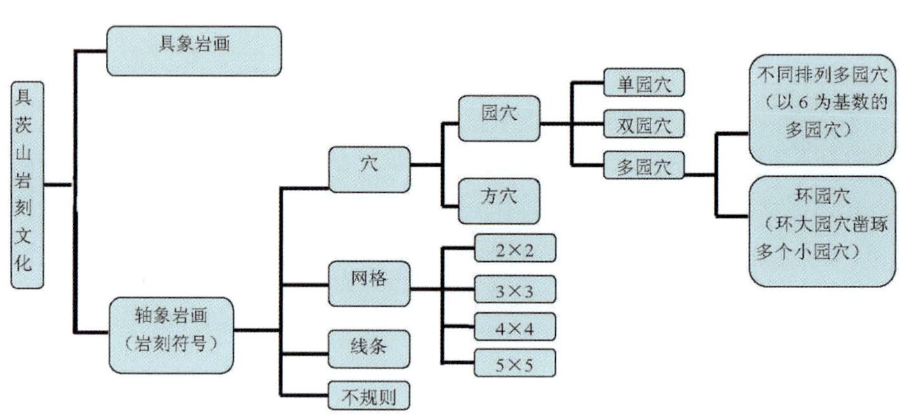

图 3　具茨山岩画分类图

岩层上，也有分布在沟谷侧崖上者。这里是具茨山岩画分布较低的地貌部位。

具茨山岩画通常分布在上述山地较开阔、较平坦处，但也有少量分布在人难立足的高耸断崖上，和分布在地势高耸人难进入的岩棚之中，这启示做画者有特定的意图。

具茨山岩画可分为具象的岩画类和抽象的岩画类，前者仅见一幅，表示生殖崇拜（拓片一）；后者占绝对多数，可分为圆穴、方穴、网格、线条和不规则亚类（图 3），其中圆穴亚类占大多数，网格亚类其次，方穴亚类与线条亚类少见。圆穴亚类又可分为单圆穴、双圆穴和多圆穴，前二者少见，后者多见。多圆穴以两排各 6 圆穴组成 12 圆穴者为常见，其中多数圆穴互不连，少数部分圆穴相连；有 3 排各 6 圆穴组成 18 圆穴者；还有 6 排各 6 圆穴组成 36 圆穴者；也有 2 排各 12 圆穴组成 24 圆穴者；另有环圆穴者，

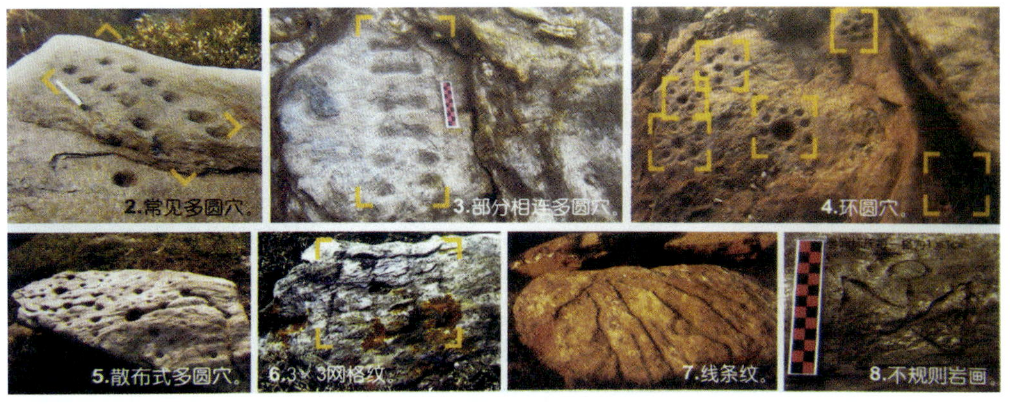

照片二　具茨山岩画主要类型

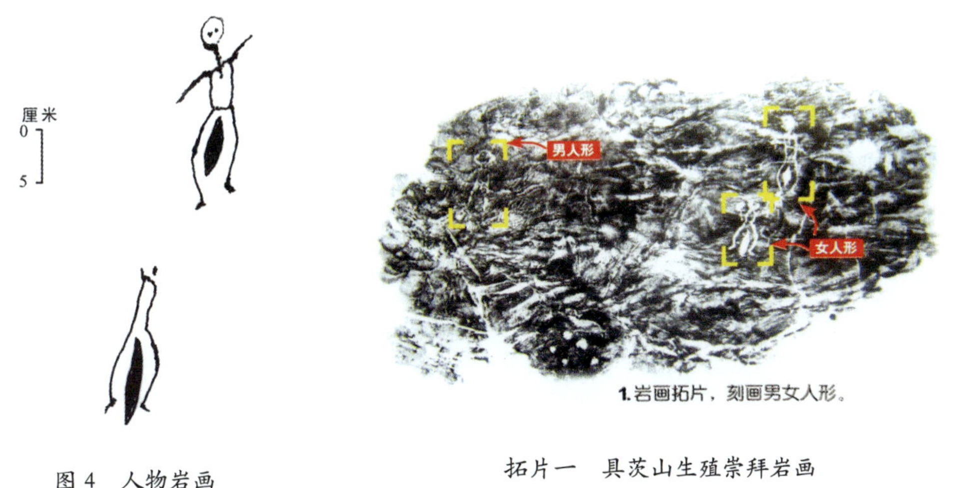

图 4　人物岩画

拓片一　具茨山生殖崇拜岩画

即环大圆穴凿琢多个小圆穴，其圆穴总数为 7~10 多个不等；多圆穴中还有散布圆穴者。网格亚类有 2×2、3×3、4×4、5×5 者。线条亚类也有长短、曲直不同者，此外还有不规则亚类（照片二）。

具茨山岩画举例如下：

1、具象岩画

在具茨山海拔 478 米的 5 平方米云母石英片岩上发现刻绘长约 55 厘米，宽约 50 厘米的两个女人岩画，一上一下，两人错开。上者刻绘完整，头伸，眼张，手臂斜伸，身直，两腿略向外弓，足外展，在两脚间刻夸张的女阴，女阴长 7 厘米，宽 2.5 厘米，深 2 厘米。下者位于上者的右下方，刻画不如上者完整，头、手不显，但身躯与腿脚刻绘清楚，与上者同样在两脚间刻显现的女阴，在女人岩画的左侧有一男人岩画，男根显现（图 4，拓片一）。

2、抽象岩画

2.1 洞穴

2.1.1 单圆穴

在具茨山海拔440米处云母石英片岩上刻有1个径与深20多厘米的圆穴。穴壁光滑。此外，在海拔527米，有1个径为15厘米、深11厘米、凿痕清楚的圆穴。（图5）

2.1.2 双圆穴或双长方穴

在一云母石英片岩上刻有径为5厘米的2个浅圆穴，两穴间距约20厘米，穴中生长有地衣。在具茨山海拔501米，云母石英片岩上刻有2个方穴，穴长约14厘米，穴宽约7厘米，穴深约2厘米，穴间距为31厘米。

2.1.3 2排12圆穴

在具茨山海拔470米处的1平方米的岩石上，左边刻有长30厘米、宽10厘米，两斜排洞，每排6圆穴，合计12个圆穴。洞与洞平行，排间间距3~4厘米，洞径约3厘米，洞深1.0~1.5厘米（图6）。在岩石右侧刻有排列不甚规则的10个圆穴。另在岩石上端刻长方形洞穴1个，宽6厘米，长7厘米，深3厘米。访询放牧农民2排12圆穴作何用，称农民放牧时做游戏用。遂邀老农与少年对弈。游戏的方法是先在每洞中放置石子各5枚，先执棋者取一洞中石子分散放入各洞，待一洞成空洞，则取出空洞一端石子多者，获利。另一人续执棋。获石子多者，赢棋。据说会下此种棋只有两村农民了。

此种2排12圆穴岩刻符号在具茨山岩画中多见。

2.1.4 2排24圆穴

在具茨山海拔539米处近2平方米的云母石英片岩上刻有2排24圆穴，每排12圆穴。在2排圆穴两侧各刻有2圆穴（图7）。此种类型另发现多处。

2.1.5 3排18圆穴

在具茨山海拔453米处约1.2平方米的云母石英片岩上刻有3排圆穴，每排6圆穴，

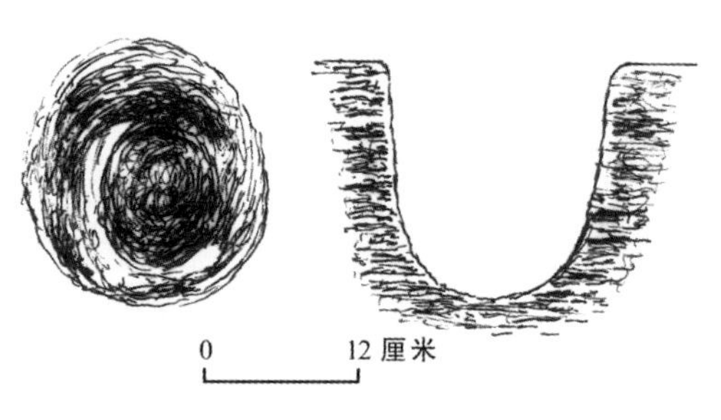

图5 单圆穴

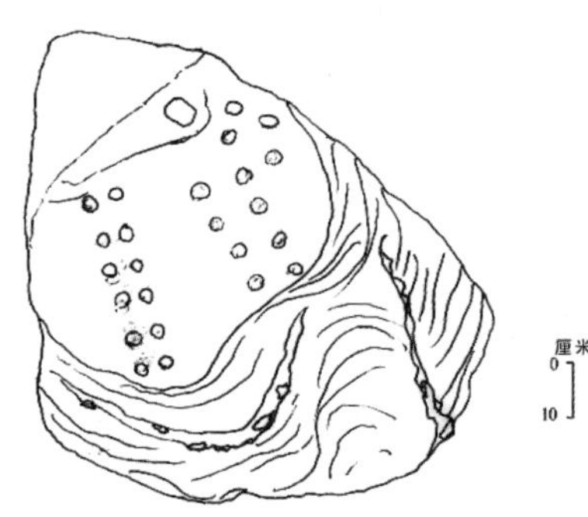

图6 2排12圆穴

洞排列不甚整齐，洞较大，大小不均，大者洞径 6 厘米，洞深 3 厘米；小者洞径 4 厘米，洞深 2 厘米。在右侧 2 排中刻有 1 小洞。3 排洞的右侧刻有 2 圆穴，洞径分别为 7 厘米与 10 厘米，洞深 6 厘米与 8 厘米。3 排洞的左侧刻有 3 洞，大小不等，大者洞径 9 厘米，洞深 4 厘米；小者洞径 5 厘米（图 8），洞深 2 厘米。此种类型另见一处。

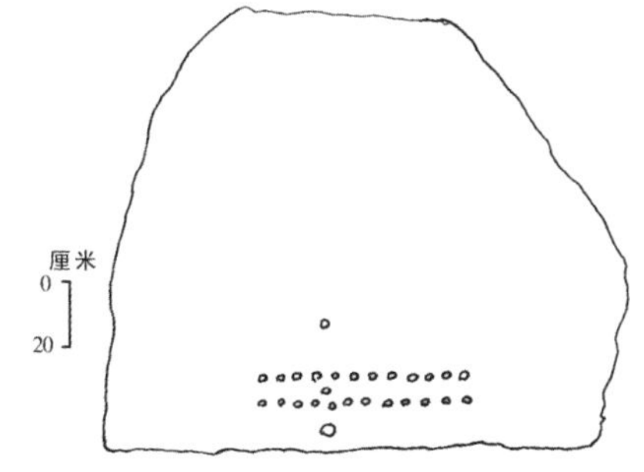

图 7　2 排 24 圆穴

2.1.6 6 排 36 圆穴

在海拔 436 米处的 1.6 平方米的云母石英片岩的上方刻有 6 排 6 圆穴，洞径 1.0~1.5 厘米，深 0.5 厘米以下（图 9）。下方刻有排列不甚整齐和大小不一的 20 多个圆穴，大者洞径 4.0~5.0 厘米，小者 1.0~2.0 厘米，洞深 0.5~1.0 厘米。

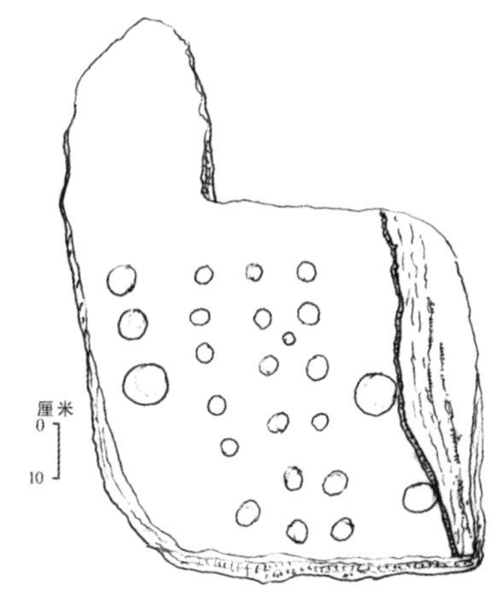

图 8　3 排 18 圆穴

2.1.7 联圆穴

在具茨山海拔 440 米处有相连的圆穴，即圆穴间刻有线条状沟相连。右侧 3 个圆穴相连，左边 2 个圆穴相连。洞径 4.0~5.0 厘米，洞深 1.0~2.5 厘米，洞间连线长 10 厘米或 10 多厘米，宽 2~3 厘米，深 1~0.5 厘米（图 10）。另在海拔 445 米发现有 2 个圆穴相连（图 11）。还在海拔 552 米处有 9 个圆穴相连（图 12）。

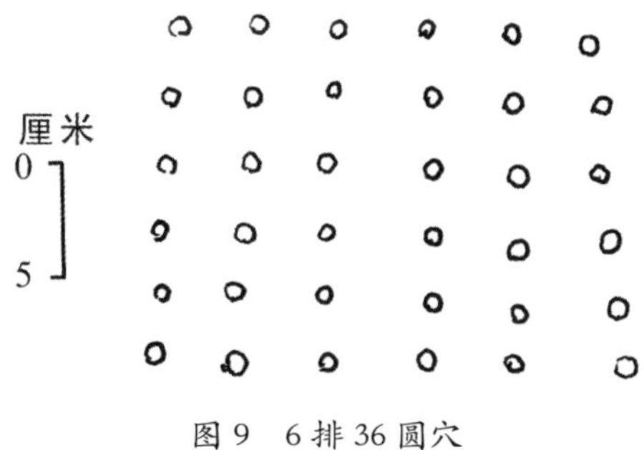

图 9　6 排 36 圆穴

2.2 方格

在具茨山海拔 501 米处有横、竖各 4 条线刻成的棋盘状方格，方格每边总长约 25 厘米，每格边长约 5 厘米（图 13）。此外在海拔 440 米处有横、竖 4 条与 6 条线刻成的棋盘状方格各 1 个。还在海拔 617 米有横、竖各 1 条线的方格。

2.3 条纹

在具茨山海拔 527 米处 1.2 平方米云母石英片岩上刻有 6 条斜向排列、长短不一、

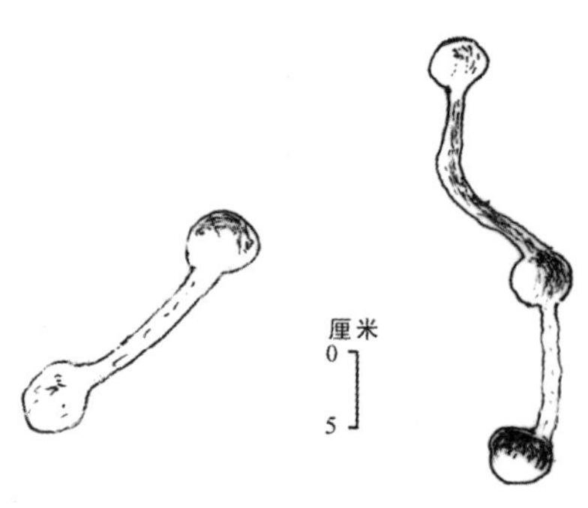

图 10　联 2、3 圆穴

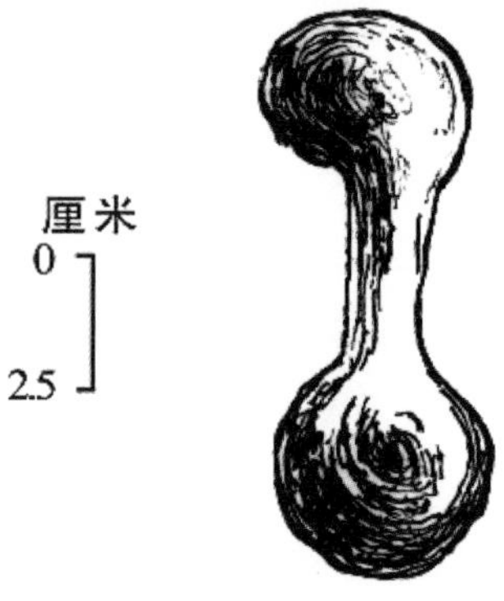

图 11　联 2 圆穴

图 12　联 9 圆穴

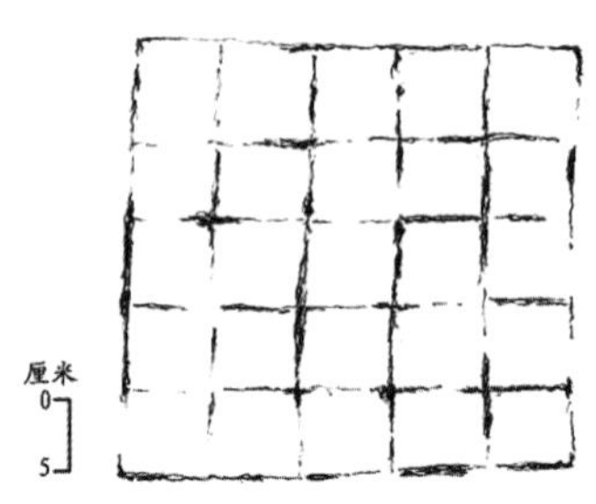

图 13　方格

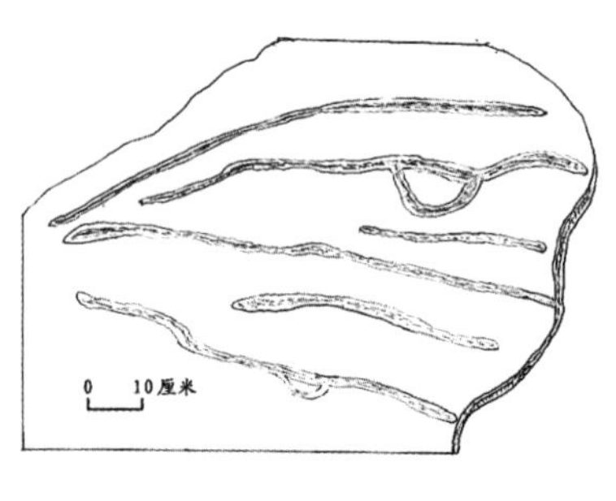

图 14　条纹

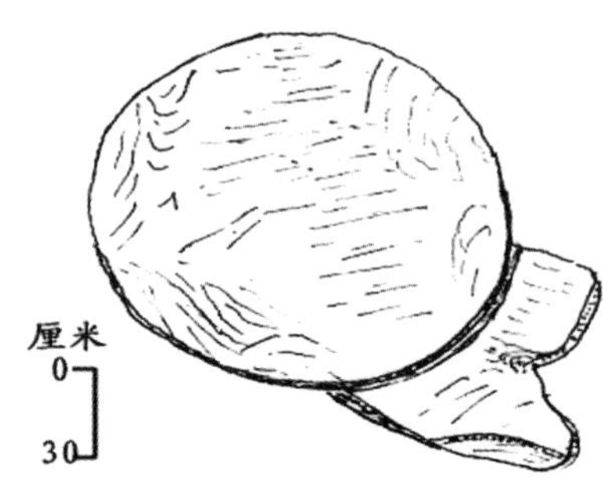

图 15　圆饼状器

曲直不同的条纹，长者达 60 ~70 厘米，短者 40 厘米，而且个别条纹与刻的短弧线相连（图 14）。

2.4 圆饼状器

在具茨山海拔 428 米处有一圆饼状器，径 150 厘米，南向∠21°，表面与四周有凿痕，但与其岩体不分离（图 15）。据说此种岩刻圆饼状器有 20 个。

三、讨论

1、关于时代问题

“确定岩画的时代是个世界性难题，因此也影响了岩画科学的发展。从具茨山岩画有生殖崇拜内容，岩画含意多抽象，以及岩刻有凿琢方法的不同、清晰程度的差别和有不同生长状况的地衣共存等来判断，具茨山岩画是不同时代的作品，但多数应是史前先民的创造。我们发现有的岩画被一层距今 8000~3000 年的红褐色黄土古土壤覆盖，这样地层学也证实具茨山岩画有悠久历史。”[3]

黄土是从西北内陆吹扬卷起的尘埃，降落在我国东南部，经地质作用而成的黄色松散土状岩石。这种岩石堆积较厚的黄河中下游地区称为黄土高原。豫中西部为黄土高原的东南部，郑州新郑市处于黄土高原的前缘。

黄土高原东南缘堆积了一万年来（全新世）1 米厚左右的黄土。经周昆叔等研究[5]，该层黄土从下至上可以分为 5 层，即杂色黄土、褐红色古土壤、褐色古土壤、新近黄土和耕土层。这些黄土分别与新石器时代以来的古文化有对应关系，即杂色黄土含新石器时代早期文化，2010 年上半年中原核心地区在该层中发现新密李家沟遗址的古文化[6]；褐红色古土壤层含裴李岗、仰韶、龙山时期古文化，也含夏商周三代文化；褐色古土壤层含东周、秦汉文化；新近黄土含秦汉后文化。由于该层一万年来沉积的黄土及其与古文化地层接触关系在陕西关中周原地区表现典型，故命名为周原黄土。

2008 年 11 月 14 日，我们在调查过程中行进到具茨山南坡一处山坳，地理位置为 N 34° 18.967’，E113° 31.623’，海拔 432 米，此处位于具茨山中上部，北部为 10 多米的陡崖，陡崖南为约一百平方米的平地。平地前面为约 20° 的斜坡，再向南为深谷（照片三）。

照片三　具茨山山凹被全新世褐红色古土壤覆盖岩画处

照片四　全新世中期褐红色古土壤覆盖在岩画上

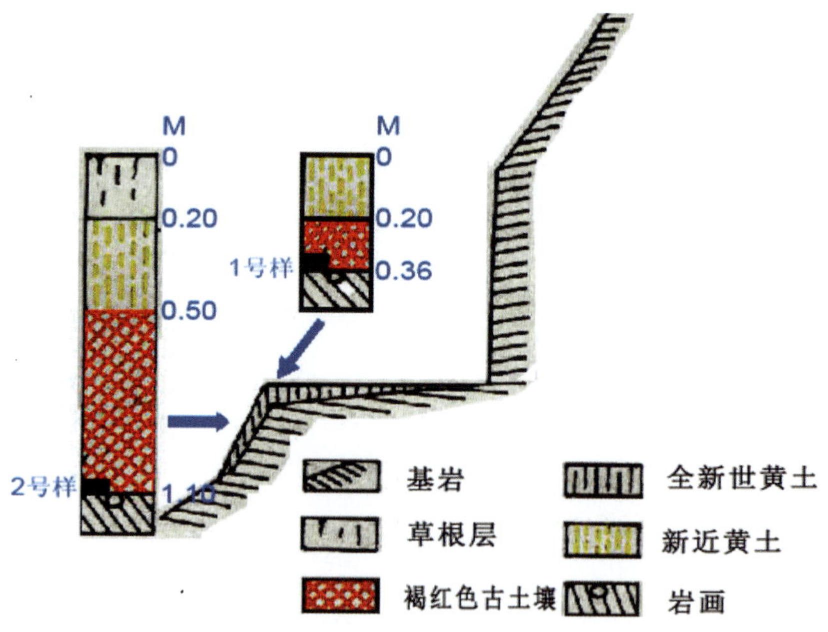

图 16　具茨山山凹横剖面及其全新世黄土覆盖岩画的柱状剖面图

在该山坳的南沿发现两处圆穴与刻线被全新世中期褐红色古土壤层覆盖，靠上的圆穴为水冲或人畜踩踏破坏，全新世黄土才显露出来（照片四，图 16），我们循暴露的圆穴发掘，发现与该圆穴以沟槽相连的另一圆穴仍埋在褐红色古土壤中，从它们与附近黄土层的关系看，岩刻圆洞肯定是伏在周原黄土中期的褐红色古土壤之下，故可认为此两处岩刻形成时代不晚于该层古土壤，推测约当全新世中期。

采取覆盖在岩画上的褐红色古土壤做孢粉分析（照片五）与植硅体分析（照片六）说明，不论孢粉的种类或植硅体的类型，均为蕨类或者草本植物，未发现乔木的孢粉和木本的植硅体。这说明全新世中期具茨山南坡植被以草本植物为主。孢粉成分中有凤尾蕨，该种植物现今只能分布在淮河以南的亚热带地区，但该种植物的孢粉常在中原全新世中期地层中出现，据莫多闻、李宜垠教授的新近研究，具茨山南禹州瓦店龙山文化遗址孢粉分析结果中就含有凤尾蕨孢子，故具茨山岩刻符号上所覆褐红色古土壤中发现的凤尾蕨孢子，指示该地层为全新世中期地层，也说明具茨山岩刻时代多不晚于全新世中期。

考虑到具茨山岩画有“数”的含义，所以具茨山岩画多数应该属于新石器时代的创作。

2、含义试析

“这正如新闻界朋友称之为‘天书’和‘天问’一样，是一个令人迷惑的深奥问题。

不过从具茨山抽象岩画的数含意等信息来看，它主要是为了表达具茨山先民的追求与企望，所以具茨山岩画富有精神层面的深刻含义。具茨山是先人问天祭地场所吗？具茨山岩画与我国经典古文化有关吗？真是耐人寻味。这就是具茨山岩画的魅力所在。”[3]

下面仅就具茨山岩画“数”及可能与“周易”有关的问题做一讨论。

现在是“数字化”时代，通信、交通、计算等生活的方方面面无不与数有关，因为数是计量、运算和逻辑思维的基础，所以“数”的出现与发展是人类认识自然、形成计算观念的一个基础。“认识和运算‘数’的水平是衡量一个民族逻辑思维能力的重要标尺，这方面，古代中国人当之无愧地走在当时世界前列，并有自己的独特见解。它们是用数点表达的古代中国人的宇宙观和秩序观，反映了古代中国人杰出的数理思维能力，值得后人骄傲。”[7]具茨山岩画中的圆穴符号是常见的岩刻符号，有六和六倍数“数”的表现。这说明具茨山史前人类已有数的概念。我国“数”概念的出现，可以追溯到距今6000年前的半坡仰韶文化时代，在仰韶遗址的残陶片上有七数的线条图纹和八数的圆点琢刺纹；在距今3700年的二里头文化时代，在残片上划有竖道的三数，还可能划三以上的数；在公元前1600年的殷商时代龟板上刻有从一到十位的数字[8]。这些说明具茨山岩刻符号“数”与我国“数”的概念有密切关系，也是精神层面和逻辑思维的表达。

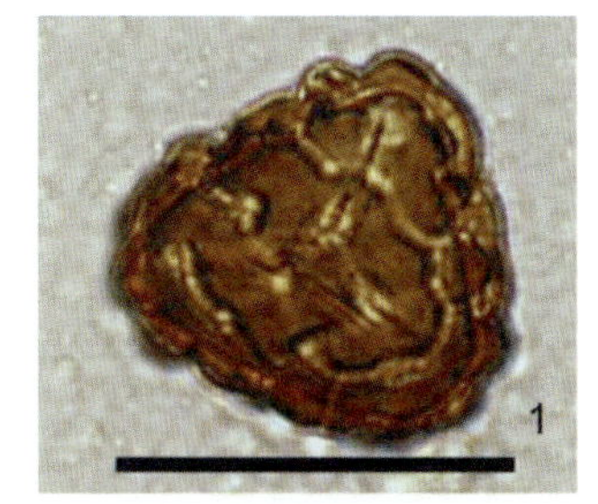

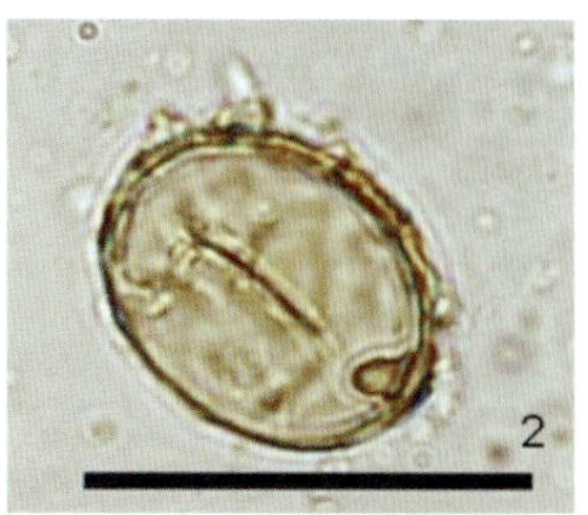

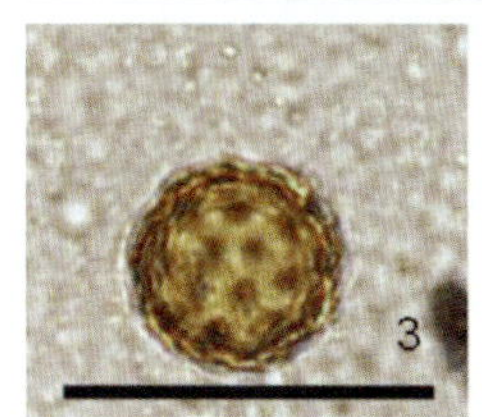

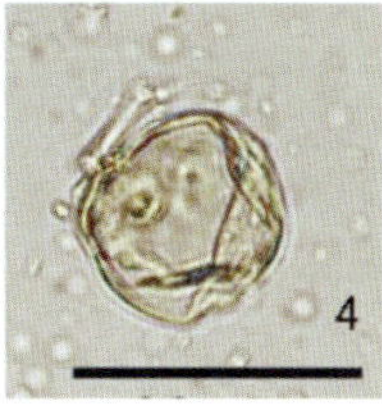

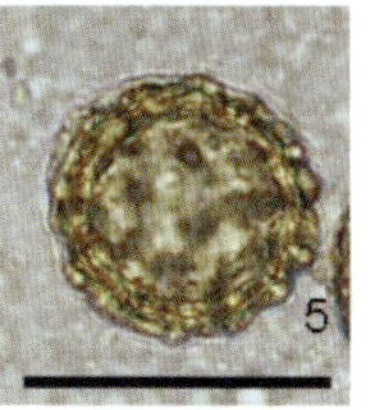

比例尺长度为30微米

1凤尾蕨属（*Pteris*）2水龙骨属（*polypodium*）3藜科（*cheno-podiaceae*） 4禾本科（*Gramineae*）5蓼科（*Polypodiaecea*）

照片五　新郑具茨山岩刻符号上覆全新世中期褐红色古土壤孢粉组合

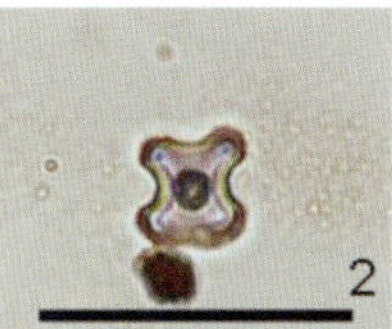

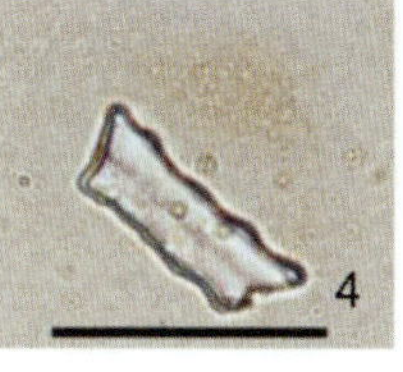

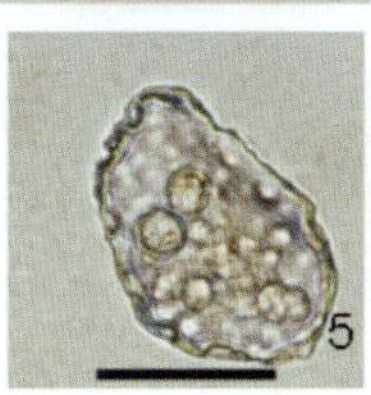

比例尺长度为30微米

1.6 方形　2十字形　3扇形　4 齿形　5拟为扇形

照片六　新郑具茨山岩刻符号上覆全新世中期褐红色古土壤植硅体组合

图 17　具茨山岩画与《周易》八卦对比

周文王说伏羲造八卦，也就是说《周易》缘于伏羲，伏羲是何时代的人物？是否有伏羲？说法不一，但从我们看到的具茨山的两排六数圆穴符号来看，似乎能够看到某些《周易》八卦的影子。具茨山两排六数圆穴是否就是《周易》的源头？现在还很难说，但从具茨山多见到的两排六圆穴岩画来看，至少它为我们长期盼望找的《周易》源头提供了一个想象的空间（图17）。[9]

3、具茨山岩画的重要性

安阳殷墟出土的甲骨文应是较成熟的文字，它为何一下出现了？这始终是个迷。具茨山岩画不是文字，但它有数表达和逻辑思维的体现，这应是创造甲骨文的前题。如果从具茨山岩画中的圆穴联想到甲骨卜辞灼烧圆穴，似乎让我们更意识到二者间可能的联系。具茨山岩画中通常见到圆穴，这些圆穴多是“6”数的倍数，而“周易”中的 64 卦，每卦乾（长线）与坤（短线）组合虽各异，但均不超“6”数；又著名的河图洛书传说出自河洛，真能从水中出河图洛书吗？这些似乎不能不让我们联想到具茨山岩画才可能是《周易》与河图洛书的源头。

具茨山的岩画大部是圆穴，而这些圆穴组合类型与数量之多是罕见的[1、10]，这里又有丰富的网格纹、条纹和多种不规则的岩画等，这昭示具茨山岩画精神层面的意义深刻。

具茨山周边有新石器时代唐户、王城岗、瓦店等重要遗址[11]，具茨山岩画多是附近史前先民的杰作。又，具茨山是黄帝故里所在处，具茨山与黄帝有关的许多传说[12]表明，具茨山岩画应包含有黄帝时代的创造。有鉴于具茨山有传说、典籍、考古学、岩画和巨石文化熔为一炉的深厚文化内涵，所以具茨山应视作“中华根脉文化名山”。因此，“嵩山文化圈”的理念及其先进性得到了具茨山岩画等的补充和验证[13]。

四、小结

本文对具茨山岩画分布地貌和形态类型做了分类，指出具茨山岩画绝大多数是抽象岩画，其中的洞穴（即凹穴、杯穴或爻）岩画占大多数。

具茨山岩画多以“6”的倍数表达，有“数”的涵义，有的酷似《周易》卦相，们寻找百经之首的“周易”的源头提供了一个新想象空间。

具茨山岩画虽有时代新老的不同，但多为史前时期的，由于其多有“数”的涵义，所以具茨山岩画多数属新石器时代。

具茨山岩画“数”的思维是逻辑思维产生的基础，而这为甲骨文创造提供了前题。

过去对中原古文化的认识，一是依据典籍，二是依据考古学，现在有了第三个依据——具茨山岩画这部“石头书”。

鉴于新郑黄帝故里具茨山岩画有深厚的古文化内涵，故具茨山应视作“中华根脉文化名山”。

本文对具茨山岩画的记录挂一漏万，其讨论更是难及边际，抛砖引玉，诚盼指正。

参考文献

[1] 陈兆复:《古代岩画》，文物出版社，2002 年。

[2] 中国地质科学院:《中华人民共和国地质图集》，中国地质图制印厂清绘制印，1973 年。

[3] 周昆叔:《具茨山岩画——中华文明起源的隐秘信息》，《文明》2009 年 3 期。

[4] 周昆叔、宋豫秦、张松林、鲁鹏、刘俊杰:《具茨山岩刻古文化等考查纪要》，《中华文明与嵩山文明研究》(第一辑)，科学出版社，2009 年。

[5] 周昆叔:《周原黄土及其与文化层的关系》，《第四纪研究》1995 年 2 期。

[6] 北京大学考古文博学院、郑州市文物考古研究院:《中原地区旧、新石器时代过渡的重要发现——新密李家沟遗址发掘收获》，《中国文物报》2010 年 1 月 22 日 6 版。

[7] 李先登、杨英:《再论河洛文化在中国古代文明起源与初期发展中的重要地位》，陈义初主编:《根在河洛》(上册)，大象出版社，2004 年。

[8] 金岷、常克敏、张景瑞、朱启新:《文物与数学》，东方出版社，2000 年。

[9] 李伯钦译:《全本周易》，万卷出版社，2005 年。

[10] 中国岩画研究中心:《岩画(第 2 辑)》，知识出版社，2000 年。

[11] 国家文物局:《中国文物地图集(河南分册)》，中国地图出版社，1991 年。

[12] 河南新郑黄帝故里文化研究会、新郑市地方史志办公室:《黄帝故里志》，中州古藉出版社，2007 年。

[13] 周昆叔、张松林、张震宇等，《论嵩山文化圈》，《中原文物》2005 年 1 期。

具茨山岩刻古文化考查纪要*

[摘　要]河南省嵩山地区的具茨山有丰富的岩刻古文化，岩画稀少，岩刻符号众多，尚有石板墓、老寨与古塞。岩画与岩刻符号是中原发现的一本罕见的大地古书，它们可能与我国古文化有源流关系。石板墓可能是某时期游牧民族入侵中原的遗存。古塞可能是某时期中原军民联合抵御外敌的要塞。老寨是距今不久远时候人们的遗留。老寨与古塞的关系尚不清楚。具茨山是中原、中华文化的重要源头。具茨山生长有优势草本植物黄背草（*Themeda japonical*），具茨山可能由此而得名。

[关键词]具茨山　岩画与岩刻符号　古文化

一、源起

一些年来，禹州市摄影家刘俊杰先生，攀登嵩山东支具茨山时看到山上有内涵丰富的古文化遗存。引起我们的关注，并于2006~2007年先后上山做了几次考察，现将考察做一报导。我们考察的主要目的是体验具茨山古文化，重在记录，以备查，希望引起关注，共同来读具茨山这本对中原和中华文化有重要意义的大地古书。

二、概况

具茨山是嵩山伸向华北平原最长的一支，又名大隗山。行政上属河南省新郑市、新密市和禹州市管辖。地处N34° 16′ 36″，E113° 39′ 42″至N34° 26′ 35″，E113° 11′ 30″区域。具茨山作西北东南向展布，该山长约50千米，海拔高程为500~792米，西部主峰荟翠山792米，向东逐渐递减，至老山坪附近约600米，为嵩山发源的颍河、双洎河（洧水）分水岭与重要水源地，颍河位其南，双洎河位其北。具茨山岩刻古文化主要分布在该山东部风后岭至老山坪约15千米的山上（图1）。

具茨山群山起伏，层峦叠嶂（图2，照片1）。在禹州市无梁镇龙门沟源头一带，一级阶地海拔约300米，二级阶地海拔310米，三级台地海拔330米，其上有三级夷

* 周昆叔、宋豫秦、张松林等，《中华文明与嵩山文明研究》（第一辑），科学出版社，2009年，第212~223页。

平面，分别是 350 米、420 米、500 米。在 420 米以下，普遍有黄土堆积，适于农业，420 米以上，地势陡峻，土层薄，草本植物多，宜牧业。

具茨山地质历史悠久，有二叠系、寒武系、震旦系和元古界地层[1]。这里古老的云母石英片岩在长期地质作用下，构造变形，发生褶皱与断裂，受重力影响，塌落在山上，好似一片片碎纸铺撒在山上，在绿色植被衬托下，十分醒目（照片 1）。我们先辈以其大地的恩赐，以凿当笔，在一块块云母石英片岩上抒情写意，刻下岩画与符号，让我们神往、迷惑与沉思。由于长期人类活动，原始植被破坏严重。不过从有麻栎（*Quercus acutissima*）乔木和酸枣、荆条等灌丛分布来看，仍可见到这里暖温带落叶阔叶林植被的踪影[2]。山坡上部莎草、萎陵菜、地榆等草本植物发育，尤其禾本科的黄背草（*Themda japonica*）在山上海拔 400~600 米南坡与山脊往往成优势植物，由于覆盖度大，铺天盖地，形成一片片纯黄背草群落，在秋风吹拂下，半人高结实的黄背草如麦浪翻滚（照片 2、3）。尽管这里原始生态环境已难觅，但从夜幕下仍然见到萤火虫的萤光，酷似一盏盏灯笼上下飞舞，让我们遐思这里史前、史初环境是适合人类生存的。

图 1　具茨山位置示意图

图 2　具茨山地貌

照片 1　具茨山局部

照片 2　考察具茨山营地

三、纪要

（1）岩刻

我们将具茨山上见到的岩刻分为两类，将具象岩刻称之为岩画，将抽象岩刻称之为岩刻符号。按石刻的内容与形式分类排列，择要记录如下：

1. 岩画

在具茨山海拔 478 米的 5 平方米云母石英片岩上发现刻绘长约 55 厘米，宽约 50 厘米的两个女人岩画，一上一下，两人错开。上者刻绘完整，头伸，眼张，手臂斜伸，身直，两腿略向外弓，足外展，在两脚间刻夸张的女阴，女阴长 7 厘米，宽 2.5 厘米，深 2 厘米。下者位于上者的右下方，刻画不如上者完整，头、手不显，但身躯与腿脚刻绘清楚，与上者同样在两腿间刻显现的女阴（图 3，照片 4）

照片 3　具茨山南坡黄背草群落

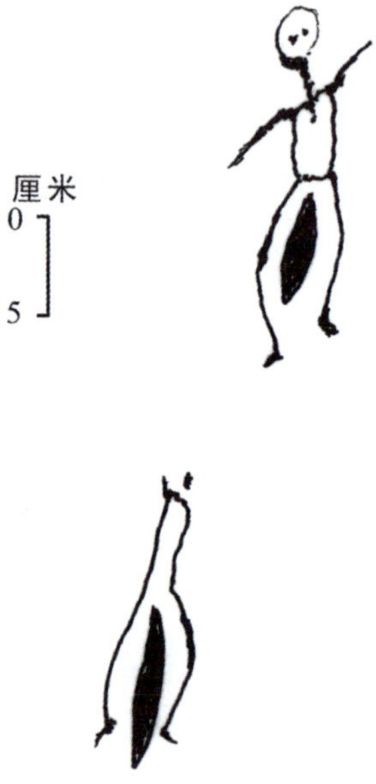

图 3　人物岩画

照片 4　生殖崇拜岩画

2. 岩刻符号

（1）洞穴

① 单圆穴

在具茨山海拔 440 米处云母石英片岩上刻有 1 个径与深 20 多厘米的圆穴。穴壁光滑。此外，在 N34° 056′，E113° 31.443′，海拔 527 米，有一径为 15 厘米，深 11 厘米，凿痕清楚的圆穴。（图 4，照片 5）

② 双圆穴或双长方穴

在一云母石英片岩上刻有径为 5 厘米的 2 个浅圆穴，二

穴间距约 20 厘米，穴中生长有地衣（照片 6）。在具茨山海拔 501 米，云母石英片岩上刻有二方穴，穴长约 14 厘米，穴宽约 7 厘米，穴深约 2 厘米，穴间距为 31 厘米（照片 7）。

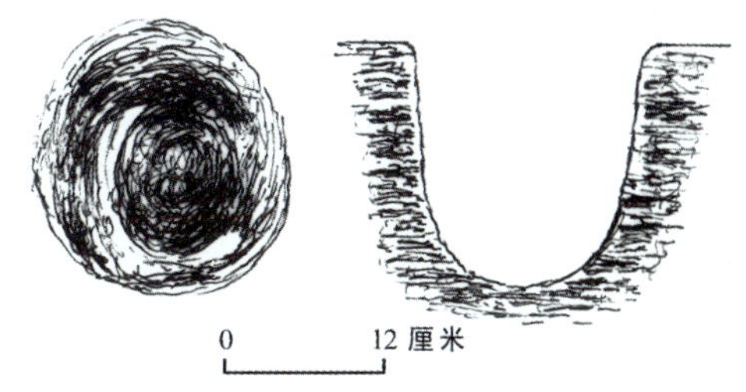

图 4　单圆穴

③ 2 排 12 圆穴

在具茨山海拔 470 米处的 1 平方米的岩石上，左边刻有长 30 厘米，宽 10 厘米，两斜排穴，每排 6 圆穴，合计 12 圆穴。穴与穴平行，排间间距 3~4 厘米，穴径约 3 厘米，穴深 1~1.5 厘米（图 5，照片 8）。在岩石右侧刻有排列不甚规则 10 个圆穴。另在岩石上端刻长方形穴穴 1 个，宽 6 厘米，长 7 厘米，深 3 厘米。访询放牧农民 2 排 12 圆穴作何用，称农民放牧时做游戏用。遂邀老农与少年对弈。游戏的方法是先在每穴中放置石子各 5，先执棋者取一穴中石子分散放入各穴，待一穴成空穴，则取出空穴一端石子多者，获利。另一人续执棋。获石子多者，赢棋。据说会下此种棋的只有两村农民了。此种 2 排 12 圆洞岩刻符号另见有五处。

照片 5　单圆穴

④ 2 排 24 圆穴

在具茨山海拔 539 米处近 2 平方米的云母石英片岩上刻有 2 排 24 圆穴，每排 12 圆穴。在 2 排圆穴两侧各刻有 2 圆穴（图 6，照片 10）。此种类型另发现三处。

⑤ 3 排 18 圆穴

在具茨山 453 米处约 1.2 平方米的云母石英片岩上刻有 3 排圆穴，每排 6 圆穴，穴排列不甚整齐，穴较大，大小不均，大者穴径 6 厘米，穴深 3 厘米；小者穴径 4 厘米，穴深 2 厘米。在右侧 2 排中刻有 1 小穴。3 排穴的右侧刻有 2 圆穴，穴径分别为 7 厘米与 10 厘米，穴深 6 厘米与 8 厘米。3 排穴的左侧刻有 3 穴，大小不等，大者穴径 9 厘米，穴深 4 厘米；小者穴径 5 厘米（图 7），穴深 2 厘米。此种类型另见一处。

⑥ 6 排 36 圆穴

在 N34° 19.148′，E113° 31.100′，海拔 436 米处的 1.6 平方米的云母石英片岩的上方刻有 6 排 36 圆穴，洞径 1~1.5 厘米，深 0.5 厘米以下（图 8，照片 9）。下方刻有排列不甚整齐和大小不一的 20 多个圆穴，大者穴径 4~5 厘米，小者 1~2 厘米，穴深 0.5~1 厘米。

照片 6　双圆穴

照片 7　双长方穴

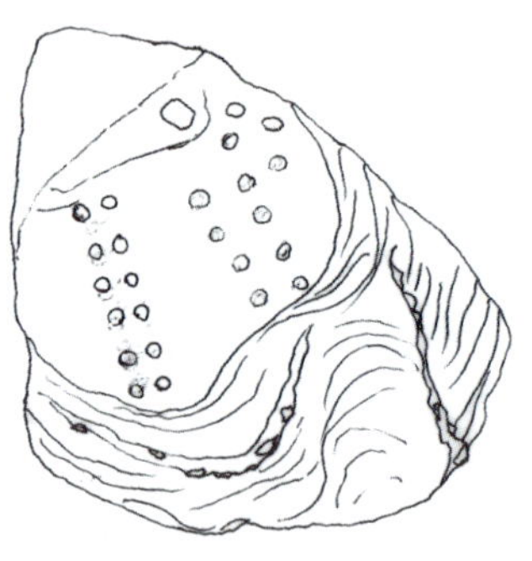

图 5　2 排 12 圆穴

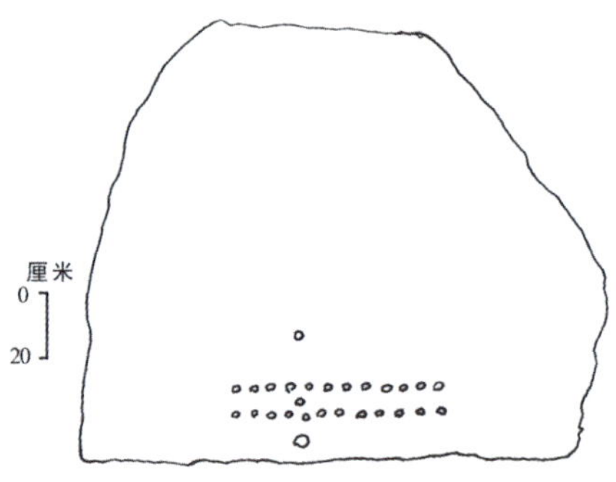

图 6　2 排 24 圆穴

照片 8　2 排 12 圆穴

照片 9　6 排 36 圆穴

照片 10　2 排 24 圆穴

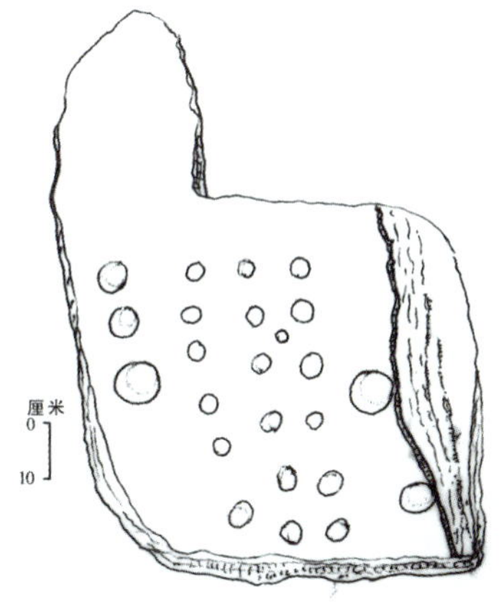

图 7　3 排 18 圆穴

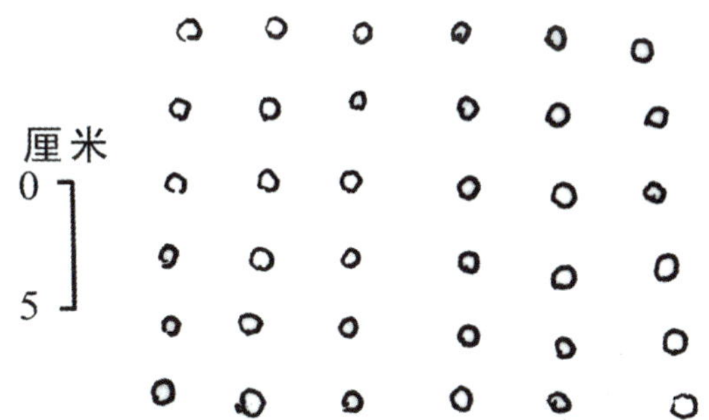

图 8　6 排 36 圆穴

⑦ 联圆穴

在具茨山海拔 440 米处有相连的圆穴，即圆穴间刻有线条状沟相连。右侧 3 个圆穴相连，左边 2 个圆穴相连。穴径 4~5 厘米，穴深 1~2.5 厘米，穴间联线长 10 厘米或 10 多厘米，宽 2~3 厘米，深 1~0.5 厘米（图 9，照片 11）。另在海拔 445 米发现一处 2 个穴相连（图 10，照片 12）。还在海拔 552 米处有 9 个圆穴相连（图 11）。

（2）方格

在具茨山海拔 501 米处有横、竖各 4 条线刻成棋盘状方格，方格每边总长约 25 厘米，每格边长约 5 厘米（图 12，照片 13）。此外在海拔 440 米处有横、竖 4 条与 6 条线刻成棋盘状方格各 1 个。还在海拔 617 米有横、竖各 1 条线的方格。

（3）条纹

在具茨山 527 米处 1.2 平方米云母石英片岩上刻有 6 条斜向排列，长短不一，曲直不同的条纹，长者达 60~70 厘米，短者 40 厘米，而且个别条纹与刻的短弧线相连（图

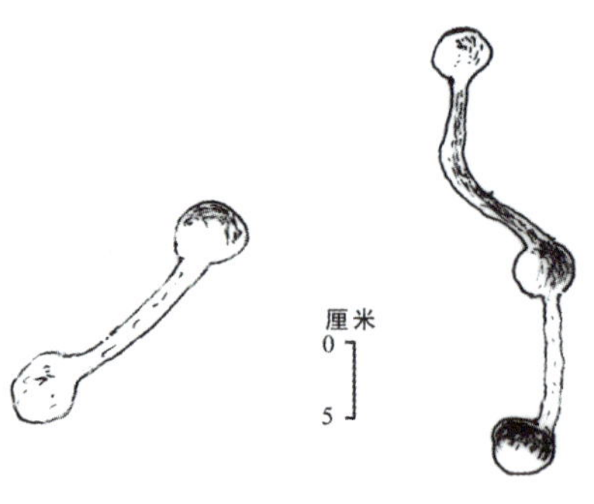

图 9　联 2、3 圆穴

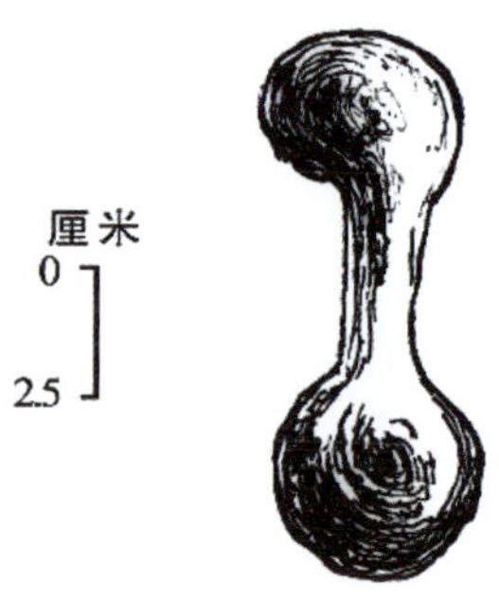

图 10　联 2 圆穴

照片 11　双联圆穴

照片 12　多联圆穴

13，照片 14）。在其他处尚见条纹刻符。

（4）圆饼状器

在具茨山海拔 428 米处有一圆饼状器，径 150 厘米，南向∠21° ，表面与四周有凿痕，但与其岩体不分离（图 14，照片 15）。据说此种岩刻圆饼状器有 20 个。

（二）石板古墓

在具茨山海拔 618 米处的山脊南坡有一朝西南的石板墓，墓两侧与顶由大小不同的条石垒砌而成，墓总长约 2 米，宽 1.70 米，墓室宽 1 米，高 0.80 米，墓室已空，墓室内端砌有放随葬品的一小室（图 15，照片 16）。

（三）老寨与古塞

具茨山东端为老山坪，我们将老山坪分为西部的老寨和东部的古寨两部分。

1. 老寨

在具茨山东端700米的山峰大风口，西北陡崖峭壁，垂直落差20–30米。西南地形比较陡峻，人们为安全计，用条石垒成高4–5米的寨墙。只有西、东两面地势较缓。在大风口的东部山坳形成沟谷，谷中有荒芜田地，其边缘长有桑树等树木，其中长有片状分布的芦苇，半人多高的杂草丛生，沟西坡上由条石垒砌成梯田。另见残垣断壁

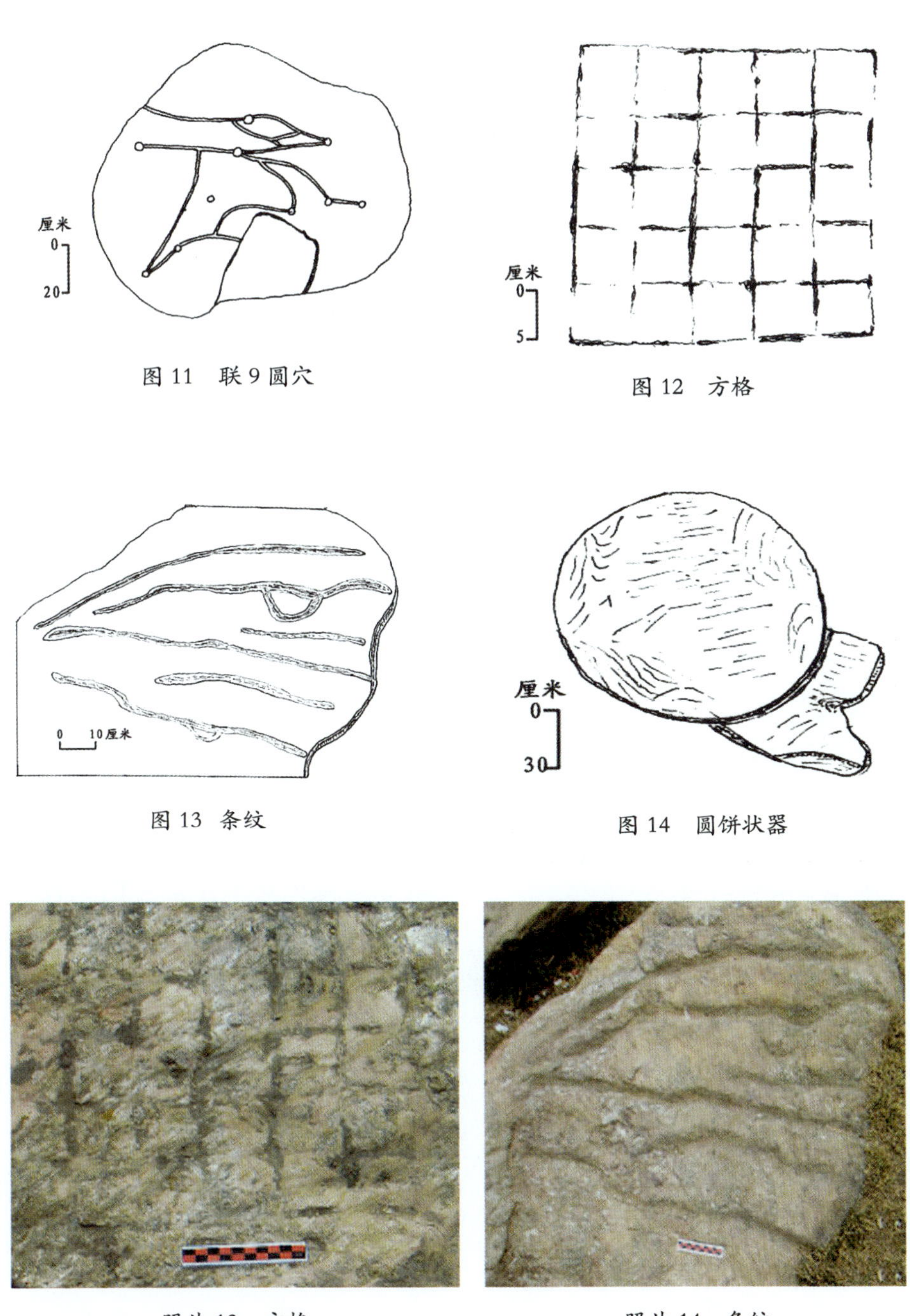

图11　联9圆穴　　图12　方格

图13　条纹　　图14　圆饼状器

照片13　方格　　照片14　条纹

照片 15　圆饼壮器

图 15　石板墓

照片 16　石板古墓

照片 17　老寨

的石砌墙，还见有的住房屋顶瓦毁或存（照片 17）。

2. 古寨

老寨往东，在山顶与山坡上成片分布残垣断壁的条石墙，成组房屋间的通道清晰可辨。在其西部制高处的岩石上尚存插旗洞穴（图 16，照片 18、19、20）。可能是由于建筑规模大而被称之为千户寨。

四、讨论

岩画是指在岩石上凿刻或涂绘的图像，包括人物、动物、植物、太阳、月亮、器皿、武器等。岩画是一种表达远古人类思想、情趣的艺术，是文字出现以前人们表达和交流思想感情的手段。

关于具茨山岩画与岩刻符号，我们首先关注的是时代问题，这是一个目前用测试手段难及的问题，但是我们可以从它表达的内容等方面做一探讨。

岩画虽然只见到一幅，但从前述知道是表现生殖崇拜的，而生殖崇拜是普遍存在于原始先民中的一种风俗，是表现原始先民对繁殖能力的一种赞美和向往，故我国有女娲造人的神话。所以，具茨山表现生殖崇拜的内容的岩画本身就说明它可能是史前时期的，何况此岩画石刻线条中及旁边生长有地衣，也是该岩画古老的佐证。

在众多的岩刻符号中，其所表达的含义难以琢磨。

从前述可知，我们权将具茨山岩刻分成两大类。其一是以人物刻画为主的岩画；

图 16　古塞

照片 18　古寨局部

照片 19　古寨插旗洞

照片 20　古寨全景

其二为岩刻符号，又可细分为洞穴、方格、条纹、圆饼状器。

通观岩刻符号以洞穴者多，而洞穴以圆形者常见，长方形者罕见。我们以其洞穴的排列与数量的不同又细分为单圆穴、双圆穴、2 排 12 圆穴、2 排 24 圆穴、3 排 18 圆穴、6 排 36 圆穴和联圆穴。单圆穴、双圆穴少见，以多圆穴居多。多圆穴中依排列方式有 2 排、

照片 21　云母石英片岩

3 排与 6 排之别，但每排洞穴数多是 6 个，多是 6 的 2 倍数，即 12 个。这说明具茨山上通常见到的岩刻圆形符号多不是任意的，先人们是在表示何种意思？我们只能揣摩。“6”这个数字在我国古文化中有特定的含义[3]。黄金分割证明凡遵守这一原理所得的比值（约）0.618 设计的制造物是美的。我们民俗中有“六六顺”之说，顺是顺利、顺心之意。凡运用黄金分割原理设计的东西是美的，受欢迎的，也就顺心了。现代具茨山少数农民仍以石刻 2 排 12 圆穴做下棋游戏，这与先民的创意关系待考，但也说明这种以“6”数石刻圆穴是受人欢迎的和好利用的。具茨山岩刻圆穴符号多数是先人表达某种意识的有意创造。

具茨山岩刻符号的网格符号表示制作者联想性思维；条纹符号也许传达了某些自然界信息；而有的联圆穴与圆穴符合或许是星系或星座图。

至于具茨山上的石板墓也要引起关注。石板墓不是中原有的葬俗，而与内蒙等游牧区有关，为何如此，待考。

具茨山的老山坪有两组房屋，其西位于山坳的一组，有耕地和损毁不多的房屋，房屋石砌墙工整，有的房顶披盖黄背草，有的依岩穴建造，这些房屋应是距今不太久远时候人们的遗留，故称之为老寨。老寨以东的山顶、山坡上的一组房屋，只剩下房屋石砌残墙与插旗洞，无耕地，房屋毁坏严重，考虑到中原其他山上也有类似遗存，故像是某时期中原军民抵抗入侵的古寨。有插旗洞的一组房屋位于老山坪中部高出，能俯瞰四周，应是古寨首脑机关所在地。老山坪东部其他各处房屋遗存应是分别属于要寨的不同部门。老寨曾经是古寨的一部分或彼此没有关系，尚待考察。

具茨山何以得名？其“茨“指何？《辞源》解释“茨”为用芦苇、茅草盖的屋顶。具茨山当然不可能有很多的芦苇，应是茅草，这茅草又何指？据研究，黄背草纤维坚韧，可用作盖房的茅草[4]。可见具茨山上茂盛生长的黄背草与《辞源》解释“茨”相符，看来具茨山是因该山优势植物黄背草等草本植物而得名。又据研究，黄背草的嫩株可作牛、马、羊青饲料[5]。所以黄背草是具茨山人居、食之源，是具茨山人创造文化的依靠。

具茨山人作岩画、岩刻符号的岩石，虽颜色不尽相同，均为页岩、泥质页岩变质而成的云母石英片岩。该岩石矿物组成主要是绢云母（鳞片状白云母）、石英、长石。绢云母含量可达10%左右或以上，所以绢丝光泽很强，加之有厘米尺度微小褶皱劈理，故岩石局部有贝壳状的质感。岩石结构细粒，质均，成片状构造与褶皱。较易碎，也比较软。但是由于有石英脉穿插其间，对云母石英片岩起加固作用（照片21）。可见具茨山人所做岩画、刻符的岩石有较软、质均、粒细，不易崩裂的性状，既易刻、又易成形、又耐风化，既利作画、刻符，又利岩画、岩刻符号的保存。可见具茨山人对作岩画、岩刻符号是经过细致观察而选择云母石英片岩的，这也是岩画、岩刻符号出现在具茨山的原因。

前述具茨山，又名大隗山，即黄帝之师大隗居此而得名[6]。这里为黄帝与黄帝之父少典活动之区，还是许昌灵井和新郑唐户等重要新旧石器文化遗址的水源地，具茨山古文化是嵩山文化圈[7]的重要组成。故从区域古文化上看，具茨山古文化岩画、岩刻符号,以及古塞、老寨被发现,再次体现了嵩山文化的内涵丰富和源远流长的历史。

我们所记只是沧海一粟，所讨论更是一家之言，抛砖引玉，敬请指正。

附记：参加调查的还有郑州市文物考古研究院汪松枝、蔡强、刘福来，新郑市博物馆杜平安、梁永朋，禹州市电视台万晓磊、娄利军。

中国科学院植物研究所刘长江教授帮助研究植物，中国科学院地质与地球物理研究所郭敬辉教授帮助研究岩石，李梓正先生与笔者进行有益讨论，在此一并致谢。

参考文献

[1] 中国地质科学院主编：《中华人民共和国地质图集》，中国地质图制印厂清绘制印，1973年。

[2] 中国植被编辑委员会编著：《中国植被》，科学出版社，1980年。

[3] 李伯钦译：《全本周易》，万卷出版公司，2005年。

[4] 李扬汉：《中国杂草志》，中国农业出版社，1988年。

[5] 丁宝章、王遂义主编：《河南植物志》（第四册），河南科学技术出版社，1998年。

[6] 河南新郑黄帝故里文化研究会、新郑市地方史志办公室编：《黄帝故里志》，中州古籍出版社，2007年。

[7] 周昆叔、张松林、张震宇等：《论嵩山文化圈》，《中原文物》2005年1期。

上古时代中国人的杰作

——具茨山岩画中华文明起源的隐秘信息*

十多年来，河南省新郑、新密和禹州境内的具茨山上，不断发现有许多古老的岩画。那些众多的抽象化、符号化、数量对称和线条讲究的岩画，实属世界罕见。它们填补了中原岩画的空白，丰富了我国岩画学的内涵。

这些上古时代中国人的杰作，在形式上大多是穴纹、网纹、线纹等构图的表达；在内容上，大部分岩画具有抽象组合、逻辑排列的理性特征，以及对称与延展的思维脉络，应是上古中国人意识或对自然界的某种认知体系和审美精神的体现，涉及文字形成前期的信仰和经验的思考方式，隐含了中华文明起源过程中的许多重要信息。

这个发现让我们对祖先再次充满崇敬！

具茨山系嵩山东支中最长的一支，该山海拔600米至近800米，耸立在颍河与洧水（双洎河）之间，为二河之分水岭，西接嵩山，东抵华北平原，绵延约50千米。具茨山岩画分布在该山东部约20千米范围内。

具茨山地质历史悠久，这里古老的云母石英片岩在长期地质作用下构造变形，发生褶皱与断裂，受重力影响塌落在山上，好似一片片碎纸铺撒在绿草丛中，十分醒目。具茨山岩石有质地较细腻、较软的性状，却不易风化，适于刻画与利于保存，具茨山先民以其来表达自己的意愿。

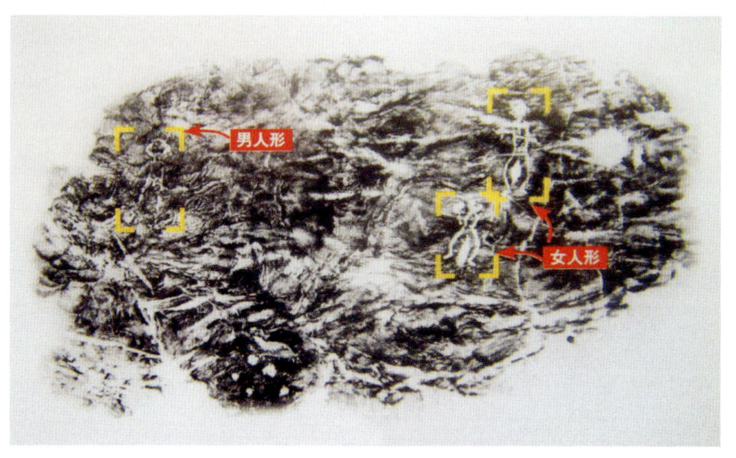

图一 岩画拓片，刻画男女人形

具茨山岩画可分为两类，一是表示具体形象的岩画类，此类稀少；另一类是表示抽象思维的岩画，此类占绝对多数。表示具体形象的岩画，例如有一幅在5平方米的岩体上刻有两女一男的人形，生殖器夸

* 周昆叔，《文明》2009年3期，第8~9页。

张，这显然是表示生殖崇拜的岩画（图一）。表示抽象思维的岩画类，可分为圆穴、方穴、网格、线条和不规则等多种亚类（即次一级分类），其中以圆穴亚类占大多数，网格亚类其次，方穴亚类与线条亚类少见。圆穴亚类又可分为单圆穴、双圆穴和多圆穴，前二者少见，后者多见。多圆穴以两排各 6 圆穴组成 12 圆穴者为多，多数互不连（图二），少数部分圆穴相连（图三）；有 3 排各 6 圆穴组成 18 圆穴者；还有 6 排各 6 圆穴组成 36 圆穴者；也有 2 排各 12 圆穴组成 24 圆穴者；另有环圆穴者，即环大圆穴凿琢多个小圆穴，其圆穴总数为 7~10 多个不等（图四）；多圆穴中还有散布圆穴者，如一 3 平方米的两块岩体上散布有 60 个圆穴，多数不连，少数相连（图五）。网格亚类刻符有 2×2、3×3（图六）、4×4 和 5×5 者。线条亚类刻符也有不同形式者，如有一 1.2 平方米的岩体上刻有 6 条斜向排列的线条，长短不一，曲直不同，长者 60~70 厘米，短者 40 厘米（图七）。此外还有一些不规则的岩画（图八）。这些岩画在国内外虽也曾有所发现，但像具茨山岩画这种密集分布几千幅，且以表示抽象含意的岩画占绝大多数的情况，则十分罕见。

调查中，环绕在我们脑际的问题之一是：这些岩画的刻划时代如何？确定岩画的

图二　常见多圆穴

图三　部分相连多圆穴

图四　环圆穴

图五　散布式多圆穴

图六　网格纹

图七　线条纹

图八　不规则岩画

时代是个世界性难题，因此也影响了岩画科学的发展。从具茨山岩画有生殖崇拜内容、岩画含意多抽象，以及岩刻有凿琢方法的不同、清晰程度的差别和有不同生长状况的地衣共存等来判断，具茨山岩画是不同时代的作品，但多数应是史前先民的创造。我们发现有的岩画被一层距今8000~3000年的红褐色黄土古土壤覆盖，这样地层学也证实具茨山岩画有悠久历史。

另一个问题是：具茨山抽象岩画的含义到底是什么？这正如新闻界朋友称之为“天书”和“天问”一样，是一个令人迷惑的深奥问题。不过从具茨山抽象岩画的数量含意等信息来看，它主要是为了表达具茨山先民的追求与企望，所以具茨山岩画富有精神层面的深刻含义。具茨山是先人问天祭地场所吗？具茨山岩画与我国经典古文化有关吗？真是耐人寻味。这就是具茨山岩画的魅力所在。由于具茨山岩画的特殊性和它分布在我国文化的主源与核心的嵩山文化圈内，属于黄帝故里，这就昭示具茨山岩画在探讨我国文化渊源上有重要意义。具茨山岩画是我国文化构成中不可缺的一环，尤其是从无文字到有文字间的重要一环。

具茨山不仅有丰富的岩画，而且该山又名大隗山（大隗是黄帝的老师），所以具茨山是圣山，我们要十分珍惜她，认真保护她，努力研究她。

箕山日、月、星辰岩画的发现*

远古星象概念的形成，
是我国“天人合一”哲学思维和天文学的源泉。

箕山在嵩山之南、隔低丘相望，属嵩山。箕山跨登封市、汝州市和禹州市，东西向展布，海拔可达 1000 米，一般海拔为 600~800 米，山北麓为颍水发源处。因山似箕而得名。该山主要为二叠纪地层组成，箕山西出露的三叠纪地层为嵩山结束海洋环境后内陆断陷盆地的沉积物[1]。

箕山为上古时期许由、巢父辞尧禅让隐居之所而著称。

箕山的岩画是当地农民发现报告后获知的，登封市文物局张德卿科长和登封市文化馆原馆长、画家耿炳伦先生曾前往调查。5 月 19 日下午，在上述二位先生引导下，驱车从登封市西南出城，经大金店、石道、过颍源，入箕山北麓，抵范窑村（N34°21.059′，E112°52.940′，海拔 424 米），穿村东南入沟，到沟里下车（海拔 480 米），沿山道攀登到海拔约 600 米的将军山。传说该山名来自明朝皇帝朱元璋命一将军寻觅出走的娘娘，因限期已到，无法交差而自刎，将军部属从山下取土把将军掩埋于山上而得名。我们在探察中确发现山脊有黄土一堆，并发现盗墓者用洛阳铲钻探的痕

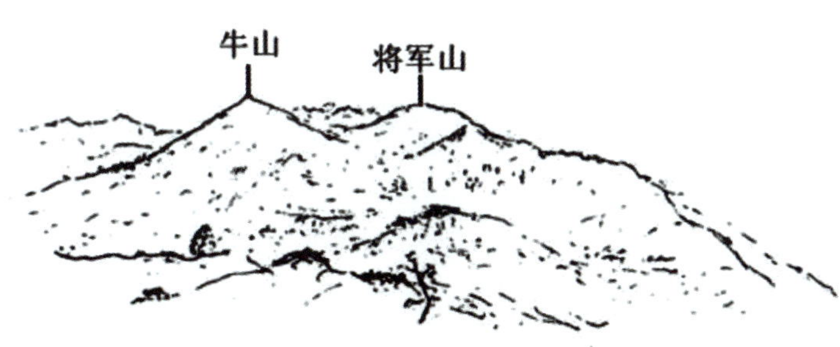

范村西遥望将军山素描图

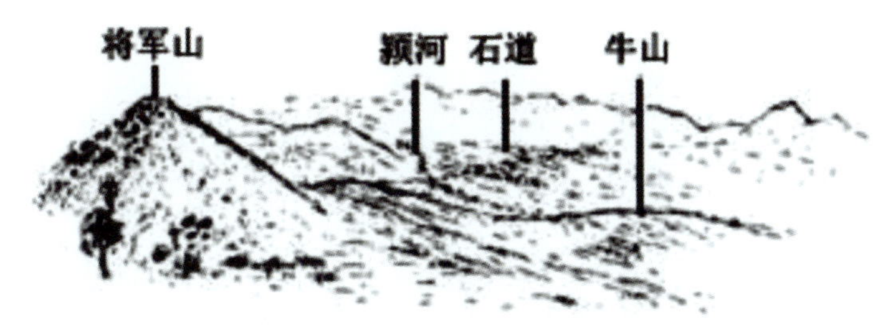

将军山素描图

* 周昆叔，《嵩山行》，文物出版社，2010 年，第 160~165 页。

三线刻岩画

四线刻岩画

迹。据说此山道为旧时从洛阳至汝州的官道。

我们在将军山的山脊看到砂岩块上刻有三幅岩画，可分为两类，一为刻线岩画，一为日月星辰岩画，前者有两幅，后者有一幅。

一、刻线岩画

一为刻三线岩画。刻线平直，一侧深，另一侧浅，坡沟状。线长 7 厘米，宽 1 厘米，间距 3.5 厘米。

二为刻四线岩画。刻线略呈上弧状，线长 20 厘米，宽 0.5 厘米，间距 1.5~3 厘米。

二、日月星辰岩画

在一长 60 厘米，宽 41 厘米的砂岩平面上刻有形象逼真的日月星辰图。于 11 月 3 日在张德卿科长的陪同下，请禹州文化局刘俊杰先生和他的父亲刘水成先生一同重做考察，请水成先生做了拓片四幅。

在图的正中有早上升起的大太阳，直径约 9 厘米，边部有可能是午间的小太阳，直径 4.8 厘米。正中还有大下弦月，长 14 厘米，宽 7 厘米，另有小上弦月，长 7 厘米，宽 3.5 厘米。在小上弦月与大下弦月间有弯曲连线，应为一星座图。与星图对比，拟似

飞马座[2]，在上下弦月间刻有一线，起端小，终端粗，疑为示流星。还有岩画下端有一弯曲线，似地形线。岩画上方有利用砂岩缝隙加刻的天际线。因此该岩画为一完整的日月星辰图。

两个刻线岩画是何时的作品，是何意，有待考察。

日月星辰图岩画，首先给我们的印象是创作者已对日月星有一个深入的观察，甚至还能分出初升太阳与正午太阳之别，能分出上弦月与下弦月，且有星座之观察和流星之记载，还有天地之划分，这显然与嵩山东支具茨山上所见园穴、方穴、网格、线条岩画是不同的[3]。具茨山岩画有数的概念，人们逻辑思维已萌芽，应多属新石器时代的创作。新石器时代中期太阳崇拜已出现在河姆渡文化、大汶口文化和大河村遗址中[4]。有报道福建省华安县高安镇三洋村的浮山岩石上有刻线相连的圆穴，谓之星宿图[5]。具茨山上也有类似的岩画。这些岩画是否为星宿以及创作时代都要商讨。日、月、星同出在一幅图画上，在新石器时代天文考古通史研究中尚未提及[6]。考古学研究认为，天文图到汉代才出现[7]。从箕山日月星辰岩画来看，日、月、星全备，创作者对天文有较深入的观察与思维，其表现力已胜于新石器时代的人们。因此，箕山的日月星辰岩画，应晚于新石器时代。箕山日、月、

日月星辰岩画

日月星辰岩画拓片

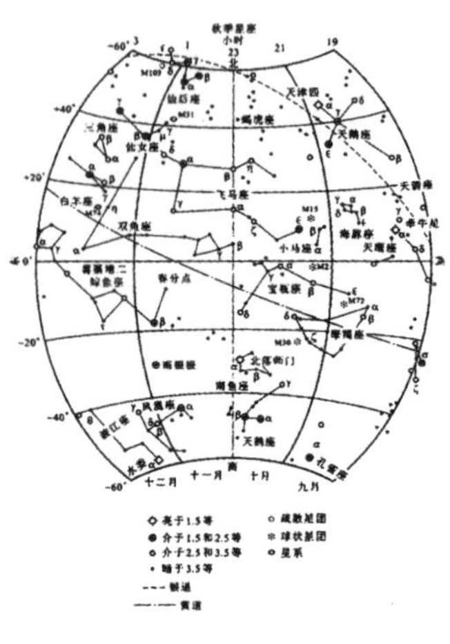

9～10月星座图

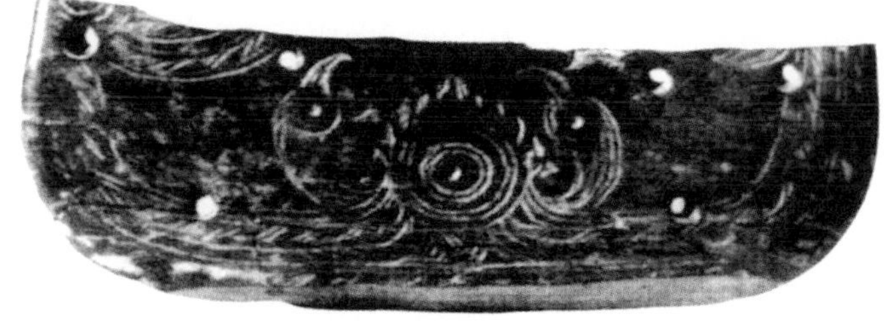

河姆渡文化 象牙雕“双凤朝阳纹”

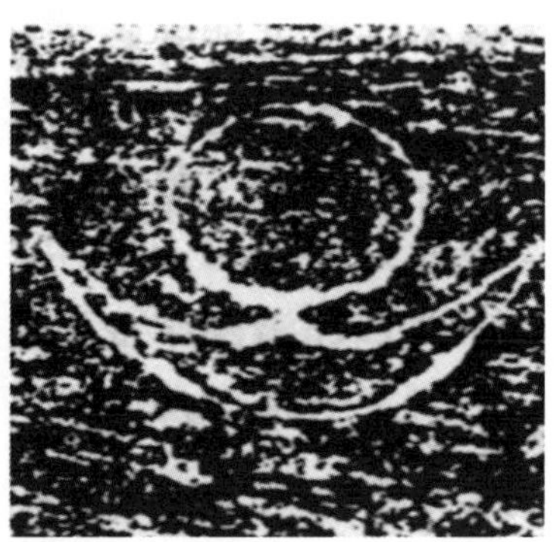

大汶口文化陵阳河遗址图像字拓片

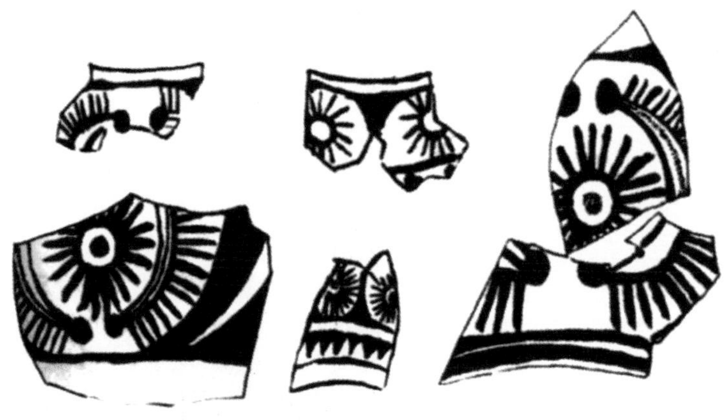

大河村遗址彩陶片上太阳纹及曦光纹

星辰岩画属于信手刻画的，没有方位，又从箕山日、月、星辰岩画上长了许多地衣来看，也不会是很晚的创作，应是创作于新石器时代后至汉前后的时期。

箕山日月星辰岩画创作在洛阳通往汝州的古道旁，交通较便利，利于人们创作。它又是创作在将军山山脊上，创作者可能认为这里地势高耸，与天接近，适合对天的崇拜。还有从星座可能为天马座来看，天马座是出现在10至11月间，这个时候秋高气爽，天空可见度高，也许此时适合创作者观察和表达。

如果考虑到在距箕山日月星辰图不远的东边告成镇，有春秋时期周公测景台和元代观星台的古代天文观测场所，那么箕山日月星辰岩画与告成镇古代天文观察设施一同构成我国天文科学的重要源头。因此，箕山日月星辰岩画的发现具有重要的天文科学价值。

评语：

由周昆叔先生动议并应登封市之邀，我于2010年5月17日前往登封考察日月星辰岩画。因故未见原件，但喜见周先生新裱装的该岩画拓片。从拓片上看，中间的圆圈形和半圆形无疑为太阳和月亮的图象。右边一较小的圆形或为太阳或为一星点。该岩画是一幅罕见的天文岩画。在拥有闻名遐迩的登封观星台的登封地区发现这样一幅岩画，说明天文观测在这里有悠久的传统。

中国科学院自然科学史研究所

古天文史研究员 徐凤先

2010年5月18日

参考文献

[1] 程胜利等：《嵩山地质博览》，地质出版社，2003年。

[2] 胡中为、萧耐园：《天文学教程》，高等教育出版社，2003年。

[3] 周昆叔：《具茨山岩画》，《文明》2009年3期。

[4] 牟永抗、吴作祚：《水稻、蚕丝和玉器—中华文明起源的若干问题》，《考古》1963年6期。陆思贤、李迪：《天文考古通论》，紫金城出版社，2008年。

[5] 林寿：《华安县高安地区岩刻—星宿图、圆穴》，载中国岩画研究中心编《岩画》2，知识出版社，2000年。

[6] 陆思贤、李迪：《天文考古通论》，金城出版社，2008年。

[7] 陆思贤、李迪：《天文考古通论》，金城出版社，2008年。殷涤非：《西汉汝阴侯墓出土的占盘和天文仪器》，《考古》1978年5期。河南省文物局文物队：《洛阳西汉壁画墓发掘报告》，《考古学报》1964年4期。夏鼐：《洛阳西汉壁画墓中的星象图》，《考古》1965年2期。

具茨山巨石文化一瞥 *

文明形成早期人类创巨石文化

巨石文化（Megalithic culture）是指从新石器时代至铜器时代分布于欧、亚、非、美与大洋各州以巨大石结构建筑为标志的古代文化类型，包括有墓石（Dolmen）、独石（Mentihir）、列石（Alignment）、石圈（Cromlechs）、石座（Stone Seats）、石台（Stone Terraces）和金字塔型的建筑（Pyramidal Structures）等。

禹州市市委宣传部刘俊杰先生前些年在具茨山上发现巨石文化。2009 年北京大学宋豫秦教授在完成新郑市委托做具茨山森林公园规划中与刘俊杰先生一同考察了具茨山巨石文化。我陪同宋豫秦教授就在具茨山发现巨石文化一事向王文超书记作了汇报，王书记指示召开新闻发布会。7 月 6 日，在郑州市旧市府大楼四层东会议厅举行“具茨山新发现巨石文化新闻发布会”，会议由市文化局副局长任伟主持。由宋豫秦教授发布具茨山巨石文化新闻。副市长刘东出席会议并发表了讲话。我参加了会议。有多家新闻单位出席。

承刘俊杰先生邀请，先后两次前往具茨山考察了巨石文化，今将考察记述于下：

具茨山是嵩山向东南延伸的一支，海拔约 500~700 米，为低山丘陵，重峦叠嶂，

底面观

侧面观

崆峒山对面山顶红色砂岩巨石文化

* 周昆叔，《嵩山行》，文物出版社，2010 年，第 153~160 页。

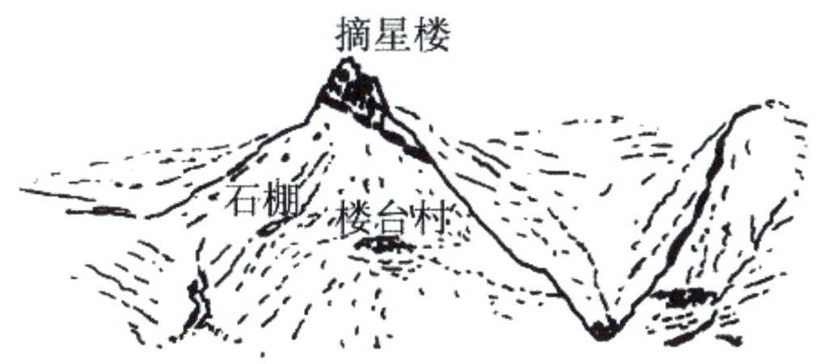

禹州市浅井乡大鸿寨摘星楼

地跨登封、新密、新郑与禹州四市。地理座标为北纬 34° 26.35′，东经 113° 39.42′。

9 月 11 日，在刘俊杰先生引导下到禹州市浅井乡崆峒山逍遥观南面山上考察巨石文化。在北纬 34° 20.251′，东经 113° 24.427′ 发现由红色砂岩构成海拔约 500 米的丘陵顶的北坡有巨石堆积，其中有一岩块约 10 人吃饭的饭桌大，约 1/3 悬空，有两点立于下面巨石上，另一点塞上一小岩块，形成三点平稳落地中架空的状态。另外遥看北面逍遥观所在的山上，有石圈，也有石墙伸展到林中。

11 月 22 日，在刘俊杰先生等陪同下再次到禹州市西北约 20 千米的浅井乡大鸿寨

楼台村

考查巨石文化。这里属具茨山中部，海拔 500~600 米，相对高度 150~200 米。我们从北纬 34° 19.567′，东经 113° 27.533′，海拔 489 米处的沟谷，沿山坡向摘星楼山峰的南侧攀登。因雪刚化，山路上残雪尚存。阴坡还保存较多的雪，落了叶的树与灌木好像插在山上的一幅幅版画，宁静明朗。到半山腰，抵楼台村，这里是只有 8 口人的小村，石垒的房屋完整的只有几间，多已损毁、破败。入村前见路旁高约 4 米的黄土陡岩旁，就势用石搭建一窝棚，从窝棚内壁剖面尚新鲜看，此棚搭建时间不久。新鲜黄土剖面可辨认出上部 2 米多的黄土为几万年前的灰黄色马兰黄土，该土层下伏厚几十厘米的褐红色古土壤，该古土壤为黄土高原常见的 12~8 万年间形成的第一层埋藏土壤。上述二土层间接触面不平，应为黄土不连续堆积造成的，地质学上叫此种现象为沉积间断。这种现象在嵩山地区是普遍存在的，标志古环境突变，在这一层位可发现人类遗留的旧石器。

楼台村村前晒场上有废弃的石碾、石磨、石滚和石臼，石臼挖在一块长不到 1 米，宽几十厘米的砂岩块上，臼口径约 30 厘米，深约 20 厘米，被融雪水填充。

从村南林间小道西行约 200~300 米，来到山的缓坡上，见到石棚一座。该棚位于北纬 34° 19.567′ 东径 113° 27.535′，海拔 535 米。棚口朝西，棚口宽约 1.30 米，棚内侧宽约 1 米，高近 1 米。棚顶为长 2.7 米，宽 1.8 米，厚几十厘米的灰色砂页岩块，北边顺势搭在山岩上，南边用石英脉岩和寒武纪灰色砂页岩各两块垫起来，石英脉岩与棚顶间塞有小石块，从垫的石块空隙中可以窥视棚穴。棚顶砂页岩上刻挖有大小、疏密不等的 27 个圆穴（或者名凹穴、杯穴），圆穴与具茨山其他处所见无多大差异。圆穴靠山坡处密集，远离山坡者分散。圆穴大者径 6~8 厘米，深 3~4 厘米，小者径 4~6 厘米，深 2~3 厘米。从石棚到沟底高差约有 50 米，从岩棚距山顶摘星楼约 100 米。以此岩棚来试探下述三方面的问题。

一是该石棚从结构上看应是人搭建的，为墓葬。这种墓葬在中原出现，显示其古老和特殊。棚顶砂页岩块重量逾吨，搬运和搭建需要智慧、力量和协同。巨块砂页岩棚顶安放也是经过精心考虑的，石棚北侧顺势搭在山岩上，既牢固又省工省力，棚顶南侧支垫岩块，除砂页岩能就地找到，还选择了两块硬度大（硬度为 7）的石英岩脉块作支撑材料，石英岩脉块却需要寻找和搬运，但运用石英岩块作石棚支撑材料大大增强了石棚的支撑力，保证石棚至今仍基本完整。故石棚搭建方式和用材显示搭建者有相当的智慧。

二是石棚顶盖表面刻的 27 个圆穴，似乎提示我们可能是死者后代祭祀的次数记录。果如此，该石棚圆穴为具茨山圆穴的用途作了些注释。

楼台村石棚

1. 正面观；2. 内观；3. 南侧观；4. 地貌（石棚位于考察队员站立处）

楼台村石棚顶

从楼台村视摘星楼及其石墙

三是从石棚与周边关系提示有其古老性和体现了上古社会状况。石棚座落的摘星楼山峰和山坡上垒有3~4米高的石墙，而且在此山峰北的山上也垒有相同的石墙，显然是部落筑的防御工程。此处地名大鸿寨，大鸿相传为黄帝著名部将。因此石棚与周边危岩上垒石墙与传说故事一并考察，似乎透示石棚的古老性，也说明上古时代大鸿寨一带有过激烈的社会矛盾与冲突，又石棚所在位置与现代楼台村处在同一地貌面，说明此处历为人类在深山活动的场所。楼台村村内村前状况也提示此村是一古老的村舍。

一谈到巨石文化，人们立即想起英格兰巨石阵，还有爱尔兰的纽格莱奇陵墓、埃及的金字塔、复活节岛上的石碓、马丘比丘的砖石建筑等。这些新石器时代至青铜时代远古人类的石文化奇迹，是如何创造的，为何创造，一直是人们百思不解的谜团，但不可讳言，巨石文化是人类文明形成时期的一种重要文化现象，应引为注重。巨石文化从欧洲到西亚，东亚都有分布，与北纬30°附近的埃及、巴比伦、印度、黄河等古文明分布相一致，这种文明形成带与灾害频发带的重叠，繁荣与灾害如影相随，其缘由是世界科学家探索的重要问题。

摘星楼东坡及东西山坡上的石墙

楼台村石文化遗存

1. 棚屋；2. 石臼；3. 石磙；4. 石磨、石磙

我国巨石文化与石棚相对集中分布在从东北到西南高原山地的“边地半月形文化传播带”。从辽宁东部到四川西南安宁河、金沙江流域的高山多石地区都有这种遗存，与西亚、中亚地区大石文化靠近，是否说明彼此间有某种关系尚待研究。至于黄河流域的中原石棚罕见，其他列石、石圈与独石等亦不见报道，故嵩山东支具茨山上的巨石文化发现，与该处岩画、岩刻文化发现同应引起关注的古文化现象。

嵩山东支具茨山岩画文化、巨石文化、箕山上日月星辰岩画、传说文化、典籍文化和中原考古学文化都丰富，这些说明嵩山、中原文化在华夏文化中的根脉性、核心性和主源地位。相信这种古老文化的深入研究，将非常有助于推动我国上古史的研究。

浅议嵩山少林文化之复兴 *

2009 年 10 月 25 日在北京国宾馆参加“塔沟集团少林文化复兴讨论会”合影（自左至右：河南省嵩山风景名胜区管理委员会党委书记裴松宪、周昆叔、登封市市长郑福林）

少林文化的精髓就是禅、武、医。研究和践行禅、武、医是促进少林文化复兴的重要途径。

少林文化即嵩山佛教文化。少林文化的核心是禅宗。禅宗是佛教的代表。佛教自传入我国 1500 年来，由于其缜密思维而受欢迎，但也有副作用。由于佛教关系我们的思想、哲学，影响体育、医学和对外文化交流等，所以我们要在中国大发展时期注重研究佛教，弃其糟粕，发扬其科学性、教育性和爱国传统。

一、少林文化起源

少林文化是在嵩山自然与人文环境下，在中印文化交流中诞生的一支重要的佛教禅宗文化。少林文化是以其诞生、传承地少林寺而得名。据吕宏军先生考证，少林寺始建于北魏太和十九年，即公元 495 年[1]。由于先后有印度高僧普陀、菩提达摩到来，故有少林寺小乘、大乘佛法的传播，尤其以达摩举张面壁静思传大乘法，适合信众而大为推广，成为佛教八大派中影响最大者，少林寺也成为禅宗的发源地即祖庭而倍受推崇。

为便于讨论佛教文化，我们不妨简单地回顾一下佛教的源流。少林文化自诞生后的 1500 年的历史虽有起伏，也有人为的干扰，但是仍然可以理出如下的传承：

* 周昆叔：《嵩山行》，文物出版社，2010 年，第 70~80 页。

初祖→ 二祖→三祖……→二十八祖→二祖→ 三祖

释迦牟尼佛 摩诃迦叶 阿难尊者 菩提达摩 慧可（神光）僧璨

→四祖→五祖→六祖→不传法衣，高徒 40 多位，其中南岳怀让、

道信 弘忍 慧能

青原行思最有成就。

南岳怀让→马祖道→百丈怀海→黄譬希运→临济义玄→

↘ （临济宗）

沩山灵佑——→仰山慧寂

（沩仰宗）

兴化存溪→宝应慧颙 →风穴延沼→石霜楚图→黄龙慧南（黄龙派）

扬岐方会（扬岐派）

青原行思——→曹洞、云门——→法眼等

（三宗）

禅宗以前，佛教就已在中国传播，大概始于西汉末或东汉初。

笼统地说，禅宗史可概说为“五家七宗”，即沩仰、临济、曹洞、云门、法眼，临济宗又分黄龙派与扬岐派，不过此二派有认可者，也有不认可者。

印度佛教讲“进修”，在面壁坐禅中，达到“忍”与“悟”的境界。南宗慧能与神会提倡“顿悟”，即主张“放下屠刀，立地成佛”，这与“进修”不同，这成为佛教中国化的分水岭，是佛教中的革命性事件。胡适在他写的重要文章《神会和尚遗集序》中谈到“神会是南宗的第七祖，是南宗北伐的总司令，是新禅学的建立者，是《坛经》的作者。在中国佛教史上，没有第二人比得上他的功勋之大，影响之深。这样伟大的人物，却被埋没了一千年之久。……到今日，……我们得重见这位南宗的圣保罗的人格言论，使我们得详知他当日力争禅门法统的伟大劳绩，使我们得推翻道原契嵩等人妄造的禅宗伪史，而重新写定南宗初期的信史”[2]。

二、少林文化精髓

德建禅师入定

2500 年前，印度还没有佛教的时候就已有“瑜伽”，“瑜伽”梵文念做为“yoga”，即管束之意，管束自己在身、心、慧上成一个好人。古印度流行“瑜伽”，佛祖释迦牟尼借用“瑜伽”修行，并名为“禅”。在我国名著《水浒》中写有鲁智深打了一根八十二斤禅杖的文字。故“禅”在印度起源

德建禅师练武

行性法师练武

很早，对中国也有影响。

禅宗中有个话头“如人饮水，冷暖自知”。就是说要体悟。佛说：不可说。禅宗有“教外别传，不立文字，直指人心，见性成佛”的说法，这也就是说，“教外别传”，就是“非信不说禅”。

既然禅宗是一种影响广的佛法，少林文化一词也已流传，既是文化，无论教内教外都应问个究竟，这样就不能不问“禅”。过去说“不可说”，那是由于客观上“禅”要领悟，难说，所以出现了“只可意会，不可言传”的说法与做法，也由于受时代的制约，认识有一个过程；主观上是故作神秘、玄虚。现在是21世纪了，凡事要问个清楚，才能进步，才能创新，不能让佛教老是个“闷葫芦”。难说，并不是不可说，所以我冒昧地说点看法，求教诸位。

少林文化是什么？我的陋见，少林文化是禅、武、医融合。禅、武、医是少林文化的“三宝”。

“禅”是什么？禅要做到三个字，即“静”、“思”、“气”。

静，是进入禅的状态。患得患失者，不可能静下来。要进入禅的境界，必须排除杂念，才能达到静的状态。这就是调心，或曰正心，为此才能安定自如。所以，静是入禅所必须的。佛者要静，平常人也要静，每天都要静下来想想我昨天做得怎么样，今天、明天、后天如何做得更好。

思，静下来就是思，主要是思两个方面的问题，首先是思“善”，“善”与“过”是矛盾的统一体，思善必别过。另外是要思“理”，就是要把人、宇宙与物的互动关系进行哲学层面的思考。想世界如何大到无外，想物质如何小到无内。这样我们就会成功不傲，失败不悲，知道为什么我们要与人为善，与物为友。尊重人，尊重自然，做到和谐发展。

气，就是指吐纳之法或曰气功。禅修的吐纳与我们平常的吐纳不同，我们平常吐纳，吸气靠胸腔，而禅修常运用丹田（肚脐下一寸三分处），两眼微闭，两手（或单手）轻按丹田，吸气时想丹田，呼气时想鼻子。这种吐故纳新的呼吸法大有利于发挥身体的潜能。这源于丹田含影响身体的多个重要穴位，故要“意守丹田”。关于气功的“气”是什么？人们都说不清，我以为“气”是经过人们学习、锻炼以后可以形成的一种气能，是经过学习可以调动起来人体的潜能，这种能力可以影响人体机能的状态，有助于人体机能的运行。目前我们还只能从科学上证明人体有消化系统、循环系统、神经系统，近些年来我们又发现了人体还有经络系统。今后是否会在人体中发现与气功相关的生理功能，这是我们面临的一个新问题，也是我们对人体研究有新希望、新突破、新贡献的研究领域。据香港中文大学心理系陈瑞燕教授科学研究，德建禅师大脑前额叶非常活跃，对照组却表现平平[3]。大脑前额叶是智慧之区，由陈瑞燕教授研究可知，何以说禅是大智慧，也可知禅师何以多是智者。我们佩服佛者久坐的本事，怎么能办到？就是因为佛者进入“禅”的状态，看似是静的，实质上他们都在吐纳之间调动身体中的潜能，使之静中有动，保持动静平衡，这就是佛者久坐能不倒的原因之一，总之，气功是经学习、锻炼可以调动、培养身体潜能的方法，有助身心健康，与冒充者不同，与邪教更是两回事。

“武”是禅的外延，或者说是禅的派生。在长久的静以后，通过“武”拳的形式，活动机体，保证身体的健壮，为禅的实行创造强身健体的条件。少林拳是与禅定相对应的禅动，为的是求得静中有动，动中有静，达到静动平衡。所以说少林拳是禅。少林拳类型多样，但打起拳来，伸手抬脚间和躯体转动时，形体圆润，这是符合物质运动规律的，如树轮是圆的，道路、河流作曲线状。所以少林拳是很科学的。少林拳要遵循两条：一是在武中用禅的思维作指导，使之柔中带刚，刚柔并济，灵活自如，以达健体之目的。二是要随时记住少林拳的另一宗旨是匡扶正义，助人为乐。

“医”是用禅的理念指导，治病先治心，强调心理治疗，只有精神状态良好的情况下再借助传统的中医疗法施治，其疗法才能发挥应有的作用。不过禅医也有独特之处，如以药水滴鼻，并连唾液一起吞服，以通窍于脏腑。在用药的同时也加入了气功、点穴、按摩等的辅助治疗。同时，饮食要素食，忌食腥、荤、辛辣、蛋，以达到治病救人、泽被大众的目的。经近些年推展禅武医疗法，不但对医治一般疾病和强身健体有显效，而且对治疑难杂症也有显效或有助益[4]。因此禅医是与中医有关，又有区别的重要新型医学。

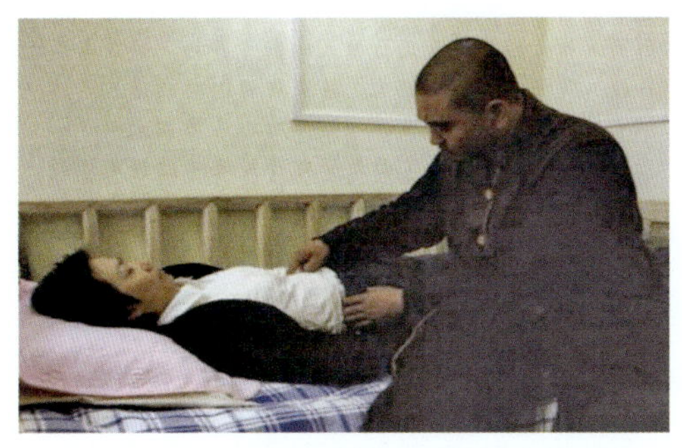
德建禅师行医

禅、武、医

通观我国和世界宗教文化，只有少林文化才是强调“禅、武、医融合”的宗教文化，因为少林文化通过“禅、武、医”的实践，以最大程度的有益人类、社会和自然为目的，因此它在宗教文化中是绝无仅有的，所以我说："少林文化，禅拳无双"，或者说："少林文化，三宝无双"。笔者认为少林文化的精髓就是要做到"禅正心，武健体，医治病，三合一，法大成"。德建禅师说的好："禅通武达医理明，三者不可偏废，是统一体"。只讲禅、只讲武、只讲医，把"禅、武、医"三者分离开来，就不是少林文化，更不是少林文化的精髓。禅武医是统一体，这是前提，但各也有侧重，禅侧重修身，武侧重健体，医侧重治病。因此，弘扬"禅、武、医"的少林文化，就是弘扬了中国传统文化，发扬了有中国特色的佛教禅文化。

综上所述，禅武医是少林文化的精髓，是佛教在新中国发展的新阶段，是生命科学的新领域，是对中国传统文化的弘扬。

三、少林文化之复兴

少林文化在中国1500年历史中是不断变化的，故有"五家七派"之说，家、派即是不同，不同就是变。今天我们说复兴少林文化，我以为就要提高三点认识，采取三项措施。

提高三点认识：

1、认识少林文化是在嵩山自然和人文环境下诞生的禅宗文化。

嵩山是中原文化核心区的发动机，孵化器[5]，少林文化就是在嵩山古文化背景下孕育出来的禅宗文化。又如禅医中经常用的草药来自嵩山，见下表：

表一 禅医常用嵩山中草药表

药名		功能	主治	图例
中文	拉丁文			
柴胡	*Bupleurum chinense*	和解表里，疏肝，升阳。	用于感冒发热等	
连翘	*Forsythia suspensa*	抗菌、强心、利尿、镇吐等药理作用	治疗急性风热感冒等	

金银花	*Lonicera japonica*	抑菌、抗病毒、抗炎、解热、调节免疫等	治疗温病发热，热毒血痢，痈疡等症	
野菊花	*Chrysanthemum indicum*	清热解毒，消肿	上感、流感等	
蒲公英	*Taraxacum officinale*	甘，微苦，寒。清热解毒，消肿散结	上呼吸道感染，眼结膜炎，流行性腮腺炎，乳腺炎	
血参	*Wedelia wallichii*	补血；活血；止痛	贫血，产后大流血等	
乌头	*Aconitum carmichaeli*	祛寒湿，散风邪，温经，止痛	治风寒湿痹，历节风痛，四肢拘挛等	
大黄	*Rheum palmatum*	泻热通肠，凉血解毒，逐瘀通经	便秘，积滞腹痛，泻痢不爽，湿热黄疸等	

商陆	*Phytolacca acinosa*	逐水消肿，通利二便，解毒散结	用于水肿胀满，二便不通；外治痈肿疮毒	
百部	*Stemona sessilifolia*	润肺下气止咳，杀虫	用于新久咳嗽，肺痨咳嗽，百日咳等	
半夏	*rhizoma pinelliae*	燥湿化痰，降逆止呕，消痞散结	主治胃有宿寒，呕吐吞酸	
黄栌	*Cotinus coggygria*	清热解毒，散瘀止痛	主治黄疸；肝炎；跌打瘀痛	
金樱子	*Rosa laevigata*	固精缩尿，涩肠止泻	用于遗精滑精，遗尿尿频，崩漏带下等	

白附子	*Typhonium giganteum*	祛风痰，定惊搐，解毒散结止痛	用于中风痰壅、口眼歪斜、语言涩謇等	
石韦	*Folium Pyrrosiae*	利水通淋，清肺止咳，止血	治热淋，石淋，血淋，小便不通等	
羊踯躅	*Rhododendron molle*	风痰注痛	腰脚骨痛	

因此，既然嵩山文化孕育了少林文化，少林文化就应是嵩山的本土文化，所以我建议今后要把嵩山与少林文化紧密结合起来，叫做“嵩山少林文化”。

2、认识少林文化是与时俱进的文化，现在要搭上中国大发展的快车，扬长避短，加快少林文化发展。认识个人持修不是最终目的，以个人为出发点去促进社会发展，才是弘佛之路。因此，德建禅师自1995年十年隐居三皇寨，苦持修，得禅、武、医精粹，将之从庙宇中鼎力推向社会，使之利国利民，这是德建禅师为佛法中国化做出的显著贡献。

3、认识少林文化的精髓是禅、武、医，且要三位一体，缺一不可，我名之为“禅、武医、融合”。禅武与表演少林拳有很大的不同，禅武一定要严格遵循禅、武、医的传统，而表演少林拳是为了适应大众的需要，可以灵活一些。

建议采取三项措施：

1、加强嵩山少林文化禅、武、医的科学研究，提高其科学水平。为此，建议成立“嵩山少林文化禅、武、医研究会”。

2、加强禅、武、医文化的宣传，为此，建议在“嵩山少林禅、武、医理论与实践

三皇寨秀峰

三皇寨赞

香炉映照三皇寨，禅院一乘佛满堂。
嵯峨竞秀千峰起，少林绝学更辉煌。

研讨会”的基础上，成立“嵩山少林禅、武、医研讨会”，并使之常态化。

3、申请禅、武、医成为国家非物质文化遗产。

致谢：感谢德建禅师前后两次与我长谈和吕宏军先生与我讨论。

参考文献

[1] 吕宏军 :《嵩山少林寺》，河南人民出版社，2000 年。

[2] 明立志、潘平 :《胡适说禅》，团结出版社，2007 年。

[3] 陈瑞燕 :《德建身心疗法—少林禅武医临床应用》，禅武医文化出版社有限公司，2009 年。

[4] 王群中，“第二届嵩山少林禅武医理论与实践研讨会资料”《禅武医 法自然—体悟禅武医》，2009 年。

[5] 周昆叔等 :《论嵩山文化圈》，《中原文物》2005 年 1 期。

油画般的三皇寨景观

少林寺夜叙*

盛夏之夜与永信方丈谈天说地

自2009年的5月起，我入住登封少林景区王指沟“少林旅游度假村”已有一年了，这期间我曾在秋冬时节各去少林寺一次。然而，不论我住在王指沟，或到少林寺，都有想去拜访永信方丈的念头。据说他的佛事、寺事和外事活动都很多，我怕打扰方丈，所以，才把这个念头装在心里。另外，我觉得永信方丈与自已咫尺之间，相信总会有机会去拜访的，这正如我家住在北京鸟巢和水立方旁，至今还未去一样，不着急。

2010年端午节，也就是6月16日，几个朋友相聚，谈话间，两位朋友都说永信方丈早知道我入住王指沟了，并说欢迎去访。我趁端午节休假，猜想永信方丈会有点空闲，故于傍晚托微书微刻专家田德学先生与永信方丈联系，转达我有意前去造访。不久，田先生回复，永信方丈欢迎我即刻前往。听罢，稍事整理，便随田先生前往。

我们是从少林寺东侧旁门步入寺院的，走了约200米的坡道，已有些气喘。待进入寺院东侧门，已是黄昏。此刻，寺院十分宁静，仿佛掉一根针都可听得出来。我与田先生从东向西横穿寺院，过西侧门，到方丈寝院，一打听，有僧人把手往东一指，示意永信方丈在退舍。于是我们返回，当抵达方丈退舍前，已见方丈在纳凉。永信方丈见我们到来，便离座笑迎。方丈示意我靠近他入座，吩咐倒茶。从已摆好的茶杯看，这是方丈有意设定乘凉会见环境，便于攀谈。茶浓情盛，和风飘逸。

见面寒暄后，方丈热情地说：周教授写了几篇关于嵩山的著名文章。嵩山要作为一个整体，作为一个品牌介绍出去，就需要从科学上解释。例如：这里为什么是天中，你不从科学上解释，人家不信你的。英国人讲格林威治时间，他们认为那儿是中心呢！我在美国一个大学演讲，谈到嵩山有中国南方湿热环境生长的植物，也有北方凉干环境生长的植物，还有东边平原与西边高山生长的植物。若要将南方植物北移，需在嵩山栽培，过度两三年，再往北移才行。方丈言简意赅，充分说明嵩山是四方皆宜的好地方。经他这么一说，美国人就听懂了嵩山为什么在中国是居中的道理。

品茶过后，方丈继续说：周教授从气候环境谈到人类适住在嵩山及其周围，才创造出先进的文化。从古至今嵩山所在的河南，由于这里环境好，适于人口繁衍，人口稠密。寒带环境不如中原，人口就稀少。周教授从环境科学把道理一讲，这样从过去只知道

* 周昆叔，《嵩山行》，文物出版社，2010年，第67~69页。

永信方丈与笔者友好攀谈

那样，现在就知道为什么那样了，令人信服，所以，科学研究嵩山很重要。

接着方丈又说：文超书记对嵩山很重视，不久前还成立了嵩山文明研究会，又让我担任常务理事，可没让我去开会。

我说：到会的人不算多，今后学会还会给您发聘书，请方丈多关心和支持“郑州中华之源与嵩山文明研究会”的工作。方丈兴奋地说：我住在嵩山，热爱嵩山。

尔后，我说：我已经 77 岁了，想把不多的时间继续放在研究嵩山文明上。方丈指着夜空说：这里星星月亮看的多清楚，北京不易看得清楚，住在这里适合你潜心研究。少林寺这地方好，在少林寺内练武术就比在别的地方练容易成功。和尚不懂风水，挑选建寺庙地点全靠座禅入定，易入定的地方，就是好地方，适合建寺庙。

用适合入定与否作为选择寺庙地址的依据，还是头一次听说。我想，此说必有科学道理。是否除幽静环境外，还与磁场有关呢？人作为导体，能将天地之磁顺利连通，有助入定，益于身心，便于修行吧！这些都有待研究。

夜渐深了，方丈示意转入退舍就座。入室，迎面摆放着一张方桌，桌旁各置太师椅一张，椅两侧各放明式围椅三张，作弧形展开。而这些古家具都是用海南黄花梨木所制。桌后靠墙立着一张长方形大座屏，座屏是用著名浙江昌化鸡血石薄意雕刻成众罗汉拜佛图。座屏刀工繁复，工艺精湛，古色古香。门内侧各放置一张紫檀透雕书几。这些古家具可谓价值连城。我认为少林寺是一座集禅、武、医和文物之大成的文化与文物宝库。

在谈话即将结束时，我把带的《中华文明与嵩山文明研究》第一辑赠与永信方丈。他接过后，立即打开，关切的询问是否系列丛书？我答：是嵩山文明研究会的不定期会刊。方丈言语间十分关心这一书续刊问题，这是方丈对我们工作的鼓励和督促。另外我还将自己亲笔写的一个斗大的“禅”字送给方丈，在禅字下方的空白处，写了“曹洞正宗，禅宗祖庭”几个边款。对此，方丈笑容满面地说：“周教授的字，写得真好！”合影后，告别。永信方丈吩咐用车把我们送回住地，临别还说：欢迎常来！

与永信方丈初悟，一见如故。茶叙间，谈天说地，永信方丈对科学的关心，可谓语重心长；对科学工作的尊重，评价之高，令人印象深刻；对嵩山的热爱，溢于言表。我们度过了一个宁静、凉爽、友好、和谐与有益的夏夜。

高山高人 *

秀峰耸立的三皇寨高山，
育少林禅武医高人。

近十多年来，我是嵩山的常客，对人们称道的三皇寨，只是遥看过，或被三皇寨图片吸引过我的眼球。为何不早日去探访这奇观胜景呢？不便当然是原因之一，更多的是要留一个想象的空间。

近些时日，我在构思登封标志建筑物的设计中，把三皇寨石英岩林作为自然文化的元素融入设计中，于是有到三皇寨考察的想法。7 月 31 日近 9 时我们在登封市接待办公室张媛媛女士带领下，与老伴单岁琴，并特邀舞台美术家王晓鑫夫妇一同考察。我们从少林寺南乘索道缓缓而上，回望山下，少林寺塔林尽收眼底，群山环抱的少林寺一览无余。属淮河水系源流的少林溪啊！正所谓“深山藏古寺，碧溪锁少林”。嵩山的山水孕育了嵩山文化的重要代表少林文化。索道越来越高，山谷越来越窄，两侧岩层看得越来越清楚。南边是陡峭的白色石英岩，而北边是较平缓的以黄色调为主的砂砾岩层，咫尺之间，为何判若两样，乃地层时代和地球动力不同所为。南侧为 25 亿年前大地剧烈变动的结果，地质学家称之为嵩阳运动，以其表现典型的嵩山南侧而命名。这一次大地构造运动把本是在海里平趟着的、水平层理清楚的石英岩一下竖立起来，如果您仔细观察岩壁中显露的直立砾石就不会怀疑这久远地质历史中的伟大变故。从那些破碎、揉皱、错乱堆积的岩层，就可以辨认是在巨大地质构造动力作用下，造成新老不同的地层翻转，真可谓天翻地覆！北侧为 8 亿年的另一次大地剧烈变动的结果，地质学家称之为少林运动，以少林寺所在地区表现典型而得名。

三皇寨索道终点站全景素描图

* 周昆叔，《嵩山行》，文物出版社，2010 年，第 81~88 页。

亭亭玉立的少室山

三星寨栈道

踏上索道的终点，向南遥望，只见两侧山峦挺立，中间开阔的山谷直抵平川，远远的箕山隐见。由于照相机难于尽收这美景，只好执笔素描了。绘图毕，我们沿山道踏上去三皇寨旅途。密林中的山道阳光点点，湿气弥漫，透过巴掌大的栎树叶映入眼帘的远山，分外娇娆，好似亭亭玉立的少女。不久千刀万刃的石英岩体扑面而来，我们步入上不沾天、下不着地的千米岩壁上的栈道。这里的石英岩体较软的岩层被水冲刷掉而成为裂隙，较硬的岩层被保存突出起来，就形成好似一本本竖立着的巨大书籍。这里基本上见不到完全分割的岩体，因此三皇寨石英岩是一完整的巨型岩体，它与云南昆明石灰岩石林、云南元谋土林以及湖南张家界的砂岩林和黄土高原黄土柱完全不一样，最大的不同是三皇寨石英岩体不像石林等处是塔柱状的岩溶地貌。所以只得克服千难万险在她腰间修栈道，我们才能亲近她。三皇寨石英岩体石林刺破青天的气势，令人震惊。它又好似把我们带进了一座知识海洋的图书馆。三皇寨罕见的巨大直立石英岩山似林非林，似书非书，气贯中天，景情相生，岂能胆怯。

二十多亿年前的海滨砂砾成为壁立千仞的石英岩层

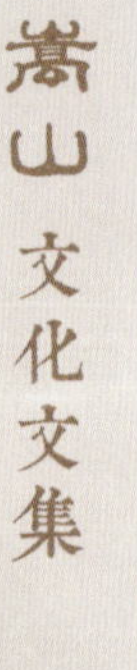

三皇寨一线天

由于岩层频繁转折，致使沟坎密布，栈道虽有修整完好的台阶，却要时上时下，弄得两腿越来越不自在，由酸胀而胀痛，气喘呼呼，汗流浃背。然而从未见过的石英岩峭壁奇观，吸引着我们兴趣盎然地迈步。走了近两个小时，据说离中点吊桥还有一段路，大大出乎我所预料的里程，加上大家饥肠辘辘起来，这样才使我骤然醒悟，由于轻视，犯了旅行的大忌，饮水很少，食品也未带，心里着急起来，好在打听到吊桥桥头有方便面可买，忐忑不安的心情才稍安定了些。12 点过了吊桥，赶快买了些方便面吃起来。餐后，我又买了些黄瓜，八宝粥罐头之类的食品带上，好心

平卧挺立两重景

却遭老伴的埋怨，说我增加了大家的负担。何不知，我考虑到大家下半程体力消减情况下，只好慢行，很可能要到傍晚才能到达终点，买食品是为旅行打持久战做的准备。幸好市接待办公室邓全保同志考虑周到，他提着食品从陡峭的山南爬上来接应我们，这下我悬着的心一下稳定下来了。途中见到许多旅行者，中途返回，有的边走边说：为了保命，还是原路返回吧！我们却义无反顾的往前迈！

三皇寨天梯

经过狭窄的十分陡峭的岩石裂隙“一线天”、“天梯”和“双佛拜塔”（塔名卓剑峰），随后我们来到了三皇寨。这里是久闻大名的释德建禅师修禅处。他是少林寺禅武医法当代的传人，我们慕名前访，承他于百忙中在“慧心妙术”会客室中会见了我们一行。“慧心妙术”是一座用块石垒砌的仿北魏式建筑。经德建禅师精密策划，周到设计，花七八年时间，带领弟子、工友们从山下背抬大量建筑材料，劈山石，克服了千难万险，精心打造出巍峨壮观的三皇寨禅院，成为少室山中令人向往的禅武医佛法胜地。我们能舒适地坐在“慧心妙术”客厅中畅谈是享受德建禅师的劳动成果，他们至诚至伟的精神令人起敬。德建禅师边品茶边娓娓介绍禅、武、医观念后，谦恭地说：我十多年来在瑞应峰下修炼，至今还有许多不明白，我要践行恩师行性法师的教导，坚持修禅、武、医，造福大众。我说您是一位高人。他打趣地回答：山高。可不是吗？德建禅师按行性法师教导，超凡脱俗，常年在高山三皇寨面壁坐禅修持，努力钻研禅、武、医，才成为少林禅武医的传人。我从他刊刻追念老师恩德碑和收藏大量珍贵的玉石、莹石佛像来看，德建禅师是一位虔诚的佛法大师。他坚持“禅、武、

双塔拜佛素描

三皇寨禅院

作者与德建禅师

医”并重的弘佛道路，将使少林文化发扬光大，成为嵩山文化名副其实的重要组成部分。与德建禅师的一席话，使我认识了少林文化的真谛就是禅、武、医。我向德建禅师学习的体会是“禅正心，武健体，医治病，三合一，法大成。”与德建禅师幸会是我们三皇寨之行的另一重要收获。

三皇寨禅院既是佛教圣地，也是嵩山重要的人文景观。人们饱览了三皇寨景色后，又抵达三皇寨禅院建筑艺术殿堂，在舒适幽静的禅学环境中，接受禅的洗礼，思想得到升华，体力也得到恢复，心神俱佳。

游三皇寨二首

一

嵩阳运动立殊功，岩层壁立插天穹。
晴天遥看蓝天远，雨天濛濛翠青峰。

二

似林非林三皇寨，如书非书石英崖。
高山秀峰幽深处，幸会禅师有高才。

黄昏时刻，我们依依不舍告别了德建禅师。向三皇寨的南坡旅行终点进发之前，回望来程，居然可以清楚地看见索道终点站，可见这直线距离不过两三千米路程，却让我们花了 4 个多小时攀登，足见三皇寨险峻，正是在这险峻中让我们体验到了三皇寨的峻美。也许是三皇寨对我们旅行意志的考验，抵达山下前让我们艰难地下踏到好汉坡，这里有 481 个台阶，坡度达 50° ~60°，一步一震动，直到震得双膝双腿酸软。旅行不仅是一种体力的锻炼，也是一种意志的磨练。我们一行在彼此鼓励下，想当年修栈道的人们冒着随时受伤甚至丢性命的危险让栈道延伸。修阶梯的人们肩负重石，或艰难地凿石，使一个台阶一个台阶得以延伸，难道我们就不能坚持走下去吗？我们终于战胜了疲劳，在 17 时 30 分胜利抵达终点。此时天幕已降，在登封市万盏灯火映照下凯旋归来。我再次回忆起陡峭的三皇寨，它是一首险、秀、奇、美自然景观与禅武医文化相辅相成的协奏曲。

钟灵毓秀嵩山法王寺*

嵩山法王寺是全国继洛阳白马寺之后最早佛教名寺，建于东汉明帝永平十四年（71年），距今近2000年，较少林寺早400多年。法王寺累废累建，今在释延佛大师的潜心主持下，佛寺光大，佛弘誉广（照片1）。

东汉明帝刘庄曾派人去印度取经，恭请天竺高僧攝摩腾、竺法兰主持法王寺，礼佛译经，后历代法师持之以恒，法王寺历久弥新，佛法大成。

印度高僧攝摩腾、竺法兰不可能知道嵩山法王寺这块建寺宝地，想必是东汉皇室派员探察遍寻，历经艰辛，方选定法王寺这块风水宝地。法王寺欣欣向荣，有赖嵩山自然、人文环境。嵩山主体由海拔约1500米的太室山和少室山构成，二山一东一西，大致呈东西向展布。由海升陆，地史36亿年。法王寺便是依太室山山麓而建。

法王寺在嵩山山环水抱之中，深山藏古刹，钟灵毓秀，人杰地灵。要了解和评价法王寺形胜，必须先简介一下我国的风水学。一谈到风水往往被人斥之迷信，其实风水学属我国地理学之源。风水说迷信色彩不可信，但瑕不掩瑜，它是景观评价系统，是住宅、村落、市镇、庙寺选址评价的理论，其要点有三（图1）。

（1）地形：马蹄形隐蔽地形，靠山，尤其靠山脊的主峰山脚下最吉祥，叫风水穴。前面地势开阔。靠山叫龙脉，主峰称龙山。左右有次峰岗阜，叫左辅（青龙山）、右弼（白虎山）。山有茂林。

（2）水：本身干燥，前临河流或水面。

（3）方位：向南，日照充足。

这样的地形叫“负阴抱阳，背山面水”。

基址本身不但在山环水抱之中，且地较平，有一定坡度。这样的地方谓之“藏风聚气”的风水宝地，因为在这样的地方建筑，背北方寒风，南迎阳光，气候凉爽，生态环境优越。

《黄帝宅经》曰：“夫宅者，乃是阴阳之枢纽，天伦之轨模……人因宅而立，宅因人而得存，人宅相扶，感通天地。”由于有“天人感应”，“天人合一”效应，故有利人生。

这就是传承千年的中国建筑环境论。英国李约瑟博士对之十分赞赏：“再也没有别的地方表现得象中国人那样热心体现他们伟大的设想‘人不能离开自然的原则’……。”

* 周昆叔，《佛法王庭的光辉》，社会科学文献出版社，2015年，第3~6页。

照片 1　法王寺山门

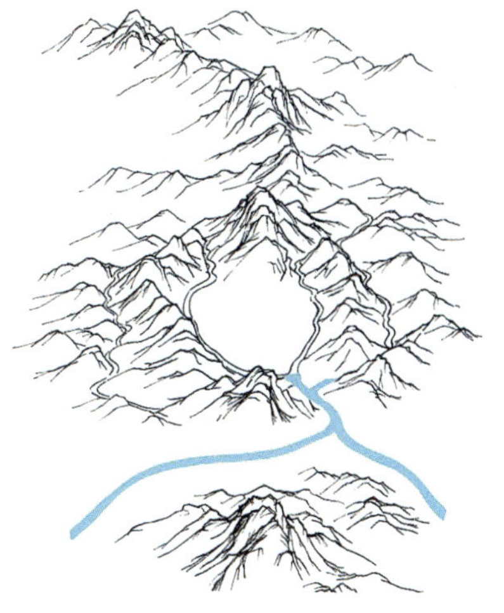

图 1　理想的风水示意图

图 2　法王寺素描图

古人认为“万物之生，以承天地之气”。何谓“天地之气”，难于体会，大概是风、水、光之综合作用生灵吧！据射电天文学家研究，这种自然之气来自宇宙的微波辐射，也包括星体的磁辐射。山环水抱的地形极象一个接受微波的天线，因而能大量吸收这种微波，形成特殊的气场。这也许与“察气”、“望气”有关吧！

从上述来看，法王寺坐落处几乎与风水学讲的一致。背靠陡峻的石英岩太室山山脉中的玉柱峰，海拔约 1000 米。坐落在倾角约 10 度斜坡上，两侧有由片麻岩构成的丘陵，海拔约 723.5 ~ 796.0 米。丘陵上生长有茂盛的麻栎、柏等树木。法王寺有冲沟，沟中林茂水丰，喜阴暗潮湿的石松，翠绿如宝石。该沟与大塔寺沟相汇合，称双溪河，

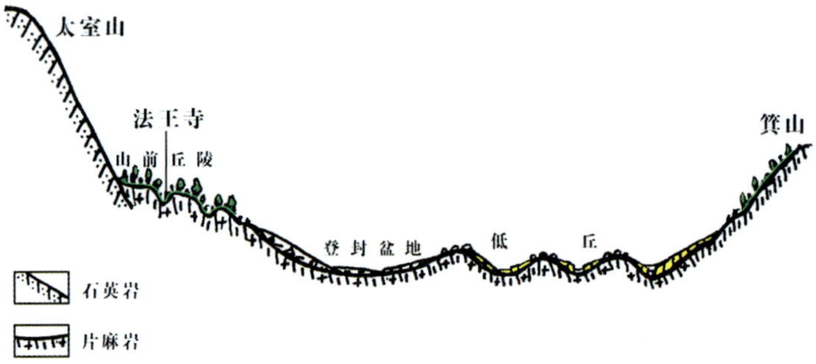

太室山
法王寺
山前丘陵
箕山
登封盆地
低丘
石英岩
片麻岩

图 3　太室山至箕山示意剖面图

流至嵩阳书院改称书院河，南流穿登封盆地，经低丘与箕山北的颍河汇流，终入淮河。

依风水学，基址前有案山，案山前还有朝山。法王寺南面宽敞的登封盆地，盆地南有玉案山，海拔约 360.0 米，该玉案山之名可能与风水学有关。玉案山南还有海拔约 500 ~ 1000 米的朝山—箕山（图 2、3）。可见法王寺是按风水学选定，也成为风水学指导下建寺庙的样板。法王寺是嵩山第一风水宝地，名实相归。

法王寺记

太室山半法王寺，佛如银杏千年辉。

拥座山川毓秀地，大法王寺名实归。

二 哲理嵩山

嵩山，天中福地，掌控四方，物发人兴，建都立国，盖源于中。

天地之中

——中华文化认同的基础*

“天地之中”指古代登封嵩山及其周边中华文明诞生、发展最适宜处。“天地之中”是中华文化认同的基础。

一、登封名扬四海

2010年8月1日，联合国科教文组织世界遗产34届大会在巴西首都巴西利亚召开。会上登封“天地之中”历史建筑群文化遗产列入《世界遗产名录》，这是中国的第39处，也是河南的第三处世界文化遗产。登封“天地之中”历史建筑群申报世界文化遗产成功，是中华文化的胜利，也是大力支持申遗群众和参加组织工作人员的胜利。

登封“天地之中”历史建筑群文化遗产申报世界文化遗产成功的喜讯越洋传来，登封、河南、中国一片沸腾。因为登封“天地之中”历史建筑群作为文化遗产被世界承认，反映了登封历史建筑群所积累的中国悠久建筑文化和人文文化得到世界的认同。所以，这是登封、河南、中国和世界人民的光荣。登封更加名扬四海，嵩山神岳在人们心目中更加神奥，更加牢记在人们的心坎里。

登封“天地之中”历史建筑群位于河南省嵩山中心地区，包括中岳庙、汉三阙（太室阙、少室阙、启母阙）、嵩岳寺塔、周公测景台、登封观星台、少林寺常住院（含初祖庵、塔林）、会善寺和嵩阳书院8处11项优秀历史建筑群，历经汉、魏、唐、宋、元、明、清，绵延不绝，构成了中原地区上下2000年辉煌的建筑史，具有很高的历史、艺术和科学价值。

衣、食、住、行是人类生活必需的要素，其成就是人类文明的成果。

我们的居住环境从洞穴演变成金碧辉煌的殿堂，是人类居住文化的巨大成就，保护它，丰富它，展示它，是对我们建筑劳动结晶的爱护、尊重与骄傲。

中岳庙始建于公元前110年，距今2120年。面积10.89公顷，含有殿、宫、楼、阁、亭、廊等建筑39座，近四百间，有“五岳”中最大的殿宇——峻极殿，高23米，面积920平方米，属皇宫式建筑，是中国古建筑的样板。

汉三阙（太室阙、少室阙、启母阙）建于东汉年间（公元118~123年），是中国

* 周昆叔，《嵩山行》，文物出版社，2010年，第38~48页。

仅存的时代最早的庙阙，是中国古代国家级祭祀礼制建筑的典范。雕刻在汉三阙上的图画、铭文十分精美，是研究建筑史、美术史和东汉社会史等的珍贵资料。

嵩岳寺塔初建于北魏正光四年（523年）。该塔历经1400多年风雨侵蚀，仍巍然屹立，是中国现存最早的砖塔，也是全国古塔中的孤例。嵩岳寺塔筒式建筑，是现代世界高层建筑的样板。

“周公测影台”是西周周公（姬旦）营建东都洛阳时，在颍河北告成“祟地”利用土堆、木杆进行测影，以土圭之法测日影，求地中，验四时季节变化。唐玄宗开元十一年（723年），太史监南宫说仿周之旧制，重建石制测影台。

登封观星台由我国著名天文学家郭守敬于元代至元十三年至十六年（1276~1279年）建成的我国最古老的天文观测建筑。郭守敬利用观星台获得《授时历》，其精确度与现行公历仅相差26秒，比现代通用的《格力高利历》创制时间却早了300年。观星台在世界天文史、建筑史上都有很高的价值。

少林寺常住院系北魏太和十九年（495年）孝文帝敕建 。东西宽120米，南北长300余米，占地面积约36000平方米，保存明、清建筑多座。是禅宗的祖源地，是禅武医少林文化的典型，是佛教圣地。

初祖庵是宋代少林寺僧人为纪念佛教禅宗初祖菩提达摩而营建的纪念性建筑，明、清续建。

塔林是少林寺历代高僧的墓地。似参天巨木，又如茂密森林。保存有唐、五代、宋、

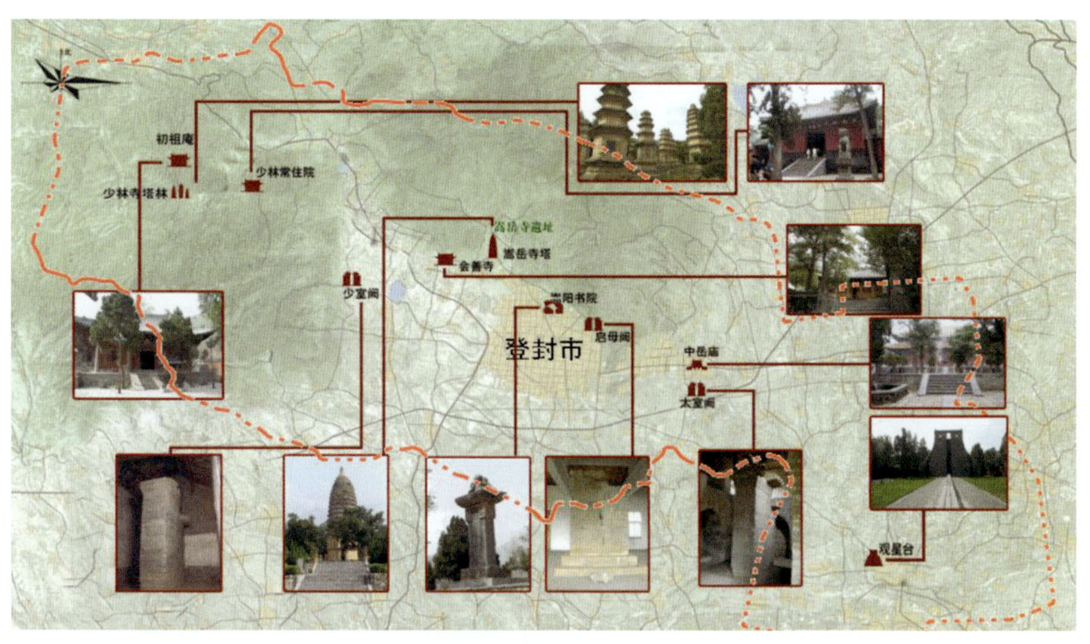

登封历史建筑群分布图

金、元、明、清 7 个朝代的古塔 228 座。

会善寺前身是北魏孝文帝元宏所建离宫，魏亡改作佛寺，隋开皇年间（581 ~ 600 年）赐名“会善寺”。唐、宋、元、明、清续建或整修。出过著名天文学家、高僧一行等名僧。

嵩阳书院始建于北魏太和八年（484 年），初名嵩阳寺。宋景祐二年（1035 年）重修太室书院后，赐额更名为嵩阳书院。现为清代建筑。系我国四大书院之一。宋代理学的“洛学”创始人程颢、程颐兄弟都曾在嵩阳书院讲学，此后，嵩阳书院成为宋代理学的发源地之一。

上述嵩山 8 处 11 项历史建筑群，代表了“天地之中”2000 年来建筑艺术的最高成就，它有悠、大、全、特和美的特点，其丰富文化内涵是难以匹敌的。步履其间会体验到政治家、天文学家周公（姬旦），伟大的政治家汉武帝、孝文帝与女皇武则天，以及名僧菩提达摩、天文学家与名僧一行、著名儒学家程颢、程颐，著名天文学家郭守敬等伟人的业绩，令人敬仰，启迪人生。所以，瞻仰嵩山 8 处 11 项历史建筑群是接受文化熏陶的幸事，也是接受灵魂洗礼的圣事。

二、何谓“天地之中”

登封历史建筑群是“天地之中”文化的体现。登封“天地之中”的含义到底是什么？可以从以下五个方面来讨论：

1、位置之中。

北纬 30° ~60° 为中纬度。0° ~30° 是低纬度。60° ~90° 是高纬度。高低纬度的盛行气团在中纬度相互交替，气旋活动频繁。地球绕太阳转动，太阳照到地球的入射角产生变化。中纬度地带入射角变化大。当入射角大时，地球受太阳照射光多，即热量多，反之亦然，致使中纬度地带季节变化明显。这里春、夏、秋、冬四季分明，表现典型，故 24 个节气兴于中原。受四季气候的影响，生物有春发、夏长、秋实与冬藏的特点，反映了能量的聚集、释放与转移的规律，而低纬度与高纬度地区这种规律性不如中纬度地区明显。由于节气的变化，水、热环境就有所不同，这对于人类、生物的繁衍生息，农作物更替，农时确定，农业丰歉有决定性作用。嵩山为北纬 34° 左右，处在中纬度的南沿，也就是温带与亚热带接触带，水、热环境最好，这里的土地平坦，土层深厚，煤、铝等矿产资源丰富，故此带是中国与世界人口密集带、农业繁盛带、古文化发达带和文明形成带。因此，登封嵩山就地理位置来说正值“天地之中”。

2、古天文之中。

3000 年前周公选择“崇地”阳城测影，从礼制上定阳城为天下之中，并赋予它“天地之所会也，四时之所交也，风雨之所和也，阴阳之所会也”的地位。而这是依据我国古天文观盖天说，也就是天圆地方说。地既是方的，就应该有中心。都城所在的地方是帝王号令四方之所，理所当然是地中。周公在阳城测影求地中是为都洛邑找依据。可见这里含有“君权天授”的意图。唐代高僧一行以登封为基地创《大衍历》。元代伟大的天文学家郭守敬也以阳城周公测影台近旁立观星台获《授时历》。近年又在箕山的将军山上发现“日月星辰岩画”。这些天文学传统都是在处于“天地之中”的登封境内获得的，可见登封早已是古天文学的“天地之中”，故阳城民间有“天心地胆”、“没影台”之说。

3、生态之中。

生态，指生物之间以及生物与环境之间的相互关系与存在状态，亦即自然生态。生态自然有着自在自为的发展规律。人类适应、选择和利用这种规律，就形成了文明。

登封嵩山地区处在温带与亚热带之间，中国西部山地、高原与东部平原、丘陵之间，处在黄土高原和华北平原之间，处在西部欧亚大陆与东部太平洋环境的过渡带上，因此这里是不同生态环境的接触带，边缘环境效应，使人类需求的资源较丰富，尤其在 3000 年前的文明形成时期更是如此。

在 4000 年前我国第一古都禹都阳城王城岗遗址，将发掘出的木炭做植物解剖研究证明，这里当时生长有亚热带植物枫香（*Liguidambar formosana*）、青冈（*Cyclobalanopsis*）[1]，还在嵩山附近发现有喜暖湿的亚热带动物麋鹿（*Elaphurus davidianus*）和扬子鳄（*Alligatorsinesis*）等，这些说明文明形成时期的嵩山地区属亚热带，当时的水、热环境比现在更好，有利文明、国家的形成与发展。

现在的嵩山 1000 多种植物中含有东西南北的植物。例如：在少林寺附近生长有南方的常绿藤本植物哥兰叶（*Celastrus gemmatus*）、扶芳藤（*Euonymus fortunei*）。在峻极峰松树洼生长有大片的华北针叶植物油松（*Pinus tabulaefomis*）。

嵩山是中国古代济水发源地之一；是河水（即古黄河），也是现代黄河河水补给地；是古代淮水，也是现代淮河主要支流颍河发源地，由此三水组成水网滋润万邦，形成绵延不断的嵩山文化圈[2]。

4、人文之中。

人文指人类社会的各种文化现象。中国古代把人、物、环境和文化之间的关系表述为五行，这种概念在战国以前就有了，一直延续到现今。五行中“物”表述为金、木、水、火、土；“方位”表示为西、东、北、南、中；“颜色”表述为白、青、黑、赤、黄；“神明”表述为白虎、青龙、玄武、朱雀。五岳与五行的关系示于表 1 中。

表 1 中嵩山与五行关系处在居“天地之中”的位置，故谓中岳。五岳中只有中岳

表 1 五岳与五行关系表

五岳	方位	物质	颜色	神明	人
泰山	东岳	木	青	青龙	
衡山	南岳	火	赤	朱雀	
嵩山	中岳	土	黄		人
华山	西岳	金	白	白虎	
恒山	北岳	水	黑	玄武	

非神明动物，而是受东、西、南、北四岳神明动物所拱卫的人。所以，五行早已视嵩山与其他四岳不同，嵩山是处“天地之中”中心地位的圣山。嵩山与土和黄色对应，土即地，黄是黄土的表征，这说明嵩山人创造的文明扎根在农业文明依赖的土中，而且是扎根在中国农业依存度最大的黄土之中，这里也就成为中国文明主源地和国家起源的地方。

社稷坛也能验证嵩山“天地之中”的涵义。中国传统文化中，在皇宫有“左宗右社”之说。“左宗”是对先祖的崇拜，讲血缘关系。“右社”是对农神的崇拜，讲国泰民安。在北京天安门的右侧今中山公园内就有仅存的“社稷坛”一座。社为土神，稷为谷神。该坛由五种颜色的土组成，即南红、北黑、东青、西白、中黄。该坛俗称“五色土”，象征“普天之下，莫非王土”。坛台中央“社主石”，也称江山石，表示“江山永固”。明清两朝皇帝每年的农历二月在此举行隆重祭祀仪式，祈求五谷丰登，国泰民安。后来“社稷”一词一度引申为国家代词。可见“社稷坛”的设立是我国以农立国观念的集中体现。它的结构既是国土的体现，也深含人文文化的含义，即表示我国的多元文化和一体文化。中间的黄色土反映了黄土在我国的广泛分布，尤其在国家起源与文明主源地区多黄土的状况，以及反映黄土在中国农业中举足轻重的地位。这与嵩山在五行中体现的中心地位、土、黄色和人本的人文理念是一致的。

古代中州河南名人文化也体现出“天地之中”的含义。据对中国历史影响最大 100 位名人的统计，在 1000 年前的古代，中原五省有名人 40 位，占全国 40%。河南在中原 40 位名人中有 12 位，占中原的 30%。河南出的名人包括黄帝、大禹、李耳、玄奘、杜甫、赵匡胤、张衡、张仲景、子产、王安石、陈胜、岳飞 12 人。在全国 100 位名人中按区域划分，中原占多数；中原名人中河南又占多数。名人，尤其是影响中国发展的 100 位名人，都是精英中的精英，是人杰，是智慧的顶峰，是时代的代表[3]。因此，古代中州河南名人对中国社会发展所起的巨大作用，也体现了嵩山地区“天下之中”的人文含义。

因此，登封嵩山“天下之中”的含义，不论在五行中，在社稷坛中，或者在名人文化中都得到充分的体现。

登封历史建筑群礼制、宗教、教育与科技建筑集大成体现着“天地之中”的含义，尤其还有“天地之中”文字的明确表示，例如，在观星台有“千古中传”照壁，在少林寺有“天中福地”门，在中岳庙有“配天作镇”牌坊等。

5、政治之中。

中国八大古都中州地区有洛阳、郑州、安阳、开封 4 个，占八大古都的一半。洛阳号称九朝古都，其称谓是缘于我国古时认九、五数为尊，以九为最大个位数，示多之意，故洛阳“九朝古都”系多朝古都的美誉，并非在洛阳只有九朝。先后在洛阳建都的有夏、商、东周、东汉、曹魏、西晋、北魏、隋、唐、武周、后梁、后唐、后晋等 14 朝。郑州为早商古都。安阳为晚商古都。开封为战国时期的魏（公元前 364~ 前 225 年），五代时期的后梁、后晋、后汉、后周（907~960 年），北宋（960~1127 年）和金代后期（1214~1233 年）的七朝古都。从上可知，在中州立都有 20 多个朝代。据考证，中州有更多的古城，如西山、王城岗、孟庄、新砦、大师姑、古城寨、娘娘寨、高城、徐堡与戚城等古城和郑韩、许昌故城等都具某些古都的功能。黄河中下游这样密集的古都城是绝无仅有的[3]。需要指出的是中华第一古都禹都阳城王城岗古都就位于登封。

国都是一个国家政治、经济、文化的中心，古代中州有 20 多个朝代立都河南，约占我国朝代总数的三分之二，河南对中国影响之深之广是不争的事实，是无与伦比的，这也反映了登封嵩山及其周边“天地之中”的文化。

从上述位置、古天文、生态、人文和政治五个方面说明登封嵩山及其周边是处在“天地之中”的位置，这是环境与人文文化结合的最好体现。古天文观与现代天文观有区别，但是古天文观是现代天文观的前身，是现代天文观的基础。古代天文观反映了“天地之中”自然环境与人文环境的结合，故要重视古代天文观的历史作用和科学内涵。

概括起来说，“天地之中”指古代登封嵩山及其周边是中华文明诞生、发展最适宜处。

三、“天地之中”理念的影响

“天地之中”的理念源远流长，五帝时代已经萌发，夏商周时代已经形成，其后影响至今，故“天地之中”的理念对华夏民族和中华民族的形成起着推动作用。“天地之中”理念促使中原文化绵延和嵩山文化圈形成。“天地之中”理念是国家几千年统一局面形成和巩固的力量，是叶落归根与龙的文化传统等伦理形成的基础，是中华文化中的中国、中央、中原与中州等重要文化概念以及河南口头语“中”形成的源泉。例如，中国概念形成于西周青铜器“何尊”铭文记载：周武王灭殷商后，在洛汭京宫

表 2 “天地之中”内涵与影响表

文化动力	因	果
文化效应	基础	文化认同
文化内涵	位置之中 古天文之中 生态之中 人文之中 政治之中	文化绵延 文化核心形成 伦理形成 “中”文化概念形成 中央集权制形成与巩固

图 2 “天地之中”树状图

大室告祭嵩山说：“余其宅兹中国，自兹乂民。”中国称谓源于此。可见中国一词源于嵩山及其周边地区。又如河南独有的口语“中”，现多表示“是”、“行”、“可以”；“不中”表示否定的意思。“中”就其原委来说还含有中庸、中和明是非之意。由于“天地之中”理念给予中华民族巨大的凝聚力，所以我国中央集权制得以形成和巩固。

综上所述，可见“天地之中”理念是我们中华民族形成、巩固的基础，由此结出中华民族文化认同的硕果（表 2，图 2）。

四、光荣与责任

登封“天地之中”历史建筑群成为世界文化遗产，这是对我们先辈功业和登封人成就的肯定。登封人为建设、保护登封文化遗产，做了有效管理与很好保护，成绩斐然，全国人民和世界人民感谢登封人民，这是登封、河南、中国与世界人民的光荣和骄傲。同时，由于登封“天地之中”历史建筑群已成为世界文化遗产，这就意味着它不仅仅属于登封人、中国人的，而是属于全人类的了，这样，我们登封人就要负起世界公民的责任，管理好和保护好这笔人类遗产。我们登封人只有更好地负责保护好这笔人类遗产才能保持光荣。为了国家的安危，我们可以出生入死。为了国家的荣耀，我们理当尽职尽责。

为此，我们要对如下问题做一考虑。

考虑到“天地之中”在我国文化、伦理和治国中的奠基作用，为了更好地凝聚登封市的力量，建议以“天地之中”作为登封市建市理念。

要大力宣传“天地之中”理念，宣传“天地之中”在我国文化形成中的奠基作用。宣传“天地之中”在推动我国与河南经济建设中的“中坚”作用，做到家喻户晓。

为了丰富和凸显登封“天地之中”的文化内涵，要对登封市建设、规划作新的审视。例如，考虑建设“天地之中”公园或广场设施，该设施要体现嵩山与五行的关系，设东青龙、西白虎、南朱雀和北玄武四个门拱卫着站立在黄土大地上的传说人物伏羲、女娲和黄帝、大禹等伟人形象。

为了使人们认识和欣赏登封“天地之中”历史建筑群文化遗产，使之可看、好看，我们要在深入研究的基础上，努力丰富它，表现它。

为了使登封“天地之中”历史建筑群文化遗产持续得以欣赏和利用，要努力钻研文物保护科学，保持登封清新环境，爱护嵩山的一草一木，一土一石，使文物和市政工作上一个新台阶。

参考文献

[1] 北京大学考古文博学院、河南省文物考古研究所：《登封王城岗考古发现与研究》(2002-2005)，大象出版社，2007年。

[2] 周昆叔等：《论嵩山文化圈》，《中原文物》2005年1期。

[3] 周昆叔：《论再现豪放中州》，《嵩山行》，文物出版社，2010年。

初谈中国传统的“中文化”*

“中文化”理念源于先秦时期，它深刻地影响着中国国家及其文化的形成和发展历程，并成为其文化传承绵延久远、从未中断的内在驱动力，这在整个人类文明发展史中都是独特鲜明的。

“中文化”主要形成于嵩山与河洛地区，或可及东起开封，中经郑州、洛阳，三门峡而达西安这条居我国中部地区长约600千米的景观廊道，此廊道大致北到黄土高原南缘，南到秦岭至淮河一线。形成中文化的上述景观廊道，其地势低下，似函状，亦作孔道，盖源于地质构造华北地台西南隅与昆仑—秦岭地槽东延之接合部，主要由洛阳盆地、新安盆地、渑池盆地与灵宝盆地和关中（渭河）盆地构成。这条景观廊道也将中国第二级阶梯地貌中的黄土高原与第三级阶梯地貌中的黄淮平原连接起来，成为我国东部和西部之间既便捷又居中的交通要道，对于促进古代中国社会、经济、文化的传输和交流有着至关重要的作用。

“中文化”的起源地具有下述显著特征：

地理区位之中。北纬34°~35°，为南北气候分界带和多重生态过渡带。

古文化核心。从180万年的芮城西侯度旧石器早期遗址到公元11世纪的北宋，古文化绵长。新石器文化中期的仰韶文化和晚期的龙山文化为我国古文化核心。为国家兴起之域。

国家疆域之中。自夏、商、周以迄北宋的国土之中。

发达农业之中。自龙山时代便形成粟、黍、稻、麦、大豆五谷农业。

政治中心所在。全国八大古都，天下之中的洛阳、郑州、西安、开封和安阳占其五。

上述自然之中、古文化核心、疆域之中、经济之中、政治之中以及前述交通之中的客观影响，长期作用于生活在这一区域的古代先民，足以令他们体悟到“中”的种种真谛。正是在这种漫长的、潜移默化的熏陶下，最终形成了以中为精髓的中文化。

先贤对自然、精神的转化关系有深刻论述。老子说：“人法地，地法天，天法道，道法自然”（《道德经》）。庄子说：“人与天一也”（《山木》）。这与恩格斯所论述的“自然界与精神的统一”（《自然辩证法》）并无二致。

我国主要哲学思想“天人合一”观是基于自然界与人文的融合。“天人合一”一

* 周昆叔，《中国文物报》2012年1月6日第6版。

词始于汉代大儒董仲舒，他说：“天人之际，合二而一”。“天人合一”思想倍受当代国学大师钱穆、季羡林的尊崇，认为是中国最基本的哲学思想，“是中国古代文化最古老最有贡献的一种主张”。季先生说“天人合一”思想与道、儒有关。若从中文化的形成看，“天人合一”思想应该与先秦时期就已形成的中文化理念有渊源关系。因此，嵩山及其周围“天地之中”形成的中文化是中华文化认同的基础。

语言学上，河南人口语以“中”、“不中”表示肯定与否，这反映了河南人对中文化的深刻领悟与继承。我国艺术不论是绘画或写字，基本原则是守中，构图讲究对称、平衡，注重疏密、虚实结合，尊此，则造型具稳定与和谐之美，违此，则不美。

我国文化发展、立国、建国、处世皆与中文化有关。

我国古文化的发展既有中也有边，中促边，边促中，中边互动。以仰韶文化的传播和发展过程为例，仰韶文化是我国新石器文化中最具代表性的文化，其核心在豫、陕、晋间。其周边东有大汶口文化，东南有崧泽文化和马家浜文化，南有大溪文化与屈家岭文化，西有马家窑文化，北有赵宝沟文化与红山文化。仰韶文化中期的庙底沟文化以其强势影响周围的同期文化，其后期博采众长，尤其接纳了屈家岭文化与大汶口文化，促成河南龙山文化大发展，从而奠定了中原文化在华夏文化中的核心地位，并孕育出了夏商周三代文明。

中文化是研究嵩山及其周围“天地之中”的学问，包括其源流、对象、内涵、范畴、哲理与应用等。

源于先秦“天地之中”的中文化是中华文化认同的基础。基础牢，发展旺。

分析论证中文化，对于把握中原与中国文化的特质和精髓，完善中国文化的架构和促进可持续发展都有重要的学术意义与现实意义，可作为传承与创新华夏文明的一个切入点。

大道为中*

——试释中国传统的中文化

[摘　要]“天地之中”的理念源于先秦时期中岳嵩山及其周围地区。由中域而“中文化”，其要义是“大道为中”。道者法则也，中者正道也，故中乃大道，焉不遵之。“中文化”是对我国传统文化的溯源和彰显。“大道为中”是对我国哲理的新探讨。分析论证中文化，对于把握中原文化与中国文化的特质和精髓、完善中国文化的架构、促进可持续发展都有重要的学术意义和现实意义，可作为传承与创新华夏文明的一个切入点。

[关键词] 天地之中　中文化　大道为中　处事之章　立世之本

笔者在拙著《嵩山行》中释嵩山“天地之中”为位置之中、古天文之中、生态之中、人文之中和政治之中，并指出这是构成中华文化认同的基础[1]。通过进一步的思考，可将方位之中提升为哲学层面的中，即指事物矛盾的统一性。其要义是“大道为中”。

“大道”一词累见于先秦文献，如《礼记·礼运》曰：“大道之行也，天下为公”；《庄子·天下》曰：“天能覆之而不能载之，地能载之而不能覆之，大道能包之而不能辩之，知万物皆有所可，有所不可”；三国时嵇康的《释私论》曰：“物情顺通，故大道无违；越名任心，故是非无措也”。后来，“大道”一词被赋予更丰富的含义，如天、地、生、人之道，既指自然法则，也指人文精神及其彼此的转化关系。一言以蔽之，大道者，乃指人们应遵循的法则和要追求的真理。

“中”与“中文化”是事物矛盾对立统一性的表现。任何事物在其发展演变过程中都既对立又统一，其统一性即“中”，在事物发展演变过程中起着对称、平衡、左右、枢纽和驱动作用，故中乃为大道。下面试论其源流与影响。

一、中文化源起

中国、中华、中师、中央、中州、中原、中庸、中和等等，是中国历史上形成的

*　周昆叔，《中州学刊》2012年2期，第55~62页。

特有的文化现象。

“中国”一词源于先秦“天下之中”或“天地之中”的地方。约公元前 1000 年，周公旦曾为营洛邑到附近的“崇地”阳城（今嵩山腹地登封市告成镇）以“土圭之法”求地中。1965 年在宝鸡贾村镇贾村发现了一件西周早期青铜器“何尊”，该尊 122 个铭文记载了周成王继承武王遗训营建“成周”洛邑的史实。其铭文中有“余其宅兹中国，自兹乂民”。《周礼·地官·大司徒》：“以土圭之法测土深，正日景，以求地中。”“日至之影尺有五寸，谓之地中，天地之所合也，四时之所交也，风雨之所会也，阴阳之所合也，然则百物阜安，乃建王国焉，制其畿方千里而封树之。”郑玄注引郑众曰：“土圭之长尺有五寸，以夏至之日，立八尺之表，其景适于土圭等，谓之地中。今颍川阳城地为然。”贾公彦疏：“周公摄政四年，欲求土中而营王城，故以土圭度日景之法也。”《尚书·尧典》载：“乃命羲、和，钦若昊天，历象日月星辰，敬授人时。”先秦文献中多把商朝称作“殷”，而《史记》释“殷，中地”，故商朝自称殷国，也即“中国”。可见，“中国”一词虽始见于西周早期，但此前已经萌发这一概念。凡此说明，将嵩山、河洛地区视为“天地之中”，当有 3000~4000 年的历史了。“中土”、“土中”是中国之别称。中国系指相对于东夷、西戎、南蛮、北狄等边地而居中之意。《资治通鉴》载：“以洛阳土中，朝贡道均，意欲便民，故使营之”，因而洛阳成夏、商、西周、东周、东汉、曹魏、西晋、北魏、隋、唐、武周、后梁、后唐、后晋等 14 个王朝的都邑。可见，历代建都于“天地之中”，首先是为便于治国。虽然依“浑圆说”并无所谓天地之中，但嵩山及其周围乃沟通四方交通之要冲，是亚热带与暖温带、高原与平原、森林与森林草原的多重生态过渡带和多种资源富集带，适于人们生存和兴邦立业，因而才将此区域视为天地之中。天地之中概念符合事物发展过程“中”的客观存在，它深刻体现了中国文明和中国文化既是多元的，又是有中心的。中国之名恰如其分，名实相符。

“中华”则有多解，通常认为与华山有关。华山由南峰落雁、东峰朝阳、西峰莲花、北峰云台和中峰玉女五峰组成，其状如花。由于华与花通，故谓之中华。也有研究者认为中华源于中条山与华山的合称。还有说是中国与华夏的合称。这些对“中华”一词之源的解释，无论有何差异，但均指以洛阳为中心的黄河中下游之交。

“中师”指国都所在地。

“中央”指国家首脑机关。

“中州”，传说禹分九州，《书·禹贡》作冀、兖、青、徐、扬、荆、豫、梁、雍。豫居九州之中，谓中州。

“中原”指黄河中下游，主指河南，亦可扩及鲁西、冀南、晋南和关中。

“中庸”，原属《礼记》的一篇，到宋代独立成篇。《中庸》是儒学的核心，论人之最高道德标准，过犹不及，恰到好处。“中”是体，“庸”为用[2]。《礼记》的《中庸》篇载：“仲尼曰：君子中庸，小人反中庸。君子之中庸也，君子而时中，小人之反中庸也，小有而无忌惮也”，提倡“诚者不勉而中，不思而德，从容中道，圣人也”。中庸首重诚信。“中和”是“中庸”的另一重要论点。《中庸》说：“喜怒哀乐之未发，谓之中，发而皆中节，谓之和。中也者，天下之大本也；和也者，天下之达道也。”“喜怒哀乐之未发”是就体说；“发而皆中节”是就用说[2]。重视“中”，且保持“中节”，则和。

“中正”，与公正意近。

“中枢”，指在事物发展过程中所发挥的主导作用。

综上所述，从国名中国、中华，到都城中师、中央，到国兴之域中原、中州，到人文理念中庸、中和，中正，以及在事物系统中起关键作用中枢，都冠以“中”，可将这种普遍的文化现象称为中文化。这在拙著《嵩山行》中首次论及[1]。

“中文化”理念源于先秦时期，它深刻地影响着中国国家及其文化的形成和发展历程，并成为其文化传承绵延久远、从未中断的内在驱动力，这在整个人类文明发展史中都是独特鲜明的。

中文化是研究嵩山及其周围“天地之中”的学问，包括研究其源流、对象、内涵、范畴和哲理与应用等。

二、万法归中

法本指法度，亦指事物，万法者，一切事物也。

1. 中文化溯源

中文化主要形成于嵩山与河洛地区，或可及东起开封，中经郑州、洛阳、三门峡而达西安这条居我国中部地区长约600千米的景观廊道，此廊道大致北到黄土高原南缘，南到秦岭至淮河一线。

形成中文化的上述景观廊道，其地势低下，似函状，亦作孔道，盖源于地质构造华北地台西南隅与昆仑——秦岭地槽东延之接合部，主要由洛阳盆地、新安盆地、渑池盆地与灵宝盆地和关中（渭河）盆地构成。每个盆地均有河流与黄河贯通，自东向西有伊洛河、畛河、涧河、青龙涧、苍龙涧、弘农涧、沙河、阳平河与渭河等。这些盆地水丰土沃，丘原相兼，适于人类生息。这条景观廊道也将中国第二级阶梯地貌中的黄土高原与第三级阶梯地貌中的黄淮平原连接起来，成为我国东部和西部之间既便捷又居中的交通要道，对于促进古代中国社会经济、文化的传输和交流有着至关重要的作用。

在100多万年前宝鸡市以东，三门峡市以西曾为广达几千平方千米的浩荡大湖，谓之古三门湖。古三门湖区域分布有180万年的芮城西侯度遗址、100万年前的蓝田猿人（Lantian Homo erectus）、60 万年前的陈家窝人（Homo erectus chenchiawaensis）、20 多万年前的大荔人（Homo sapiens daliensis）。此外，景观廊道还有 10 万年的丁村人、许昌人等，还有 10 万年前的织机洞和 1 万年前的下川等旧石器文化遗址。距今约 10 万年的巩义市洪沟、登封市陈家窝旧石器中期遗址中不仅有石片石器，也含有砾石石器。这说明嵩山及其周边地区早在旧石器时代中期就成为南北文化交融之地[4]。中石器时代则有万年前的沙苑人文化遗址。进入新石器时代以来，该区域先后出现公元前 8500~6600 的李家沟文化，公元前 7000~5000 的老官台文化、裴李岗文化、磁山文化，公元前 5000~3000 的仰韶文化，公元前 3000~2600 的庙底沟二期文化，公元前 2600~2100 的河南龙山文化，还有可能为尧都的陶寺遗址。公元前 2100 后，该地区成为夏、商、周早期国家与秦、汉、隋唐和宋代国家经济、文化和政治中心，成为中国八大古都中五大古都之所在。郑州境内分布着黄帝故里轩辕丘和黄帝时代的西山古城，还有龙山时代的古城寨遗址，夏初的王城岗阳城古都等夏代重要城址和聚落，另有夏代方国都邑大师姑。郑州还是商初成汤始都之亳城，以及商前期重要都邑性质的小双桥遗址。西周时期，郑州曾为管国之都，还有娘娘寨西周古城等。东周时期则有新郑郑韩都城、许昌故城等多处重要城址。如前述，洛阳为夏、商、西周、东周等十四朝都城；西安为西周、秦、西汉、新莽、西晋（愍）、前赵、前秦、后秦、西魏、北周、隋、唐等十二朝都城；安阳为晚商殷墟都城；开封为魏（公元前 364 ~ 公元前 225）、五代时期的后梁、后晋、后汉、后周（907 ~960 年）、北宋（960 ~1127 年）、金代后期（1214 ~1233 年）七朝都城（见图 1）[4-8]

嵩山文化圈位于上述景观廊道的东中部地带[9-10]，这里是中文化起源、衍生、发展的核心地带。

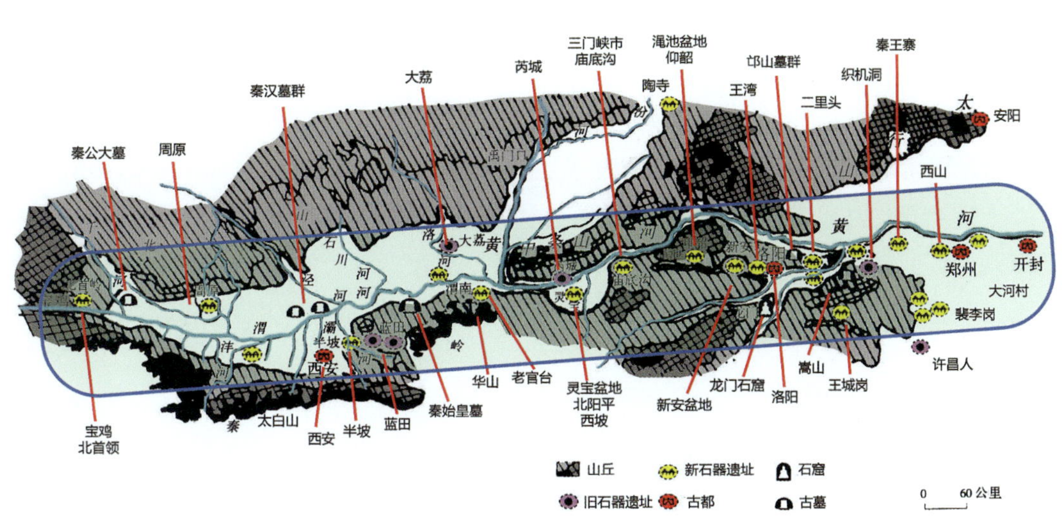

图 1　黄河中下游文化古道示意图

图 2　距今 1500 年的“四海总图”

上述景观廊道的东端、今郑州周边地区分布着众多的古城，除前面谈到的郑州、洛阳、安阳、开封著名都城外，尚有西山、王城岗、孟庄、古城寨、高城、徐堡、戚城、新砦、大师姑、娘娘寨、郑韩故城等众多先秦时期的主要都邑或重要城址[1]。显然，自距今 5000 多年前的仰韶时代以降，矗立于这一景观廊道之中的古城之多绝无仅有。所以，嵩山及其周围地区不仅是我国，也是东亚和世界文明的重要发祥地之一。

《中国国家地理》杂志 2010 年第 10 期海洋特刊曾发表一张距今 1500 年前的“四海总图”（清代陈伦炯《海国闻见录》引）。此图（见图 2）最明显的特点是凸显中原地区为我国中心。由此可见，我国以中原为主体的多源文化观由来已久，这与严文明先生根据考古发现和研究所提出的中国古文化多元一统理念是相符的[11]。

中文化的起源地具有下述显著特征：

地理区位之中，北纬 34°~35°，为南北气候分界带和多重生态过渡带。

古文化核心，从 180 万年的芮城西侯度旧石器早期遗址到公元 11 世纪的北宋，古文化绵长。新石器文化中期的仰韶文化和晚期的龙山文化为我国古文化的核心。为国家兴起之域。

国家疆域之中，自夏、商、周以迄北宋的国土之中。

发达农业之中，自龙山时代便形成粟、黍、稻、麦、大豆五谷农业[12-13]。

政治中心所在，全国八大古都，天下之中的洛阳、郑州、西安、开封和安阳占其五。

上述自然之中、古文化核心、疆域之中、经济之中、政治之中以及前述交通之中的客观影响，长期作用于生活在这一区域的古代先民，足以令他们体悟到“中”的种种真谛。正是在这种漫长的、潜移默化的熏陶下，最终形成了以中为精髓的中文化。

2．中文化的实质

中文化实质在“中”字中有鲜明体现。“中”字有一个演变过程（见图 3）。中与太极图有关，太极图二鱼首尾呼应，旋转不止，阴阳相对、相合、相生，生生不息。后转变为石鼓文、钟鼎文、大篆、小篆，直到汉代才演变成“中”。甲骨文“中”字有两种写法，其一为，其二为，中字经历了从指事到会意最后到具有哲学含义的演变过程。《庄子》云："得其环中以应无穷"，就是把中字的中部视作封闭的圆圈"〇"，代表宇宙的全体，不偏不倚地观之，成完满的中道，体现出宇宙的整体观和中正不倚的道德观。总之"中"的原意强调"不偏"，即恰到好处。金文中的中字作。即一竖表矢，射的圈，适得其中。一竖之上下作旂，意聚众于中，引伸为中央，更引伸为一切之中[14]。既有中，必有边，有左有右，居中平衡，则和。

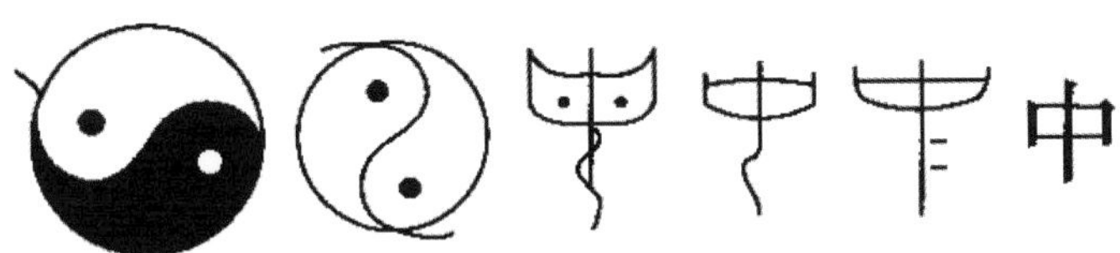

图3 "中"字演变图

《论语·尧曰第二十》载"尧曰：'咨尔舜，天之历数在尔躬。允执其中。四海困穷，永禄永终！'舜亦以命禹。"《尚书·大禹谟》曰："人心惟危，道心惟微，惟精惟一，允执厥中"。"其"同"厥"。尧帝、舜帝强调执政要"允执其中"或"允执厥中"。据近年李学勤先生等对清华大学藏战国竹简《保训》研究，其内容是记周文王五十年王对太子发的遗训。文王对太子发讲了两件史事。"第一件史事是关於舜的，讲的是舜怎样求取中道。第二件史事是关于商汤的六世祖上甲微的，讲微假中於河伯以胜有易，微把'中'的内容'传贻子孙，至於成汤'，是汤得有天下。"[15]从上述原有与新发现的典籍都说明，"厥中"乃治国之本。

据对《道德经》的研究，其重要特征之一是"以一个'中'字为纲要"，"世界上万事万物都有在不断震荡、螺旋式变化和发展的运动中最终靠向中和态的趋势，中和态即阴平阳秘的稳定态"[16]。

先贤对自然、精神的转化关系有深刻论述。老子说："人法地，地法天，天法道，道法自然。"（《道德经》）庄子说："人与天一也。"（《山木》）这与恩格斯所论述的"自然界与精神的统一"（《自然辩证法》）并无二致。

我国主要哲学思想"天人合一"是对自然转化成人文的高度概述。"天人合一"一词始于汉代大儒董仲舒，他说："天人之际，合二而一。""天人合一"思想倍受当代国学大师钱穆、季羡林的尊崇，认为是中国最基本的哲学思想，"是中国古代文化最古老最有贡献的一种主张"。之所以"天人合一"哲理是"最有贡献的一种主张"，是由于"天人合一"[17]源于物质转化成精神，而精神又可反作用于物质，从而奠定了我国的唯物史观。季先生说"天人合一"思想与道、儒有关。若从中文化的形成看，"天人合一"思想应该与先秦时期就已形成的中文化理念有渊源关系。因此，"天人合一"哲理"是中国古代最古老"的。

中文化体现了天文与人文的统一，反映了自然与人文的统一。

3．中文化表现

中文化表现在各个方面。

就生活方面来说，衣、食、住、行皆归中。

衣着之中，人们穿的衣服，不管如何变化，都要做到两侧相对平衡，保持中线是着服的原则，流行于20世纪近一个世纪的中山装就是典型。此前，甚至现代还偶见右侧系钮扣，有的少数民族在左系钮扣，但总体还是注重体现中线平衡。之所以如此，是为表征五脏六腑在人体中线两侧基本平衡分布的客观事实。

食之中，人们吃饭，不仅是解饥，还要为健康而食，这样就要注重科学饮食。所谓科学饮食就是进食要满足对水、维生素、碳水化合物、脂肪、蛋白质和矿物质六大类营养的需要，这样进食需要讲究配比，进食品种宜多，努力做到杂食，忌偏食、贪食、多食，如此，促成营养均衡，从而有利于健康。

房舍之中，我国不管几进结构的房屋，总体要保持中轴线。我国城镇多注重中轴线。这起始于夏代二里头遗址的房屋建筑[18]。岐山凤雏西周建筑遗址已采取了四合院形式，门道、前堂、后室都设在中轴线上[19]。后来南北朝时期的北齐都城邺城、隋代的长安、唐代的长安、宋代的开封都注重中轴线。城市保持中轴线的典型是北京市，北京自元代，特别是明、清直至现代都注重中轴线规划与建造。该市中轴线南起永定门，北达钟楼，中穿故宫（紫禁城），总长7.8千米，其建筑群分布在中轴线两侧。建国后由于天安门广场和奥运村的建设，强化了和延长了北京中轴线[20]。还如嵩山登封市的观星台和中岳庙也是严格按中轴线建筑的[21][22]。我国房屋和城市注重中轴线有深邃的文化内涵，主要有四方面：首先是为与自然和谐。中轴线是南北向的，这就与地轴保持一致，成顺磁方向；又我国属东亚季风区，冬季北风劲吹，沿中轴线建坐北朝南房屋，能避风寒。其次是为体现尊卑。主建筑设在中轴线上，在都城是为突出皇权，在民居是为体现老幼有别。再次是为发挥功能。利于各职能部门彼此联系和功能的发挥，如北京中轴线上与两侧建天、地、日、月和社稷五坛。最后是为体现美。中轴线可以显示建筑群对称、平衡，令其秩序井然，赋于美感。

行之中，行走要居中，这是常识。何以如此，为防跌倒，万一跌倒，也不会受路坡影响，以减小损伤。所以，现代高速公路的超车道也是居中设置的。

就科学方面来说，也无不归中。

物理学，物理学的中和，是由两个分别带正、负电荷的物体结合，产生瞬时电流，形成不带电荷的物体。再如物理学中谈到电磁作用是通过电场和磁场来传递的，有所谓电磁感应定律。什么叫“场”？连续介质叫做“场”，而连续介质是看不见，也摸不着，为了显示这种“场”的存在，该定律的发明人法拉第做了一个很有说服力的实验。

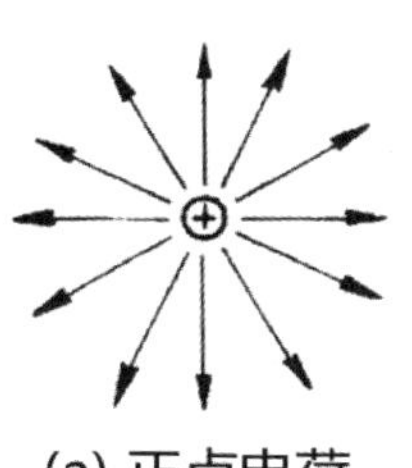

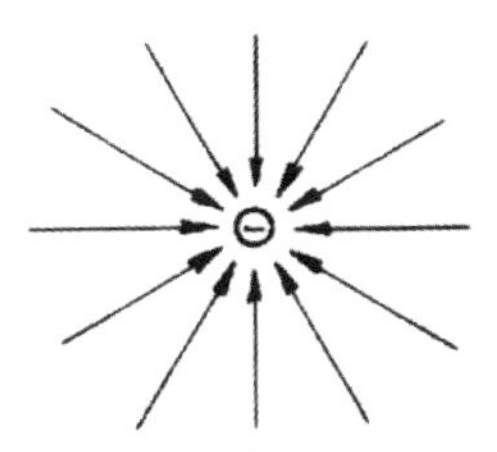

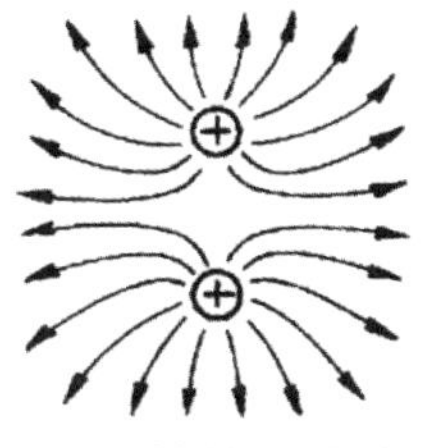

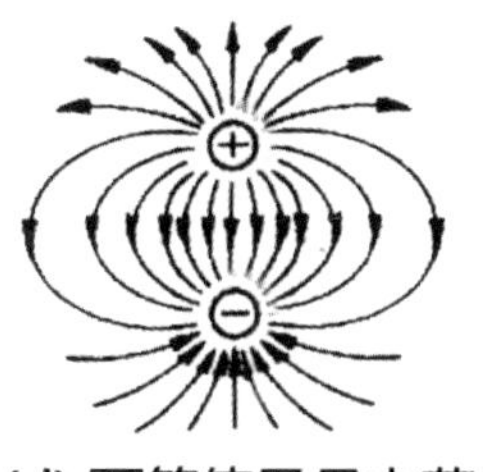

图 4　几种电荷分布的电力线图

他在一张纸上撒铁粉，在其下用磁棒轻轻颤动，这些铁粉就清楚地呈现磁场力线，图 4 为几种电荷分布的电力线图[23]。图中 a、b 图显示的正（+）、负（–）电荷电力线呈现点对称、平衡，而 c、d 图显示正（+）与正（+）、正（+）与负（–）间电荷电力线呈现轴对称、平衡。可见，微观上也体现“中”的存在。

化学，化学的中和，是酸、碱调和，释放热量，生成盐与水。

数学，在数学中，任何几何体，大如桌、椅，小如雪花，甚至眼睛看不见的微小花粉，在重力作用下，都有质量中心，呈现出对称、平衡的特点[24]。

地貌学，地貌与第四纪沉积物的形成往往受流水、风、重力等作用，其动力过程及形态都受控于“中”，如水流旋涡、滑坡、沟谷和河流形成[25]。众所周知，水对人生不可缺，但多了会成洪灾，少了成旱灾，只有适中的水才有益人生，这就是人们渴望的风调雨顺。

医学，中医治病讲究辩证施治，主要是把病者从阴阳、寒暑、湿燥失调中调理到适中的状态，使之从不平衡达到平衡，则病消体康。还如人们身体里的细菌达 2000 多种，都为中性，在正常情况下，不但不因之生病，而且与生俱有，是不可少的。

语言学，河南人口语以“中”、“不中”表示肯定与否。河南人用这种说法，这是为什么？河南由于种种原因北宋后一段时期发展滞后，与其古代比更显差距，于是有的人另眼看河南，甚至贬损河南人口语说“中”、“不中”，殊不知河南人说“中”、“不中”，表达对事物的肯定与否定，恰恰反映了河南人对中文化的深刻领悟与继承。

美学，美学是指研究艺术规律的学问。艺术要反应、表现自然界和社会的美，故我国艺术不论是绘画或写字，基本原则是守中，构图讲究对称、平衡，注重疏密、虚实结合。遵此，则造型具稳定与和谐之美，违此则不美。如仰韶文化的彩陶图案，丰富多彩，讲究平衡与对称。“对称表现为一种静止状态，平衡表现为运动状态”，“对称是绝对的，平衡是相对的”（见图 5）。[26]

图 5 仰韶文化彩陶图案对称花纹举例[26]

三、中文化是知行准则

“中”反映了事物矛盾发展中的普遍性特征，与非中为对立统一关系。由于形成“中”的条件会变，故“中”不是衡定的，只是相对稳定的。由于事物始终处于运动状态，故非中、不平衡之因始终存在，这样就要随时注重调整，使矛盾从失衡中得到新的统一，争取归中，以达到守中的目的，才有利事物的发展。所谓调整，就是要不断改革，不断创新，使之离中回中，失衡回衡，以利于发展。故“中文化”、“大道为中”是认识事物的理念，是分析问题、解决问题的方法。

我国文化发展、立国、建国、处世皆与中文化有关。

1．古文化发展

我国古文化的发展既有中也有边，中促边，边促中，中边互动。以仰韶文化的传播和发展过程为例[27]，仰韶文化是我国新石器文化中最具代表性的文化，其核心在豫、陕、晋间。其周边东有大汶口文化，东南有崧泽文化和马家浜文化，南有大溪文化与屈家岭文化，西有马家窑文化，北有赵宝沟文化与红山文化。仰韶文化中期的庙底沟文化以其强势影响周围的同期文化，其后期博采众长，尤其接纳了屈家岭文化与大汶口文化[28-30]，促成河南龙山文化大发展，从而奠定了中原文化在华夏文化中的核心地位，并孕育出了夏商周三代文明。

2．立国

“己所不欲，勿施于人”是中国立国的重要准则，历代王朝都注重睦邻友好。因此，中国的崛起是与西方绝然不同的和平崛起，这也是中国传统中文化所决定的。我国自秦汉以来2000多年之间，虽然出现过数次分裂局面，但统一是主流，这与汉武帝后的尊儒传统很有关系。因为《礼记·中庸》曰："致中和，天地位焉，万物育焉。"就是说做到中和，则天、地、生、人各得其所，和谐共处，那么自然会生物繁茂，社会繁荣。中国是世界上唯一的文化和文明未曾中断的国度，主要指的是中原地区，其原因是多方面的，其中与中国文化与理念讲究中和，不走极端不无关系。

3. 建国

作为中国文明起源地的中原地区，因何到北宋以后逐渐衰落呢？这与自然与社会环境的变化有关。就环境来说，距今约3000年自然环境开始变干旱（褐红色埋藏土变成褐色埋藏土），距今约2000年更干旱（褐色埋藏土变成新近黄土）[31]，这样中原环境不如东南，加上草原民族金人南侵，北宋不得不南迁国都临安（今杭州），史称南宋。就社会发展来说唐宋后海洋经济兴起[32]，中原不如东南便捷，再加上后来社会动乱，中原雪上加霜，直到解放后才逐步复兴。可见，中原的兴衰，维系环境好坏，社会发展阶段变化，以及政治状况，这些皆与中原发展条件平衡与否有关。

近期国务院已批准建设中原经济区，这是河南发展的大好契机。如何落实国务院的指导意见？笔者以为要在两方面下工夫。一要认识中原地区是中文化的主要策源地，有传统的文化优势，就是有受传统文化熏陶的聪慧、勤劳、朴实人力优势。群英再逐中原，争取在实现中华文化复兴大业中再现"定鼎中原"之强势。二要认识制约河南发展的主要原因是工业经济欠发达和处在内地，这双重因素有损平衡，故要采取相应措施，化消极为积极，并发挥交通枢纽、土地肥沃、气候适宜的优势，弥补破损的平衡，使之"归中"，走农业、工业并重和城乡协调、统筹发展之路。

4. 处世

人们在行事中要注重把握分寸，即掌握好度，这事关各项事业的成败。什么是度？就是守中。

孔子认为做人三十而立，四十而不惑，五十而知天命。要三十而立，就要此前具备服务社会的技能和道德修养，做到德智体全面发展，其优劣，决定三十能否自立，

图6　仰韶文化代表性器物尖底瓶

这是进入社会的准备期。要不惑，就要在三十后争取多实践，多接触社会，才能认识事物和社会，这是认识期。要知天命，就是四十以后要对事物与社会进行深入地观察与分析，找出终结，这是理解期。各期都很重要，但认识期更显重要，因为这时人的体力旺盛，思维发达，创造欲望强烈，承受能力大，勇于勤于实践，方能厚积薄发。

孔子曰："吾闻宥坐之器者，虚则欹，中则正，满则覆。"（《荀子》）据考证，"中国古代的所谓'欹器'，实即用重心来调节平衡，空时倾斜，盛水过半时直立，盛满就倾的尖底瓶"（图 6）[33]。孔子以物训喻，"吁！恶有满而不覆者哉"（《荀子》）。要牢记孔子"满则覆"的哲理，做人、办事要"中正"，"戒满"。

四、结语

在中国文明起源和发展过程中，嵩山及其周围的"天地之中"地区先后形成了诸多冠以"中"的文化概念，可将这种文化现象称之为"中文化"。"中"与"中文化"是事物矛盾对立统一性表现，在事物发展演变过程中起着对称、平衡、枢纽与驱动作用。中文化长期影响了中国文明和中国文化的发展进步，故"中"、"中文化"堪称"大道"。中文化与我国基本的哲理"天人合一"有渊源关系。因此，中文化是中华文化认同的基础。分析论证中文化，对于把握中原与中国文化的特质和精髓，完善中国文化的架构，促进我国和平崛起与实现可持续发展都有重要的学术意义和现实意义，可作为传承与创新华夏文明的一个切入点。

中可中，非常中。物之由，世之流。人之道，国之本。求中守中，离中归中。崇兮以礼，尊兮以诚。大道为中，博古通今。坚持中道，万事亨通。国兴家旺，世界和平。

致谢：承蒙河南省人大副主任、郑州中华之源与嵩山文明研究会名誉会长王文超先生热情鼓励和多次与笔者探讨。与严文明、宋育文先生，宋豫秦、王星光教授等许多同仁进行切磋，并蒙"华夏文明传承创新区与'天地之中'学术研讨会"与会领导、专家热诚讨论，受益殊多，谨此一并致谢！

参考文献

[1] 周昆叔：《嵩山行》，文物出版社，2010 年。

[2] 李石岑：《中国哲学十讲》，天津人民出版社，2011 年。

[3] 周昆叔、张松林、莫多闻等：《嵩山中更新世末至晚更新世早期的环境与文化》，《第四纪研究》2006 年 4 期。

[4] 国家文物局主编：《中国文物地图集》（河南分册），中国地图出版社，1991年。
[5] 国家文物局主编：《中国文物地图集》（陕西分册），西安地图出版社，1998年。
[6] 朱士光主编：《中国八大古都》，人民出版社，2007年。
[7] 陕西师范大学地理系编：《西安市地理志》，陕西人民出版社，1988年。
[8] 刘春迎：《考古开封》，河南大学出版社，2006年。
[9] 周昆叔、张松林、张震宇等：《论嵩山文化圈》，《中原文物》2005年1期。
[10] 周昆叔、宋豫秦、鲁鹏等：《再论嵩山文化圈》，载《中华文明与嵩山文明研究》，科学出版社，2009年。
[11] 严文明：《中国史前文化的统一性与多样性》，《文物》1987年3期。
[12] 方燕明：《河南禹州瓦店龙山文化遗址2007～2010年考古工作取得重要收获》，《中国文物报》2011年1月21日。
[13] 洛阳文物工作队：《洛阳皂角树》，科学出版社，2002年。
[14] 程静宇：《中国传统中和思想》，社会科学文献出版社，2010年。
[15] 李学勤主编：《清华大学藏战国竹简》（一），中西书局，2010年。
[16] 胡孚琛：《道学通论》，社会科学文献出版社，2009年。
[17] 季羡林：《人文地理学与天人合一思想》，谢觉民主编，《自然·文化·人地关系》，科学出版社，1999年。
[18] 许宏：《最早的中国》，科学出版社，2009年。
[19] 刘敦桢主编：《中国古建筑史》（第二版），中国建筑工业出版社，1984年。
[20] 北京市文物局：《推动中轴保护申遗共建和谐世界城市》，《中国文物报》2011年6月8日。
[21] 郭黛姮：《"天地之中"的嵩山历史建筑群》，《中国文化遗产》2009年3期。
[22] 杜启明：《地位至尊空艺术至美—解读中岳庙》，《中国文化遗产》2009年3期。
[23] 吴翔、沈族、陆瑞征等：《文明之源—物理学》（第二版），上海科学技术出版社，2010年。
[24] ［法］阿达玛：《几何学教程》（平面几何卷），朱德祥、朱维宗译，哈尔滨工业大学出版社，2011年。
[25] 北京大学等：《地貌学》，人民教育出版社，1978年。
[26] 王仁湘：《史前中国的艺术浪潮—庙底沟文化彩陶研究》，文物出版社，2011年。
[27] 巩启明：《仰韶文化》，文物出版社，2002年。
[28] 赵辉：《以中原为中心的历史趋势的形成》，《文物》2000年1期。
[29] 韩建业、杨新改：《嵩山文化圈在早期中国文化圈中的历史地位》，周昆叔、齐岸青主编，《中华文明与嵩山文明研究》，科学出版社，2009年。
[30] 郭伟民：《论二里头文化的发生—嵩山文化圈文明形成过程解读》，周昆叔、齐岸青主编，《中华文明与嵩山文明研究》，科学出版社，2009年。
[31] 周昆叔：《周原黄土及其与文化层的关系》，《第四纪研究》1995年2期。
[32] 云中天：《中国历史上的大航海》，中国三峡出版社，2007年。
[33] 李宝宗：《浅说仰韶文化尖底瓶形制、用途及其他》，《中国文物报》2011年11月23日。

再谈中文化*

［**摘　要**］中文化是论述事物发展受控于中的学问，其哲理表述为大道为中。中理念是中国文化的典型特征，具标志性、感召力和号召力。万物惟精一，道心执厥中。中为国人行为准则，也应成为世人行为准则。中文化是普适性文化。中文化是与时俱进的文化。

［**关键词**］中文化　大道为中　源流　哲理　弘扬

2011年笔者初次提出中文化理念[1]，2012年专论中文化[2]。此后，又对“中文化”作了进一步思考，兹摘要述下：

一、中文化的提出

1、社会需要

就我国来说，经过30年改革开放，国家各项事业取得了举世瞩目的伟大成就，但环境恶化，贫富分化，贪污腐败，制假造假，城乡、工农、地区以及文化与经济不够协调等问题日渐突出，故中共十六大及时提出要科学发展，后以“科学发展观”写入中共十八大报告和中共新党章中。科学发展观关键是要推动人与自然，人与人的和谐发展。要和谐，就要处理好人与自然、社会、人之间的适度关系，适度就是中。我国社会转型，势在必行，中共十八届中央委员会第三次全体会议通过《中共中央关于全面深化改革若干重大问题的决定》为我们指明了前进方向。运用“中”的智慧，引导社会积极参与，有助科学发展观贯彻与社会转型。

就世界而言，二次世界大战已结束60多年了，但外交冲突不断，战争的火种难以熄灭。世界人口已超过70亿，人与自然界矛盾越来越尖锐，环境恶化，物种绝灭，人类面临生存危机。就社会发展来看，发达国家每况愈下，落后国家发展受阻。不平安的世界，需要运用中的智慧来安定。

*　周昆叔，《中原文化研究》2014年2期，第68~71页。

2、科学基础

笔者前 30 年（1956~1986）从事第四纪地质学研究，特别关注全新世地层与古环境研究。近 20 多年（1987~2013）注重全新世古环境与古文化关系的环境考古研究。在这一研究中，特别注重中原万年来古环境与古文化关系研究，先后提出了周原黄土[3]、嵩山文化圈[4]的理念，论证了嵩山及其周边先秦文化在我国古文化形成中所起的主源作用和拥有的核心地位。宋豫秦教授从人地关系论述了中原环境与古文化发展[5]。严文明、费孝通先生曾先后提出中华文化多元一统（重瓣花）[6]，多元一体[7]理论，他们论证了中国文化既是多元的，又是一体的，这样就确认了中国文化有边缘，有中心，中心在中原。更重要的是传统经典文献《中庸》等都蕴含了丰富的中文化思想。

上述研究及文献为提出中文化作了铺垫。

3、申遗触发

2010 年 8 月 1 日，联合国教科文组织第 34 届大会通过了我国“登封‘天地之中’历史建筑群”入列世界文化遗产的申请。笔者应登封市邀请向全市科级以上干部讲什么是天地之中。我解释为位置之中，古天文之中，生态之中，人文之中和政治之中，并指出天地之中是中华文化认同的基础，首提中文化[1]。2011 年郑州市召开纪念登封古建筑群申遗成功一周年学术讨论会，其中心仍为探讨天地之中。笔者进一步考虑后，意识到天地之中不仅指空间概念，更含哲理，其哲理是“大道为中”。在河南省人大副主任、郑州中华文明之源与嵩山文明研究会名誉会长王文超同志的亲切关怀与大力支持下，在河南省社会科学院院长喻新安教授邀请下，笔者在《中州学刊》2012 年第 2 期上发表了《大道为中——试释中国传统的中文化》论文[2]。此后，王文超同志指示中文化需要多方面专家进行长期研究。为此，2012 年年中成立了以王文超同志为组长，周昆叔、阎铁成、宋豫秦（兼执行组长）为副组长和若干专家组成的中文化研究课题组，分历史、哲学与弘扬三个小组展开，要求为确立中文化写出《中文化论纲》一书。

由上可知，中文化理念的提出既有社会需要与科学基础，又有登封“天地之中”古建筑群申请世界文化遗产成功的触发。总之，中文化理念的提出是经过对几千年历史、文化、环境等要素认识、思考、努力的结果，我们还要为中文化的确立作长期努力。

二、何谓中文化

中文化是先秦以来在嵩山地区天地之中嬗变的中国、中华、中原、中州、中央、中庸、中和等一系列冠以“中”的人文文化名词的总称，这一系列冠”中“的人文文化是中文化的体现，是中文化结的硕果。中文化是由中域空间转化为中的精神文化，中文化本义是论述事物发展受控于中的哲理。大至地球等行星绕太阳转，地球围绕假想轴转而有年、月、日之分，空气、水运动的基本形态是漩涡状；小至雪花虽万变但每个雪花都有凝结中心，电子绕原子核转。牛顿在 1686 年出版的名著《自然哲学的数学原理》一书序言中写到："现在在所有的哲学家中间一致同意，地球附近所有物体有向着地球的重力。"又写道："由于所有物体的重力向着地球，因此地球反过来又向着物体的相等重力。"他还指出被迫绕太阳运行的力名为向心力[8]。这里的力实际为万有引力，此乃事物发展过程受控于中的动力机制。

由于中文化是中国中域转化而成的人文文化理念，其本身又反映了事物运动受控中的特点，故中文化是唯物史观的，所以中国人的人生观、价值观、世界观、宇宙观遵中，不偏不倚，不极端，不主观。中文化是科学的，是内动力很强的文化。中文化刚柔并济，故中国文化成为世界唯一未曾中断的文化。遵"中道"深深沁入到国人的习俗、习惯、性格中，"本中"已成为国人的行为准则，故中文化是中国的核心人文文化。中文化无论是对物质、精神世界的认识，还是对人类行为的规范都具普适性。《论语·尧曰》："'咨！尔舜，天之历数在尔躬，允执其中。四海困穷，永禄永终！'舜亦以命禹。"《尚书·大禹谟》："道心惟微，惟精惟一，允执厥中。"万物惟精一，道心执厥中。中文化哲理是"大道为中"。"道"指本源、法则、规律等；"大道"指根本之道；"为中"是指世间事物受控于中，从而要自觉遵中、守中、归中，即行"中道"。

中文化的"中"，非简指某事物之中位，而是指哲理之中，即指事物矛盾对立统一发展过程受控于中。

事物发展受控于中，中在事物发展过程中具有驱动、枢纽、对称、平衡的作用。由于事物发展过程中是随时空变化而变化，绝对的中是不存在的。中可中，非常中[2]。因此，为了推动事物发展，防止偏离中，就要坚持改革、创新，以达到守中的目的。这就是中共中央总书记习近平同志指示"改革只有进行时，没有完成时"的原因。

中文化的研究范畴，包括源流、哲理和弘扬。中文化源流主要研究中文化演变，如探求中字从指事到会意，再到具象哲理的演变。中文化哲理的研究主要指研究"中"在事物矛盾对立统一发展中的控制作用。中文化弘扬的研究主要指阐述中文化具有普适性和与时俱进。

总之，中文化是论述事物运动受控于中的中国核心人文文化，是普适性文化，是与时俱进的文化。中文化是对我国传统文化尚中思想的肯定、概括与提升。

三、中文化源流

1、中文化理念可能萌发于仰韶文化时代

以仰韶文化遗存为主的西安临潼姜寨遗址为距今约 7000 年的遗址，在壕沟围起来的五大群落房屋均朝向面积达 1400 多平方米的中心广场[9、10、11]，这反映着 7000 年前

姜寨人的向心、团结精神。

2、“观器论道”与中国人“守中”理念

“观器论道”的远古故事[12]出自《荀子》“宥坐”篇和《孔子家语》“三恕”篇，其文为“孔子观于鲁桓公之庙，有欹器焉。夫子问于守庙者曰：‘此为何器？’守庙者曰‘此盖为宥坐之器’。孔子曰：‘吾闻宥坐之器者，虚则欹，中则正，满则覆。’……孔子喟然而叹曰：呜呼！夫物恶有满而不覆者哉！’”

图 1　尖底瓶（欹器）

所谓“欹器”，据考起于距今约 7000 年的仰韶文化特有的陶器双耳尖底瓶（图 1）[13]。此器具有空时倾斜的特点，即“欹”，故谓之“欹器”。当欹器灌水至中部，则中正，若欹器灌满水，则翻倒。孔子以欹器训示，告诫人们要中正，诫满。正因为如此，中国的帝王为警示自己，把“欹器”放在显要位置或放在自己座位的右边以警示自己，办事要中正，不可偏废，满招损，谦受益，中则正，大中至正。到后来演变为“座右铭”。可见守中早已成为中国人的座右铭。

双耳尖底瓶产生距离于今 7000 年前的仰韶文化，一直延续到新石器文化晚期龙山文化中，是我国新石器文化中最具代表性的器物之一，直至孔子时代还有遗存。双耳尖底瓶流行了 2000 年，这是十分罕见的。欹器作何用，礼器，实用器，或二者兼有？仍待探讨，但欹器一直受中国官民器重。

从“观器论道”的故事中，我们认识到“守中”是中国人行为准则。中国人遇事不离其“中”，崇尚“中”是中国人的处世哲学。孔子《论语·为政》曰：“子曰：为政以德，譬如北辰，居其所而众星共之！”孔子教导为政的德行，要有像天上众星拱北斗星一样的吸引力和感召力。

3、关于“中国”称呼

关于“中国”[12]的称呼，我们可以从先秦文献中找到源头。

《尚书》是儒家经典著作，被认为是我国最古老的官方经书，其中记载“中国”的有一处，见于“梓材”篇：“皇天即付中国民越厥疆土于先王”，意为皇天已把中国人民及其土地托付于周先王。

《诗经》是西周至春秋的著名诗歌集，其中有 7 处提到“中国”。

“民劳”篇出现四次关于“中国”的记载：

其一，“民亦劳止，汔可小康。惠此中国，以绥四方。”意为民劳苦，盼安稳。应爱民，并安抚四方。

其二，“民亦劳止，汔可小休。惠此中国，以为民逑。”意为民劳苦，应休民。应爱民，以满足民愿。

其三，“民亦劳止，汔可小愒。惠此中国，俾民忧泄。”意为民劳苦，应休民。应爱民，让其忧愤能宣泄。

其四，“民亦劳止，汔可小安。惠此中国，国无有残。”意为民劳苦，应休民。应爱民，让国家无凶残事发生。

“荡”篇有两处关于“中国”的记载：

其一，“文王曰咨，咨女殷商，女炰烋于中国，敛怨以为德。”意为周文王愤说，殷商国君，作恶于国中，招怨恨，还不自省缺德。

其二，“文王曰咨，咨女殷商，如蜩如螗，如沸如羹。小大近丧，人尚乎由行。内奰于中国，覃及鬼方。”意为周文王愤说，殷商国君，人民如秋蝉鸣，政局如沸水翻滚，大小诸侯离去，还一意孤行，激起内外公愤。

“桑柔”篇载：“天降丧乱，灭我立王，降此蟊贼，稼穑卒痒，哀恫中国，具赘卒荒。”意为天作乱，灭我王，下了许多害虫，糟蹋了庄稼，痛惜啊！国中发生如此灾荒。

从上述记载可见周代已呼唤救国救民，“中国”这一称谓已经出现，并经常使用。

四、小结

中文化理念的提出不是偶然的，源于社会需要，有科学基础，以及登封“天地之中”古建筑群申遗成功的触发。中文化是论述事物发展受控于中的中国核心人文文化。中文化源远流长，可能萌生于7000年前的仰韶文化时代。尧舜时代以后，中文化始终是治国之策，处世之方。从《诗经》等经典文献中获知，周代已经常称呼中国。万物惟精一，道心执厥中。大道为中。守中是中国人行为准则，也应成世人行为准则。中文化是具普适性文化。中文化是与时俱进的文化。弘扬中文化将有力促进科学发展观的贯彻，推动社会进步、科学发展和经济、文化繁荣。

参考文献

[1] 周昆叔：《嵩山行》，文物出版社，2010年。

[2] 周昆叔：《大道为中——试释中国传统的中文化》，《中州学刊》2012年2期。

[3] 周昆叔：《周原黄土及其与文化层的关系》，《第四纪研究》1995年2期。

[4] 周昆叔、张松林等：《论嵩山文化圈》，《中原文物》2005年1期。

[5] 宋豫秦等：《中原文明起源的人地关系简论》，科学出版社，2002年。

[6] 严文明：《中国文化的统一性与多样性》，《文物》1987年3期。

[7] 费孝通：《中华民族多元一体格局》，中央民族学院出版社，1989年。

[8] （英）艾萨克·牛顿著，曾琼瑶、王莹、王美霞译：《自然哲学的数学原理》，凤凰出版传媒集团江苏人民出版社，2011年。

[9] 巩启明：《姜寨遗址发掘回望》，《中国文化遗产》2010年1期。

[10] 严文明：《仰韶文化研究（增订本）》，文物出版社，2012年。

[11] 王震中：《中国文明起源的比较研究》，陕西人民出版社，1994年。

[12] 王长久：《寻根"中国"》，华龄出版社，2010年。

[13] 李宝宗：《浅说仰韶文化尖底瓶形制、用途及其他》，《中国文物报》2011年11月23日。

三 歌颂嵩山

嵩山，自然美，物生辉，人兴旺，史流长，高山仰止，叩人心扉，情不自禁，讴歌颂扬。

蒼莽崑崙逶迤河江山原之交嵩山

名揚萬山之祖[1]五代同堂[2]海陸滄桑

煤海瓷鄉天地之中輻輳四方三水

之聯[3]滋潤萬邦禹都陽城國興潁畔

* 周昆叔，《嵩山行》，文物出版社，2010 年，第 36~37 页。

田德学，辽宁鞍山人氏，书画家，微刻家。于嵩山寄楼时，田先生客居在此，与我为邻，承蒙书余撰写的《嵩山颂》，今飨读者，致谢，志念。

三皇五帝幸居巡訪唐宗宋祖垂幸

封疆寺廟書院齊聚央長少林文化

三寶無雙叄教薈萃[4]胸闊文昌天文

科技周公首創[5]一行[6]效仿守敬[7]發祥

嵩山岩畫文明濫觴皇天後土中岳

惟彰昆叔吟詩嵩山讚唱

己丑六月 昆叔詩

己丑十月 德孝書

[1] 嵩山有36亿年历史。32亿年前形成陆核，28亿年前成古陆，25亿年前开始成山，2.5亿年前最终成山。嵩山以其古老历史和完整地层序列与构造体系，成万山之祖。自成一体的嵩箕地块，与晚成的秦岭及其东支伏牛山相区别。

[2] 指太古代、元古代、古生代、中生代、新生代地层。

[3] 指河水（古黄河）、济水（古济水，汉以后逐渐被河水袭夺而成现今黄河的中下游）、淮水（淮河）。三水织成水网，滋养嵩山、中原人民，创造嵩山中原文化。

[4] 指儒、释、道三教。

[5] 周公，系周武王弟。为建东都洛邑，在阳城（今登封市告成镇）建立土圭，用以测日影，以征四时，以求天中的测景（影）台。

[6] 一行（683～727）僧人，俗名张遂，法名一行，唐代著名天文学家，创当时世界上最先进的历法《大衍历》。

[7] 郭守敬（1231～1316），字若思，天文学家、仪器制造和水利专家。建造周公庙内的观星台，制定《授时历》。

嵩山少室山五乳峰晚霞

嵩山神韵*

中心位置，古老地史，水润万邦，
祖源之地，乃嵩山神韵也。

神韵乃神采气度也。将嵩山之神韵浓缩为下面四句话：

嵩山神韵

天地之中，万山之祖，
三水之联，五岳之宗。

* 周昆叔，《嵩山行》，文物出版社，2010年，第34~35页。

天地之中：地理位置之中，处中纬度北纬 34°，控四方之重。古天文之中，有闻名中外的观星台等。生态之中，处在山地与平原、黄土高原与华北冲积平原、温带与亚热带之间。人文之中，居“五行”之中位，古代名人之汇。政治之中，占全国八大古都之四，有洛阳、郑州、安阳、开封。

万山之祖：有 36 亿年的古老地史，成嵩箕地块（符光宏、冯进城，《万山之祖——嵩山的沧桑变迁》，地质出版社，2009），是嵩阳、中岳和少林三次大地构造运动命名地和有“五代同堂”的完整地层。

山水之联：为河、济、淮三水水源地之一，滋润万邦。

五岳之宗：嵩山腹地告成镇王城岗是中国第一古城“禹都阳城”，系大禹建基之地。是五岳、众山之祖源。

汉三阙拓片之一

天地之中中文化

天地之中中文化

天荒地老风雷激，万里尘埃落地生，嵩山挺立中州。西连昆仑，东瞰原野，北接雪原，南望楚天。

宇宙环球非流散，微观世界有核心，万事万物方成。会聚于中，正直于中，发力于中，世界繁荣。

嵩箕一山挽三水，泽润万邦世界殊，佑我华夏诞生。天中福地，三皇五帝，唐宗宋祖，贤达纷呈。

允执厥中几千年，允执其中再申明，智慧遗产传承。做人中中，做事中度，留有余地，百事亨通。

周昆叔撰并书

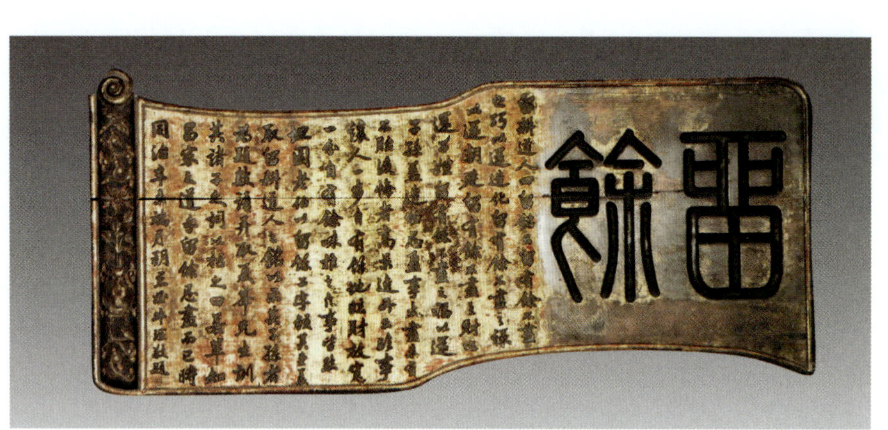

天地之中三字经*

天地中，嵩山行。太室山，峻极峰。少室山，天地人。
万山祖，五代同[1]。煤电铝，瓷石根。高原边，黄土层。
农耕作，原丘中。上古时，粟为主。黄河水，盈自嵩[2]。
济水源，泉流颍[2]。三水联，润万民[2]。帝朝拜，封圣城。
佛道儒，三教融。少林寺，四海名。禅武医，福佑民。
古建筑，遗产群。亭台阁，楼殿耸。中岳庙，配天镇。
观星台，传天文。会善寺，僧一行。书院里，念两程。
汉三阙，史艺魂。大塔寺，远扬名。众山岳，嵩高崇。
嵩岳奥，文昌盛。王城岗，禹阳城。文源远，国诞生。
文发达，政昌明。都城多，朝替更。郑汴洛，安阳殷[3]。
夏商周，汉曹晋[4]。魏两周，隋唐后[4]。七朝代，城摞城[5]。
历史久，世认同。贤达多，智超群。三皇游，五帝兴。
古中州，繁星明。禹治水，李玄杜[6]。赵陈岳，才相辅[7]。
问缘由，位适中。生态好，利生灵。基础牢，文认同。
尚伦理，礼乐施。中国中，自国中。中华中，国兴盛。
中央中，意志凝。中原中，国诞生。中不中，是非明。
中文化，聚民心。中文化，国之根。多元好，体一统。
华夏乐，民族兴。嵩山灵，寸土金。扬荣誉，再立功。

---

* 周昆叔，《嵩山行》，文物出版社，2010年，第50~51页。

[1] 当地球还是被无边无际的海水包围时，35亿年前嵩山就孕育成陆了，其间六沉海六成陆，直到2.35亿年前的二叠纪时嵩山才真正脱海成陆。嵩山地质历史经过了太古宙、元古宙、古生代、中生代和新生代，层序清楚，时代连续，故誉为“五代同堂”。由于地质界后来将嵩山早期地层细分，故有“七代同堂”之说。二者无实质区别。

[2] 中国汉以前有“四渎”，“渎”指独立入海的大河，“四渎”指河、济、淮、江四水。流经中原的有河、济、淮三水。河为古黄河之名，河水出豫西山地后，接受伊洛河补给后流入华北平原，现今仍如此。济水主源于嵩山东北麓，后被黄河袭夺成其中下游。淮水基本如今，其主支颍河源于嵩山。

[3] 郑（郑州）、汴（开封）、洛（洛阳）与安阳合成四大古都，占我国八大古都的一半。

[4] 洛阳为14朝古都，即夏、商、西周、东周、东汉、曹魏、西晋、北魏、隋、唐、武周、后梁、后唐、后晋。

汉三阙图案拓片

[5] 由于黄河泛滥，将开封七朝古都相继埋于地下，包括战国时的魏（公元前 364 ～前 225 年），五代时期的后梁、后晋、后汉、后周（907 ～960 年），北宋（960 ～1127 年）和金代后期（1214 ～1233 年）。

[6] 指大禹、李耳、玄奘与杜甫。

[7] 指赵匡胤、陈胜、岳飞、张衡、张仲景、子产与王安石。

天地之中歌 *

（悠扬唱叙状，带戏歌味）

涛涛黄河天上来，莽莽昆仑向东开，河畔山原，云绕嵩山，
天中一柱奠乾坤啊！中华文明五千年，五千年！

大禹立都王城岗，周公测影地中求，一行效仿，守敬发祥，
日月星辰岩画中啊！天文传奇万古情，万古情！

女皇封禅登封城，功成名就宣告成，蓦然回首，事越千年，
金戈铁马尽英雄啊！神州万里有天中，有天中！

东西南北会天中，武高德昌谁问鼎，神韵嵩山，天中福地，
容光焕发精神爽啊！天地之中一家亲，一家亲！

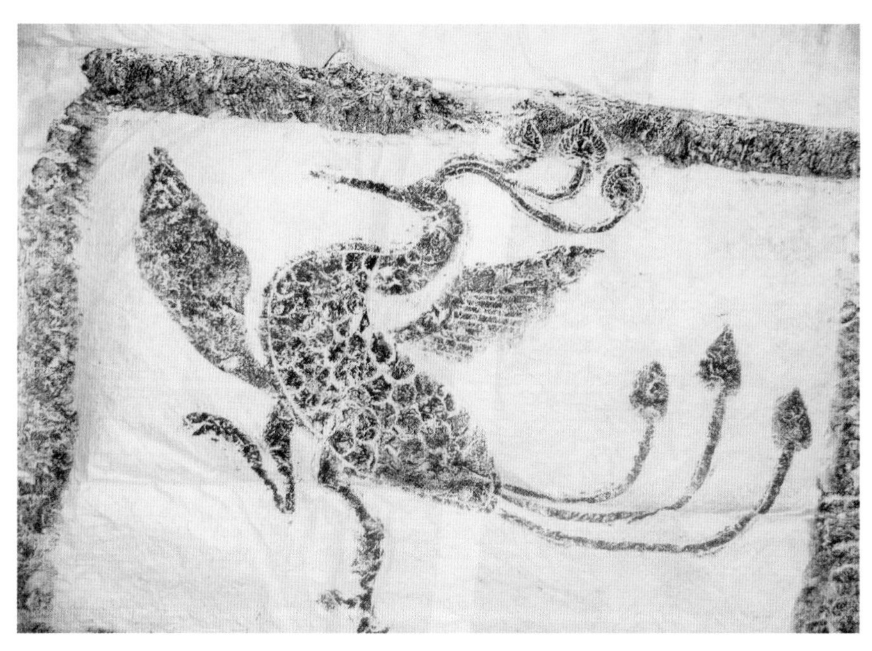

汉三阙图案拓片

* 周昆叔，《嵩山行》，文物出版社，2010年，第49页。

祖源嵩山之歌

祖源嵩山之歌

升沉海陆化嵩山，
地胆天心起自然。
山水相合流中岳，
同脉一根是主源。

中岳嵩山

嵩山主峰 *

2009 年 12 月 18 日，到登封市西南园艺场登封窑瓷苑科技有限公司收集资料。由于这里正处在嵩山南面一低丘顶，视野开阔，晴空万里，见嵩山卧在北面的蓝天下，一尘不染，异常清晰，遂素描之。

人称嵩山如卧，从嵩山素描图看，其说十分贴切。要问何能如此，则要颇费些笔墨。总的说来，嵩山如卧的主要塑造者是地质构造伟力，受地壳形成中岩浆喷发和后来的地质与构造力作用所造成。嵩山似乎是坚不可摧的，但一直受着不同大小与方向地质力的作用，正是这种时剧烈时缓和的持久地质力量作用，把它塑造成现今如卧的山形。太室山属背斜地质构造，即高起的正向地貌。少室山属向斜地质构造，即低凹负向地貌，后经紧密褶皱，再加风、水、气候侵蚀雕凿而成大小、高低、形状不同的丛林状山体。在太室山和少室山间，由于地层平移断裂而成少林河谷及连接登封城与少林寺间的通道，成为嵩山如卧的低洼部分。简言之，嵩山如卧，是物造天成的结果。

嵩山主峰

雪霁阳开美不争，蓝天嵩卧动峥嵘。
鸟鸣峻极春送暖，少室莲花峰有情。
玉案山前联袂舞，行宫峰下颂长声。
人间难尽少林好，三教千年享盛名。

嵩山如卧

* 周昆叔，《嵩山行》，文物出版社，2010 年，第 177 页。

少林武术节*

2010 年 10 月 24 日，“第八届中国郑州国际少林武术节”在登封嵩山南麓摆开长达 16 千米两万余人的少林武术表演强大阵势，刀枪剑戟，吼声震天，禅拳飞舞，其武之功，力之美，志之坚，体之强，表现的淋漓尽致，震撼人心。

少林武术节

嵩山南麓气势宏，万人表演显神功。
刀枪剑戟拳飞舞，吼声震天谁争雄。

第八届中国郑州国际少林武术节剪影

* 周昆叔，《嵩山行》，文物出版社，2010 年，第 193 页。

古稀力作 *

2009 年 12 月 19 日，承国家高级美术师、登封市文化馆前馆长耿炳伦先生赠送锦印《少林寺全图》新作。从少林寺山门到二祖庵，分作 15 个场景，把少林寺栩栩如生地表现在长 230 厘米、宽 21 厘米的锦缎上。工笔重彩，构图严谨，生动逼真，美观华丽，融人物、故事与景物为一炉。少林寺掩映在苍松、翠柏、古树之间，山巍巍，云水绕，既庄严肃穆，又生动活泼，爱不释手。耿炳伦先生年近古稀，仍孜孜以求，首绘世界名寺《少林寺全图》，弘扬少林文化，其情之切，其功之伟，令人称颂与敬佩。

古稀力作

水抱山环锁少林，千年古刹奥无垠。
宏图巨制展神笔，画外画中禅意新。

* 周昆叔，《嵩山行》，文物出版社，2010 年，第 187~188 页。

《少林寺全图》局部

《登邑古城图》赞*

中岳嵩山，天地之中。腹地登封，人杰地灵。温故知新，弘图之根。耿公炳伦，籍贯登封。年近耄耋，画坛著称。鸿浩之志，复画登城。呕心沥血，遍访查询。三年辛勤，巨卷达成。山清水秀，云雾濛濛。生气盎然，百业纷呈。十里长街，城墙高耸。寺庙点点，牌坊立林。故居名门，书院声声。楼阁掩映，衣食住行。市井买卖，车拉布晒。吹拉谈唱，骡马羊群。三教九流，士商工农。婚丧民俗，登封古风。西郊祭祀，女皇坛登。男女老幼，和睦共荣。历历在目，上品扬嵩。情景交融，千秋之功。

庚寅年仲夏于登封嵩山寄楼

清末民初《登邑古城图》局部

* 周昆叔，《嵩山行》，文物出版社，2010年，第188~189页。

清末民初《登邑古城图》局部

哥兰叶 *

2009 年 12 月 4 日下午 4 时，到王子（指）沟下游北侧散步，至林间深处，踏着落叶前行，落叶林中闪现一片绿色，引我诧异，近观之，为一株常绿阔叶藤本植物，它最显著的特征是细长花柱及平展三裂柱头，包裹着 1~2 粒着红色假种皮的种子，据查为卫矛科（*Celastraceae*）南蛇藤属（*Celastrus*）的哥兰叶（*Celastrus gemmatus*）。该种植物应分布于长江流域及其以南各地，它能生长在嵩山，足见嵩山生态环境适应性广。在哥兰叶藤的基部有的长有气根，这是亚热带与热带植物的典型特征。

嵩山何有南来的哥兰叶？嵩山植物区系以温带为主，占植物总数的 70%。由于嵩山适中的地理位置，东、西、南、北植物并存，其中热带、亚热带分布到嵩山的有 41 科，热带属有 140 属，占本区总属数的 25%，所以嵩山植被具有明显的过渡特点。[1] 嵩山环境适宜，资源丰富，人类适生性佳。

哥兰叶

嵩岳迎冬雪，风吹百木折。
山林一片绿，原是哥兰叶。
本乃南国种，何生嵩岳岭。
只因胸开阔，冰封更有节。

* 周昆叔，《嵩山行》，文物出版社，2010 年，第 178~179 页。

[1] 叶永忠、吴顺卿主编，《嵩山植物志》，中国科学技术出版社，1993 年。

1 哥兰叶藤条基部气根

2 哥兰叶带红色假种皮的果实

3 丛林中的哥兰叶

4 残墙头上的哥兰叶

哥兰叶（*Celastrus gemmatus*）

扶芳藤*

在少林寺的方丈室、立雪亭东侧各生长有一株藤抱柏，为少林寺一奇景。藤属卫矛科的植物，名扶芳藤（*Euonymus fortunei*）。该植物分布于少林寺山间，为华南湿热环境生长的常绿藤本植物，它生长在嵩山，足见嵩山环境的适生性佳。由于扶芳藤为常绿阔叶植物，而被它缠绕的侧柏为鳞片状叶，二者差异性大，故令人称奇。与人为友，与物为邻，和谐共处，世界繁荣。

扶芳藤

天下名刹少林寺，
自然奇观藤抱树。
阔叶针叶寺增辉，
天中福地名实归。

少林寺方丈室东藤抱柏

* 周昆叔，《嵩山行》，文物出版社，2010年，第179~181页。

圣贤许由 *

名山育名人，名人葬名山，山巍、水长、名留。

圣贤许由

许由墓地立箕巅，林录风清伴圣贤。
谦恭隐居颍水畔，让贤守则万古铭。

箕山影像图

许由墓

* 周昆叔，《嵩山行》，文物出版社，2010 年，第 185 页。

跋　一

周昆叔先生多年来关于嵩山文化的论文和论述结集出版，对于进一步研究和理解嵩山文化，对深化中华文明性质和发展规律的认识，无疑是一件大好事。我们跟随周先生学习和工作较多的几位后学，就我们对周先生 60 年科学研究生涯的些许了解，以及对周先生治学精神与学术思想的点滴认识与感悟赘述于此，与学界同仁分享。

周先生大学期间修的生物学专业，分配到中国科学院地质研究所，在刘东生先生领导下，开创我国第四纪孢粉与古环境的研究。他不仅建立了我国第一个第四纪孢粉学实验室，成为中国孢粉学会元老级理事，而且用孢粉的手段解决了许多中国第四纪气候、植被环境变化的重大问题。当年孢粉分析还是一个全新的学科。周先生在充分研究的基础上，绘制和论证的古植被变化与华北古气候旋回图式，至今也是中国孢粉学和第四纪研究相结合的经典之作，被国内外许多论著引用。

孢粉学的基础是鉴定，至今，中国科学院地质与地球物理研究所的新生代古生态与古环境实验室，还保存着周先生当年精心制作绘制的孢粉鉴定素描图卡片，从全国各地采集、制作的上千个植物种类的的现代孢粉薄片。正是这些扎实的基本功，让周先生成为孢粉界的翘楚，名扬海外。在《中国农业的本土起源》（（美）芝加哥大学，何炳棣著，马中译，本文原载《农业的起源》（Mouton 出版社 1977 年版））一书中，经常见到何炳棣先生引用周先生在北京所做的孢粉分析工作，来证明中国农业的本土起源。改革开放后，国际著名的第四纪孢粉学家，美国路易斯安娜州立大学廖淦标教授到中国讲学，他开讲前的第一句话是："周昆叔先生来了吗？"

环境为人类本身及人类的一切活动提供物质基础、能量和活动场所。人类对环境的适应被认为是人类文化形成与演化的重要机制。因此，上世纪早期以来，重视环境与人地关系研究逐渐成为世界考古学发展的重要趋势。60

年代新考古学的兴起进一步促进了这种趋势。虽然，通过文化遗迹遗物的分析研究，构建各地文化面貌和发展序列，过去是，将来仍然是考古学的基本任务。但通过对古代环境的重建和人地关系的分析，对于深刻揭示人类文化特征的形成、兴衰演化、区域差异等问题是至关重要的基础。

60年代以来，周先生顺应这种趋势，运用自己擅长的孢粉分析方法，研究了我国多处重要遗址的古环境，受到考古学界的肯定。80年代，我国一些考古学家已开始关注和提出发展环境考古研究。1987年，周先生为了更好完成侯仁之先生委托的上宅遗址研究任务提出用环境考古理念进行研究。80年代后期，周先生从上宅遗址到平谷盆地，到北京平原作环境考古调查，写成我国首篇环境考古论文《北京环境考古》。由于以新的思维和视角看北京环境与人类文化的关系，从而得出了两点重要认识。第一，认识到由于环境的限制，战国以前的人们主要生活在二级台地上。全新世晚期，由于气候变化和平原地区的沉积加积，水患风险减小，加上人口增加和环境适应能力的提高，秦汉以后的人们开始向平原地区扩展。第二认识到北京东北与红山文化联系密切，北京的西北与西北文化联系多，北京西南与中原文化联系多，从中看出北京人类活动区域和文化面貌的形成与变迁受气候和水系控制，也看出北京的区位优势导致文化汇聚，有利经济、文化、政治的发达，乃至国都建成。

90年代后，周昆叔先生和中国历史博物馆、陕西省考古研究所等单位合作，把环境考古扩展到中原。这里是我国文明的主要策源地，这里系黄土高原的东南缘。他认为，只有把全新世黄土地层划分出来，并找到各层黄土与文化层的关系，才会为这里环境考古打下地层基础。于是，他带领合作团队从1989～1992年，花了三年的时间，行程上万千米进行野外考察，终于理出头序，提出周原黄土的概念。1995年发表了《周原黄土及其与文化层关系》的论文，把周原黄土分为五层，自下而上为：杂色黄土（11000～8000BP），含李家沟和东胡林遗址等文化层；褐红色埋藏土壤层（8000～3000BP），含裴李岗、仰韶、龙山、夏、商、周文化层；褐色埋藏土壤层（3000～2000BP），含战国、秦汉文化层。新近黄土层，含唐宋文化层；耕土（晚近时期）。他既重视地质地层，也重视文化层，首开中国全新世自然地层黄土与人为地层文化层结合研究，完善了全新世地层研究，也从中看到地层环境的变化与文化演进有耦合关系。他还发现该区晚更新世马兰黄土与全新世周原黄土间为板桥期侵蚀不整合接触关系，认为一定程度上可以作为该区从旧石器时代进入新石器时代的地层界限。

周先生自己将学术研究重点转向环境考古的同时，积极建立学术组织，主办学术会议，传播研究方法和成果，鼓励和带动一大批同仁、后学加入研究行列。为谋划环境考古未来发展而殚精竭力。今天，环境考古学的研究方法、科学理念和学术成果越来越得到学界的接受与肯定，促使环境考古交叉学科在我国发展，并走向成熟，周先生为此做出了至关重要的杰出贡献，被誉为中国环境考古学的奠基人。

中华文明起源与发展经历了独特的“多元一体”发展道路。中华文明在其发展历史上，虽然有多次列国分治的时期，也有多次周边民族入主中原的时期，但文明并没有分裂，文明的发展也从来没有中断，而文明区域得到不断扩大，文明内涵得到不断丰富和发展。中原华夏文明是中华文明的主根。中华文明的统一性和持续性都得益于中原华夏文明的核心作用。这一点已逐渐成为学界的共识。嵩山及其周边地区包括了中原地区的大部，从旧石器时代晚期至历史早期的人类文化始终处于我国前列，是我国夏商王朝的核心地区，在中华文明起源与发展历史上占有独特地位。周先生对该地区环境与古文化进行广泛研究的基础上，于本世纪初提出了“嵩山文化圈”的概念。如周先生自己所说，同“中原文化”、“河洛文化”等概念类似，嵩山文化圈是地域文化概念。嵩山及其周边地区的文化有什么特点？为何有如此辉煌的历史？在中华文明起源与发展历史上发挥了何种作用？这些问题同自然环境之间存在何种内在关系？当今时代应如何传承与发扬？周先生不仅提出了这些重要问题，而且努力深入研究和回答这些问题。收入本书的即周先生十多年来关于这些问题的四十余篇论文。本书的结集出版，旨在为解答这些重大问题提供范例，引领后学沿着这条道路继续前行。

国内外环境考古学的研究，更多的是关注古环境重建，探讨自然环境同人类物质文化、聚落、生业经济、社会面貌、文化兴衰等之间的关系。对自然环境同人类精神文化和人文传统之间关系探讨较少。周先生近年来对此进行了较多思考，把环境考古学研究的范畴拓展到了精神层面。

河流和水资源是人类赖以生产生活的重要环境条件，所以世界文明人地关系的研究多偏重同河流和水资源关系的探讨。我国是多山的国家。山乃水之源。我国许多人类文化遗址，尤其旧石器时期至新石器早期的遗址，多在山麓地带或近山地区分布。或许因此，我国文化中有崇山的传统。“五岳”乃我国崇山文化传统的突出代表。分布于各地的佛教、道教名山亦是这种崇山文化的体现。聚落选址、都邑营建，亦多追求“负阴抱阳，背山面水”。周先生提出我国有山水文化，不仅重视我国文化与文明发展同水的关系，也重视同山的关系。从人地关系的角度既揭示了我国文化中的崇山传统，也阐释了这种文化传统起源的环境背景。

中原地区特殊有利的环境条件，人类文化得到持续兴盛发展，在多元一体中华文明形成过程中发挥了核心作用。我国传统文化中也有浓厚的尚中思想。“中庸”、“中和”思想是我国古代哲学思想的核心内容之一。治国理政、做人做事秉持中的理念，故建国立都求“地中”，做人处事讲“中度”，建筑与艺术设计追求突出中心或中轴；以中国、中华命名国家和民族；最高权力机关、最高学术机构或媒体单位都好冠以“中央”的名称。周先生主张将这些传统中的思想和文化意识以“中文化”名之，并倡导对这种文化同我国环境及文明历史特点之关系研究，同时发掘其现实意义。

周先生 1956 年大学毕业，投身科学研究，至今正好一甲子。周先生是成功的，成功的原因有很多方面。其一，感恩于国家培养和人民养育，自觉为国家科学事业做贡献的强烈使命感，是他不断努力前行的精神动力。其二，60 年科学研究生涯，一直保持非常勤奋刻苦的拼搏精神，以至于 80 高龄，仍能坚持野外考察，并一直坚持笔耕不辍。其三，总能依据科学发展趋势，注重学科交叉，适时拓展新的研究方向。其四，高度的学术敏感性，善于从一些具体问题研究中，揭示出一些宏观而又深刻的学术问题。正是这些特点，周先生的科学研究，经历了几次大的拓展，也不断取得新的成就。

中华文明博大精深，特色鲜明，源远流长。探秘中华文明的本质特征、形成和演化规律及其同生于斯长于斯的这片东方沃土之间的内在关系，揭示人类社会发展的根本规律，是中国学者的机遇与使命。周先生以八十有余的高龄，仍在努力拚搏，吾辈后学焉能不奋起直追！

莫多闻　吕厚远　曹兵武

稿成于 2016 年 4 月 1 日

（本文起草过程中同嵩山文明研究院
院长宋豫秦教授进行了深入讨论）

跋　二

嵩山地处天地之中，是中国五岳之中岳。以岩龄古老、地层齐全、构造复杂而闻名中外。嵩山更是华夏文明的主源，李家沟文化、裴李岗文化、仰韶文化、龙山文化与夏商周文化在此均有广泛分布，中国历史上的第一个王朝——夏，在此立国建都。嵩山自古也是人们祭祀、览胜的场所，历代帝王将相、文人墨客、高僧名道纷至沓来，祭祀封禅、歌咏书丹、创庙建殿，留下了丰厚的文化遗产，使嵩山成为一部奥博精深的文化史册，故有“嵩山天下奥”之称。在众多歌咏嵩山名胜、记述嵩山文化的先贤中，应推荣登金榜的清代进士耿介和景日昣。耿介因主持嵩阳书院的复兴而知名，其所作《嵩阳书院志》流传至今；景日昣作为耿介的高足，以《说嵩》一书最为著名。前者着要记载了嵩阳书院的历史、办学的院规等内容；后者主要介绍了嵩山的自然景观和人文地理。尽管这两位先哲及其作品受到后人褒奖，但就今天看来，囿于时代之局限，要么偏重于书院教育，要么偏重对人文地理的描述，近代以来的地理学、地质学、考古学、历史学、环境学等学科的研究成果不可能体现。另外，他们两位对嵩山研究的担当，与他们都是土生土长的登封人密切相关，他们的作品离不开对家乡故土的偏爱和眷恋。而在当今之世，祖籍湖南株洲，将嵩山文化作为自己晚年研究的主攻方向，孜孜以求、笔耕不辍，且从地质学、地理学、生态学、考古学、历史学、哲学等多学科综合研究嵩山，提出诸如“嵩山文化圈”等惊世高见、成果卓荦的学者应首推周昆叔先生。

周昆叔先生作为中国科学院地质与地球物理研究所的研究员，是我国第四纪孢粉分析和环境考古的主要开拓者。为推进环境考古的发展，从 2000 年起，周先生潜心研究嵩山文化。2005 年，周先生所发表的《中华民族文化的核心：嵩山文化圈》一文，可以说是嵩山文化研究进程中的一个里程碑，对确立嵩山在华夏历史文明中的地位起到了高屋建瓴的作用。此外，周先生所写《论嵩山文化圈》、《再论嵩山文化圈》、《地层、环境、嵩山文化圈》、《嵩山文化甲天下》、《大道为中——试释中国传统的中文化》、《再谈中文化》

等文章，则是嵩山文化研究和中文化研究的扛鼎之作。他将嵩山文化的天地之中理念嬗变为“中文化”，把嵩山文化的研究提升到哲理的高度。周先生关于嵩山文化方面的著述，如《嵩山行》、《中华文明与嵩山文明研究》、《自然与人文》等均是具有标志性的嵩山文化研究著述。

周昆叔先生之所以能取得如此巨大的成就，除了他文理兼修、博学多识的深厚功底之外，还有两个非常值得人们敬佩的长处：一是刻苦钻研的态度。周先生为了研究嵩山，博览群书，吸取其精华，汲取其营养，为其研究嵩山打下坚实的基础；二是勇于实践。周先生为了弄清嵩山文化的第一手资料，足迹几乎踏遍了嵩山的山山水水和名胜古迹。他寻访嵩山，到一处记一处，考究一处，并长期在嵩山脚下居住，近距离的观察揣摩，写下了许多笔记和文章，为其扛鼎之作提供了丰富而可靠的资料。此二者乃是周先生成为嵩山文化顶级专家的重要原因。

最近周先生之新著《嵩山文化文集》行将出版，他用自己多年的学术积淀和丰富情感在歌颂嵩山、解读嵩山、哲理嵩山，无不是研精覃思之作。读之，嵩山数千年深厚的文化尽收眼底，博大的文化内涵尽情展现。

因志趣相投，我们与周昆叔先生长期共同从事嵩山文化的研究工作，成为忘年之交。值其大作《嵩山文化文集》付梓之时，周先生约我们为之作跋，我们自知资历尚浅，水平有限，愧不敢当，故一再婉拒。但周先生嘱咐再三，不容推辞。退而念其耄耋之年著书之艰辛，成就之博大，奖掖后学之至诚，故不得不勉为其难。濡笔言其崖略，是为跋。

王星光　吕宏军

稿成于2016年3月16日

后　记

我希望赶上这创新的时代，故出版《嵩山文化文集》，该书力争在形式上，内容上创新。

先说形式创新。本书分三部分。第一部分为“解读嵩山”，即讲嵩山文化的内容。第二部分“哲理嵩山”，即讲嵩山文化精义。第三部分“歌颂嵩山”，情景交融，歌颂嵩山。三部分各有侧重，但又彼此关连。

再说内容创新。本书内容主要探讨了三个问题。

探讨问题之一，提出“嵩山文化圈”概念。正如严文明教授为本书作序写到的：“认识到作为中国中心地区的嵩山乃是维系整个中华文化的擎天柱，从而提出了嵩山文化圈的概念。”亦如王星光教授和吕宏军先生为本书做跋谈到的：“2005 年，周先生所发表的《中华民族文化的核心：嵩山文化圈》一文，可以说是嵩山文化研究进程中的一个里程碑，对确立嵩山在华夏历史文明中的地位起到了高屋建瓴的作用”。

中国是有核心的多元一体文化，其核心就是以嵩山文化圈为“擎天柱”的中原文化。由于中国文化是有中心的，国民文化认同，意识相近，中国数千年统一局面得以坚持。

探讨的问题之二，提出“中国是山水文化国家”想法，并指出嵩山文化圈是我国山水文化的典型。这如严文明教授为本书作序写到的：“这个分析是十分精到的”。

国人选择生存环境的显著特点是依山傍水，从而有资源、安全、发展的优势，成为中国长盛不衰的重要环境原因之一。

探讨的问题之三，提出“中文化”理念。这如严文明教授为本书作序写的：“书中讲的是山—著名的中岳嵩山，看到的是文化—嵩山文化，体悟到的是这文化的核心精神—中：道中庸，行中道，致中和。它是伟大中华文明的象征和长盛不衰的精神支柱”。莫多闻、吕厚远、曹兵武教授为本书做跋写到：“国内外环境考古学的研究，更多的是关注古环境重建，……。对自然环境同人类精神文化和人文传统之间关系探讨较少。周先生近年来对此进行较多思考，把环境考古学研究的范畴拓展到精神层面”。

尊中、守中乃国人的人生观、价值观和世界观的取向，形成了有普世价值的文化—中文化。由于中国核心人文文化是刚柔并济的中文化，故中国文化能成为世界唯一不曾中断的人文文化原因。

从上可知，本书回答了“何以中国”，乃国人符合国情，反映客观的伟大文化创造。因此，本书如严文明教授在《嵩山文化序》开篇写的，“奉献给读者的这本文集，内容沉甸甸的”。

科学研究之所以重要与可贵在于创新。

笑看残阳红似火，一心向往艳阳天。

周昆叔

2016 年 4 月